Todos los libros de Linkgua Ediciones cuentan con modelos de Inteligencia Artificial entrenados por hispanistas. Pregúntale al chat de tu libro lo que desees acerca de la obra o su autor/a.

Para **ebooks**: Accede a nuestro modelo de IA a través de este enlace.

Para **libros impresos**: Escanea el código QR de la portada con tu dispositivo móvil.

Obtén análisis detallados de nuestros libros, resúmenes, respuestas a tus preguntas y accede a nuestras ediciones críticas generativas para una experiencia de lectura más enriquecedora.
La transparencia y el respeto hacia la autoría de las fuentes utilizadas son distintivos básicos de nuestro proyecto. Por ello, las respuestas ofrecen, mediante un sistema de citas, las fuentes con las que han sido elaboradas.

Autores varios

Constituciones fundacionales de Latinoamérica

Barcelona 2024
Linkgua-ediciones.com

Créditos

Título original: Primeras constituciones latinoamericanas.

e-mail: info@linkgua.com

Diseño de cubierta: Michel Mallard.

ISBN tapa dura: 978-84-1126-595-9.
ISBN ebook: 978-84-9007-418-3.

Sumario

Del Misisipí al Cabo de Hornos[1]

Proyecto de Constitución para las Colonias Hispano-Americanas de 1798

Del Territorio

El Estado que integrarán las Colonias hispanoamericanas tendrá los siguientes límites: en la parte norte, la línea que pase por el medio río Misisipí desde la desembocadura hasta la cabecera del mismo y partiendo de ella siguiendo la misma linea recta en dirección del oeste por el 45 de latitud septentrional hasta unirse con el mar Pacífico. Al oeste, el Océano Pacífico desde el punto arriba señalado hasta el Cabo de Hornos incluyendo las islas que se encuentran a diez grados de distancia de dicha costa. Al este, el Atlántico desde el Cabo de Hornos hasta el golfo de México y desde allí hasta la desembocadura del río Misisipí. No están comprendidas en estas demarcaciones Brasil y Guayana. Respecto de las islas ubicadas a lo largo de esta costa, ellas no formarán parte de este Estado, puesto que el ya bastante extenso continente ha de ser suficiente para una potencia meramente terrestre y agrícola. Sin embargo, y como excepción, se conservará la isla de Cuba en razón de que el puerto de La Habana es la llave del golfo de México.

De la Forma de Gobierno

Este debe ser mixto y similar al de la Gran Bretaña. Lo integrará un Poder ejecutivo representado por un *Inca* provisto del título de Emperador. Este será hereditario.

Cámara Alta

La integrarán senadores o Caciques designados por el Inca. Los cargos serán vitalicios, pero no hereditarios. Solo podrán ser excluidos de la Cámara por la autoridad de los Censores. La simple descalificación conllevará la exclusión de los mismos. Solo podrán reclutarse en la clase de los ciudadanos que hayan desempeñado honorablemente los primeros cargos del Imperio,

1 Traducido del francés.

como son las funciones de General, Almirante, Gran Juez en los Tribunales Supremos, Censor, Edil o cuestor. Se fijará el número de Senadores. Este siempre se mantendrá completo.

Cámara de los Comunes

Sería elegida por todos los ciudadanos del Imperio. Su número queda fijado. No devengarán dieta alguna. Ellos son reelegibles. Durante todo el período en que permanezcan investidos de esta Dignidad, su persona será inviolable, salvo en caso de delitos capitales. La duración de cada legislatura será de cinco años.

Del Poder Judicial

Sus miembros serán nombrados por el Inca y escogidos entre los ciudadanos de mayor distinción dentro del Cuerpo Judicial. Tales cargos serán vitalicios y solo podrán ser removidos de los mismos sus titulares bajo una acusación y mediante juicio por corrupción. Los sueldos de los Grandes Jueces y demás habrán de ser substanciales con el fin de ponerles mediante una holgada subsistencia, a cubierto de toda prevaricación. Sobre este particular las altas instancias tribunales de Inglaterra son un modelo.

Los Censores

Son en número de dos. Serán electos por el pueblo y ratificados por el Inca. La duración de sus Funciones será de cinco años. Serán reelegibles. Sus funciones consisten fundamentalmente en velar por la buena conducta de los Senadores a quienes pueden excluir del Senado por mera remoción, inscribiendo a tal efecto sus nombres en tablillas. También velarán por la moralidad de la juventud, en especial por las Instituciones y el Magisterio.

Los Ediles

Serán electos por un periodo de cinco años a través del Senado y aprobados por el Inca. Tendrán a su cargo todas las grandes vías del Imperio, los puertos, los canales, los monumentos públicos, las fiestas nacionales, etc. Procederán a la rendición de cuentas a fines de cada lustro ante la Cámara de los Comunes, acerca de todo lo concerniente a las sumas destinadas a los edificios públicos y ante el Senado cuando se trate de lo concerniente a edificaciones, monumentos y proyectos que hayan sido emprendidos y ejecutados.

Los Cuestores

Serán nombrados por la Cámara de los Comunes, por espacio de un lustro y aprobados por el Inca. Serán reelegibles. Sus funciones consistirán funda mentalmente en velar por la conducta de los depositarios del Tesoro del Estado, los guardabosques nacionales, los responsables de los resguardos aduanales, etc... En una palabra, velar por los intereses públicos en todo lo concerniente a las finanzas.

De la Confección de las Leyes

Se requiere la sanción de los tres poderes, al igual que en Inglaterra. Las leyes solo podrán ser reglamentarias, es decir, emanadas de la propia Constitución; ya que de encontrarse casualmente en contraposición con las leyes constitucionales del Estado, las mismas serían consideradas por todos los tribunales como nulas y sin efecto.

Pasos para rectificar una Ley Constitucional

Si las *dos terceras partes* de ambas cámaras estimasen conveniente modificar alguna ley constitucional, entonces el Inca estaría en la obligación de recurrir a los Jueces presidentes de las altas instancias tribunalicias de justicia y elevar a su consideración la propuesta, la cual sería sancionada por las dos terceras partes de ambas cámaras. De ser aprobada por las *tres cuartas partes* de los jueces, incluyendo al Inca con derecho a voto, la ley entra en vigencia y se modifica la Constitución. Si, *al revés*, las *dos terceras partes* de los jueces y el Inca presentan la sugerencia y si ésta resulta sancionada por las *tres cuartas partes* de ambas cámaras, entonces la ley entra en vigencia y se procede a la modificación de la Constitución. La reforma se opera sin que el cuerpo político entre en conmociones y riñas desgarradoras.

Constitución Imperial de Haití (1805)[2]

En el Palacio imperial de Dessalines, 20 de mayo de 1805, año II: Nosotros, H. Christophe, Clervaux, Vernet, Gabart, Pétion, Geffrard, Toussaint-Brave, Raphael, Lalondrie, Romain, Capois, Magny, Cangé, Daut, Magloire Ambroise, Yayou, Jean-Louis François, Gérin, Férou, Bazelais, Martial Besse.

Tanto en nuestro nombre particular como en el del pueblo de Haití, que legalmente constituimos los órganos fieles y a los portavoces de su voluntad. En presencia del Ser Supremo, delante de quien son iguales los mortales, y que ha esparcido tantas especies de criaturas diferentes en la superficie del globo con el fin de manifestar su gloria y su poder en la diversidad de sus obras; en frente de la naturaleza entera, de la que nosotros hemos sido tan injustamente y después de tanto tiempo considerados como los hijos rechazados: Declaramos que el contenido de la presente Constitución es la expresión libre, espontánea e invariable de nuestros corazones y de la voluntad general de nuestros conciudadanos; la sometemos a la sanción de Su Majestad el emperador Jacques Dessalines, nuestro libertador, para recibir su rápida y entera ejecución.

Declaración preliminar

Artículo 1. El pueblo habitante de la noble isla llamada Santo Domingo decide aquí formarse como Estado libre, soberano e independiente de todo poder del universo, bajo el nombre de Imperio de Haití.

Artículo 2. La esclavitud es abolida para siempre.

Artículo 3. Los ciudadanos haitianos son hermanos en su casa; la igualdad a los ojos de la ley es incontestablemente reconocida, y no puede existir otro título, ventajas o privilegios, sino aquellos que resulten necesariamente de la consideración y en recompensa a los servicios rendidos por la libertad y la independencia.

Artículo 4. La ley es una para todos, sea que castigue, sea que proteja.

Artículo 5. La ley no tiene efecto retroactivo.

---

2 «Constitution Imperiale d'Haiti» (1805), *El pensamiento constitucional hispanoamericano hasta 1830*, Caracas, Academia Nacional de la Historia, 1961, v. 42, tomo III, pags. 159-170.

Artículo 6. La propiedad es sagrada, su violación será rigurosamente perseguida.
Artículo 7. La condición de ciudadano de Haití se pierde por la emigración y la naturalización en país extranjero, y por la condena a penas aflictivas e infamantes. El primer caso acarrea la pena de muerte y la confiscación de las propiedades.
Artículo 8. La condición de ciudadano es suspendida por efecto de bancarrotas y quiebras.
Artículo 9. Ninguno es digno de ser haitiano, si no es buen padre, buen hijo, buen esposo, y sobre todo buen soldado.
Artículo 10. No es acordada a padres ni a madres la facultad para desheredar a sus hijos.
Artículo 11. Todo ciudadano debe poseer un oficio manual.
Artículo 12. Ningún blanco, cualquiera sea su nación, pondrá un pie en este territorio con el título de amo o de propietario, y de ahora en adelante aquí no podrá adquirir ninguna propiedad.
Artículo 13. El artículo precedente no podrá producir ningún efecto contra las mujeres blancas naturalizadas haitianas por el Gobierno, tampoco contra los niños nacidos o por nacer de ellas. Están incluidos en las disposiciones del presente artículo, los alemanes y los polacos naturalizados por el Gobierno.
Artículo 14. Necesariamente debe cesar toda acepción de color entre los hijos de una sola y misma familia donde el Jefe del Estado es el padre; a partir de ahora los haitianos solo serán conocidos bajo la denominación genérica de negros.

Del Imperio

Artículo 15. El Imperio de Haití es único e indivisible, su territorio está distribuido en seis divisiones militares.
Artículo 16. Cada división militar será comandada por un general de división.
Artículo 17. Cada uno de estos generales de división será independiente de los otros, y se comunicará directamente con el Emperador o con el General en Jefe nombrado por Su Majestad.

Artículo 18. Las islas más abajo designadas son partes integrantes del Imperio: Samana, la Tortue, la Gonave, les Cayemittes, l'île à Vache, la Saone, y otras islas adyacentes.

Del Gobierno

Artículo 19. El Gobierno de Haití es encomendado al Primer Magistrado que toma el título de Emperador y Jefe Supremo del Ejército.

Artículo 20. El pueblo reconoce por Emperador y Jefe Supremo del Ejército a Jacques Dessalines, el vindicador y libertador de sus conciudadanos; se le califica Majestad así como Emperatriz a su augusta esposa.

Artículo 21.[3] La persona de sus Majestades es sagrada e inviolable.

Artículo 22. El Estado acordará un pago fijo a Su Majestad la Emperatriz, del que ella disfrutará incluso después de muerto el Emperador, en calidad de princesa viuda.

Artículo 23. La Corona es electiva y no hereditaria.

Artículo 24. Será asignado, por el Estado, un pago anual para los hijos reconocidos por Su Majestad el Emperador.

Artículo 25. Los niños varones reconocidos por el Emperador están obligados, al igual que los otros ciudadanos, a pasar sucesivamente de grado en grado, con la única diferencia de que su entrada al servicio datará en la cuarta semi-brigada desde la época de su nacimiento.

Artículo 26. El Emperador designa a su sucesor de la manera como lo juzgue conveniente, sea antes o después de su muerte.

Artículo 27. Un pago conveniente es fijado por el Estado a este sucesor, en el momento de su llegada al trono.

Artículo 28. Ni el Emperador, ni ninguno de sus sucesores, tendrá derecho, en ningún caso, ni bajo cualquier pretexto, a rodearse de un cuerpo particular y privilegiado en calidad de guardia de honor o bajo cualquier otra denominación.

Artículo 29. Todo sucesor que se aparte de las disposiciones del artículo precedente o de la directriz que le hubiera sido trazada por el Emperador

3 El artículo 21 de la sección «Del Gobierno» se reproduce de la: «Constitution Impériale de 1805», Louis Joseph Janvier, *Les Constitutions d'Haiti (1801-1885)*, Port-au-Prince, Éditons Fardin, 1977, pags. 30-41.

reinante, o de los principios consagrados por la presente Constitución, será considerado y declarado en estado de guerra contra la sociedad.

En consecuencia, los consejeros de Estado se reunirán con el propósito de pronunciar su destitución y de asegurar su sustitución por aquel que entre ellos hubiera sido juzgado el más digno, y si ocurriera que el mencionado sucesor elegido se opusiera a la ejecución de esta medida, autorizada por la ley, los generales consejeros de Estado harán un llamado al pueblo y al Ejército, quienes enseguida prestarán ayuda y asistencia para mantener la libertad.

Artículo 30. El Emperador hace, sella y promulga las leyes, nombra y revoca a su voluntad a los ministros, al general en jefe del Ejército, a los consejeros de Estado, a los generales y otros agentes del Imperio, los oficiales del Ejército y de la Marina, los miembros de las administraciones locales, los comisarios del Gobierno cercanos a los tribunales, los jueces y otros funcionarios públicos.

Artículo 31. El Emperador dirige los ingresos y gastos del Estado, vigila la fabricación de las monedas; solo él ordena la emisión, les fija el peso y el tipo.

Artículo 32. A él solo le es reservado el poder de hacer la paz o la guerra, de mantener las relaciones políticas y de contraerlas.

Artículo 33. Él provee a la seguridad interior y a la defensa del Estado, distribuye las fuerzas de tierra y de mar según su voluntad.

Artículo 34. El Emperador, en el caso de que se tramara alguna conspiración contra la seguridad del Estado, contra la Constitución o contra su persona, hará detener enseguida a los autores o cómplices, quienes serán juzgados por un Consejo especial.

Artículo 35. Su Majestad sola tiene el derecho de absolver a un culpable o de conmutar su pena.

Artículo 36. El Emperador jamás emprenderá ninguna empresa con la finalidad de hacer conquistas ni de perturbar la paz y el régimen interior de las colonias extranjeras.

Artículo 37. Todo acto público será hecho en estos términos: «El Emperador de Haití y el Jefe Supremo del Ejército por la gracia de Dios y la ley constitucional del Estado.»

Del Consejo de Estado

Artículo 38. Los generales de división y de brigada son miembros natos del Consejo de Estado y lo componen.

De los ministros

Artículo 39. Habrá en el Imperio dos ministros y un secretario de Estado: El ministro de las Finanzas con el departamento del Interior.
El ministro de Guerra con el departamento de la Marina.

Del ministro de las finanzas y del interior

Artículo 40. Las atribuciones de este ministro comprenden la administración general del tesoro público, la organización de las administraciones particulares, la distribución de los fondos para poner a la disposición del ministro de Guerra y de otros funcionarios, los gastos públicos, las instrucciones que regulan la contabilidad de las administraciones y de los pagadores de división, la agricultura, el comercio, la instrucción pública, los pesos y medidas, la elaboración de las tablas de densidad de población, los productos territoriales, los dominios nacionales sea por la conservación o por la venta, los arrendamientos agrícolas, las prisiones, los hospitales, el mantenimiento de las carreteras, los contenedores, las salinas, las manufacturas, las aduanas, en fin, la vigilancia y la fabricación de las monedas, la ejecución de las leyes y los decretos del Gobierno al respecto.

Del ministro de guerra y de la marina

Artículo 41. Las funciones de este ministro abarcan el reclutamiento, la organización, la inspección, la vigilancia, la disciplina, la policía y el movimiento del Ejército y de la Marina, el personal y el material de la artillería y de ingeniería, las fortificaciones, las fortalezas, la pólvora y el salitre, el registro de las actas, y los decretos del Emperador, su reenvío a los ejércitos y la vigilancia de su ejecución; él vigila especialmente que las decisiones del Emperador lleguen rápidamente a los militares; denuncia ante los Consejos especiales los delitos militares llegados a su conocimiento y vigila a los comisarios de guerra y oficiales de salud.

Artículo 42. Los ministros son responsables de todos los delitos cometidos por ellos contra la seguridad pública y la Constitución, de todo atentado a la propiedad y a la libertad individual, de toda disipación de fondos que se le hayan confiado; están obligados a presentar cada tres meses al Emperador la estimación de los gastos por hacer, de dar cuenta del empleo de las sumas que han sido puestas a su disposición, y de indicar los abusos que habrían podido colarse en las diversas ramificaciones de la administración.
Artículo 43. Ningún ministro en su sitio o fuera de este puede ser perseguido en materia criminal, por lo hecho en su administración, sin la adhesión personal del Emperador.

Del secretario de Estado
Artículo 44. El secretario de Estado está encargado de la impresión del registro y del envío de las leyes, decretos, proclamaciones e instrucciones del Emperador; trabaja directamente con el Emperador en las relaciones extranjeras, corresponde con los ministros, recibe de estos los requerimientos, peticiones y otras solicitudes que somete al Emperador, así como las preguntas que le son propuestas por los tribunales; reenvía a los ministros los juicios y las piezas sobre las que ha decidido el Emperador.

De los tribunales
Artículo 45. Ninguno puede atentar contra el derecho que tiene cada individuo de hacer un juicio amistoso por árbitros de su elección. Sus decisiones serán reconocidas legalmente.
Artículo 46. Habrá un juez de paz en cada comuna; no podrá enjuiciar un asunto que se eleve más allá de cien gourdes, y cuando las partes no puedan conciliarse en su tribunal, acudirán ante los tribunales de su respectiva competencia.
Artículo 47. Habrá seis tribunales acondicionados en las ciudades designadas aquí: En Saint-Marc, en Cap, en Port-au-Prince, en Cayes, en la Anse-à-Veau y Port-de-Paix.
El Emperador determina su organización, su nombre, su competencia y el territorio que constituye la instancia de cada uno.
Los tribunales conocen todos los asuntos puramente civiles.

Artículo 48. Los delitos militares están sometidos a Consejos especiales y a formas particulares de juicios. La organización de estos consejos corresponde al Emperador, quien se pronunciará sobre las demandas en casación contra las decisiones tomadas por dichos Consejos especiales.
Artículo 49. Se harán leyes particulares para el notariado y en consideración de los oficiales del estado civil.

Del culto

Artículo 50. La ley no admite religión dominante.
Artículo 51. Es tolerada la libertad de cultos.
Artículo 52. El Estado no provee el mantenimiento de ningún culto ni de ningún ministro.

De la administración

Artículo 53. En cada división militar habrá una administración principal, en cuya organización la vigilancia corresponderá esencialmente al ministro de Finanzas.

Disposiciones generales

Artículo 1. Al Emperador y a la Emperatriz corresponden la selección, el salario y el mantenimiento de las personas que componen su Corte.
Artículo 2. Después del deceso del Emperador reinante, cuando la revisión de la Constitución se haya juzgado necesaria, el Consejo de Estado se reunirá a este efecto y será presidido por el decano más antiguo.
Artículo 3. Los crímenes de alta traición, los delitos cometidos por los ministros y los generales, serán juzgados por un Consejo especial nombrado y presidido por el Emperador.
Artículo 4. La Fuerza Armada es esencialmente obediente, ningún cuerpo armado puede deliberar.
Artículo 5. Ninguno podrá ser juzgado sin haber sido oído legalmente.
Artículo 6. La casa de todo ciudadano es un refugio inviolable.
Artículo 7. Se puede entrar en ella en caso de incendio, de inundación, de una solicitud de su interior, o en virtud de una orden emanada del Emperador o de toda autoridad legalmente constituida.

Artículo 8. Merece la muerte aquél que la ha dado a su semejante.
Artículo 9. Toda sentencia que comprenda la pena de muerte o pena aflictiva, no podrá ser ejecutada, si no ha sido confirmada por el Emperador.
Artículo 10. El robo es penalizado en razón de las circunstancias que le hubieran precedido, acompañado o seguido.
Artículo 11. Todo extranjero habitando el territorio de Haití será, al igual que los haitianos, sometido a las leyes correccionales y criminales.
Artículo 12. Toda propiedad que aquí hubiera pertenecido a un blanco francés es incontestablemente y de derecho confiscada en beneficio del Estado.
Artículo 13. Todo haitiano que, habiendo adquirido una propiedad de un blanco francés, solo hubiera pagado una parte del precio estipulado por el acto de venta, será responsable ante los patrimonios del Estado del saldo de la suma debida.
Artículo 14. El matrimonio es un acto puramente civil y autorizado por el Gobierno.
Artículo 15. La ley autoriza el divorcio en los casos que ha previsto y determinado.
Artículo 16. Una ley particular será dictada concerniendo a los hijos nacidos fuera del matrimonio.
Artículo 17. El respeto por sus jefes, la subordinación y la disciplina son rigurosamente necesarias.
Artículo 18. Un código penal será publicado y severamente adoptado.
Artículo 19. En cada división militar será establecida una escuela pública para la instrucción de los jóvenes.
Artículo 20. Los colores nacionales son el negro y el rojo.
Artículo 21. La agricultura será honrada y protegida, como el primero, el más noble y el más útil de todos los oficios.
Artículo 22. El comercio, segunda fuente de prosperidad de los Estados, no quiere y no conoce trabas.
Artículo 23. En cada división militar será constituido un tribunal de comercio, cuyos miembros son escogidos por el Emperador, y sacados de la clase de los negociantes.
Artículo 24. La buena fe y la lealtad en las operaciones comerciales serán religiosamente adoptadas.

Artículo 25. El Gobierno garantiza seguridad y protección a las naciones neutras y amigas que vendrán para mantener relaciones comerciales con esta isla; a cargo de ellas queda ajustarse a los reglamentos, usos y costumbres de este país.

Artículo 26. Los almacenes y las mercancías de los extranjeros estarán bajo la protección y la garantía del Estado.

Artículo 27. Habrá fiestas nacionales para celebrar la Independencia, la fiesta del Emperador y su augusta esposa, la de la agricultura y de la Constitución.

Artículo 28. Al primer disparo del cañón de alarma, las ciudades desaparecen y comienza la nación.

Nosotros, mandatarios abajo firmantes, ponemos bajo la protección de los magistrados, los padres y madres de familia, de los ciudadanos y del Ejército el pacto explícito y solemne de los derechos sagrados del hombre y de los deberes del ciudadano.

Lo sugerimos a nuestros herederos, a modo de homenaje a los amigos de la libertad, a los filántropos de todos los países, como una señal de compromiso de la bondad divina, que como consecuencia de sus decretos inmortales nos ha procurado la ocasión de romper nuestras cadenas y constituirnos en pueblo libre, civilizado e independiente. Y firmamos, tanto en nuestro nombre privado como en el de nuestros mandantes.

Firmado: H. Christophe, Clervaux, Vernet, Gabart, Pétion, Geffrard, Toussaint-Brave, Raphael, Lalondrie, Romain, Capoix, Magny, Cangé, Daut, Magloire Ambroise, Yayou, Jean-Louis, François, Gérin, Moreau, Férou, Bazelais, Martial Besse.

Presentada para la firma del Emperador, la Constitución del Imperio fue sancionada por él.

Vista la presente Constitución, Nosotros, Jacques Dessalines, 1.º Emperador de Haití y Jefe Supremo del Ejército, por la gracia de Dios y la ley constitucional del Estado, la aceptamos en todo su contenido y la sancionamos, para recibir en el más breve plazo su plena y entera ejecución en toda la extensión del territorio de nuestro Imperio; Y juramos mantenerla y hacerla adoptar en su integridad hasta el último suspiro de nuestra vida.

En el Palacio imperial de Dessalines, el 20 de mayo de 1805, año II de la Independencia de Haití.

Dessalines Por el Emperador

Juste Chanlatte El secretario general

Constitución Federal para los Estados de Venezuela [21 de diciembre de 1811][4]

Hecha por los representantes de Margarita, de Mérida, de Cumaná, de Barinas, de Barcelona, de Trujillo y de Caracas, reunidos en Congreso General.

En el nombre de Dios todo poderoso

Nos, el pueblo de los Estados de Venezuela, usando de nuestra soberanía y deseando establecer entre nosotros la mejor administración de justicia, procurar el bien general, asegurar la tranquilidad interior, proveer en común a la defensa exterior, sostener nuestra libertad e independencia política, conservar pura e ilesa la sagrada religión de nuestros mayores, asegurar perpetuamente a nuestra posteridad el goce de estos bienes, y estrecharnos mutuamente con la más inalterable unión y sincera amistad, hemos resuelto confederarnos solemnemente para formar y establecer la siguiente Constitución, por la cual se han de gobernar y administrar estos Estados.

PRELIMINAR BASES DEL PACTO FEDERATIVO QUE HA DE CONSTITUIR LA AUTORIDAD GENERAL DE LA CONFEDERACIÓN

En todo lo que por el Pacto Federal no estuviere expresamente delegado a la autoridad general de la Confederación, conservará cada una de las provincias que la componen, su soberanía, libertad e independencia; en uso de ellas, tendrán el derecho exclusivo de arreglar su gobierno y administración territorial, bajo las leyes que crean convenientes, con tal que no sean de las comprendidas en esta Constitución, ni se opongan o perjudiquen los Pactos Federativos que por ellas se establecen. Del mismo derecho gozarán todos aquellos territorios que por división del actual, o por agregación a él, vengan a ser parte de esta Confederación cuando el Congreso General reunido les declare la representación de tales, o la obtengan por aquella vía, y forma que él establezca para las ocurrencias de esta clase cuando no se halle reunido.

Hacer efectiva la mutua garantía y seguridad que se prestan entre sí los estados, para conservar su libertad civil, su independencia política y su culto religioso, es la primera y la más sagrada de las facultades de la

4 «Constitución Federal para los Estados de Venezuela», La Constitución Federal de Venezuela de 1811, Caracas, Academia Nacional de la Historia (Col. Sesquicentenario de la Independencia), 1959, pags. 151-263.

Confederación, en quien reside exclusivamente la Representación Nacional. Por ella está encargada de las relaciones extranjeras, de la defensa común y general de los estados confederados, de conservar la paz pública contra las conmociones internas o los ataques exteriores, de arreglar el comercio exterior y el de los estados entre sí, de levantar y mantener ejércitos, cuando sean necesarios para mantener la libertad, integridad, e independencia de la nación, de construir y equipar bajeles de guerra, de celebrar y concluir tratados y alianzas con las demás naciones, de declararles la guerra y hacer la paz, de imponer las contribuciones indispensables para estos fines, u otros convenientes a la seguridad, tranquilidad y felicidad común, con plena y absoluta autoridad para establecer las leyes generales de la Unión, juzgar y hacer ejecutar cuanto por ellas queda resuelto y determinado.

El ejercicio de esta autoridad confiada a la Confederación no podrá jamás hallarse reunido en sus diversas funciones. El Poder Supremo debe estar dividido en Legislativo, Ejecutivo y Judicial, y confiado a distintos cuerpos independientes entre sí y en sus respectivas facultades. Los individuos que fueren nombrados para ejercerlas se sujetarán inviolablemente al modo y reglas que en esta Constitución se les prescriben para el cumplimiento y desempeño de sus destinos.

Capítulo I. De la religión

Artículo 1. La religión católica, apostólica, romana, es también la del Estado, y la única y exclusiva de los habitantes de Venezuela. Su protección, conservación, pureza e inviolabilidad será uno de los primeros deberes de la Representación Nacional, que no permitirá jamás, en todo el territorio de la Confederación, ningún otro culto, público ni privado, ni doctrina contraria a la de Jesucristo.

Artículo 2. Las relaciones que en consecuencia del nuevo orden político deben entablarse entre Venezuela y la silla apostólica serán también peculiares a la de Confederación, como igualmente las que deban promoverse con los actuales prelados diocesanos, mientras no se logre el acceso directo a la autoridad pontificia.

Capítulo II. Del Poder Legislativo

Sección I. División, límites y funciones de este poder

Artículo 3. El Congreso General de Venezuela estará dividido en una Cámara de representantes y un Senado, a cuyos dos cuerpos se confía el Poder Legislativo, establecido por la presente Constitución.

Artículo 4. En cualquiera de los dos podrán tener principio las leyes; y cada uno, respectivamente, podrá proponer al otro, reparos, alteraciones o adiciones, o rehusar a la ley propuesta, su consentimiento por una negativa absoluta.

Artículo 5. Solo las leyes sobre contribuciones, tasas e impuestos están exceptuadas de esta regla. Éstas no pueden tener principio sino en la Cámara de representantes, quedando al Senado el derecho ordinario de adicionarlas, alterarlas o rehusarlas.

Artículo 6. Cuando el proyecto de ley haya sido admitido conforme a las reglas de debate que se hayan prescrito estas Cámaras, sufrirá tres discusiones en sesiones distintas, con intervalo de un día a lo menos entre cada una, sin lo cual no podrá pasarse a deliberar sobre él.

Artículo 7. Las proposiciones urgentes están exceptuadas de estos trámites; pero para ello debe discutirse y declararse previamente la urgencia en cada una de las Cámaras.

Artículo 8. Ninguna proposición rechazada por una de ellas podrá repetirse hasta después de un año, pero podrán hacerse otras que contengan parte de las rechazadas.

Artículo 9. Ningún proyecto de ley, o proposición constitucionalmente aceptado, discutido y deliberado en ambas Cámaras, podrá tenerse por ley del Estado, hasta que, presentado al cuerpo Ejecutivo, sea firmado por él. Si no lo hiciere, enviará el proyecto con sus reparos a la Cámara donde hubiere tenido su iniciativa, y en ésta se tomará razón íntegra de los reparos en el registro de sus sesiones, y se pasará a examinar de nuevo la materia que, resultando segunda vez aprobada por pluralidad de dos terceras partes, pasará bajo iguales trámites a la otra Cámara, y, obtenida en ella igual aprobación, tendrá desde entonces el proyecto fuerza de ley. En todos estos casos se expresarán los votos de las Cámaras por sí o no, quedando registrados los nombres de los que votaron en pro o en contra.

Artículo 10. Si el cuerpo Ejecutivo no volviese el proyecto a la Cámara de su origen dentro del término de diez días, contados desde su recibo, con exclusión de los feriados, tendrá fuerza de ley, y deberá ser promulgada como tal constitucionalmente; pero si por emplazamiento, suspensión o receso del Congreso, no pudiese volver a él el proyecto antes del término señalado, quedará sin efecto, a menos que el Poder Ejecutivo no resuelva aprobarlo sin reparos o adiciones; pero en caso de ponerlas, podrá presentarse el proyecto con ellas a las Cámaras en la inmediata asamblea siguiente a la expiración del plazo.

Artículo 11. Las demás resoluciones, decretos, dictámenes y actas de las Cámaras (excepto las de emplazamiento) deberán también pasarse al Poder Ejecutivo para su conformidad antes de tener efecto. En el caso de que éste no se conforme, volverán a seguirse los trámites prescritos para las leyes, y siendo de nuevo confirmados como ellas, deberán llevarse a ejecución. Las leyes, decretos, dictámenes, actas y resoluciones urgentes están también sujetas a esta regla; pero el Poder Ejecutivo debe poner sus reparos sobre la urgencia y sobre lo substancial de la misma ley simultáneamente dentro de dos días después de su recibo, y no haciéndolo se tendrán como aprobadas por él.

Artículo 12. La fórmula de redacción con que han de pasar las leyes, actas, decretos y resoluciones de una a otra Cámara y al Poder Ejecutivo, será un preámbulo que contenga: el día de la sesión en que se discutió en cada Cámara la materia; la fecha de las respectivas resoluciones, incluso la de urgencia cuando la haya; y la exposición de las razones y fundamentos que han motivado la resolución. Cuando se omita algunos de estos requisitos, deberá volverse el acta dentro de dos días a la Cámara donde se note la omisión o a la del origen, si hubiera ocurrido en ambas.

Artículo 13. Estos requisitos no acompañarán a la ley en su promulgación: ella saldrá entonces redactada clara, sencilla, precisa y uniformemente, sin otra cosa que un membrete que explique su contenido con la nominación de ley, acta, o decreto, bajo la fórmula de estilo siguiente: El Senado y la Cámara de representantes de los Estados Unidos de Venezuela, juntos en Congreso decretan: y enseguida la parte dispositiva de la ley, acto o decreto. Estas fórmulas podrán variarse si las circunstancias y la conformidad de los pueblos que se agreguen a esta Confederación lo creyesen necesario.

Sección II. Elección de la Cámara de representantes

Artículo 14. Los que compongan la Cámara de representantes deben ser nombrados por los electores populares de cada provincia, para servir por cuatro años este encargo, y el número total respectivo se renovará cada dos por mitad, sin que ninguno de ellos pueda ser reelegido inmediatamente.

Artículo 15. Nadie podrá ser elegido antes de la edad de veinticinco años, si no ha sido por cinco, inmediatamente antes de la elección, ciudadano de la Confederación de Venezuela y si no goza en ella una propiedad de cualquier clase.

Artículo 16. La condición de domicilio y residencia requerida aquí para los representantes, no excluye a los que hayan estado ausentes en servicio del Estado, ni a los que hayan permanecido fuera de él con permiso del Gobierno en asuntos propios, con tal que su ausencia no haya pasado de tres años, ni a los naturales del territorio de Venezuela que, habiendo estado fuera de él, se hubiesen restituido y hallado presentes a la declaratoria de su absoluta independencia, y la hubiesen reconocido y jurado.

Artículo 17. La población de las provincias será la que determine el número de representantes que les corresponda, en razón de uno por cada veinte mil almas de todas condiciones, sexos y edades. Por ahora servirá para el cómputo el censo civil practicado últimamente, que en lo sucesivo se renovará cada cinco años; y si hechas las divisiones de veinte mil, resultare algún residuo que pase de diez mil, habrá por él un representante más.

Artículo 18. Esta proporción de uno por veinte mil, continuará siendo la regla de representación, hasta que el número de los representantes llegue a sesenta; y aunque se aumentase la población, no se aumentará por eso el número, sino se elevará la proporción hasta que corresponda un representante a cada treinta mil almas. En este estado continuará la proporción de uno por treinta mil, hasta que lleguen a ciento los representantes; y entonces, como en el caso anterior, se elevará la proporción a cuarenta mil por uno, hasta que lleguen a doscientos por el aumento progresivo de la población, en cuyo caso se procederá de modo que la regla de proporción no suba de uno por cincuenta mil almas.

Artículo 19. Cuando por muerte, renuncia u otra causa vacare alguna plaza de Representante, entrará a servirla el que en las últimas elecciones hubiese obtenido la segunda mayoría de votos, y se considerará nombrado por el tiempo que falte al primero. Si éste fuese menos de un año, no se le contará como obstáculo para poder ser elegido en las inmediatas elecciones.

Artículo 20. Éstas se ejecutarán con uniformidad en todo el territorio de la Confederación, procediendo para ello del modo siguiente: **Artículo** 21. El día primero de noviembre de cada dos años, se reunirán los sufragantes en todas las parroquias del Estado, para elegir libre y espontáneamente, los electores parroquiales que han de nombrar el representante o representantes que correspondan aquel bienio a su provincia.

Artículo 22. A cada mil almas de población y a cada parroquia, aunque no llegue a este número, se dará un elector; luego que estén nombrados se disolverá la congregación parroquial y los electores se hallarán reunidos indefectiblemente el 15 de noviembre en la ciudad o villa que fuera cabeza del Partido capitular, para nombrar los representantes.

Artículo 23. El resultado de la congregación electoral se remitirá por ahora inmediatamente al Gobierno provincial, y cuando éste se reforme popularmente, al Presidente del Senado o primera Cámara del cuerpo Legislativo de ella, que en todas deberá hallarse reunido en los primeros días de diciembre.

Artículo 24. El Jefe del Gobierno actual o el Presidente del Senado cuando lo haya, abrirá a presencia de la legislatura provincial, que se hallará reunida, las votaciones que se remiten de los partidos para contar los votos. Se tendrán elegidos para representantes los que hayan reunidos a su favor, la mayoría del número total de los electores nombrados; y en caso de igualdad de mayoría entre dos o más personas, elegirá entre ellos la legislatura; pero si ninguna llegase a reunir la mitad, la legislatura entonces escogerá de los que hayan tenidos más votos, un número triple o doble, si fuere preciso, de los representantes que toquen a su provincia, para elegir entre éstos los que deban serlo.

Para esta elección podrá atenderse a cualquier especie de mayoría, añadiendo a los votos de la legislatura, los que cada uno hubiese obtenido desde las congregaciones electorales de las cabezas de partido. En caso de igualdad en la última elección de la legislatura, decidirá el voto del Presidente.

Artículo 25. Mientras no se organizan constitucional y uniformemente las legislaturas de las provincias, podrán hacer sus gobiernos actuales lo prevenido anteriormente, juntándose en un lugar determinado todos sus miembros, en unión de las municipalidades de la capital, y doce personas de arraigo conocido, elegidas previamente por las mismas municipalidades.

Artículo 26. Todo hombre libre tendrá derecho de sufragio en las congregaciones parroquiales, si a esta calidad añade la de ser ciudadano de Venezuela, residente en la parroquia o pueblo donde sufraga; si fuere mayor de veintiún años, siendo soltero, o menor siendo casado, y velado, y si poseyere un caudal libre del valor de seiscientos pesos en las capitales de provincia siendo soltero, y de cuatrocientos, siendo casado, aunque pertenezcan a la mujer, o de cuatrocientos en las demás poblaciones en el primer caso, y doscientos en el segundo; o si tuviere grado, u aprobación pública en una ciencia o arte liberal o mecánica; o si fuere propietario o arrendador de tierras para sementeras o ganado, con tal que sus productos sean los asignados para los respectivos casos de soltero o casado.

Artículo 27. Serán excluidos de este derecho los dementes, los sordomudos, los fallidos, los deudores a caudales públicos con plazo cumplido, los extranjeros, los transeúntes, los vagos públicos y notorios, los que hayan sufrido infamia no purgada por la ley, los que tengan causa criminal de gravedad abierta y los que siendo casados no vivan con sus mujeres, sin motivo legal.

Artículo 28. Además de las cualidades referidas para los sufragantes parroquiales, deben, los que han de tener voto en las congregaciones electorales, ser vecinos del partido capitular donde votaren y poseer una propiedad libre de seis mil pesos en la capital de Caracas, siendo soltero, y de cuatro mil siendo casado, cuya propiedad será en las demás capitales, ciudades y villas, de cuatro mil siendo soltero y tres mil siendo casado.

Artículo 29. También se conceden los mismos derechos a los empleados públicos con sueldo del Estado, con tal que éste sea de trescientos pesos anuales para votar en las congregaciones parroquiales, y de mil para los electores capitulares. Pero todos ellos están inhábiles para ser miembros de las Cámaras de representantes, mientras no renuncien al ejercicio de sus empleos y al goce de sus respectivos sueldos por todo el tiempo que dure la representación.

Artículo 30. Es un derecho exclusivo y propio de las respectivas municipalidades, el convocar, conforme a la Constitución, las asambleas primarias y electorales, y todas las demás que resolviere el Gobierno de su provincia.

Artículo 31. Cualquiera de sus miembros o de los jueces y personas notables de los pueblos de su distrito, podrán ser autorizados por ellas para presidir y concluir las asambleas parroquiales; pero las electorales las presidirá uno de los alcaldes y las autorizará el escribano municipal.

Artículo 32. Si hubiese, por parte de las municipalidades, omisión en hacer oportunamente estas convocatorias, podrán los ciudadanos reunirse espontáneamente en los días señalados por la Constitución, para ellas, y hacer con orden, tranquilidad y moderación, lo que no hubiese hecho el cuerpo municipal, hasta comunicar después de disueltas las congregaciones, el resultado al Gobierno provincial respectivo.

Artículo 33. El uso de esta facultad, tanto por parte de las municipalidades, como de los ciudadanos, fuera de los casos y tiempos prevenidos en la Constitución, será un atentado contra la seguridad pública y una traición a las leyes del Estado, y nunca pasarán las funciones de estas congregaciones del nombramiento de electores o representantes del Congreso General o legislatura provincial respectiva, sin tratar, en manera alguna, de otra cosa que no prevenga la Constitución.

Artículo 34. Las calificaciones de propiedad serán peculiares a las respectivas municipalidades, que llevarán permanentemente un registro civil de los ciudadanos aptos para votar en las congregaciones parroquiales y electorales de su partido, en la forma que estableciere la respectiva Constitución provincial.

Artículo 35. La falta actual que hay del registro civil ordenado por el artículo anterior, para establecer las calificaciones de los ciudadanos, podrá suplirse autorizando los cabildos a los mismos que nombren para presidir las asambleas primarias o parroquiales para formar un censo en cada parroquia con vista del último formado para el actual Congreso, y del eclesiástico autorizado por el cura, o su teniente y cuatro vecinos honrados, padres de familia, y propietarios del pueblo que, bajo juramento testifiquen tener los comprendidos en el censo las calidades requeridas para ser sufragantes o electores.

Artículo 36. Obtenida por este medio la población total de la parroquia, se sabrá el elector o electores que le correspondan, y se formará una lista por ella de los ciudadanos que resulten con derecho a sufragio, y otras de los que estén hábiles para ser electores en la congregación capitular.

Artículo 37. Estas tres listas se llevarán por el comisionado a la Asamblea primaria o parroquial, para que los sufragantes, con conocimiento de ella, procedan a nombrar de los de la última lista el elector o electores que correspondan a aquella parroquia.

Artículo 38. Verificado esto, se presentará todo ello por el comisionado al cuerpo municipal del partido, para que sirva a formar el registro civil provisional, mientras por el Congreso no se establezca otra fórmula.

Artículo 39. El acto de elección parroquial y electoral será público, como es propio de un pueblo libre y virtuoso, y en él se procederá del modo siguiente.

Artículo 40. Los electores primarios o sufragantes parroquiales llevarán sus votos en persona, por escrito, o de palabra, al alcalde de cuartel o juez que se nombrare dentro del término de ocho días, desde aquél que se abriese la elección; y en el primero de noviembre se procederá al escrutinio ante el mismo juez, con seis personas respetables de la parroquia, a cuyas puertas se fijará la votación y su resultado.

Artículo 41. En las congregaciones electorales, dará su voto cada elector en un billete firmado, o en secreto a la voz al Presidente de la congregación que lo hará escribir en el acto, por el secretario, a presencia de dos testigos. Reunidos los votos en secreto, se practicará en público el escrutinio, formando lista por orden alfabético, y se leerán luego en voz alta los votos con el nombre de cada elector.

Artículo 42. Las dudas o dificultades que se susciten en las Asambleas primarias y electorales, sobre cualidades o formas, se decidirán en las primeras por el Presidente y sus asociados, y en las segundas por la misma congregación; pero de ambas podrá apelarse en último recurso a la legislatura provincial, sin que entre tanto se suspenda por eso el efecto de la elección respectiva.

Artículo 43. La Cámara de representantes, al principiar sus sesiones, elegirá para el tiempo que duraren estas, un Presidente y vicepresidente de sus miembros, que podrá mudar en caso de prórroga o convocación extraordinaria; también nombrará fuera de su seno el secretario y demás oficiales que juzgue necesarios para el desempeño de sus trabajos, siendo de su autoridad la asignación de sueldos o gratificaciones, de los referidos empleados.
Artículo 44. Todos los empleados de la Confederación están sujetos a la inspección de la Cámara de representantes en el desempeño de sus funciones, y por ella serán acusados ante el Senado de todos los casos de traición, colusión, o malversación, y éste admitirá, oirá, rechazará, y juzgará estas acusaciones, sin que puedan someterse a su juicio por otro órgano que el de la Cámara, a quien toca exclusivamente este derecho.

Sección III. Elección de los senadores

Artículo 45. El Senado de la Confederación lo compondrá por ahora un número de individuos, cuya proporción no pasará de la tercera, ni será menos de la quinta parte del número de los representantes: cuando éstos pasen de ciento, estará la proporción de aquéllos entre la cuarta y la quinta parte; y cuando doscientos, entre la quinta y la sexta.
Artículo 46. Este cálculo indica al presente, que debe haber de cada provincia un senador por cada setenta mil almas de todas condiciones, sexos y edades, con arreglo a los censos que rigen; pero siempre nombrará uno la que no llegue al número señalado y otro la que, deducida la cuota o cuotas de setenta mil, tenga un resido de treinta mil almas.
Artículo 47. El término de las funciones de senador será el de seis años, y cada dos se renovará el cuerpo por terceras partes, siendo los primeros a quienes toque este turno a los dos años de la primera reunión, los de las provincias que hubieren dado mayor número, y así sucesivamente, de modo que ninguno pase de los seis años asignados.
Artículo 48. La elección originaria y sucesiva en los años de turno, se hará por la legislatura provincial, según la forma que ellas se prescriban, pero con las condiciones de que: **Artículo** 49. Para ser senador ha de tener el elegido treinta años de edad, diez años de ciudadano avecindado en el territorio de Venezuela, inmediatamente antes de la elección, con las excepciones

comprendidas en el párrafo 16, y ha de gozar en él una propiedad de seis mil pesos.

Artículo 50. El Senado elegirá fuera de su seno un secretario y los demás oficiales y empleados que necesite, siendo privativa al mismo cuerpo la asignación de sueldos, ascensos y gratificaciones de estos empleados, y también un Presidente y vicepresidente, como previene el párrafo 43 para los representantes.

Artículo 51. Cuando vacare alguna plaza de senador por muerte, renuncia, u otra causa, durante el receso de la legislatura provincial a que corresponda la vacante, el Poder Ejecutivo de ella podrá nombrar interinamente quien la sirva hasta la próxima reunión de legislatura, en que habrá de proveerse en propiedad.

Sección IV. Funciones y facultades del Senado

Artículo 52. El Senado tiene todo el poder natural, e incidente de una Corte de Justicia para admitir, oír, juzgar y sentenciar a cualquiera de los empleados principales en servicio de la Confederación, acusados por la Cámara de representantes de felonía, mala conducta, usurpación o corrupción en el uso de sus funciones, arreglándose a la evidencia, y a la justicia de estos procedimientos, y prestando para ello un juramento especial sobre los Evangelios antes de empezar la actuación.

Artículo 53. También podrá juzgar y sentenciar a cualquiera otro de los empleados inferiores cuando, instruido de sus faltas o delitos, advierta omisión en sus respectivos jefes para hacerlo, precediendo siempre la acusación de la Cámara.

Artículo 54. Inmediatamente pasará al acusado copia legal de la acusación, y le señalará tiempo y lugar para evacuar juicio, sirviéndose para esto del ministro o comisionado que tenga a bien elegir, y teniendo consideración a la distancia en que resida el acusado y a la naturaleza del juicio que va a sufrir.

Artículo 55. Luego que haya tenido su efecto la citación y emplazamiento del Senado, compareciendo en fuerza de ella el acusado, se le oirán libremente las pruebas y testigos que presentare, y la defensa que hiciere por sí o por letrado; pero si por renuencia u omisión dejare de comparecer, examinará el Senado los cargos y pruebas que hayan contra él, y pronunciará un juicio tan válido y efectivo, como si el acusado hubiese comparecido y respuesto a la acusación.

Artículo 56. En estos juicios, si no hubiese letrado en el cuerpo del Senado, deberá éste citar para que dirija el juicio a alguno de los ministros de la Alta Corte de Justicia o a otro letrado de crédito que merezca su confianza, a los cuales solo se concederá voto consultivo en la materia.

Artículo 57. Para que puedan tener efecto y validación las sentencias pronunciadas por el Senado en estos juicios, han de concurrir precisamente a ellas las dos terceras partes de los votos de los senadores que se hallaren presentes en el número necesario para formar sesión constitucionalmente.

Artículo 58. Estas sentencias no tendrán otro efecto que el deponer al acusado de su empleo, en fuerza de la verdad conocida por averiguación previa, declarándolo incapaz de obtener cargo honorífico o lucrativo en la Confederación, sin que esto lo releve de ser ulteriormente perseguido, juzgado y sentenciado por los competentes Tribunales de Justicia.

Sección V. Funciones económicas y prerrogativas comunes a ambas cámaras

Artículo 59. La calificación de elecciones, calidades y admisión de sus respectivos miembros, será del resorte privativo de cada Cámara, como igualmente la resolución de las dudas que sobre esto puedan ocurrir. Del mismo modo podrán fijar el número constitucional para las sesiones, que nunca podrá ser menos de las dos terceras partes; y en todo caso el número existente, aunque sea menor, podrá compeler a los que falten a reunirse bajo las penas que ellas establecieren.

Artículo 60. El Presidente de cada una de las Cámaras será siempre el conducto por donde se verifiquen tanto estas medidas coactivas, como las demás convocaciones extraordinarias, que constitucionalmente exijan las circunstancias.

Artículo 61. El proceder de cada Cámara en sus sesiones, debates y deliberaciones será establecido por ellas mismas y bajo estas reglas podrá castigar a cualquiera de sus miembros que las infrinja, o que de otra manera se haga culpable, con las penas que establezca, hasta expelerlos de su seno cuando, reunidas las dos terceras partes de sus miembros, lo decida la unanimidad de los dos tercios presentes.

Artículo 62. Las Cámaras gozarán en el lugar de sus sesiones el derecho exclusivo de policía, y tendrán a sus órdenes inmediatas una guardia nacional capaz de mantener el decoro de su representación, y el sosiego, orden y libertad de sus resoluciones.

Artículo 63. En uso de este derecho podrán también castigar, con arresto que no exceda de treinta días, a cualquier individuo que desordenada y vilipendiosamente faltase al respeto en su presencia, o que amenazare de cualesquier modo atentar contra el Cuerpo o contra la persona o los bienes de alguno de sus individuos durante las sesiones, o yendo y viniendo a ellas por cualquier cosa que hubiese dicho o hecho en los debates, o que embarazase o perturbase sus deliberaciones, molestando y deteniendo a los oficiales o empleados de las Cámaras en la ejecución de sus órdenes, o que asaltase y detuviese cualquier testigo u otra persona citada y esperada por cualquiera de las dos Cámaras, o que pusiese en libertad a cualquiera persona detenida por ellas, conociendo y constándole ser tal.

Artículo 64. El proceder de cada Cámara constará solemnemente de un registro diario en que se asienten sus debates y resoluciones; de éstas se promulgarán las que no deban permanecer ocultas, según el acuerdo de cada una y siempre que lo reclame la quinta parte de los miembros presentes, deberán expresarse nominalmente los votos de sus individuos sobre toda moción o deliberación.

Artículo 65. Ninguna de las dos Cámaras, mientras se hallen reunidas, podrá suspender sus sesiones más de tres días, sin el consentimiento de la otra, ni emplazarse o citarse para otro lugar distinto de aquél en que residieren las dos sin el mismo consentimiento.

Artículo 66. Los representantes y senadores recibirán por sus servicios la indemnización que la ley les señale sobre los fondos comunes de la Confederación, computándose por el Congreso el tiempo que deben haber invertido en venir de sus domicilios al lugar de la reunión, y restituirse a ellos concluidas las sesiones.

Sección VI. Tiempo, lugar y duración de las sesiones legislativas de ambas cámaras

Artículo 67. El día quince de enero de cada año, se verificará la apertura del Congreso en la ciudad federal que está señalada por ley particular, y que nunca podrá ser la capital de ninguna provincia, y sus sesiones no podrán exceder del término ordinario de un mes; pero si se creyese necesario prorrogarlas extraordinariamente, deberá preceder una resolución expresa del Congreso, señalando un término definido que no podrá exceder tampoco de otro mes prorrogable del mismo modo; y si antes de concluirse cualquiera de estos determinados periodos hubiere dado evasión a los negocios que llamaron su atención, podrá terminar desde luego sus sesiones.

Artículo 68. Durante éstas, podrá también disolverse y emplazarse para otro tiempo y lugar, expresa y previamente designados, y el Poder Ejecutivo no podrá tener otra intervención en estas resoluciones, sino la de fijar, en caso de discordia entre las Cámaras, sobre el tiempo y lugar, un término que no exceda el mayor de la disputa para la reunión en el mismo lugar en que se encontraren entonces.

Artículo 69. La inmunidad personal de los representantes y senadores, en todos los casos, excepto los prevenidos en el párrafo 61, y los de traición o perturbación de la paz pública, se reduce a no poder ser aprisionados durante el tiempo que desempeñan sus funciones legislativas, y el que gastarán en venir a ellas o restituirse a sus domicilios, y no poder ser responsables de sus discursos u opiniones en otro lugar que en la Cámara en que los hubiesen expresado.

Artículo 70. Ninguno de ellos, durante el tiempo para que ha sido elegido, y aunque no esté en ejercicio de sus funciones, podrá aceptar empleos, ni cargo alguno civil que haya sido creado o aumentado en sueldos o emolumentos durante el tiempo de su autoridad legislativa.

Sección VII. Atribuciones especiales del Poder Legislativo

Artículo 71. El Congreso tendrá pleno poder y autoridad de levantar y mantener ejércitos para la defensa común y disminuirlos oportunamente; de construir, equipar y mantener una marina nacional; de formar reglamentos y ordenanzas para el gobierno, administración y disciplina de las referidas tropas de tierra y mar; de hacer reunir las milicias de todas las provincias o parte de ellas, cuando lo exija la ejecución de las leyes de la unión y sea necesario contener las insurrecciones y repeler las invasiones; de disponer la organización, armamento y disciplina de las referidas milicias y la administración y gobierno de la parte de ella que estuviere empleada en servicio del Estado, reservando a las provincias la nominación de sus respectivos oficiales, en la forma que prescribieren sus constituciones particulares y la facultad de dirigir, citar y ejecutar por sí mismas la enseñanza de la disciplina ordenada por el Congreso; de establecer y percibir toda suerte de impuestos, derechos y contribuciones que sean necesarios para sostener los ejércitos y escuadras, siempre que lo exijan la defensa y seguridad común y el bien general del Estado, con tal que las referidas contribuciones se impongan y perciban uniformemente en todo el territorio de la Confederación; de contraer deudas por medio de empréstito de dinero sobre el crédito del Estado; de reglar el comercio con las naciones extranjeras, determinando la cuota de sus contribuciones y la recaudación e inversión de sus productos en las exigencias comunes y para reglar el de las provincias entre sí; de disponer absolutamente del ramo del tabaco, moo y chimó, derechos de importación y exportación, reglando y dirigiendo en todas la inversión de los gastos y la recolección de los productos que han de entrar por ahora a la Tesorería nacional, como renta privilegiada de la Confederación y la más propia para servir a la defensa y seguridad común; de acuñar y batir moneda, determinar su valor y el de las extranjeras, introducir la de papel si fuere necesario y fijar uniformemente los pesos y medidas en toda la extensión de la Confederación; de arreglar y establecer las postas, correos generales del Estado y asignar la contribución para ellas y para designar los grandes caminos, dejando al cargo y deliberación de las provincias las ramificaciones secundarias que faciliten la comunicación de sus pueblos interiores entre sí y con las vías generales; de declarar la guerra y hacer la paz, conceder en todo tiempo patentes de corso y de represalias y establecer reglamentos para presas de tierra y de mar; sea para conocer y decidir sobre su legalidad, como para determinar el modo con que deban dividirse y emplearse; de hacer leyes sobre el modo de juzgar y castigar las piraterías y todos los atentados cometidos en alta mar contra el derecho de gentes; de constituir tribunales inferiores que conozcan de los asuntos propios de la Confederación en todo el territorio del Estado, bajo la autoridad y jurisdicción del Supremo Tribunal de Justicia y detallar los agentes subalternos del Poder Ejecutivo en el mismo territorio que no expresare esta Constitución; de establecer una forma permanente de naturalización en todas las provincias de la Unión, y leyes sobre las bancarrotas; de formar las relativas al castigo de los falsificadores de efectos públicos y de la moneda corriente del Estado; de ejercer su derecho exclusivo de legislación en todos los casos, sobre toda suerte de objetos del resorte legislativo, federal o provincial en el lugar donde, por consentimiento de los representantes de los pueblos que componen y se unieren a la Confederación, se determinare fijar en último resorte la residencia del Gobierno federal; de examinar todas las leyes que formasen las legislaturas provinciales y exponer su dictamen sobre si oponen o no a la autoridad de la Confederación; y de hacer todas las leyes y ordenanzas que sean necesarias y propias a poner en ejecución los poderes antecedentes y todos los otros concedidos por esta Constitución al Gobierno de los Estados Unidos.

Capítulo III. Del Poder Ejecutivo

Sección I. De su naturaleza, cualidades y duración

Artículo 72. El Poder Ejecutivo constitucional de la Confederación residirá en la ciudad federal depositado en tres individuos elegidos popularmente, y los que lo fueren deberán tener las cualidades siguientes.

Artículo 73. Han de ser nacidos en el continente colombiano o sus islas (llamado antes América Española), y han de haber residido en el territorio de la unión diez años, inmediatamente antes de ser elegidos, con las excepciones prevenidas en el párrafo 16, sobre residencia y domicilio para los representantes, debiendo además gozar alguna propiedad de cualquiera clase en bienes libres.

Artículo 74. No están excluidos de la elección los nacidos en la península española e Islas Canarias que, hallándose en Venezuela al tiempo de su independencia política, la reconocieron, juraron y contribuyeron a sostenerla, y que tengan además la propiedad y años de residencia prescriptos en el anterior párrafo.

Artículo 75. La duración de sus funciones será de cuatro años, y al cabo de ellos serán reemplazados los tres individuos del Poder Ejecutivo, en la misma forma que ellos fueron elegidos.

Sección II. Elección del Poder Ejecutivo

Artículo 76. Luego que se hallen reunidas el día quince de noviembre cada cuatro años, las congregaciones electorales que para la elección de representantes designa el párrafo 22, y hayan hecho la de éstos, procederán el día siguiente a dar su voto los mismos electores, por escrito o de palabra, para los individuos que han de componer el Poder Ejecutivo federal.

Artículo 77. Cada elector nombrará tres personas de las cuales una, cuando menos, ha de ser habitante de otra provincia distinta de la en que vota.

Artículo 78. Concluida la votación, verificado el cálculo y escrutinio y publicado en voz alta como en la elección de representantes, se formarán con distinción las listas de las personas en quienes se hubiere votado para miembros del Poder Ejecutivo, con expresión del número de votos que cada uno hubiese obtenido.

Artículo 79. Estas listas se firmarán y certificarán por el Presidente, electores y secretario de las respectivas congregaciones y se remitirán cerradas y selladas al Presidente que fuere del Senado de la Confederación.

Artículo 80. Luego que éste las haya recibido, las abrirá todas a presencia del Senado y Cámara de representantes, que a este fin se hallarán reunidos en una sala para contar los votos.

Artículo 81. Las tres personas que hubieran reunido mayor número de votos para miembros del Poder Ejecutivo lo serán, si el tal número compusiese las tres mayorías del número total de los electores presentes en todas las congregaciones del Estado; si ninguno hubiese obtenido esta mayoría, se tomarán entonces las nueve personas que hubiesen reunido mayor número de votos, y de ellos escogerá tres por cédulas la Cámara de representantes para componer el Poder Ejecutivo que lo serán aquellas que obtuvieren una mayoría de la mitad de los miembros de la Cámara que se hallaren presentes a la elección.

Artículo 82. Si ninguno obtuviese esta mayoría, escogerá el Senado por cédula tres de entre las seis personas que hubiesen sacado más votos en la

Cámara, y quedarán elegidos los que reúnan mayor número en el Senado. Todas estas operaciones de las Cámaras se harán también cuando, no los tres, sino uno o dos, sean los que no hayan obtenidos la mayoría absoluta, escogiéndose en tales casos el número doble o triple que está designado para los tres, en su proporción respectiva.

Artículo 83. El ascendiente y descendiente en línea recta, los hermanos, el tío y el sobrino, los primos hermanos y los aliados por afinidad en los referidos grados, no podrán ser a un mismo tiempo miembros del Poder Ejecutivo. En caso de resultar electos dos parientes en los grados insinuados, quedará excluido el que hubiere obtenido menor número de votos; y en caso de igualdad, decidirá la suerte la exclusión.

Artículo 84. El que obtenga en el cálculo de ambas Cámaras la mayoría más inmediata a las tres requeridas para los miembros del Poder Ejecutivo, se tendrá por elegido para lugarteniente de éste, en las ausencias, enfermedades, muerte, renuncia o deposición de algunos de los miembros; y si resultasen dos con igualdad de votos, sorteará la Cámara el que haya de quedar en este caso.

Artículo 85. Cuando por alguna de las causas indicadas faltase alguno de los miembros del Poder Ejecutivo, y entrase en su lugar el teniente de que habla el párrafo anterior, se entenderá nombrado desde luego para reemplazarle el que hubiese obtenido en las elecciones la inmediata mayoría de votos, que valdrá del mismo modo a los demás en las faltas y reemplazos sucesivos.

Sección III. Atribuciones del Poder Ejecutivo

Artículo 86. El Poder Ejecutivo tendrá, en toda la Confederación, el mando supremo de las armas de mar y tierra, y las milicias nacionales cuando se hallen en servicio de la nación.

Artículo 87. Podrá pedir, y deberán darle los principales oficiales del resorte ejecutivo en todos sus ramos, cuantos informes necesitare, por escrito o de palabra, relativos a la buena administración general del Estado y desempeño de la confianza respectiva que depositare en los empleados públicos de todas clases.

Artículo 88. En favor y amparo de la humanidad podrá perdonar y mitigar la pena, aunque sea capital, en los crímenes de Estado, y no en otros; pero debe consultar al Poder Judicial expresándole las razones de conveniencia política que le inducen a ello, y solo podrá tener efecto el perdón o conmutación cuando sea favorable el dictamen de los jueces que hayan actuado en el proceso.

Artículo 89. Solo en el caso de injusticia evidente y notoria, que irrogue perjuicio irreparable, podrá rechazar y dejar sin efecto las sentencias que le pase el Poder Judicial; pero cuando por solo su dictamen crea que éstas son contrarias a la ley, deberá pasar en consulta sus reparos al Senado, cuando esté reunido, o a la comisión que él dejará autorizada en su receso, para ocurrir a estos casos.

Artículo 90. El Senado o sus delegados en estas consultas, servirán de jueces y pronunciarán sobre ellas definitivamente, declarando si tiene lugar o no la negativa del Poder Ejecutivo al cumplimiento de la sentencia, que deberá ejecutarse en el segundo caso inmediatamente, y en el primero devolverse al Poder Judicial para que, asociado con dos miembros más, elegidos por el Senado o su comisión, se vea la causa y reforme dicha sentencia.

Artículo 91. Pero si la sentencia hubiese recaído sobre acusación hecha por la Cámara de representantes, solo podrá el Poder Ejecutivo suspenderla hasta la próxima reunión del Congreso, a quien solo compete en estos casos el perdón o relajamiento de la pena.

Artículo 92. Cuando una urgente utilidad y seguridad pública lo exijan, podrá el Poder Ejecutivo decretar y publicar indultos generales durante el receso del Congreso.

Artículo 93. Con previo aviso, Consejo y conocimiento del Senado, sancionado por el voto de las dos terceras partes de los senadores, que se hallaren presentes en número constitucional, podrá el Poder Ejecutivo concluir tratados y negociaciones con otras potencias o Estados extraños a esta Confederación.

Artículo 94. Bajo las mismas condiciones y requisitos nombrará los embajadores, enviados, cónsules y ministros, los jueces de la Alta Corte de Justicia, y todos los demás oficiales y empleados en el Gobierno del Estado, que no estén expresamente indicados en la Constitución o por alguna ley establecida, o que se establezca por el Congreso.

Artículo 95. Por leyes particulares podrá éste descargar al Poder Ejecutivo y al Senado del ímprobo trabajo de nombrar todos los subalternos del Gobierno, sometiendo su nombramiento a solo el Poder Ejecutivo, a las Cortes de Justicia o a los jefes de los varios ramos de administración según lo estimare conveniente.

Artículo 96. También necesitará el Poder Ejecutivo del previo aviso, Consejo y consentimiento del Senado para conceder grados militares y otras recompensas honoríficas, compatibles con la naturaleza del gobierno, aunque sea por acciones de guerra u otros servicios importantes; y si estas recompensas fuesen pecuniarias deberá preceder el consentimiento de la Cámara de representantes para su concesión.

Artículo 97. Pero durante el receso del Senado, podrá el Poder Ejecutivo proveer por sí solo los empleos que vacasen, concediéndolos como en comisión hasta la sesión siguiente, si antes no se reuniese por acaso el Senado.

Artículo 98. Por sí solo podrá el Poder Ejecutivo elegir y nombrar los sujetos que han de servir las secretarías que el Poder Legislativo haya creído necesarias para el despacho de todos los ramos del Gobierno federal, y nombrará también los oficiales y empleados en ellas cuando sean ciudadanos de la Confederación; pero no siéndolo, deberá consultar y seguir el dictamen y deliberación del Senado en semejantes nombramientos.

Artículo 99. Como consecuencia de esta facultad podrá removerlos también de sus destinos cuando lo juzgue conveniente; pero si esta remoción la hiciere no por faltas o crímenes indecorosos, sino por ineptitud, incapacidad u otros defectos compatibles con la inocencia e integridad, deberá entonces recomendar al Congreso el mérito anterior de estos empleados, para que sean recompensados e indemnizados competentemente en otros destinos, con utilidad de la nación.

Sección IV. Deberes del Poder Ejecutivo

Artículo 100. El Poder Ejecutivo, conformándose a las leyes y resoluciones que en varias ocurrencias le comunique el Congreso, proveerá con todos los recursos del resorte de su autoridad, a la seguridad interior y exterior del Estado, dirigiendo para esto proclamas a los pueblos del interior, intimaciones, órdenes y todo cuanto crea conveniente.

Artículo 101. Aunque por una consecuencia de estos principios puede hacer una guerra defensiva para repeler cualquier ataque imprevisto, no podrá continuarla sin el consentimiento del Congreso, que convocará inmediatamente, si no se hallare reunido, y nunca podrá, sin este consentimiento, hacer guerra fuera del territorio de la Confederación.

Artículo 102. Todos los años presentará al Congreso, en sus dos Cámaras, una razón circunstanciada del estado de la nación en sus rentas, gastos y recursos, indicándole las reformas que deban hacerse en los ramos de la administración pública, y todo lo demás que en general deba tomarse en consideración por las Cámaras, sin presentarle nunca proyectos de ley, formados o redactados como tales.

Artículo 103. En todo tiempo dará también a las Cámaras las cuentas, informes e ilustraciones que por ellas se le pidan, pudiendo reservar las que por entonces no sean de publicar, y en igual caso podrá reservar también del conocimiento de la Cámara de representantes, aquellas negociaciones o tratados secretos que hubiere entablado con aviso, Consejo y consentimiento del Senado.

Artículo 104. En toda ocurrencia extraordinaria deberá convocar al Congreso, o a una de sus Cámaras, y en caso de diferencia entre ellas sobre la época de su emplazamiento, podrá fijarles un término para su reunión, como se previene en el párrafo 68.

Artículo 105. Será uno de sus principales deberes velar sobre la exacta, fiel e inviolable ejecución de las leyes; y para esto y cualquiera otra medida del resorte de su autoridad, podrá delegarla en los oficiales y empleados del Estado que se estimare conveniente al mejor desempeño de esta importante obligación.

Artículo 106. Para los mismos fines, y arreglándose a la forma que prescribiere el Congreso, podrá el Poder Ejecutivo comisionar, cerca de los tribunales y cortes de Justicia de la Confederación, agentes o delegados para requerirlas sobre la observancia de las formas legales y exacta aplicación de las leyes antes de terminarse los juicios, comunicando al Congreso las reformas que crea necesarias, según el informe de estos comisionados.

Artículo 107. El Poder Ejecutivo, como Jefe permanente del Estado, será el que reciba, a nombre suyo, los embajadores y demás enviados y ministros públicos de las naciones extranjeras.

Sección V. Disposiciones generales relativas al Poder Ejecutivo

Artículo 108. Los Poderes Ejecutivos provinciales o los jefes encargados del Gobierno de las provincias, serán en ellas los agentes naturales e inmediatos del Poder Ejecutivo federal, para todo aquello que por el Congreso General no estuviere cometido a empleados particulares en los ramos de Marina, Ejército y Hacienda nacional, en los puertos y plazas de las provincias.

Artículo 109. Inmediatamente que el Poder Ejecutivo o alguno de sus miembros sean acusados y convencidos, ante el Senado, de traición, venalidad o usurpación, serán desde luego destituidos de sus funciones y sujetos a las consecuencias de este juicio que se expresan en el párrafo 58.

Capítulo IV. Del Poder Judicial

Sección I. Naturaleza, elección y duración de este poder

Artículo 110. El Poder Judicial de la Confederación estará depositado en una Corte Suprema de Justicia, residente en la ciudad federal, y los demás tribunales subalternos y juzgados inferiores que el Congreso estableciere temporalmente en el territorio de la unión.

Artículo 111. Los ministros de la Corte Suprema de justicia y los de las demás Cortes subalternas, serán nombrados por el Poder Ejecutivo en la forma prescripta en el párrafo 94.

Artículo 112. El Congreso señalará y determinará el número de ministros que deben componer las Cortes de Justicia, con tal que los elegidos sean de edad de treinta años para la suprema y de veinticinco para las demás, y tengan las calidades de vecindad, concepto, probidad, y sean abogados recibidos en el Estado.

Artículo 113. Todos ellos conservarán sus empleos por el tiempo que no se hagan incapaces de continuar en ellos por su mala conducta.

Artículo 114. En periodos fijos determinados por la ley, recibirán por este servicio los sueldos que se les asignaren y que no podrán ser en manera alguna disminuidos, mientras permanecieren en sus respectivas funciones.

Sección II. Atribuciones del Poder Judicial

Artículo 115. El Poder Judicial de la Confederación estará circunscrito a los casos cometidos por ella, y son: todos los asuntos contenciosos, civiles o criminales que se deriven del contenido de esta Constitución; los tratados o negociaciones hechas bajo su autoridad; todo lo concerniente a embajadores, ministros y cónsules; los asuntos pertenecientes a almirantazgo y jurisdicción marítima; las diferencias en que el Estado federal tenga o sea parte; las que se susciten entre dos o más provincias; entre una provincia y uno o muchos ciudadanos de otra; entre ciudadanos de una misma provincia que disputaren tierras concedidas por diferentes provincias; entre una provincia o ciudadanos de ella y otros Estados, ciudadanos o vasallos extranjeros.

Artículo 116. En estos casos ejercerá su autoridad la Suprema Corte de Justicia por apelación, según las reglas y excepciones que le prescribiere el Congreso; pero en todos los concernientes a embajadores, ministros y cónsules y en los que alguna provincia fuere parte interesada, la ejercerá exclusiva y originalmente.

Artículo 117. Todos los juicios criminales ordinarios que no se deriven del derecho de acusación concedido a la Cámara de representantes por el párrafo 44, se terminarán por jurados luego que se establezca en Venezuela este sistema de legislación criminal, cuya actuación se hará en la misma provincia en que se hubiese cometido el delito; pero cuando el crimen sea fuera de los límites de la Confederación contra el derecho de gentes, determinará el Congreso por una ley particular el lugar en que haya de seguirse el juicio.

Artículo 118. La Suprema Corte de Justicia tendrá el derecho exclusivo de examinar, aprobar y expedir títulos a todos los abogados de la Confederación que acrediten sus estudios con testimonio de su respectivo gobierno; y los que los obtengan en esta forma, estarán autorizados para abogar en toda ella, aun donde haya colegios de abogados, cuyos privilegios exclusivos para actuación quedan derogados, y tendrán opción a los empleos y comisiones propias de esta profesión, siendo presentados los referidos títulos al Poder Ejecutivo de la Unión, antes de ejercerla, para que les ponga el correspondiente pase; lo que igualmente se practicará con los abogados que habiendo sido recibidos fuera de Venezuela, quieran abogar en ella.

Capítulo V. De las provincias

Sección I. Límites de la autoridad de cada una

Artículo 119. Ninguna provincia particular puede ejercer acto alguno que corresponda a las atribuciones concedidas al Congreso y al Poder Ejecutivo de la Confederación, ni hacer ley que comprometa los contratos generales de ella.

Artículo 120. Por consiguiente, ni dos ni más provincias pueden formar alianzas o Confederaciones entre sí, ni concluir tratados particulares sin el consentimiento del Congreso; y para obtenerlo deben especificarle el fin, términos y duración de esos tratados o convenciones particulares.

Artículo 121. Tampoco pueden sin los mismos requisitos y consentimiento, levantar ni mantener tropas o bajeles de guerra en tiempos de paz, ni entablar o concluir pactos, estipulaciones, ni convenios con ninguna potencia extranjera.

Artículo 122. De los mismos requisitos y anuencia necesitan para poder establecer derechos de tonelada, importación y exportación al comercio extranjero en sus respectivos puertos y al comercio interior y de cabotaje entre sí; pues que las leyes generales de la Unión deben procurar uniformarlo en la libertad de toda suerte de trabas funestas a su prosperidad.

Artículo 123. Sin los mismos requisitos y consentimiento no podrán emprender otra guerra que la puramente defensiva en un ataque repentino o riesgo inminente, e inevitable de ser atacadas, dando inmediatamente parte de estas ocurrencias al Gobierno federal, para que provea a ellas oportunamente.

Artículo 124. Para que las leyes particulares de las provincias no puedan nunca entorpecer la marcha de las federales, se someterán siempre al juicio del Congreso antes de tener fuerza y valor de tales en sus respectivos departamentos, pudiéndose, entre tanto, llevar a ejecución mientras las revisa el Congreso.

Sección II. Correspondencia recíproca entre sí

Artículo 125. Los actos públicos de todas clases y las sentencias judiciales sancionadas por los poderes, magistrados y jueces de una provincia, tendrán entera fe y crédito en todas las demás conforme a las leyes generales que el Congreso estableciere para el uniforme e invariable efecto de estos actos y documentos.

Artículo 126. Todo hombre libre de una provincia, sin nota de vago o reato judicial, gozará en las demás de todos los derechos de ciudadano libre de ellas; y los habitantes de la una, tendrán libre y franca la entrada y salida en las otras, y gozarán en ellas de todas las ventajas y beneficios de su industria, comercio e instrucción, sujetándose a las leyes, impuestos y restricciones del territorio en que se hallaren, con tal que estas leyes no se dirijan a impedir la traslación de una propiedad introducida en una provincia, para cualquiera de las otras que quisiere el propietario.

Artículo 127. Las provincias, a requerimiento de sus respectivos Poderes Ejecutivos, se entregarán recíprocamente cualquiera de los reos acusados de crimen de Estado, hurto, homicidio u otros graves, refugiados en ellas, para que sean juzgados por la autoridad provincial a que corresponda.

Sección III. Aumento sucesivo de la Confederación

Artículo 128. Luego que libres de la opresión que sufren las provincias de Coro, Maracaibo y Guayana, puedan y quieran unirse a la Confederación, serán admitidas a ella, sin que la violenta separación en que a su pesar y el nuestro han permanecido, pueda alterar para con ellas los principios de igualdad, justicia y fraternidad de que gozarán, desde luego, como todas las demás provincias de la Unión.

Artículo 129. Del mismo modo, y bajo los mismos principios serán también admitidas e incorporadas cualesquiera otras del continente colombiano (antes América española) que quieran unirse bajo las condiciones y garantías necesarias para fortificar la Unión con el aumento y enlace de sus partes integrantes.

Artículo 130. Aunque el conocimiento, examen y resolución de estas materias y cualesquiera otras que tengan relación con ellas, es del exclusivo resorte del Congreso, durante el tiempo de su receso podrá el Poder Ejecutivo promover y ejecutar cuanto convenga a los progresos de la Unión, bajo las reglas que para ello le prescribiere el Congreso.

Artículo 131. A éste toca también conocer exclusivamente de la formación o establecimiento de nuevas provincias en la Confederación, ya sea por división del territorio de otra, o por la reunión de dos o más, o de partes de cada una de ellas; pero nunca quedará concluido el establecimiento sin el acuerdo y consentimiento del Congreso y de las provincias interesadas en la reunión o división.

Artículo 132. El Congreso será igualmente árbitro para disponer de todo el territorio y propiedad del Estado bajo las leyes, reglamentos y ordenanzas que para ello expidiere, con tal que en ellas no se altere, ni interprete parte alguna de esta Constitución, de modo que dañe a los intereses generales de la Unión, o a los particulares de las provincias.

Sección IV. Mutua garantía de las provincias entre sí

Artículo 133. El Gobierno de la Unión asegura y garantiza a las provincias, la forma de gobierno republicano que cada una de ellas adoptare para la administración de sus negocios domésticos, sin aprobar Constitución alguna provincial que se oponga a los principios liberales, y francos de representación admitidos en ésta, ni consentir que en tiempo alguno se establezca otra forma de Gobierno en toda la Confederación.

Artículo 134. También afianza a las mismas provincias su libertad e independencia recíprocas en la parte de su soberanía que se han reservado; y, siendo justo y necesario, protegerá y auxiliará a cada una de ellas contra toda invasión o violencia doméstica, con la plenitud de poder y fuerza que se le confía para la conservación de la paz y seguridad general; siempre que fuere requerido para ello por la legislatura provincial o por el Poder Ejecutivo cuando el Legislativo no estuviere reunido, ni pudiere ser convocado.

Capítulo VI. Revisión y reforma de la Constitución

Artículo 135. En todos los casos en que las dos terceras partes de cada una de las Cámaras del Congreso, o de las legislaturas provinciales se propusieren y aprobaren original y recíprocamente algunas reformas o alteraciones que crean necesarias en esta Constitución, se tendrán éstas por válidas y harán desde entonces parte de la misma Constitución.

Artículo 136. Ya provenga la reforma del Congreso o de las legislaturas, permanecerán los artículos sometidos a la reforma en toda su fuerza y vigor, hasta que uno de los cuerpos autorizado para ella, haya aprobado y sancionado lo propuesto por el otro en la forma prevenida en el párrafo anterior.

Capítulo VII. Sanción o ratificación de la Constitución

Artículo 137. El pueblo de cada provincia por medio de convenciones particulares, reunidas expresamente para el caso o por el órgano de sus electores capitulares, autorizados determinadamente al intento, o por la voz de los sufragantes parroquiales que hayan formado las Asambleas primarias para la elección de representantes, expresará solemnemente su voluntad libre y espontánea de aceptar, rechazar o modificar en todo o en parte esta Constitución.

Artículo 138. Leída la presente Constitución a las corporaciones que hubiere hecho formar cada Gobierno provincial, según el artículo anterior, para su aprobación, y verificada ésta con las modificaciones o alteraciones que ocurrieren por pluralidad, se jurará su observancia solemnemente y se procederá dentro del tercer día a nombrar los funcionarios que les correspondan de los poderes que formen la Representación nacional, cuya elección se hará en todo caso por los electores que van designados.

Artículo 139. El resultado de ambas operaciones se comunicará por las respectivas municipalidades al Gobierno de su provincia, para que presentándolo al Congreso cuando se reúna, se resuelva por él lo conveniente.

Artículo 140. Las provincias que se incorporen de nuevo a la Confederación llenarán, en su oportunidad, estas mismas formalidades; aunque el no hacerlo ahora por causas poderosas o insuperables, no será obstáculo para reunirse en el momento en que sus gobiernos lo pidan por comisionados o delegados al Congreso, cuando esté reunido, o al Poder Ejecutivo durante el receso.

Capítulo VIII. Derechos del hombre que se reconocerán y respetarán en toda la extensión del Estado

Sección I. Soberanía del pueblo

Artículo 141. Después de constituidos los hombres en sociedad, han renunciado a aquella libertad ilimitada y licenciosa a que fácilmente los conducían sus pasiones, propia solo del estado salvaje. El establecimiento de la sociedad presupone la renuncia de estos derechos funestos, la adquisición de otros más dulces y pacíficos, y la sujeción a ciertos deberes mutuos.

Artículo 142. El pacto social asegura a cada individuo el goce y posesión de sus bienes, sin lesión del derecho que los demás tengan a los suyos.

Artículo 143. Una sociedad de hombres reunidos bajo unas mismas leyes, costumbres y gobierno, forma una soberanía.

Artículo 144. La soberanía de un país, o supremo poder de reglar y dirigir equitativamente los intereses de la comunidad reside, pues, esencial y originariamente, en la masa general de sus habitantes y se ejercita por medio de apoderados o representantes de éstos, nombrados y establecidos conformes a la Constitución.

Artículo 145. Ningún individuo, ninguna familia, ninguna porción o reunión de ciudadanos, ninguna corporación particular, ningún pueblo, ciudad o partido, puede atribuirse la soberanía de la sociedad, que es imprescriptible, inenajenable e indivisible en su esencia y origen, ni persona alguna podrá ejercer cualquiera función pública del Gobierno, si no la ha obtenido por la Constitución.

Artículo 146. Los magistrados y oficiales del gobierno, investidos de cualquiera especie de autoridad, sea en el departamento Legislativo, en el Ejecutivo o en el Judicial, son de consiguiente meros agentes y representantes del pueblo en las funciones que ejercen, y en todo tiempo responsables a los hombres o habitantes, de su conducta pública por vías legítimas y constitucionales.

Artículo 147. Todos los ciudadanos tienen derecho indistintamente a los empleos públicos, del modo, en las formas y con las condiciones prescriptas por la ley, no siendo aquéllos la propiedad exclusiva de alguna clase de hombres en particular; y ningún hombre, corporación o asociación de hombres, tendrá otro título para obtener ventajas y consideraciones particulares, distintas de las de los otros en la opción a los empleos que forman una carrera pública, sino el que proviene de los servicios hechos al Estado.

Artículo 148. No siendo estos títulos ni servicios en manera alguna hereditarios por la naturaleza, ni transmisibles a los hijos, descendientes u otras relaciones de sangre, la idea de un hombre nacido magistrado, legislador, juez, militar o empleado de cualquiera suerte, es absurda y contraria a la naturaleza.

Artículo 149. La ley es la expresión libre de la voluntad general o de la mayoría de los ciudadanos, indicada por el órgano de sus representantes legalmente constituidos. Ella se funda sobre la justicia y la utilidad común, y ha de proteger la libertad pública e individual contra toda opresión o violencia.

Artículo 150. Los actos ejercidos contra cualquiera persona fuera de los casos y contra las formas que la ley determina, son inicuos y si por ellos se usurpa la autoridad constitucional o la libertad del pueblo, serán tiránicos.

Sección II. Derechos del hombre en sociedad

Artículo 151. El objeto de la sociedad es la felicidad común, y los Gobiernos han sido instituidos para asegurar al hombre en ella, protegiendo la mejora y perfección de sus facultades físicas y morales, aumentando la esfera de sus goces y procurándoles el más justo y honesto ejercicio de sus derechos.

Artículo 152. Estos derechos son la libertad, la igualdad, la propiedad y la seguridad.

Artículo 153. La libertad es la facultad de hacer todo lo que no daña los derechos de otros individuos, ni al cuerpo de la sociedad, cuyos límites solo pueden determinarse por la ley, porque de otra suerte serían arbitrarios y ruinosos a la misma libertad.

Artículo 154. La igualdad consiste en que la ley sea una misma para todos los ciudadanos, sea que castigue o que proteja. Ella no reconoce distinción de nacimiento, ni herencia de poderes.

Artículo 155. La propiedad es el derecho que cada uno tiene de gozar y disponer de los bienes que haya adquirido con su trabajo e industria.

Artículo 156. La seguridad existe en la garantía y protección que da la sociedad a cada uno de sus miembros sobre la conservación de su persona, de sus derechos y de sus propiedades.

Artículo 157. No se puede impedir lo que no está prohibido por la ley y ninguno podrá ser obligado a hacer lo que ella no prescribe.

Artículo 158. Tampoco podrán los ciudadanos ser reconvenidos en juicio, acusados, presos ni detenidos, sino en los casos y en las formas determinadas por la ley; y el que provocare, solicitare, expidiere, suscribiere, ejecutare o hiciere ejecutar órdenes y actos arbitrarios, deberá ser castigado; pero todo ciudadano que fuese llamado o aprehendido en virtud de la ley, debe obedecer al instante, pues se hace culpable por la resistencia.

Artículo 159. Todo hombre debe presumirse inocente hasta que no haya sido culpable con arreglo a las leyes; y si entre tanto se juzga indispensable asegurar su persona, cualquier rigor que no sea para esto sumamente necesario, debe ser reprimido.

Artículo 160. Ninguno podrá ser juzgado, ni condenado al sufrimiento de alguna pena en materias criminales, sino después que haya sido oído legalmente. Toda persona en semejantes casos, tendrá derecho para pedir el motivo de la acusación intentada contra ella y conocer de su naturaleza para ser confrontada con sus acusadores, y testigos contrarios, para producir otros en su favor y cuantas pruebas puedan serle favorables dentro de términos regulares, por sí, por su poder o por defensor de su elección, y ninguna será compelida, ni forzada en ninguna causa a dar testimonio contra sí misma, como tampoco los ascendientes y descendientes, ni los colaterales, hasta el cuarto grado de consanguinidad y segundo de afinidad.

Artículo 161. El Congreso, con la brevedad posible, establecerá por una ley detalladamente el juicio por jurados para los casos criminales y civiles, a que comúnmente se aplica en otras naciones, con todas las formas propias de este procedimiento, y hará entonces las declaraciones que aquí correspondan en favor de la libertad y seguridad personal, para que sean parte de ésta y se observen en todo el Estado.

Artículo 162. Toda persona tiene derecho a estar segura de que no sufrirá pesquisa alguna, registro, averiguación, capturas o embargos irregulares e indebidos de su persona, su casa y sus bienes; y cualquiera orden de los magistrados para registrar lugares sospechosos sin probabilidad de algún hecho grave que los exija, ni expresa designación de los referidos lugares, o para apoderarse de alguna o algunas personas y de sus propiedades, sin nombrarlas, ni indicar los motivos del procedimiento, ni que haya precedido testimonio o deposición jurada de personas creíbles, será contraria a aquel derecho, peligrosa a la libertad y no deberá expedirse.

Artículo 163. La casa de todo ciudadano es un asilo inviolable. Ninguno tiene derecho de entrar en ella, sino en los casos de incendio, inundación o reclamación que provenga del interior de la misma casa, o cuando lo exija algún procedimiento criminal conforme a las leyes, bajo la responsabilidad de las autoridades constituidas que expidieren los decretos; las visitas domiciliarias y ejecuciones civiles solo podrán hacerse de día, en virtud de la ley, y con respecto a la persona y objetos expresamente indicados en el acta que ordenare la visita o la ejecución.

Artículo 164. Cuando se acordaren por la pública autoridad semejantes actos, se limitarán éstos a la persona y objetos expresamente indicados en el decreto en que se ordena la visita y ejecución, el cual no podrá extenderse al registro y examen de los papeles particulares, pues éstos deben mirarse como inviolables; igualmente que las correspondencias epistolares de todos los ciudadanos que no podrán ser interceptadas por ninguna autoridad, ni tales documentos probarán nada en juicio, sino es que se exhiban por la misma persona a quien se hubiesen dirigido por su autor y nunca por otra tercera, ni por el reprobado medio de la interceptación. Se exceptúan los delitos de alta traición contra el Estado, el de falsedad y demás que se cometen y ejecuten precisamente por la escritura, en cuyo caso se procederá al registro, examen y aprehensión de tales documentos con arreglo a lo dispuesto por las leyes.

Artículo 165. Todo individuo de la sociedad, teniendo derecho a ser protegido por ella en el goce de su vida, de su libertad y de sus propiedades con arreglo a las leyes, está obligado por consiguiente a contribuir por su parte para las expensas de esta protección y a prestar sus servicios personales o un equivalente de ellos cuando sea necesario; pero ninguno podrá ser privado de la menor porción de su propiedad, ni ésta podrá aplicarse a usos públicos, sin su propio consentimiento o el de los cuerpos legislativos representantes del pueblo; y cuando alguna pública necesidad legalmente comprobada exigiere que la propiedad de algún ciudadano se aplique a usos semejantes, deberá recibir por ella una justa indemnización.

Artículo 166. Ningún subsidio, carga, impuesto, tasa o contribución podrá establecerse, ni cobrarse, bajo cualquiera pretexto que sea, sin el consentimiento del pueblo expresado por órgano de sus representantes. Todas las contribuciones tienen por objeto la utilidad general y los ciudadanos el derecho de vigilar sobre su inversión y de hacerse dar cuenta de ellas por el referido conducto.

Artículo 167. Ningún género de trabajo, de cultura, de industria o de comercio serán prohibidos a los ciudadanos, excepto aquéllos que ahora forman la subsistencia del Estado, que después oportunamente se libertarán cuando el Congreso lo juzgue útil y conveniente a la causa pública.

Artículo 168. La libertad de reclamar cada ciudadano sus derechos ante los depositarios de la autoridad pública, con la moderación y respeto debidos, en ningún caso podrá impedirse ni limitarse. Todos, por el contrario, deberán hallar un remedio pronto y seguro, con arreglo a las leyes, de las injurias y daños que sufrieren en sus personas, en sus propiedades, en su honor y estimación.

Artículo 169. Todos los extranjeros, de cualquiera nación que sean, se recibirán en el Estado. Sus personas y propiedades gozarán de la misma seguridad que las de los demás ciudadanos, siempre que respeten la religión católica, única del país y que reconozcan la independencia de estos pueblos, su soberanía y las autoridades constituidas por la voluntad general de sus habitantes.

Artículo 170. Ninguna ley criminal, ni civil, podrá tener efecto retroactivo, y cualquiera que se haga para juzgar o castigar acciones cometidas antes que ella exista, será tenida por injusta, opresiva e inconforme con los principios fundamentales de un gobierno libre.

Artículo 171. Nunca se exigirán cauciones excesivas, ni se impondrán penas pecuniarias desproporcionadas con los delitos, ni se condenarán los hombres a castigos crueles, ridículos y desusados. Las leyes sanguinarias deben disminuirse, como que su frecuente aplicación es inconducente a la salud del Estado y no menos injusta que impolítica, siendo el verdadero designio de los castigos, corregir y no exterminar el género humano.

Artículo 172. Todo tratamiento que agrave la pena determinada por ley, es un delito.
Artículo 173. El uso de la tortura queda abolido perpetuamente.
Artículo 174. Toda persona que fuere legalmente detenida o presa, deberá ponerse en libertad luego que dé caución o fianza suficiente, excepto en los casos en que haya pruebas evidentes, o grande presunción de delitos capitales. Si la prisión proviene de deudas y no hubiere evidencia o vehemente presunción de fraude, tampoco deberá permanecer en ella, luego que sus bienes se hayan puesto a la disposición de sus respectivos acreedores, conforme a las leyes.
Artículo 175. Ninguna sentencia pronunciada por traición contra el Estado o cualquiera otro delito, arrastrará infamia a los hijos y descendientes del reo.
Artículo 176. Ningún ciudadano de las provincias del Estado, excepto los que estuvieron empleados en el Ejército, en la Marina o en las milicias, que se hallaren en actual servicio, deberá sujetarse a las leyes militares, ni sufrir castigos provenidos de ellas.
Artículo 177. Los militares en tiempo de paz, no podrán acuartelarse, ni tomar alojamiento en las casas de los demás ciudadanos particulares sin el consentimiento de sus dueños, ni en tiempo de guerra, sino por orden de los magistrados civiles, conforme a las leyes.
Artículo 178. Una milicia bien reglada e instruida, compuesta de los ciudadanos, es la defensa natural más conveniente y más segura a un Estado libre. No deberá haber, por tanto, tropas veteranas en tiempo de paz, sino las rigurosamente precisas para la seguridad del país, con el consentimiento del Congreso.
Artículo 179. Tampoco se impedirá a los ciudadanos el derecho de tener y llevar armas lícitas y permitidas para su defensa; y el poder militar, en todos casos, se conservará en una exacta subordinación a la autoridad civil y será dirigido por ella.
Artículo 180.[5] No habrá fuero alguno personal: solo la naturaleza de las materias determinará los magistrados a que pertenezca su conocimiento, y

5 Los diputados adscritos al clero protestaron este artículo y firmaron la Constitución con reservas aduciendo que la derogación del fuero personal era una medida contra los representantes de la Iglesia. No obstante, en la forma, este artículo aparece como una norma general,

los empleados de cualquier ramo, en los casos que ocurran sobre asuntos que no fueran propios de su profesión y carrera, se sujetarán al juicio de los magistrados y tribunales ordinarios, como los demás ciudadanos.

Artículo 181. Será libre el derecho de manifestar los pensamientos por medio de la imprenta; pero cualquiera que lo ejerza se hará responsable a las leyes, si ataca y perturba con sus opiniones la tranquilidad pública, el dogma, la moral cristiana, la propiedad, honor y estimación de algún ciudadano.

Artículo 182. Las legislaturas provinciales tendrán el derecho de petición al Congreso y no se impedirá a los habitantes el de reunirse ordenada y pacíficamente en sus respectivas parroquias para consultarse y tratar sobre sus intereses, dar instrucciones a sus representantes en el Congreso o en la provincia o dirigir peticiones al uno o al otro cuerpo legislativo, sobre reparación de agravios o males que sufran en sus propios negocios.

Artículo 183. Para todos estos casos, deberá preceder necesariamente solicitud expresa por escrito de los padres de familia y hombres buenos de la parroquia, cuando menos en número de seis, pidiendo la reunión a la respectiva municipalidad, y ésta determinará el día y comisionará algún magistrado o persona respetable del partido para que presida la junta y, después de concluida y extendida el acta, la remita a la municipalidad que le dará la dirección conveniente.

Artículo 184. A estas juntas solo podrán concurrir los ciudadanos sufragantes, o electores, y las legislaturas no están absolutamente obligadas a conceder las peticiones, sino a tomarlas en consideración para proceder sus funciones del modo que pareciere más conforme al bien general.

Artículo 185. El poder suspender las leyes o de detener su ejecución, nunca deberá ejercitarse, sino por las legislaturas respectivas o por autoridad dimanada de ellas para solo aquellos casos particulares que hubieren expresamente provisto fuera de los que expresa la Constitución; y toda suspensión o detención que se haga en virtud de cualquiera autoridad sin el consentimiento de los representantes del pueblo, se rechazará como un atentado a sus derechos.

Artículo 186. El Poder Legislativo suplirá provisionalmente a todos los casos en que la Constitución respectiva estuviere muda, y proveerá con

promulgada en razón de extinguir todo privilegio personal ante la ley, ya fuese este derivado de un título nobiliario o cargo público cualquiera. (N. de B. A.).

oportunidad, arreglándose a la misma Constitución la adición o reforma que pareciere necesario hacer en ella.

Artículo 187. El derecho del pueblo para participar en la legislatura, es la mejor seguridad y el más firme fundamento de un gobierno libre; por tanto, es preciso que las elecciones sean libres y frecuentes y, que los ciudadanos en quienes concurren las calificaciones de moderadas propiedades y demás que procuran un mayor interés a la comunidad, tengan derecho para sufragar y elegir los miembros de la legislatura a épocas señaladas y poco distantes, como previene la Constitución.

Artículo 188. Una dilatada continuación en los principales funcionarios del Poder Ejecutivo, es peligrosa a la libertad; y esta circunstancia reclama poderosamente una rotación periódica entre los miembros del referido departamento para asegurarla.

Artículo 189. Los tres departamentos esenciales del Gobierno, a saber: el Legislativo, el Ejecutivo y el Judicial, es preciso que se conserven tan separados, e independientes el uno del otro, cuanto lo exija la naturaleza de un gobierno libre, o cuanto es conveniente con la cadena de conexión que liga toda la fabrica de la Constitución, en un modo indisoluble de amistad y unión.

Artículo 190. La emigración de unas provincias a otras será enteramente libre.

Artículo 191. Los gobiernos se han constituido para la felicidad común, para la protección y seguridad de los pueblos que los componen y no para el benéfico honor, o privado interés de algún hombre, de alguna familia o de alguna clase de hombres en particular, que solo son una parte de la comunidad. El mejor de todos los gobiernos será el que fuere más propio para producir la mayor suma de bien y de felicidad, y estuviere más a cubierto del peligro de una mala administración; y cuantas veces se reconociere que un gobierno es incapaz de llenar estos objetos o que fuere contrario a ellos, la mayoría de la nación tiene indubitablemente el derecho inajenable e imprescriptible de abolirlo, cambiarlo o reformarlo del modo que juzgue más propio para procurar el bien público. Para obtener esta indispensable mayoría, sin daño de la justicia ni de la libertad general, la Constitución presenta y ordena los medios más razonables, justos y regulares en el capítulo de la revisión, y las provincias adoptarán otros semejantes o equivalentes en sus respectivas Constituciones.

Sección III. Deberes del hombre en la sociedad

Artículo 192. La declaración de los derechos contiene las obligaciones de los legisladores; pero la conservación de la sociedad pide que los que la componen conozcan y llenen igualmente las suyas.

Artículo 193. Los derechos de otros son el límite moral de los nuestros y el principio de nuestros deberes relativamente a los demás individuos del cuerpo social. Ellos reposan sobre dos principios que la naturaleza ha grabado en todos los corazones, a saber: Haz siempre a los otros todo el bien que quisieras recibir de ellos. No hagas a otro lo que no quisieras que se te hiciese.

Artículo 194. Son deberes de cada individuo para con la sociedad, vivir sometido a las leyes, obedecer y respetar a los magistrados y autoridades constituidas, que son sus órganos, mantener la libertad y la igualdad de derechos; contribuir a los gastos públicos y servir a la patria cuando ella lo exija, haciéndole el sacrificio de sus bienes y de su vida, si es necesario.

Artículo 195. Ninguno es hombre de bien, ni buen ciudadano, si no observa las leyes fiel y religiosamente, si no es buen hijo, buen hermano, buen amigo, buen esposo y buen padre de familia.

Artículo 196. Cualquiera que traspasa las leyes abiertamente o que, sin violarla a las claras, las elude con astucia, o con rodeos artificiosos y culpables, es enemigo de la sociedad, ofende los intereses de todos y se hace indigno de la benevolencia y estimación públicas.

Sección IV. Deberes del cuerpo social

Artículo 197. La sociedad afianza a los individuos que la componen el goce de su vida, de su libertad, de sus propiedades y demás derechos naturales; en esto consiste la garantía social que resulta de la acción reunida de los miembros del Cuerpo y depositada en la soberanía nacional.

Artículo 198. Siendo instituidos los gobiernos para el bien y felicidad común de los hombres, la sociedad debe proporcionar auxilios a los indigentes y desgraciados y la instrucción a todos los ciudadanos.

Artículo 199. Para precaver toda transgresión de los altos poderes que nos han sido confiados, declaramos: que todas y cada una de las cosas constituidas en la anterior declaración de derechos, están exentas y fuera del alcance del poder general ordinario del Gobierno y que, conteniendo o apoyándose sobre los indestructibles y sagrados principios de la naturaleza, toda ley contraria a ellas que se expida por la Legislatura federal o por las provincias, será absolutamente nula y de ningún valor.

Capítulo IX. Disposiciones generales

Artículo 200. Como la parte de ciudadanos que hasta hoy se ha denominado indios, no ha conseguido el fruto apreciable de algunas leyes que la monarquía española dictó a su favor, porque los encargados del gobierno en estos países tenían olvidada su ejecución; y como las bases del sistema de gobierno que en esta Constitución ha adoptado Venezuela, no son otras que las de la justicia y la igualdad, encarga muy particularmente a los Gobiernos provinciales, que así como han de aplicar sus fatigas y cuidados para conseguir la ilustración de todos los habitantes del Estado, proporcionarles escuelas, academias y colegios en donde aprendan todos los que quieran los principios de religión, de la sana moral, de la política, de las ciencias y artes útiles y necesarias para el sostenimiento y prosperidad de los pueblos, procuren por todos los medios posibles atraer a los referidos ciudadanos naturales a estas casa de ilustración y enseñanza, hacerles comprender la íntima unión que tienen con todos los demás ciudadanos, las consideraciones que como aquellos merecen del Gobierno y los derechos de que gozan por el solo hecho de ser hombres iguales a todos los de su especie, a fin de conseguir por este medio sacarlos del abatimiento y rusticidad en que los ha mantenido el antiguo estado de las cosas y que no permanezcan por más tiempo aislados y aun temerosos de tratar a los demás hombres, prohibiendo desde ahora que puedan aplicarse involuntariamente a prestar sus servicios a los tenientes o curas de sus parroquias, ni a otra persona alguna, y permitiéndoles el reparto en propiedad de las tierras que les estaban concedidas y de que están en posesión, para que a proporción entre los padres de familia de cada pueblo las dividan y dispongan de ellas como verdaderos señores, según los términos y reglamentos que formen los Gobiernos provinciales.

Artículo 201. Se revocan, por consiguiente, y quedan sin valor alguno las leyes que en el anterior Gobierno concedieron ciertos tribunales, protectores y privilegios de menor edad a dichos naturales, las cuales, dirigiéndose al parecer a protegerlos, les han perjudicado sobremanera, según ha acreditado la experiencia.

Artículo 202. El comercio inicuo de negros prohibido por decreto de la Junta Suprema de Caracas en 14 de agosto de 1810, queda solemnemente y constitucionalmente abolido en todo el territorio de la Unión, sin que puedan de modo alguno introducirse esclavos de ninguna especie por vía de especulación mercantil.

Artículo 203. Del mismo modo, quedan revocadas y anuladas en todas sus partes, las leyes antiguas que imponían degradación civil a una parte de la población libre de Venezuela, conocida hasta ahora bajo la denominación de pardos; éstos quedan en posesión de su estimación natural y civil y restituidos a los imprescriptibles derechos que le corresponden como a los demás ciudadanos.

Artículo 204. Quedan extinguidos todos los títulos concedidos por el anterior Gobierno y ni el Congreso, ni las legislaturas provinciales podrán conceder otro alguno de nobleza, honores o distinciones hereditarias, ni crear empleos u oficio alguno, cuyos sueldos o emolumentos puedan durar más tiempo que el de la buena conducta de los que los sirvan.

Artículo 205. Cualquiera persona que ejerza algún empleo de confianza u honor, bajo la autoridad del Estado, no podrá aceptar regalo, título o emolumento de algún Rey, príncipe o Estado extranjero, sin el consentimiento del Congreso.

Artículo 206. El Presidente y miembros que fueren del Ejecutivo, los senadores, los representantes, los militares y demás empleados civiles, antes de entrar en el ejercicio de sus funciones deberán prestar juramento de fidelidad al Estado, de sostener y defender la Constitución, de cumplir bien y fielmente los deberes de sus oficios y de proteger y conservar pura e ilesa, en estos tiempos, la religión católica, apostólica, romana, que ellos profesan.

Artículo 207. El Poder Ejecutivo prestará el juramento en manos del Presidente del Senado, a presencia de las dos Cámaras; y los senadores y representantes en manos del Presidente en turno del Ejecutivo y a presencia de los otros dos individuos que lo componen.

Artículo 208. El Congreso determinará la fórmula del juramento y ante qué personas deban prestarlo los demás oficiales y empleados de la Confederación.

Artículo 209. El pueblo de cada provincia tendrá facultad para revocar la nominación de sus delegados en el Congreso, o alguno de ellos en cualquier tiempo del año, y para enviar otros en lugar de los primeros, por el que a éstos faltare al tiempo de la revocación.

Artículo 210. El medio de inquirir y saber la voluntad general de los pueblos, sobre estas revocaciones, será del resorte exclusivo y peculiar de las legislaturas provinciales, según lo que para ello establecieren sus respectivas Constituciones.

Artículo 211. Se prohíbe a todos los ciudadanos asistir con armas a las congregaciones parroquiales y electorales que prescribe la Constitución y a las reuniones pacíficas de que habla el párrafo 182 y siguiente, bajo la pena de perder por diez años el derecho de votar y concurrir a ellas.

Artículo 212. Cualquier que fuere legítimamente convencido de haber comprado o vendido sufragios en las referidas congregaciones, o de haber procurado la elección de algún individuo con amenazas, intrigas, artificios u otro género de seducción, será excluido de las mismas asambleas y del ejercicio de toda función pública por espacio de veinte años, y, en caso de reincidencia, la exclusión será perpetua, publicándose una y otra en el distrito del partido capitular, por una proclama de la municipalidad que circulará en los papeles públicos.

Artículo 213. Ni los sufragantes parroquiales, ni los electores capitulares recibirán recompensa alguna del Estado por concurrir a sus respectivas congregaciones, y ejercer en ellas lo que previene la Constitución, aunque sea necesario a veces emplear algunos días para concluir lo que ocurriere.

Artículo 214. Los ciudadanos solo podrán ejercer sus derechos políticos en las congregaciones parroquiales y electorales, y en los casos y formas prescriptas por la Constitución.

Artículo 215. Ningún individuo, o asociación particular, podrá hacer peticiones a las autoridades constituidas en nombre del pueblo, ni menos abrogarse la calificación de pueblo soberano; y el ciudadano, o ciudadanos que contravinieren a este párrafo, hollando el respeto y veneración debidas a la representación y voz del pueblo, que solo se expresa por la voluntad general, o por el órgano de sus representantes legítimos en las legislaturas, serán perseguidos, presos y juzgados con arreglo a las leyes.

Artículo 216. Toda reunión de gente armada, bajo cualquier pretexto que se forme, si no emana de órdenes de las autoridades constituidas, es un atentado contra la seguridad pública y debe dispersarse inmediatamente por la fuerza, y toda reunión de gente sin armas que no tenga el mismo origen legítimo, se disolverá primero por órdenes verbales; y siendo necesario, se destruirá por las armas en caso de resistencia, o de tenaz obstinación.

Artículo 217. Al Presidente y miembros del Poder Ejecutivo, senadores, representantes y demás empleados por el Gobierno de la Confederación, se abonarán sus respectivos sueldos del tesoro común de la Unión.

Artículo 218. No se extraerá de él cantidad alguna de numerario en plata, oro, papel u otra forma equivalente, sino para los objetos e inversiones ordenadas por ley, y anualmente se publicará por el Congreso un estado y cuenta regular de las entradas y gastos de los fondos públicos, para conocimiento de todos, luego que el Poder Ejecutivo verifique lo dispuesto en el párrafo 102.

Artículo 219. Nunca se impondrá capitación, u otro impuesto directo sobre las personas de los ciudadanos, sino en razón del número de población de cada provincia, según lo indicaren los censos que el Congreso dispondrá se ejecuten cada cinco años en toda la extensión del Estado.

Artículo 220. No se dará preferencia a los puertos de una provincia sobre los de otra, por reglamento alguno de comercio o de rentas, ni se concederán privilegios o derechos exclusivos a compañías de comercio o corporaciones industriales, ni se impondrán otras limitaciones a la libertad de comercio y al ejercicio de la agricultura y de la industria, sino las que previene expresamente la Constitución.

Artículo 221. Toda ley prohibitiva sobre estos objetos, cuando las circunstancias la hagan necesaria, deberá estimarse por pura y esencialmente provisional; y para tener efecto por más de un año, se deberá renovar con formalidad al cabo de este periodo, repitiéndose lo mismo sucesivamente.

Artículo 222. Mientras el Congreso no determinare una fórmula permanente de naturalización para los extranjeros, adquirirán éstos el derecho de ciudadanos y aptitud para votar, elegir y tomar asiento en la representación nacional si, habiendo declarado su intención de establecerse en el país ante una municipalidad, héchose inscribir en el registro civil de ella y renunciado al derecho de ciudadano en su patria, adquirieren un domicilio y residencia en el territorio del Estado, por el tiempo de siete años y llenaren las demás condiciones prescriptas en la Constitución, para ejercer las funciones referidas.

Artículo 223. En todos los actos públicos se usará de la Era Colombiana, y, para evitar toda confusión en los cómputos al comparar esta época con la vulgar cristiana, casi generalmente usada en todos los pueblos cultos, comenzará aquella a contarse desde el día primero de enero del año de N.S. mil ochocientos once, que será el primero de nuestra independencia.

Artículo 224. El Congreso suplirá con providencias oportunas, a todas las partes de esta Constitución que no puedan ponerse en ejecución inmediatamente, y de un modo general, para evitar los perjuicios e inconvenientes que de otra suerte pudieran resultar al Estado.

Artículo 225. El que hallándose en una provincia violare sus leyes, será juzgado con arreglo a ellas por sus magistrados provinciales; pero si infringiese las de la Unión, lo será conforme a éstas los funcionarios de la misma Confederación; y para que ni sea necesario que en todas partes haya tribunales de la Confederación, ni que sean extraídos de sus vecindarios los individuos comprendidos en estos casos, el Congreso determinará por ley, los tribunales y la forma con que éstos darán comisiones para examinar y juzgar las ocurrencias en las mismas provincias.

Artículo 226. Nadie tendrá en la Confederación de Venezuela otro título, ni tratamiento público que el de ciudadano, única denominación de todos los hombres libres que componen la nación; pero a las Cámaras representativas, al Poder Ejecutivo y a la Suprema Corte de Justicia se dará por todos los ciudadanos el mismo tratamiento con la adición de honorable para las primeras, respetable para el segundo y recto para la tercera.

Artículo 227. La presente Constitución, las leyes que en su consecuencia se expidan para ejecutarla, y todos los tratados que se concluyan bajo la autoridad del Gobierno de la Unión, serán la ley suprema del Estado en toda la extensión de la Confederación, y las autoridades y habitantes de las provincias, estarán obligados a obedecerlas, y observarlas religiosamente sin excusa, ni pretexto alguno; pero las leyes que se expidieren contra el tenor de ella, no tendrán ningún valor, sino cuando hubieren llenado las condiciones requeridas para una justa y legítima revisión y sanción.

Artículo 228. Entre tanto que se verifica la composición de un código civil y criminal, acordado por el Supremo Congreso en 8 de marzo último, adaptable a la forma de gobierno establecido en Venezuela, se declara en su fuerza y vigor el código que hasta aquí nos ha regido en todas las materias y puntos que, directamente o indirectamente, no se opongan a lo establecido en esta Constitución.

Y por cuanto el Supremo Legislador del Universo ha querido inspirar en nuestros corazones, la amistad y unión más sinceras entre nosotros mismos y con los demás habitantes del continente colombiano que quieran asociársenos para defender nuestra religión, nuestra soberanía natural y nuestra independencia: por tanto nosotros, el referido pueblo de Venezuela, habiendo ordenado con entera libertad la Constitución precedente que contiene las reglas, principios y objetos de nuestra Confederación y alianza perpetua, tomando a la misma divinidad por testigo de la sinceridad de nuestras intenciones, e implorando su poderoso auxilio para gozar por siempre las bendiciones de la libertad y de los imprescriptibles derechos que hemos merecido a su beneficencia generosa, nos obligamos y comprometemos a observar y cumplir inviolablemente, todas y cada una de las cosas que en ella se comprenden, desde que sea ratificada en la forma que ella misma previene, protestando, sin embargo, alterar y mudar en cualquier tiempo estas resoluciones, conforme a la mayoría de los pueblos de Colombia que quieran reunirse en un cuerpo nacional para la defensa y conservación de su libertad e independencia política, modificándolas, corrigiéndolas y acomodándolas oportunamente y a pluralidad y de común acuerdo entre nosotros mismos, en todo lo que tuviere relaciones directas con los intereses generales de los referidos pueblos, y fuere convenido por el órgano de sus legítimos representantes reunidos en un Congreso General de la Colombia, o de alguna parte considerable de ella, y sancionado por los comitentes; constituyéndonos entre tanto en esta Unión, todas y cada una de las provincias que concurrieron a formarla, garantes las unas a las otras de la integridad de nuestros respectivos territorios y derechos esenciales, con nuestras vidas, nuestras fortunas y nuestro honor; y confiamos y recomendamos la inviolabilidad y conservación de esta Constitución a la fidelidad de los cuerpos legislativos, de los Poderes Ejecutivos, jueces y empleados de la Unión y de las provincias y a la vigilancia y virtudes de los padres de familia, madres, esposas y ciudadanos del Estado.

Dada en el Palacio Federal de Caracas, a veintiuno de diciembre del año del Señor mil ochocientos once, primero de nuestra Independencia.

Juan Toro, presidente – Isidoro Ant. López Méndez – Juan José de Maya – Nicolás de Castro – Lino de Clemente – José María Ramírez – Domingo de Alvarado – Manuel Plácido Maneyro – Mariano de la Cova – Francisco Xavier de Maíz – Antonio Nicolás Briceño – Francisco X. Yanes – Manuel Palacio – José de Sata y Bussy – José Ignacio Briceño – José Gabriel de Alcalá – Bartolomé Blandin – Francisco Policarpo Ortiz – Martín Tovar – Felipe Fermín Paúl – José Luis Cabrera – Francisco Hernández – Francisco del Toro – José Ángel de Álamo – Gabriel Pérez de Pagola – Francisco X. Ustáriz – Juan Germán Roscio

Bajo los reparos que se expresan al pie de esta acta nº 2, firmo esta Constitución.

Francisco de Miranda, vicepresidente Suscribo a todo, menos al artículo 180, reiterando mi protesta hecha en 5 del corriente.

Juan Nepomuceno Quintana

Suscribo a todo, menos al artículo 180 que trata de abolir el fuero personal de los clérigos, sobre el que he protestado solemnemente, lo que se insertará a continuación de esta Constitución.

Manuel Vicente de Maya

Suscribo en los mismos términos que el señor Maya, acompañándose la protesta que he entregado hoy.

Luis José Cazorla

Suscribo a toda la Constitución, menos al capítulo del fuero.

Luis José de Rivas y Tovar

Bajo mi protesta del acuerdo de dieciséis de los corrientes.

Salvador Delgado

Suscribo a todo, excepto el desafuero.

José Vicente Unda

Suscribo la presente Constitución, con exclusión del artículo 180, y con arreglo a la protesta que hice en 5 del corriente, y acompaña la Constitución; y en los mismos términos que corre la de don Juan Quintana.
Luis Ignacio Mendoza Suscribo a todo lo sancionado en esta Constitución, a excepción del capítulo que habla del fuero eclesiástico, según las protestas que he hecho en las actas del 5 del presente.
Juan Antonio Díaz Argote
Francisco Isnardi, secretario

Acta de federación de las Provincias Unidas de la Nueva Granada de 1811[6]

En el nombre de la Santísima Trinidad, Padre, Hijo y Espíritu Santo. Amén.

Nos, los representantes de las provincias de la Nueva Granada que abajo se expresarán, convenidos en virtud de los plenos poderes con que al efecto hemos sido autorizados por nuestras respectivas provincias, y que previa y mutuamente hemos reconocido y calificado, considerando la larga serie de sucesos ocurridos en la península de España, nuestra antigua metrópoli, desde su ocupación por las armas del emperador de los franceses Napoleón Bonaparte; las nuevas y varias formas de gobierno que entretanto y rápidamente se han sucedido unas a otras, sin que ninguna de ellas haya sido capaz de salvar la nación; el aniquilamiento de sus recursos cada día más exhaustos, en términos que la prudencia humana no puede esperar un buen fin; y últimamente los derechos indisputables que tiene el gran pueblo de estas provincias, como todos los demás del universo, para mirar por su propia conservación, y darse para ella la forma de gobierno que más le acomode, siguiendo el espíritu, las instrucciones y la expresa y terminante voluntad de todas nuestras dichas provincias, que general, formal y solemnemente han proclamado sus deseos de unirse a una asociación federativa, que remitiendo a la totalidad del gobierno general las facultades propias y privativas de un solo cuerpo de nación reserve para cada una de las provincias su libertad, su soberanía y su independencia, en lo que no sea del interés común, garantizándose a cada una de ellas estas preciosas prerrogativas y la integridad de sus territorios, cumpliendo con este religioso deber y reservando para mejor ocasión o tiempos más tranquilos la Constitución que arreglará definitivamente los intereses de este gran pueblo; hemos acordado y acordamos los pactos de federación siguientes:

Artículo 1. El título de esta Confederación será: Provincias Unidas de la Nueva Granada.

Artículo 2. Son admitidas y parte por ahora de esta Confederación todas las provincias que al tiempo de la revolución de la capital de Santafé en veinte

6 «Acta de Federación de las Provincias Unidas de la Nueva Granada», Pensamiento constitucional hispanoamericano hasta 1830, Caracas, Biblioteca de la Academia Nacional de la Historia, 1961, v. 42, tomo III, págs. 457-484.

de julio de mil ochocientos diez, eran reputadas y consideradas como tales, y que en continuación y en uso de este derecho reasumieron desde aquella época su gobierno y administración interior, sin perjuicio no obstante de los pactos o convenios que hayan hecho o quieran hacer algunas de ellas y que no se improbarán en lo que no perjudique a la Unión.

Artículo 3. Lo serán asimismo aquellas provincias o pueblos que no habiendo pertenecido en dicha época a la Nueva Granada, pero que estando en cierto modo ligados con ellas por su posición geográfica, por sus relaciones de comercio u otras razones semejantes, quieran asociarse ahora a esta Federación, o a alguna de sus provincias confinantes, precediendo al efecto los pactos y negociaciones que convengan con los Estados o cuerpos políticos a quienes pertenezcan, sin cuyo consentimiento y aprobación no puede darse un paso de esta naturaleza.

Artículo 4. En todas y cada una de las provincias unidas de la Nueva Granada se conservará la santa religión católica, apostólica, romana, en toda su pureza e integridad.

Artículo 5. Todas y cada una de las Provincias Unidas y que en adelante se unieren de la Nueva Granada, o de otros Estados vecinos desconocen expresamente la autoridad del Poder Ejecutivo o Regencia de España, Cortes de Cádiz, Tribunales de Justicia y cualquiera otra autoridad subrogada o sustituida por las actuales o por los pueblos de la península, en ella, sus islas adyacentes, o en cualquiera otra parte, sin la libre y espontánea concurrencia de este pueblo. Así en ninguna de dichas provincias se obedecerá o dará cumplimiento a las órdenes, cédulas, decretos o despachos, que emanaren de las referidas autoridades; ni de ninguna otra constituida en la península de cualquiera naturaleza que sea, civil, eclesiástica o militar, pues las dichas provincias solo reconocen por legítimas y protestan obedecer en su distrito a las que sus respectivos pueblos hayan constituido con las facultades que le son privativas; y fuera de él a la Confederación de las Provincias Unidas, en las que por esta acta le son delegadas y le correspondan para la conservación y desempeño de los intereses y objetos de la unión; sin que por esto se rompan tampoco los vínculos de fraternidad y amistad, ni las relaciones de comercio que nos unen con la España no ocupada, siempre que sus pueblos no aspiren a otra cosa sobre nosotros y mantengan los mismos sentimientos que manifestamos hacia ellos.

Artículo 6. Las Provincias Unidas de la Nueva Granada se reconocen mutuamente como iguales, independientes y soberanas, garantizándose la integridad de sus territorios, su administración interior y una forma de gobierno republicano. Se prometen recíprocamente la más firme amistad y alianza, se juran una fe inviolable y se ligan con un pacto eterno, cuanto permite la miserable condición humana.

Artículo 7. Se reservan, pues, las provincias en fuerza de sus derechos incomunicables: 1.º La facultad de darse un gobierno como más convenga a sus circunstancias, aunque siempre popular, representativo y análogo al general de la Unión, para que así resulte entre todas la mejor armonía, y a la más fácil administración, dividiendo sus poderes, y prescribiéndoles las reglas bajo las cuales se deben conducir; 2.º La policía, el gobierno interior y económico de sus pueblos, y nombramiento de toda clase de empleados; 3.º La formación de sus códigos civiles y criminales; 4.º El establecimiento de juzgados y tribunales superiores e inferiores en donde se fenezcan los asuntos judiciales en todas sus instancias; 5.º La creación y arreglo de milicias provinciales, su armamento y disciplina para su propia defensa, y la de las provincias unidas cuando lo requiera el caso; 6.º La formación de un tesoro particular para sus respectivas necesidades por medio de las contribuciones y arbitrios que tengan por convenientes, sin perjuicio de la Unión ni de los derechos que después se dirán; 7.º La protección y fomento de la agricultura, artes, ciencias, comercio y cuanto pueda conducir a su felicidad y prosperidad; 8.º Últimamente todo aquello que no siendo del interés general, ni expresamente delegado en los pactos siguientes de federación, se entiende siempre reservado y retenido. Pero ceden a favor de la Unión todas aquellas facultades nacionales y las grandes relaciones y poderes de un Estado, que no podrían desempeñarse sin una representación general, sin la concentración de los recursos comunes, y sin la cooperación y los esfuerzos de todas las provincias.

Artículo 8. Para asegurar el goce de tan preciosos derechos, para consolidar esta unión, y para atender a la defensa común, las provincias confederadas se obligan a prestarse mutuamente, cuantos auxilios sean necesarios contra toda violencia o ataque interior o exterior, que se dirija a turbar el uso de ellas, contribuyendo con armas, gente y dinero y por todos los medios que estén en su alcance; sin dejar las armas de la mano, no desistir de este empeño hasta que no haya cesado el peligro, y esté asegurada la libertad particular de la provincia amenazada o invadida; o la general y común.

Artículo 9. Prometen asimismo todas ellas, que concurrirán al bien universal, haciendo el sacrificio de sus intereses particulares, cuando la reserva de ellas pudiera ser perjudicial al bien común, prefiriendo éste en todo evento al suyo propio, y mirando al gran pueblo de la Nueva Granada en todas sus provincias, como amigos, como aliados, como hermanos y como conciudadanos.

Artículo 10. Pero como nada de lo dicho podría hacerse sin un cuerpo depositario de altas facultades, conservador de los derechos de los pueblos, y director de sus medios y sus recursos, los diputados representantes de las provincias en virtud de sus ya dichos plenos poderes se constituirán en un cuerpo o Congreso en quien residirán todas las facultades ya dichas y las más que abajo se expresarán, compuesto por ahora de uno o dos individuos por cada una de las provincias con perfecta igualdad y en lo sucesivo con arreglo a la población según la base que se adopte, pero sin que en ningún caso ninguna provincia por pequeña que sea deje de tener una voz en el Congreso.

Artículo 11. El Congreso de las Provincias Unidas se instalará o formará donde lo tenga por conveniente, trasladándose sucesivamente si fuere necesario a donde lo pidan las ventajas de la Unión, y principalmente la defensa común; y en cualquiera parte donde resida ejercitará, libre y seguramente, todas las altas facultades de que está revestido con entera soberanía e independencia.

Artículo 12. La defensa común es uno de los primeros y principales objetos de esta Unión, y como ella no pueda obtenerse sin el auxilio de las armas, el Congreso tendrá facultad para levantar y formar los ejércitos que juzgue necesarios, y la fuerza naval que permitan las circunstancias, quedando a su disposición los buques de guerra, y las fuerzas de mar y tierra que hoy tenga cada una de las provincias y que marcharán a donde se les destine; bien entendido que siempre que militaren con este objeto y bajo las órdenes del Congreso, ellas y todos sus gastos serán pagados del fondo común de las provincias.

Artículo 13. La guarnición de las plazas y fronteras, sujeta como lo debe estar a las órdenes de la Unión, dependerá solo de ella; pero en las circunstancias actuales en que urgen los peligros, y en que no sería fácil ocurrir a ellos sin una inmediata autoridad que reglase sus movimientos, y dirigiese sus operaciones, quedará sometida por delegación a los Gobiernos respectivos; bien que con la precisa obligación de dar cuenta y esperar las órdenes del Congreso en todo lo que no sea de urgente necesidad, y en lo demás a su debido tiempo.

Artículo 14. Lo mismo que se ha dicho de la guarnición deberá entenderse respecto de las fuerzas navales y cuerpos facultativos, cuya dirección, organización, nombramiento de oficiales de todos grados, así como el establecimiento de arsenales y apostaderos de marina, construcción y armamento de buques de guerra, son de la privativa autoridad del Congreso; pero quedarán por ahora bajo la inmediata inspección de los respectivos gobiernos, en los términos y con las limitaciones ya dichas.

Artículo 15. Tendrá facultad el Congreso para asignar a cada una de las provincias el número de milicias con que deba contribuir para la defensa común, arreglado a las circunstancias en que se halle respecto del enemigo, sus proporciones o recursos en este género y su población. Las hará marchar la provincia, vestidas, armadas y equipadas de todo lo necesario dentro del término que se le señale, y al lugar que se les destine; pero los gastos que se hicieren desde el momento en que entraren al servicio de la Unión, se pagarán del tesoro común, lo mismo que va dicho respecto de las tropas regladas. Los oficiales de unas y otras, hasta el grado de coronel, inclusive, serán nombrados por las provincias; pero de allí arriba lo serán por el Congreso cuando disponga de ellas, y principalmente los comandantes o generales en jefe de cualquier expedición.

Artículo 16. Las provincias cuidarán de proveerse a la mayor brevedad de las armas necesarias, blancas y de fuego a que estén acostumbradas sus gentes o en que deban instruirse en lo sucesivo, y principalmente de cañones, trenes y equipajes de campaña con sus respectivas municiones, manteniéndose todo pronto en almacenes para luego que sean llamadas.

Artículo 17. Al mismo fin no perderán momentos en disciplinarse formando compañías y cuerpos según lo permitan sus poblaciones, ejercitándolos uno o dos días en la semana, pero principalmente los festivos después de la asistencia a la misa de sus parroquias, como una ocupación que además de su utilidad para la patria, y de distraeros de otras tal vez no igualmente sanas, es hoy la que puede considerarse como más aceptada a los ojos de Dios por deber emplearse sus servicios en defensa de la misma patria, de sus más caros derechos, y de la religión de nuestros padres amenazada; y así deberán hacérselo entender todos los párrocos excitados por la autoridad civil, si no cumplieren de su propio movimiento, lo que no es de esperarse, con este religioso deber.

Artículo 18. El Congreso tendrá facultad para hacer las ordenanzas y reglamentos generales y particulares que convengan para la dirección y gobierno de las fuerzas marítimas y terrestres mientras subsistan, y podrá asimismo hacerlo para las milicias de todas las provincias, dejando al cuidado de éstas instruirlas y disciplinarlas conforme a ellos, para que en todo evento se cuente con un sistema uniforme en los ejércitos de la Unión. Pero cesando los motivos de la actitud guerrera en que hoy nos ponen las circunstancias, ninguna provincia podrá mantener tropa reglada, ni buques de guerra, sino lo que sea puramente preciso de uno y otro para la guarnición de plazas y fronteras, y para la protección del comercio; y esto a disposición y bajo la autoridad del Congreso.

Artículo 19. Los puertos y aquellas provincias de la Nueva Granada que aún gimen bajo la opresión de sus antiguos mandones, deben ser el primer objeto de la defensa, y de la tierna solicitud del Congreso, asegurando los primeros contra toda invasión externa y redimiendo a las segundas de las cadenas que hoy las oprimen, para que, sacudido el yugo y explicada libremente su voluntad, se constituyan en otros tantos gobiernos libres e independientes como los que ya componen felizmente esta Unión.

Artículo 20. Mas como nada de esto podrá conseguirse, sin un fondo y un tesoro nacional que ocurra a los grandes gastos que demanda la salvación de la patria y la seguridad común en tiempos en que tendremos que luchar con enemigos externos e internos, o que por lo menos la prudencia dicta temer, y ella misma aconseja que para evitarlos o vencerlos nos hallen prevenidos: el Congreso tendrá facultad para establecer impuestos, exigir contribuciones o derecho sobre todos aquellos objetos y en todas aquellas materias que sean de un interés general, y no privativas y especiales de ninguna provincia en particular, y también para repartir cuotas o contingentes extraordinarios a cada una de ellas con arreglo a su población y demás circunstancias, siempre con igualdad y una equitativa proporción y que deberán aprontar y suministrar las respectivas legislaturas, juntas o gobiernos sin réplica ni excusa y quedando responsables en esta parte a las demás providencias por los males que la comisión pudiera causar, y sujetas a las provincias que en consecuencia tuviere a bien tomar el Congreso, bien para hacer efectivo el contingente, bien para asegurarlo de otro modo a costa de la provincia omisa o negligente.

Artículo 21. En fuerza pues de estos principios, y considerándose de naturaleza común los derechos de aduana de los puertos y plazas o lugares fronterizos en donde solamente los deberá haber respecto del comercio extranjero, y que en su último resultado se exigen de todas las provincias de la Unión a donde se difunden y en donde se consumen las mercaderías que se internan por dichos puertos o lugares fronterizos; las aduanas y todos sus productos en ellas quedan a beneficio común, y constituirán uno de los fondos de la Confederación sin que dichos puertos, plazas o lugares fronterizos puedan impedir ni gravar el comercio extranjero (entendido por este aún el español o de los puertos de la península de España, e islas adyacentes y de otros estados, reinos, provincias islas o continentes de América que no sean de la Nueva Granada) y con nuevas contribuciones, ni especie alguna de trabas que puedan perjudicar el bien común, y no estén expresamente establecidas, aprobadas y mandadas por el Congreso General.

Artículo 22. Son igualmente un fondo ordinario del Congreso los productos de las casas de monedas hoy existentes en el mismo reino, y cualesquiera otras que en lo sucesivo se tenga a bien establecer en otra u otras provincias de la Unión, como que a ella solo toca sellar moneda, fijar la ley y asignar el valor. En consecuencia las dichas dos casas actuales de fabricación de Santafé y Popayán, quedan inmediata, directa y únicamente bajo la autoridad del Congreso, y todos sus productos se tendrán a su disposición.

Artículo 23. Queda a la generosidad de las provincias la cesión de aquellas tierras baldías que existen dentro de sus límites conocidos y habilitados de sus territorios, y que algún día con la naturalización de extranjeros o aumento de la población, pudieran producir un fondo considerable al Congreso; pero se reputarán indisputablemente de éste todas las que hoy se pueden considerar nullius, por estar inhabilitadas y fuera de los límites conocidos de las mismas provincias, aunque comprendidas bajo la demarcación general del Reino y de sus líneas divisorias con otras potencias y estados, o antiguos virreinatos, tales como las que bañan el Alto de Amazonas, Napo, Putumayo, Caquetá, Guaviare y otros ríos que descargan en el primero, o en el grande Orinoco, y en donde a su tiempo se establecerán nuevas poblaciones que hagan parte de esta Unión, a donde por lo menos conviene mantener lugares fronterizos que nos deslinden y dividan de las naciones vecinas que hoy ocupan la costa oriental de la América Meridional.

Artículo 24. No por esto se despojará ni se hará la menor vejación o agravio a las tribus errantes, o naciones de indios bárbaros que se hallen situadas o establecidas dentro de dichos territorios; antes bien se las respetará como legítimos y antiguos propietarios, proporcionándoles el beneficio de la civilización y religión por medio del comercio y por todas aquellas vías suaves que aconseja la razón y dicta la caridad cristiana, y que solo son propias de un pueblo civilizado y culto; a menos que sus hostilidades nos obliguen a otra cosa.

Artículo 25. Por la misma razón podremos entrar en tratados y negociaciones con ellos sobre estos objetos, protegiendo sus derechos con toda la humanidad y filosofía que demanda su actual imbecibilidad, y la consideración de los males que ya les causó, sin culpa nuestra, una nación conquistadora.

Artículo 26. Pero si dentro de los límites conocidos de las provincias, o entre provincia y provincia, hubiera naciones de esta clase, ya establecidas que hoy pudieran hacer cómodamente parte de esta unión o de las mismas provincias, principalmente cuando ya no las aterra un tributo ignominioso, ni un gobierno bárbaro y despótico, como el que ha oprimido a sus hermanos, por trescientos años; se las convidará y se las atraerá por los medios más suaves, cuales son regularmente los del trato y el comercio, a asociarse con nosotros, y sin que sea un obstáculo su religión, que algún día cederá tal vez el lugar a la verdadera, convencidos con las luces de la razón y el evangelio que hoy no pueden tener.

Artículo 27. Pudiera ser también fondo del Congreso alguna mina particular y preciosa que hoy no sea propiedad de ninguna provincia en particular, o que ella ceda voluntariamente a la Unión, o ésta la adquiera y compre con sus mismos fondos para explotarla y beneficiarla de cuenta del Estado, como ya se practica en todos los que puedan aliviar de este modo las contribuciones directas o indirectas de sus pueblos con grande utilidad y beneficios de estos mismos que hayan de estos establecimientos, a más de lo dicho, una honesta ocupación y trabajo para emplear útilmente sus brazos.

Artículo 28. Lo será el establecimiento de alguna gran fábrica o invento, principalmente de aquellos que no alcancen las rentas o facultades de una provincia. Pero así en este arbitrio como en el antecedente la Unión será muy reservada para no arrojarse en proyectos que tal vez tienen más de apariencia y ostentación que de verdadera utilidad, o que no son como para estos tiempos, pudiendo solo servir estas indicaciones para hacer conocer las provincias que las cargas que hoy llevan, son temporales, que algún día mejorará su suerte, y que cuando tranquilos podamos dedicarnos al bien común sin exigir nada de ellas que le sea doloroso, refluirán en su beneficio todas las rentas del Estado, y los cuidados de un gobierno paternal.

Artículo 29. Si a pesar de estos arbitrios la Unión no alcanzare a cubrir los gastos de su instituto, como seguramente no puede hacerlo en actuales circunstancias, el Congreso meditará y llevará a efecto cuantos estime convenientes, tales como tomar dinero a crédito sobre sus fondos y rentas, crear papel moneda, y hacer cuanto, atendida la necesidad, la urgencia de los peligros y la voluntad decidida de salvarse a todo trance de las provincias unidas, aconsejan, permiten y quieren que se hagan las mismas circunstancias para obtener este supremo bien.

Artículo 30. Concluidos los apuros que hoy nos rodean, y cuando salva y triunfante, la patria permita al Congreso volver sus ojos al bien interior, será su primer cuidado y se invertirán sus fondos en domiciliar en este país las artes y las ciencias que nos son desconocidas, en promover la agricultura, facilitar el comercio, abrir canales de comunicación, hacer navegables los ríos, ensanchar, abreviar y mejorar los caminos; en fin, en cultivar cuantos bienes podamos proporcionar a este suelo dichoso, y que sea algún día para las generaciones futuras el fruto de los desvelos que hoy consagramos a esta patria querida.

Artículo 31. Hay otras materias que sin ser de las antedichas, esto es, sin tocar a los objetos de la defensa ni recursos con que para ella se debe contar, pertenecen igualmente al Congreso por su naturaleza común, por el interés general de las provincias, y por la autoridad soberana que aquel solo tiene para arreglarlas o administrarlas como el gran representante de la nación y tales serán las que se explicarán, fijarán o declararán en los artículos siguientes.

Artículo 32. La renta de correos y sus dependencias o anexidades como postas y encomiendas, menos por sus rendimientos o utilidades que por su naturaleza que pide un arreglo uniforme, pertenecen igualmente al Congreso, y bajo su dirección serán gobernadas en toda la extensión del territorio de las provincias unidas por mar y por tierra; sin que de hoy más en adelante se paguen en ninguno de los puertos, gastos, carenas soldadas, ni fletamientos de buques algunos correos: sino los que se enviaren o estuvieren bajo las órdenes o a disposición del Congreso.

Artículo 33. Los pesos y medidas lo mismo que la moneda y su arreglo respectivo son una materia privativa del Congreso, y ninguna provincia en particular podrá alterarlas o variarlas; subsistiendo por ahora todas y las mismas que han gobernado hasta aquí, y que hoy son conocidas por todos los pueblos de la América española y por los extranjeros, mientras la Unión no resuelva otra cosa.

Artículo 34. Los caminos generales del Reino y particulares de provincia a provincia, ríos navegables o que lo puedan ser, puertos, embarcaderos, canales, diques, puentes y pasos de los mismos ríos, entradas y salidas y todo lo que pueda haber de este género como de una naturaleza común y pertenecientes a la totalidad de las provincias están, bajo la autoridad del Congreso, y seguirán en la misma libertad y comunicación que hasta aquí; sin que ninguna de ellas pueda poner trabas ni impedimentos al libre tránsito de los ciudadanos y sus efectos, ni más restricciones, pontazgos, peajes o derechos que aquellos a que estén generalmente sujetos sus respectivos habitantes y que no graven especial y determinadamente a los de otra provincia.

Artículo 35. Toca al mismo Congreso el arreglo del comercio interior entre provincia y provincia, bien que no se hará novedad por ahora en las prácticas establecidas, ni en la aplicación de sus productos, a menos que otra cosa exijan las necesidades del Estado, el bien general, o las reclamaciones de las mismas provincias, y siempre que no se grave el comercio extranjero como va dicho respecto de los puertos y aduanas fronterizas. Pero bien podrá una provincia en beneficio de su propia industria, prohibir la introducción de ciertos y determinados artículos para su consumo interior, o gravarlos con un nuevo derecho, con noticia y aprobación del Congreso; mas no deberá hacerlo respecto de otras provincias a donde será libre el tránsito por la suya, aun de los renglones o artículos así prohibidos, a menos que otra cosa se establezca por el mismo Congreso.

Artículo 36. Se exceptúan igualmente de la regla general para la libertad del comercio interior los descubrimientos útiles, la impresión o reimpresión de las obras originales de ingenio o nuevas traducciones, y los grandes establecimientos de máquinas y fábricas desconocidas en el Reino, y en cuyo beneficio el Congreso dará cuando lo tenga por conveniente, y con los miramientos y reservas oportunas, por un tiempo limitado, privilegios exclusivos respecto de sus autores o introductores a que no podrán contravenir la provincia.

Artículo 37. No se hace novedad por ahora en el comercio establecido y permitido con naciones amigas o neutrales, que continúen pacíficamente las relaciones de este género que hoy mantienen con nosotros, ni se les causará la menor molestia o vejación mientras ellas observen la misma conducta, armonía y buena correspondencia con nosotros. Pero al momento que rompan en hostilidades, o nos las causen de cualquier modo que sea, auxiliando a nuestros enemigos invadiendo nuestras costas, apresando a nuestros buques y cargamentos, o molestando a nuestros comerciantes y pasajeros, individuos de la federación, en sus personas y propiedades, por razón de la causa que hoy sigue todo o casi todo el antiguo Reino de la Nueva Granada, o con otro pretexto; el Congreso repelará con la fuerza y por todos los medios que están a su alcance las violencias y agravios que se les hagan: permitirá las justas represalias, dará patentes de corso y exigirá y tomará las satisfacciones que pidan sus ofensas. Bien entendido que ninguna provincia en particular tendrá derecho para hacer ninguna de estas cosas, armar en corso, despachar patentes de él, tomar represalias, ni romper hostilidades aún en caso de verdaderos agravios, sino después de una formal declaración de guerra por el Congreso, o cuando en un peligro urgente de inversión u otro semejante, no sea fácil consultar y esperar su resolución.

Artículo 38. El juicio sobre las presas de mar y tierra que con este o semejantes motivos pudieren hacer nuestros buques; reglamentos sobre ellas, o su calificación y aplicación, castigo de los delitos y piraterías cometidos en alta mar, y tribunales que deben conocer de ellos, y de todo lo tocante a jurisdicción marítima, pertenecen asimismo al Congreso.

Artículo 39. Siguiendo el sistema de paz y amistad con todas las naciones que no traten de hostilizarnos y respeten nuestros derechos, daremos asilo en nuestros puertos y provincias interiores, a todos los extranjeros que quieran domiciliarse pacíficamente entre nosotros, sujetándose a las leyes de esta Unión, y a las particulares y privativas de la provincia en que residan, y siempre que a más de las sanas intenciones con que se trasladen, traigan y acrediten entre nosotros algún género de industria útil al país de que puedan vivir, obteniendo al efecto la carta de naturalización o permiso del Congreso, ante quien se calificarán las circunstancias ya dichas principalmente en tiempos en que sería peligrosa una inmigración indiscreta.

Artículo 40. Son de la privativa inspección del Congreso las relaciones exteriores, ya sean con las naciones extranjeras, ya con los demás gobiernos y estados de América que no están incorporados en esta Unión, y ninguna provincia en particular podrá entrar con ellas, o ellos, en tratados algunos de amistad, unión, alianza, comercio, límites, etc., declarar la guerra, hacer la paz, ni por consiguiente admitir o enviar agentes encargados de negocios, cónsules, comisionados, o negociadores públicos de ninguna especie; y en caso de ser dirigidos a ellas, los deberán encaminar inmediatamente o dar parte al Congreso General con los despachos o comunicaciones oficiales que hayan recibido sobre la materia.

Artículo 41. Entre las relaciones exteriores que deberá mantener el Congreso será una, y de la más estrecha recomendación que en esta parte le hacen las provincias, las de la silla apostólica para recurrir a las necesidades espirituales de los fieles en estos remotos países, promoviendo la erección de obispados de que tanto se carece, y que tan descuidados han sido en el antiguo Gobierno y todos los demás establecimientos, arreglos, concordatos, etc., en que conforme a la práctica y ley general de las naciones, debe intervenir la suprema potestad de un Estado para el bien espiritual de los súbditos.

Artículo 42. Toca igualmente al Congreso la decisión sobre el patronato que hasta hoy han ejercido los reyes de España en América, por lo respectivo a las provincias de la Nueva Granada en general o cada una de ellas en particular, su permanencia, su administración, sus efectos o el uso de él, y demás incidencias para cuya determinación y perfecto arreglo, oirá el Congreso, si lo tiene por conveniente, a los prelados, universidades, cabildos eclesiásticos, cuerpos regulares, o promoverá la celebración de un concilio nacional en que se arreglen este y otros puntos de disciplina eclesiástica, que tan imperiosamente exigen las circunstancias, en la incomunicación en las que nos hallamos con la silla apostólica, y que probablemente no podremos tener en mucho tiempo; mientras cada día se aumentan las necesidades de la Iglesia y los fieles carecen de los recursos espirituales que toca a la suprema potestad de un Estado el proveer y velar que no les falten, como protector natural de la Iglesia y como que en esta materia se interesa la conversación de uno de los primeros derechos de los pueblos, a saber: el de su culto y su conciencia.

Artículo 43. No pueden hacer las provincias entre sí, tratados algunos de amistad, unión, alianza, comercio, etc., sin la expresa noticia y aprobación del Congreso que la otorgará, sino fueren perjudiciales al bien común o a otra tercera, y los que se hubieren hecho hasta el presente desde el 20 de julio de 1810, época, como se ha dicho, de la transformación política del Reino, se someterán igualmente a su sanción sin que puedan tener ni tengan fuerza alguna en todo lo que sea contrario a los pactos de esta Unión.

Artículo 44. Pertenecen al Congreso todas las disputas hoy pendientes, o que en adelante se susciten entre provincia y provincia sobre límites de su territorio, jurisdicción, comercio o cualquiera otro objeto en que siendo a un tiempo interesadas o partes, no pueden ser en el mismo, árbitros o jueces; y mucho menos cuando semejantes disputas o pretensiones puedan tener cierta trascendencia o perjudicar al bien general, y turbar la paz de las demás provincias. Por lo mismo ningún Gobierno de ellas podrá admitir o incorporar en su territorio pueblos ajenos, aun cuando se pretenda que sea con absoluta voluntad de ellos mismos o de sus respectivas provincias, sin que esto se haya hecho notorio al Congreso, y haya obtenido su sanción.

Artículo 45. Pero no por esto se impide la libre accesión o convenio de unos pueblos o provincias con otras, siempre que así lo pida el bien general y particular de los mismos pueblos para arreglar mejor su gobierno interior, su administración de justicia y otros bienes que les puedan resultar de la unión o incorporación. Antes bien, el Congreso propenderá a ello, si de este modo se pueden arreglar mejor los límites de los territorios, igualar más las provincias como unidades de un todo tanto más perfecto, cuanto sean menos desemejantes o desproporcionadas sus partes, y aun deberá de oficio decretar la incorporación, accesión y unión a lo menos temporal cuando la provincia en su estado actual, escasee de recursos y de posibilidad de contribuir como las otras al bien general, exija de necesidad esta medida para su propio bien y el de las demás; mientras que aumentada su población y sus medios de existir logre la independencia, que desde hoy para entonces el mismo Congreso le garantiza.

Artículo 46. Los pueblos disidentes de una provincia deben sujetarse al voto de la pluralidad del cuerpo político de quien son parte; pero si se suscitaren diferencias entre dos partidos igualmente poderosos que no puedan conciliarse amistosamente entre sí, y que exijan una decisión formal de tercero imparcial no habiéndose convenido antes en bases o leyes fundamentales que decidan la cuestión, y en cuyo caso se estará precisamente a ellas, se someterán, antes que venir al peligroso y siempre funesto recurso de las armas, a la resolución del Congreso; que sin injerirse en lo que no sea de su particular inspección, arreglará tan imparcial como amistosamente sus disputas, sugiriendo todos los medios de conciliación, y prescribiendo últimamente las reglas que deberán observar.

Artículo 47. Son del juicio y determinación del Congreso los pleitos y diferencias entre ciudadanos de diversas provincias, entre una de éstas y los habitantes de otra, y en general todas aquellas en que versándose el interés común de la Unión, o no bastando las respectivas facultades de las provincias para decidir las materias en cuestión, ni llevar a efecto sus resoluciones por no estar sometidos a su autoridad los contendores, o alguno de ellos, deben apelar al juicio de un tribunal superior e imparcial.

Artículo 48. Tienen derecho los habitantes libres, de todas y cada una de las provincias, a entrar en el territorio de las demás; traficar o comerciar en ellas y gozar de todos los privilegios e inmunidades de ciudadanos libres, sin más gravámenes, ni limitaciones que los que sufran sus mismos habitantes, y sin que pueda estorbárseles, ni el tránsito a otras, ni el regreso con sus efectos introducidos al lugar de donde han venido. Pero quedarán también entretanto sujetos a las demás leyes de la provincia particular en donde residan, negocien, comercien o delincan.

Artículo 49. Se exceptúan de esta regla los mendigos, vagos y prófugos de la justicia o por delitos cometidos en la provincia de donde huyen, y a cuya reclamación por medio de sus respectivos gobiernos serán entregados ellos y sus bienes sin réplica ni excusa.

Artículo 50. Para esto y todas las demás diligencias judiciales que ocurran entre provincia y provincia, se dará entera fe y crédito a sus respectivas actuaciones, registros, instrumentos, despachos, requisitorias, etc., comprobados y autorizados en debida forma, guardándose la mejor armonía y correspondencia para la buena administración de justicia entre provincia y provincia.

Artículo 51. Mas como hasta el presente aún no se halla reunido el número de diputados de que debe constar el Congreso según la primera convocatoria de la anterior junta de Santafé; parte por la opresión en que yacen, como se ha dicho alguna de las provincias que los deben enviar, parte por las dificultades que han sobrevenido a otras que están dispuestas a hacerlo, se excitará por lo menos a las últimas para que verifiquen cuanto ante sí no lo han hecho, dichos nombramientos y se pongan en camino a la mayor brevedad sus diputados; nombrando cada una de ellas no uno, sino dos en calidad de lo primero y segundo como ya lo han hecho otras, y aún lo están practicando las que al principio solo habían elegido uno en fuerza de la citada convocatoria, para que así además de evitarse los inconvenientes de la enfermedad, ausencia, o falta de representación de la provincia por otro motivo, y entrando ambos en ejercicio se puedan distribuir oportunamente los poderes, formar comisiones, y repartir los trabajos que hoy deben ocupar la atención del Congreso.

Artículo 52. Los diputados, bien sea uno o dos por cada provincia, tendrán votos iguales: y debiendo considerarse para los objetos de su instituto más bien representantes de la Unión en general que de ninguna provincia en particular, pues sin salvarse aquella, inútiles serían los esfuerzos por ésta, deliberarán y votarán con plena y absoluta libertad, con tal que no se aparten de los pactos capitales y fundamentales de esta Unión, prefiriendo el bien de ella al particular de su provincia, y siguiendo los justos dictámenes de su conciencia en lo que ella les describa, aun cuando tuviesen órdenes contrarias que nunca son de presumirse, ni deben suponerse dadas con conocimiento de causa, después de la generosa accesión de las provincias de esta Unión, y sin que por ello pueda ni deba resultar cargo alguno a los diputados procediendo de buena fe. Pero es libre a las mismas provincias revocarles sus poderes siempre que quieran, y subrogarles otros que ocupen su lugar.

Artículo 53. Por la misma razón tiene absoluta libertad para los debates y en ningún otro lugar podrán ser acusados, perseguidos, ni juzgados por lo que hayan escrito o discurrido en el ejercicio de sus funciones en el Congreso, antes bien, estarán exentos de todo arresto y prisión durante el tiempo de sus sesiones y cuando vayan y vuelvan al lugar de sus residencias, o estén empleados en comisión, si no es por algún delito capital u otro que arrastre infamia o confiscación de bienes por traición o conspiración secreta contra el Estado y por perturbación de la tranquilidad pública.

Artículo 54. Puede también el Congreso por justos y calificados motivos separar a un diputado que se haya hecho acreedor a esta demostración, por su conducta, o por excesos reprensibles que perjudicarían el honor del cuerpo, el secreto de sus liberaciones, o el bien e interés general de la Unión, y la provincia a quien pertenezca sin réplica ni excusa le retirará los poderes y nombrará otro en su lugar.

Artículo 55. En dichos casos si los excesos o delitos en que haya incurrido un diputado fueren como tal, ofensivos a la Unión, y sujetos por lo mismo a su conocimiento, separado que sea del cuerpo por un acuerdo formal se entregará al tribunal de justicia del Congreso para que lo juzgue y castigue como corresponde; pero si fuere un delito común sin relación a lo oficial de su cargo, podrá remitirlo a disposición de su provincia para que proceda contra él.

Artículo 56. Los diputados permanecerán por ahora en el ejercicio de sus funciones por el tiempo que se les haya señalado por sus provincias; pero se exhortará a éstas a que siendo dos, como se ha dicho, los nombrados se renueven anualmente cada uno de ellos, comenzando por los más antiguos o primeros, operación que podría hacerse en el año próximo de 1812, de modo que pudiesen entrar en función los nuevamente elegidos, a un tiempo todos, si fuese posible en 1.º de enero de 1813.

Artículo 57. El Congreso no podrá resolver las cuestiones importantes sobre declaración de guerra o ajuste de paz, determinación de contingentes de tropas y dinero que deban suministrar las provincias para la defensa común, o de alguna de ellas en particular; construcción o adquisición y armamentos de buques de guerra, celebración de tratados de alianza, comercio, límites, etc., con las naciones o estados extranjeros; establecimiento de impuestos; despacho de patentes de corso y represalias en tiempo de paz; toma de dinero a crédito sobre los fondos de las provincias unidas; variación de la ley y valor de la moneda corriente o admisión de la extranjera, y estimación de su precio; creación de papel moneda; alteración de pesos y medidas conocidas; acuerdo sobre materias de patronato, u otras graves eclesiásticas en que tenga que intervenir la suprema potestad de un Estado; separación de un diputado por excesos reprensibles en su conducta pública y privada; nombramiento de generales en jefe o comandantes de mar y tierra, cónsules y negociadores o ministros públicos cerca de otros Estados: sin la concurrencia y unanimidad de votos de las dos terceras partes de los diputados que actualmente se hallen en el lugar de la residencia del Congreso. Tampoco podrá nombrar secretarios y ministros de su Despacho, jueces del Supremo Tribunal de Justicia, administradores, contadores y tesoreros de aduana, superintendentes, contadores y tesoreros de casas de moneda, administradores y contadores generales de correos, capitán de su guardia y otros empleos principales de responsabilidad y confianza, sin la concurrencia y unanimidad de votos de los dos tercios de miembros presentes, que deberán ser también por lo menos las dos terceras partes de los residentes en el lugar del Congreso. Las demás cuestiones de administración se decidirán por la mayoría de dichas dos terceras partes concurrentes; es decir, por siete votos si dichas dos terceras partes concurrentes, por ejemplo, fueren doce. Un número menor de las dos terceras partes hábiles o en estado de concurrir al Congreso, solo podrá prorrogarse a otro día, y tratar de que se haga cumplir a los demás diputados con la asistencia debida por medio de los requerimientos o penas establecidas a este efecto por el mismo Congreso en el reglamento de su organización y procedimiento interior. Los diputados se someterán, pues, a todas las decisiones o resoluciones causadas de este modo, aun cuando sean contra su propio dictamen, y las suscribirán, obedecerán y cumplirán, lo mismo que sus respectivas provincias, aprobados que sean por ellas los pactos de esta Unión; quedando no obstante a dichos diputados la facultad de salvar sus votos particulares, y aun pedir testimonio de ellos en caso que la materia por su naturaleza no pida sigilo y reserva, en el cual quedarán consignados en el libro de acuerdos, para cuando cesando este motivo, se les puedan dar sin peligro.

Artículo 58. Son por ahora de cargo de las provincias los sueldos, gratificaciones o salarios de sus representantes, mientras que se pueda proveer a este objeto de los fondos comunes del Congreso, fijando el número permanente que deberá quedar de ellos en lo sucesivo, y distribuidos los poderes de la Unión.

Artículo 59. El ejercicio de estos poderes queda atribuido al Congreso en todos los objetos de su inspección; pero como principalmente y judicial embarazaría la atención debida a puntos más importantes, cuales son los de la defensa común y bien general, el Congreso creará el tribunal o tribunales que tenga por convenientes, fuera de su seno para atender a este ramo, reservando el Ejecutivo y Legislativo para ejercitarlos por sí mismo, bien en común, bien por secciones, según lo permita el número de diputados, y la gravedad de las materias que hoy nos ocupan.

Artículo 60. Para la debida organización de estos poderes, o el más acertado desempeño de sus funciones, el Congreso hará los reglamentos que estime oportunos, mientras que una Constitución definitiva arregla los pormenores del Gobierno general de la Unión.

Artículo 61. Removidos los peligros que hoy nos rodean, reunidas las provincias que definitivamente compondrán esta Unión, y conocida exactamente su población (para lo cual desde hoy se excita su celo, encargándoles que para éste y otros objetos, remitan a la mayor brevedad sus padrones con toda la claridad y distinción posibles), se convocará la gran Convención Nacional sobre esta misma base de la población para darse dicha Constitución; a menos que las provincias quieran someter esta obra al Congreso, sujeta no obstante siempre a su sanción.

Artículo 62. A este fin se prepararán los materiales con todas las observaciones que enseñe la experiencia, y se convidará a los sabios de la Unión a que presenten sus ideas e ilustren a sus conciudadanos para disponerlos a un gobierno liberal.

Artículo 63. Los juicios pertenecientes al Congreso, bien por la infracción de sus leyes, bien por ser de objetos de su privativa inspección que deban hacerse fuera de sus residencia por no gravar a las partes con recursos, a lo menos en las primeras instancias se harán por comisiones, o delegaciones, o del modo que se crea más equitativo, más imparcial, y más apto para descubrir la verdad, y para la recta administración de justicia; con reserva de las últimas instancias si lo pidiere la materia, al Alto Tribunal de Justicia que deberá residir a las inmediatas del Congreso.

Artículo 64. Pero no será prohibido a los ciudadanos de una provincia demandar, si lo tienen por conveniente, o seguir sus instancias y querellas, ante los respectivos tribunales o juzgados de los reos demandados y pactarlo así en sus particulares instrumentos y contratos, renunciando todo otro derecho que les competa, y sometiéndose a las leyes y jueces del país; y una vez hecha esta sumisión o renuncia en lo que no perjudique a la Unión y sea de un interés particular de los ciudadanos, no podrán apartarse de ella ni desistir, y deberán ser obligados a cumplir con su tenor.

Artículo 65. Igualmente les es permitido hacer decidir sus diferencias por árbitros como lo tengan por conveniente, bien eligiéndolos de los ciudadanos de ambas provincias de donde fueren los contenedores, bien de cualquiera de ellas o de una tercera, bajo las penas o en los términos que se hayan convenido, y en que no haya ningún perjuicio de la Unión.

Artículo 66. Tampoco se hará novedad en las causas ya pendientes en los tribunales de las provincias, por voluntaria sumisión o aquiescencia de los ciudadanos en todo lo que haya sido y sea de su particular interés finalizándose en donde estén comenzadas.

Artículo 67. El Congreso creará las oficinas y empleos subalternos que necesite para la expedición de sus negocios, según se lo vaya enseñando la experiencia, y escogiendo para ellas los ciudadanos más aparentes de la Unión, lo mismo que para sus comisiones y Tribunales de Justicia. Bien entendido que los jueces, oficiales y dependientes que estén a sueldo de la Unión no podrán estar al mismo tiempo en servicio de ninguna provincia en particular, ni recibir pensión ni gratificación de ella por sí o por medio de otro, lo mismo que se entenderá respecto de los miembros o individuos del Congreso.

Artículo 68. Tampoco podrá ninguno de éstos ni aquéllos recibir dádivas, emolumentos, comisiones, empleos, títulos ni distinciones personales o hereditarias de ningún príncipe, rey o Estado extranjero, ni el Congreso mismo podrá otorgar gracias que induzcan división de clases entre los ciudadanos, y que solo se inventaron para comprar la libertad de los pueblos. Pero bien podrá premiar de otro modo las acciones ilustres y heroicas con que se distingan los mismos ciudadanos, siendo no obstante muy reservado en esto, y dirigiendo sus premios más bien a fomentar la virtud y el amor de la patria que a satisfacer el orgullo y vanidad.

Artículo 69. El tratamiento del Congreso será Alteza Serenísima; el de su Presidente, si lo hubiere con atribuciones separadas, o en las comunicaciones oficiales que se hagan por medio de él, y lo mismo el del Poder Ejecutivo si se creare, será de Excelencias; el de las comisiones o miembros separados del Congreso, ministros o secretarios, hablando oficialmente, Señorías; en particular, por escrito y de palabra, de Merced como todo ciudadano; y el que se dé por el Congreso, su presidente, Poder Ejecutivo, comisiones o individuos a los Gobiernos y legislaturas provinciales, Excelencia o Señoría, según lo adopten en sus respectivas constituciones. Con el extranjero y con los demás gobiernos independientes el que esté recibido, o se hayan atribuido.

Artículo 70. El Congreso tendrá una guardia nacional moderada, y que manifieste más el decoro del cuerpo que un aparato y pompa estéril, economizando en lo posible los gastos.

Artículo 71. La Confederación tendrá un sello particular que se señalará después para las patentes, despachos y demás piezas oficiales que lo necesiten; y su violación y falsificación, lo mismo que la de la moneda y cualquiera otro resguardo o seguro de la Unión, estará sujeta a las penas actuales de las leyes, y a las que atendidas la naturaleza y gravedad de los delitos se tengan por conveniente imponer.

Artículo 72. Las leyes que para estos y otros casos regirán por ahora en los tribunales de la Unión, son las que nos han gobernado hasta aquí en lo que no sean contrarias a estos pactos, incompatibles con el actual estado de las cosas, y la situación política del reino o provincias de la Nueva Granada.

Artículo 73. Cada seis meses, o a lo menos anualmente, imprimirá el Congreso el estado de sus fondos, deudas, gastos, entradas, salidas y existencias con la debida distinción de ramos de su procedencia y objetos de su inversión, y de tiempo en tiempo imprimirá también las actas de sus resoluciones en lo que sin peligro pueda comunicarse al público.

Artículo 74. Nada de lo contenido en esta acta podrá revocarse sin expresa determinación de las provincias, para cuyo efecto deberán ser oídas, lo mismo que lo han sido y van a serlo para su sanción; y nada de lo obrado contra ella tendrá autoridad ni fuerza alguna, como hecho contra su expresa y declarada voluntad.

Artículo 75. Si sobrevivieren materias de tan alta gravedad, que no estén comprendidas en los pactos de esta Federación, ni en sus reglas generales, y que por otra parte pidan sin peligro en la tardanza la resolución de las provincias, se las consultará sobre ellas; pero si hubiere un riesgo en la dilación, se tomará provisionalmente la medida que se crea más juiciosa, sujeta siempre a la sanción de las mismas provincias.

Artículo 76. Una vez aceptados los pactos de esta Unión, ninguna provincia tiene facultad para denegarse a su cumplimiento, y podrá ser compelida a él por todos los medios que estén al arbitrio del Congreso y de las demás provincias comprometidas en ella; y las provincias se obligan solemnemente a cumplir este deber sin que nada les pueda excusar de él, sobre que empeñan su honor, y la fe que llevan protestada.

Artículo 77. Los presentes tratados serán presentados a la ratificación o sanción de las provincias, por medio de sus legislaturas, juntas o Gobiernos provinciales, suficiente y competentemente autorizados a este fin; y las mismas se entenderán en lo sucesivo para cuanto pueda ocurrir.

Artículo 78. Las provincias o sus cuerpos representativos y legislativos darán a la mayor brevedad posible su ratificación, aprobación u observaciones sobre el dicho tratado en general; o alguno, o algunos de sus artículos en especial; pero como entretanto nos estrechen las circunstancias, y sea bien pronunciada la voluntad de todas o casi todas las que han podido explicarse libremente sobre este particular, de unirse por los principios que se acaban de acordar que son los que hoy reclama imperiosamente nuestra situación, los únicos que pueden salvarnos, los que han adoptado y seguido naciones más sabias, y que hoy hacen su felicidad; los presentes diputados seguirán cumpliendo con el tenor de sus poderes e instrucciones formándose al efecto en Congreso, y trabajando en cuanto crean propio de su instituto y se dirija al bien y seguridad común.

Hecha en convención de diputados de Santafé de Bogotá, a 27 días del mes de noviembre del año del Señor, 1811.

José Manuel Restrepo, diputado por la provincia de Antioquia. Henrique Rodríguez, diputado por la provincia de Cartagena.

Manuel Campos, diputado por la provincia de Neiva. Camilo Torres, diputado por la provincia de Pamplona. Joaquín Camacho, diputado por la provincia de Tunja.

José Manuel Restrepo, secretario

Proyecto de Constitución para la Isla de Cuba de Joaquín Infante, 1812

Introducción

Emancipada la América por la separación de la dinastía de Borbón del trono de España, y ocupación de éste por otra dinastía, respecto de la cual no hay vínculos que obliguen a la continuación de una sujeción, que además fue siempre opresiva, es consiguiente haber adquirido el poder de establecer la forma de Gobierno que ajuste mejor a su felicidad, y que una vez adquirido no puede cesar, aún cuando se repusiera el sistema anterior.[7] En tales circunstancias, la isla de Cuba tiene un derecho igual a los demás países de América para declarar su libertad e independencia, y elegir entre sus habitadores quienes la gobiernen en sabiduría y justicia, impidiendo a un mismo tiempo los males de la anarquía y del despotismo, que se hacen sentir hoy con más fuerza que nunca.

El amor a mi Patria me hizo trabajar el Proyecto de Constitución que sigue, y que creo el más acomodado a los intereses de tan precioso territorio; porque para promoverse su fomento, deben disminuirse sus cargas, y esto no podrá conseguirse sino por la simplicidad de la organización, y por la reducción de los funcionarios.[8] Para la perfección de esta grande obra me pareció preciso cortar de raíz las instituciones perjudiciales y abusivas introducidas por los Españoles durante su dominación; pues los medios lentos y paliativos no harían sino aliviar y prolongar las dolencias, y no las remediarían de una vez, conservándolas, y haciendo recaer siempre en su estado fatal, o quizá reagravándolo.

Malogrado el conato que dio motivo a este Proyecto, a lo menos me lisonjeo haber procurado la regeneración de mi Patria, y espero todavía que pueda servirle, si la Providencia se digna facilitar una empresa la más conforme a sus altos designios, por más que los tiranos se opongan:

---

7 *In perpetuum enim sublata obligatio non potest.* L.98.ff. *de solutionibus, et liberationibus.*

8 Juan Santiago Rousseau ha demostrado, que cuanto más numerosos son los Magistrados, tanto más débil es el Gobierno. Contr. Soc. lib. 3. cap. 2.

Título primero. Del Estado

El Estado de la Isla de Cuba se compondrá de los Poderes Legislativo, Ejecutivo, Judicial, y Militar,[9] que equilibrándose entre si constituyan una forma de Gobierno templada, por una proporción capaz de prevenir inconvenientes ruinosos.

Artículo primero

Título. II. Del Poder Legislativo

2. El Poder Legislativo se ejercerá por un Consejo de seis Diputados; a saber, uno por La Habana, otro por San Antonio, Santiago, y Bejucal, otro por Guanabacoa, Santa María del Rosario, Jaruco, y Matanzas, otro por los cuatro Lugares, otro por Puerto-Princípe, Bayamo y Guisa, y otro por Santiago de Cuba, Holguín y Baracoa, inclusas las jurisdicciones respectivas. Si después se erigieren en Villas y ciudades otras Poblaciones se agregarán a las expresadas, o podrá aumentarse el número de Diputados.

3. El nombramiento de los seis conviene se haga en La Habana provisionalmente por una reunión de hombres buenos y de juicio, que pueda facilitarse en el momento de una revolución, cuidándose no obstante en estas circunstancias de que recaiga en Americanos blancos, naturales o vecinos de los países referidos, si los hubiere capaces; y si no, en otros que siendo Americanos blancos y capaces, tengan su naturaleza, o vecindad en cualquier parte de la isla, de treinta años de edad, y que no se hallen incursos en delito grave.

4. Así los Americanos blancos naturales, o vecinos de la isla tendrán la voz pasiva en las elecciones, y ejercerán los otros Poderes.

Los No-americanos de todas clases, establecidos o naturalizados, tendrán juntamente, con los Americanos de todas clases, naturales o vecinos, la voz

9 Aunque los Políticos sujetan la fuerza armada al Poder Ejecutivo, me ha parecido conveniente hacer de ella un Poder distinto en una Isla, que pudiendo ser invadida por muchos puntos excéntricos en una pequeña latitud, y agitada en los de fortificación, concurrencia, o agricultura, es preciso dedicarse constantemente a su defensa exterior, y a su conservación interior, a que no podría estar siempre atento el Poder Ejecutivo por la grande extensión de sus atribuciones, y que los Jefes del Poder Militar tendrán exclusivamente por objeto el ejercicio de este importante ramo de la administración, al que deben darse todos los ensanches que exija la seguridad pública, y la perfección de que es capaz.

activa en las elecciones de su domicilio; y en él concurrirán los blancos a los empleos civiles, y ellos, y los de color libres a los militares de su respectiva clase.[10]

5. Establecido ya un nuevo orden de cosas, sea para la ratificación o renovación de los Diputados, o elección y renovación de Suplentes para los casos de muerte, ausencia o delito grave, la forma será la siguiente.

Avisándose seis meses antes por el consejo constituido a los Jueces civiles que se hallen entonces en función, o a los que deban sustituirles en cada uno de los Lugares fuera de la jurisdicción de La Habana, convocarán a los ciudadanos de edad mayor, exentos de crímenes, y cuyas propiedades lleguen en La Habana a un valor igual al de cien mil pesos, en Trinidad, Puerto-Princípe, y Santiago de Cuba al de treinta mil, en Matanzas, Sta. Clara, y Bayamo al de veinte mil, en Guanabacoa, S. Juan de los Remedios, y Santo Espíritu al de diez y seis mil, y en los demás Lugares al de ocho mil.[11]

10 La Política dicta que en nuestros Estados se excluya de la Supremacía a los del otro Hemisferio, por la oposición de intereses, de sentimientos y aun de pasiones que necesariamente ha de asistirles respecto a nuestra emancipación, y sus consecuencias. La misma Política dicta la exclusión de la gente de color a la Supremacía, empleos civiles y militares de la clase blanca. Sin necesidad de otras razones, las desgracias acaecidas en Surinam, y en las costas de la Guayana holandesa, en las islas francesas de barlovento, en Santo Tomas y Curazao, en la Jamaica, en la Carolina, en la Georgia, y Nueva Orleans, y aun los movimientos con que ha sido amenazada la isla de Cuba, convencen que no es de esperarse una combinación permanente entre los blancos y la gente de color, mucho menos para dividirse el Gobierno sin disturbios.

Fuera de que, no habiendo acepción de personas en la distribución de la justicia; siendo ademas defensores de la Patria unos y otros, y teniendo el derecho de sufragio activo, honores que los Romanos economizaron tanto, gozan proporcionalmente de las ventajas de Ciudadanos a menos costa; no siendo los empleos públicos en los Estados bien gobernados, sino una carga. Al fin todas las especies de Gobierno son susceptibles de más o menos, y tienen también mucha latitud, pudiendo ocupar todo un pueblo, o limitarse a la mitad, o de la mitad hasta el más pequeño número indeterminadamente.

Rousseau, Contr. Soc. lib. 3, cap. 3.

11 Los propietarios son sin duda el apoyo de un Estado, los que se interesan preferentemente por su felicidad, y por tanto los más distantes en engaño y corrupción en la elección de Mandatarios.

En Atenas tenían derecho de sufragio activo por clases los ciudadanos, cuya herencia producía desde quinientas medidas de trigo, o aceite hasta menos de doscientas. En Roma lo tenían gradualmente, y también por clases, aquellos que poseían de cien mil ases abajo. Según las Constituciones francesas de 1791, y del año 3 de la República, era necesario para elector en las ciudades de más de seis mil almas ser propietarios, usufructuarios, o lacatarios

En la convocatoria se señalará un término breve, y los que se juntaren el día prefijado darán su sufragio a dos sujetos, los que crean más a propósito para Diputado, y Suplente, de las cualidades que expresa el **artículo** 9.
Se hará un escrutinio, y los que resulten tener más número de sufragios serán candidatos. En caso de singularidad se repetirán los sufragios, y en caso de igualdad decidirá la suerte.
Los Jueces civiles darán cuenta inmediatamente al Consejo constituido de los candidatos que hayan resultado. El Consejo entonces por un nuevo escrutinio sacará de entre los candidatos nombrados por cada lugar elector un Diputado para los que corresponda, según el orden establecido en el **artículo** 2, y un Suplente para los casos señalados ya.
Si alguno de los Consejeros existentes fuere candidato no tendrá voz en el segundo escrutinio. Lo mismo se entenderá de los Suplentes, si se hallaren en función.
Respecto de La Habana, como por la preponderancia de su población no esté unida a otro lugar, hecha la convocatoria en su jurisdicción de orden del Consejo constituido, bastará un solo escrutinio por los Jueces civiles para la elección, que será también por mayoridad de sufragios, repetidos hasta que la haya, y por suerte en caso de igualdad.
Si renunciaren los electos se procederá a nueva elección hasta que se verifique la aceptación, que en los Lugares deberá indagarse de cada candidato, por si fuere electo, antes de darse cuenta, a fin de que no haya demoras.
Los Jueces civiles, por quienes se practique la convocatoria, recepción, único escrutinio respecto de La Habana, y primero respecto de los demás Lugares, decidirán instructivamente, y sin grado, cualquier dificultad que ocurra en estos actos.
Los Diputados electos comparecerán sin perdida de tiempo a prestar juramento, y entrar desde entonces en el ejercicio de sus funciones, con cesación de los que fueren reemplazados. Lo mismo practicarán los Suplentes en su caso.
Los primeros Consejeros nombrados según el **artículo** 3, prestarán juramento sobre los Evangelios ante el Obispo o Clero, y los entrantes en manos de los salientes, así como los Ministros, Jueces Supremos, Estado Militar, y

---

de un equivalente al valor local de doscientos jornales, y en las ciudades de menos de seis mil almas de un equivalente al valor local de ciento y cincuenta.

demás Empleados. Lo mismo se observará en las Villas y Ciudades respecto de los que se nombren estando en ellas. La fórmula será esta: "juro guardar la constitución, y las leyes, desempeñar, según ellas, el empleo que se me confía, y cooperar, cuanto sea posible, al bien y prosperidad de la isla de Cuba, con preferencia a mi interés privado".

6. Al Consejo pertenece el nombramiento de los que deben ejercer los Poderes Ejecutivo, Judicial y Militar de ejército, y Marina, de los individuos de Rentas, y demás Empleados: pertenece la creación de leyes civiles, y penales, su modificación, aumento, abolición, e interpretación, según las circunstancias: pertenece el examen, conservación o anulación de todo acto inconstitucional, arreglo del Culto, nueva imposición de derechos, o disminución de los impuestos, concesión de naturalizaciones, recompensas y privilegios; pertenece el batir moneda, o establecer papel-moneda, declarar la guerra, mantener, o expedir ejércitos, y armadas, despachar patentes de corso, ordenar represalias, hacer tratados de paz, alianza, amistad, neutralidad, y comercio con las otras Potencias, aprobar o desaprobar.

Optar medidas sobre todos los ramos públicos, residenciar, y juzgar a sus miembros, a los Ministros, Jueces Supremos, Estado Militar de Ejército y Marina, Obispo, y Vicario general, perdonar, excepto en las acusaciones de traición,[12] y ejercer cuanto pertenezca al Soberano, conforme a la Constitución y Leyes que estén en observancia.

Título. III. Del Poder Ejecutivo

7. El Poder Ejecutivo se ejercerá por un Ministerio de tres, a saber, un Ministro de Guerra y de Marina, un Ministro de Rentas, y un Ministro de lo interior.

8. A cada uno de los Ministros toca en la extensión de sus atribuciones cumplir cuanto le comunique el Consejo, promulgar sus deliberaciones en los cuatro días siguientes a la emisión, despachar en su nombre, y presenta que conciba útiles: también les toca reclamar a aquellas prevenciones del Consejo que puedan atraer inconvenientes de gravedad; pero si se ratificaren después de un examen, o discusión, que le es permitido sostener,

12 La Constitución de los Estados-Unidos de Norteamérica da esta facultad al Presidente; siendo así que es privativa de la Soberanía del Pueblo, representada por el Poder Legislativo.

están obligados al cumplimiento: y toca, en fin, a ellos cuanto concierne al Príncipe.

9. El Ministro de Guerra y de Marina, junto con el Estado Mayor Militar, y Comandante de Marina, formará reglamentos para el mejor gobierno de uno y otro ramo, y los pasará al Consejo para su adopción, o repulsa. Recibirá Embajadores, y Cónsules, expedirá los que nombre el mismo Consejo, y firmará los tratados con las otras Potencias. Por su conducto prevendrá el Consejo lo que convenga a los Jefes del Estado Mayor, y Marina.

10. El Ministro de Rentas, de acuerdo con el Colector, Tesorero y Administrador principales, formará también reglamentos para el buen manejo de las Rentas, y los pasará al Consejo para su adopción, o repulsa, se entenderá con los Empleados en este ramo, y les comunicará las órdenes del mismo Consejo.

11. El Ministro de lo interior propondrá al Consejo cuantas medidas contribuyan al fomento y prosperidad de la isla, tales como abertura y composición de caminos, construcción de canales, puentes y acueductos, establecimiento de poblaciones en los puntos convenientes, demolición, o traslación de las establecidas, extensión de la agricultura, comercio, industria, ciencias, y artes, reglas para el aseo, orden, seguridad, y salubridad públicas, &c., se entenderá con el Clero, y Juzgado de Policía en lo dispositivo, y económico; y por su conducto se dirigirán los recursos extraordinarios al Consejo.

Título. IV. Del Poder Judicial

12. El Poder Judicial se ejercerá por un Tribunal de seis Jueces, quienes oirán apelaciones en lo civil, y conocerán de todos los juicios en que se reclame la violación de las formas, o la contravención expresa de la Ley.[13] Las decisiones quedarán ejecutoriadas no interponiéndose apelación, o demanda en casación del término legal, o concluyéndose una, u otra.

13. Habrá en La Habana un Juez de Policía, que cuide del orden, salud, aseo, y sosiego públicos, y otro de Paz ante quien deban acudir las partes con preferencia en los negocios civiles de gravedad a fin de procurarse su conciliación por transacción, o arbitramento, y en los de poca importancia para su decisión. Las providencias correccionales del Juez de Policía en materia

13 Conviene en parte con la Constitución francesa del año 8, y las anteriores después de la revolución de Francia.

grave serán apelables ante el Tribunal Supremo; y sin una certificación de inconciliación del Juez de Paz no podrá admitirse un juicio civil considerable.
14. Habrá en La Habana dos Jueces civiles que conocerán en primer grado de las causas civiles de todos los ciudadanos, y dos criminales para instruir los hechos delincuentes que ocurran, aprehender los reos, secuestrar sus bienes en los casos del **artículo** 98, y formar las listas para el sorteo del *jury*.[14]
15. Extra-muros, y en las demás Villas y Ciudades bastará un Juez civil con funciones de Juez de Paz, y un Juez criminal con funciones de Juez de Policía.
16. En los Partidos, y Poblaciones pequeñas habrá jueces rurales que cuidarán de promover la agricultura, aderezar los caminos y situaciones, evitar desordenes, vigilando sobre la conducta de padres, hijos, esclavos, y demás que residan en los campos, o caserías, e instruir las ocurrencias criminales, aprehendiendo a los reos, secuestrando sus bienes en los casos del **artículo** 98, y remitiéndolos con el proceso al Juez criminal de la Jurisdicción.
17. El número de Abogados se fijará a treinta en La Habana, a nueve Extramuros, a doce en Puerto-Princípe, a diez en Bayamo, y Santiago de Cuba, y a cuatro o seis en los demás Lugares. De su seno se elegirán los Jueces Supremos e inferiores, aumentándose el número si fuere menester. Les sustituirán en todos los casos de interinidad, e inhibición por mayoría de edad, y su examen y recepción pertenecerá a los mismos Jueces Supremos.
18. En los Lugares mayores de la isla habrá dos Notarios públicos, uno para guardar los procesos concluidos, y despachar los extractos, copias, o certificaciones que ordenen los Jueces, y otro para registrar los instrumentos, cuya extensión será breve y precisa. En los Lugares menores bastará uno que reúna ambos encargos.

Título. V. Del Poder Militar

19. El Poder Militar de Ejército se confiará a un Estado mayor compuesto de un General en Jefe, un Mariscal de Campo, y dos Brigadieres.

---

14 Esta admirable institución del *jury*, como la llama el Ciudadano Perreau en sus *Elementos de Legislación natural*, se halla en uso en Inglaterra, en Francia, y en los Estados-Unidos de Norteamérica.

20. El Estado mayor cuidará de levantar batallones o regimientos, según el número de la población, desde la edad de quince años hasta la de cincuenta y cinco, en todas las clases de blancos, pardos, y morenos libres, sin otra excepción que un carácter público actual o anterior de Supremacía, y ocupación en el ministerio de la Iglesia, eligiéndose los que tuvieren caballos para la caballería, y los demás para la infantería, con distribución proporcional de artilleros, minadores, ingenieros, granaderos, fusileros, &c.
21. La instrucción en los ramos científicos dependerá del establecimiento de escuelas militares en La Habana, y Santiago de Cuba bajo la conducta de facultativos, con sueldo y grado de Coroneles. Otros facultativos con el mismo grado y sueldo serán directores, y celadores de las obras públicas, y de fortificación o ataque.
22. Los cuerpos de milicias serán disciplinados según la táctica moderna. Se buscarán buenos maestros, y se pagarán por el Tesoro público. Se procurará colocar en cada compañía, o cuerpo a los individuos de un mismo Partido o Población, y se señalarán tiempos por gradación, y con intervalos para el aprendizaje, y ejercicios, todo a fin de no perjudicarse a la agricultura, comercio, y artes. Las divisiones, y compañías se reducirán a un número menor, y se aumentará el de los Oficiales, y Jefes para facilitarse el adelanto y perfección. Los Oficiales responderán de las Compañías, los Coroneles, y Comandantes responderán de las divisiones o Cuerpos, y el Estado mayor nombrará cada seis meses sujetos de su confianza para revistar las Tropas en La Habana, Extramuros, Castillos, y demás Lugares.
23. Los Coroneles de los Cuerpos blancos, Comandantes de pardos, y morenos, y Oficiales de unos y otros serán nombrados por el Consejo, quien escogerá para estos empleos personas pudientes, a propósito, y de concepto. Los Subinspectores, Ayudantes, y Garzones blancos de los cuerpos de color quedarán suprimidos, y se sujetarán inmediatamente, como los de blancos al Estado mayor.
24. El Estado mayor organizará una guardia cívica de la clase blanca para La Habana, Castillos y Poblaciones de la isla. Esta guardia será pagada perpetuamente por el Tesoro público; pero las milicias no tendrán sueldo alguno sino en caso de invasión o ataque, que serán empleadas en el número suficiente. El mecanismo, disciplina, y reunión en los casos urgentes, con cuanto

más concierna al ramo de guerra, se dispondrá en el reglamento a que se refiere el **artículo** 3.
25. En La Habana, Extramuros, Castillos, y Lugares de la isla habrá un Comandante militar para la guardia cívica, cuyo número será proporcionando a población, y a la posición local. El carácter de los Comandantes será el de Coronel en La Habana, Morro, Cabaña, Puerto-Príncipe, Bayamo, y Santiago de Cuba; el de Teniente Coronel en el Morro del mismo Santiago de Cuba, Trinidad, Guanabacoa, Matanzas, Castillo del Príncipe, y Extramuros; y el de Capitán en las demás Villas, Fortalezas, y Ciudades. El sueldo corresponderá a las graduaciones.
26. En todos los Lugares de la isla estará a disposición de los Jueces de Policía un destacamento de la guardia cívica para la seguridad, y orden público, quienes lo distribuirán, y emplearán, como crean más conveniente, y otro a la de los Ministros, Jueces Supremos, inferiores, y demás Empleados, a fin de auxiliar sus deliberaciones y providencias.
27. No conviniendo por ahora otra Marina que la mercantil, se permitirá la construcción de bajeles en los puntos a propósito, sin perjuicio no obstante de la cultura, cría de ganados, y maderas de tinte, y obras. Pero deberá también establecerse una pequeña Marina de guerra para el resguardo de las costas, seguridad de los puertos, correos y celo del contrabando. Bastará, pues, en La Habana un Comandante de Marina con sueldo, y grado de Capitán de Navío, dos bergantines, y cuatro goletas de guerra, ocho lanchas cañoneras, y el número preciso de Oficiales, y gente de mar; y un Comisario en Santiago de Cuba con grado, y sueldo de Capitán de Fragata, dos goletas de guerra y cuatro lanchas cañoneras. También habrá lanchas cañoneras mandadas por Oficiales en Batabanó, Trinidad, Santa-Cruz, Manzanillo, Baracoa, Gibara, Nuevitas, Matanzas, y Mariel. Los demás buques, y pertrechos que haya en la isla podrán venderse a beneficio del Erario, o aprovecharse en otros usos.
28. El mando de un Ejército, Armada, u otra comisión importante de esta clase se confiará temporalmente a quien fuere suficiente para el desempeño, como no se infiera daño a la Patria.

Título. VI. De la administración de Rentas

29. Para el manejo, y arreglo de las Rentas públicas habrá en La Habana un Colector principal, que exigirá y recaudará los derechos, contribuciones, y adquisiciones, un Tesoro principal en quien se depositen, y un Administrador principal, que ordenará los pagamentos, e inversiones, Extra-muros, en Villa-Clara, Matanzas, Trinidad, Puerto-Príncipe, Bayamo, y Santiago de Cuba habrá dos, a saber, un Colector-Tesorero particular, y un Administrador particular: en las demás Villas, y Ciudades uno. Estos rendirán cuenta cada seis meses al Colector, Tesorero, y Administrador principales, y estos por sí, y por aquellos al Ministro de Rentas, según el reglamento que se dispone en el **artículo** 10.

30. Los derechos consistirán en cuatro reales anuales por cada esclavo de campo, en veinte pesos también anuales multiplicados por cada esclavo de la población que exceda el número de cuatro de servicios, o jornal, y en los mismos veinte pesos anuales multiplicados por cada volante que exceda el número de dos, a fin de evitarse los perjuicios que atraen, la multitud de esclavos separados de la agricultura, que es el objeto por que se introducen en América, y la abundancia de carruajes, que embarazan en los puntos de concurrencia, y descomponen el piso. Se cobrará el 15 % de importación de los artículos que no fueren de necesidad, y el 5 % de los frutos que se exporten.

Se exigirán anualmente cincuenta pesos en La Habana, y veinte y cinco en los demás Lugares a cada cosa pública de juego, y veinte y cuatro pesos en La Habana, y doce en los demás Lugares a cada tienda de las artes de superfluidad, y de luxo, como son las de sastres, peluqueros, perfumadores, barberos, plateros, joyeros, relojeros, modistas &c.

Podrá también imponerse algún derecho sobre las mismas cosas muebles o inmuebles de superfluidad y de lujo, o sobre su uso. Se establecerán tres clases de papel sellado para cada bienio, el primero de a doce reales para los testimonios, copias, o extractos de actuaciones, e instrumentos; el segundo de a cuatro reales para los registros, y negocios civiles; y el tercero de a dos reales para las causas criminales. Cuando haya fondos suficientes se comprará y hará labrar tabaco por cuenta del Erario, pagándose a lo corriente la hoja y operarios, y manteniéndose las máquinas y edificios necesarios, sin más costos ni aparatos, que los que haría un particular, a fin de sacarse las ventajas posibles. Lo mismo podrá practicarse en igual caso respecto de otros ramos de industria.

A los regatones se cobrará el 3 % en las recompras mayores para menudear al público, y el mismo derecho se impondrá sobre los terrenos vacantes al redimir por la mitad del valor principal; pero no se recaudará hasta que no estén cultivados, y en producción. Se aplicará al tesoro público una parte del producto de bienes amortizados que se consoliden, y las multas, confiscaciones, adjudicaciones, y ocupaciones.

En los casos urgentes se recurrirá a capitaciones, empréstitos, o nuevas imposiciones.

31. Para el cobro de derechos se exigirán por los individuos de Rentas relaciones, y manifestaciones juradas de los propietarios, cargadores, introductores, vendedores, compradores, consignatarios, &c.

Los mismos individuos de Rentas acumulativas harán pesquisas, y emplearán todas las medidas que conduzcan al esclarecimiento en cualquier caso, castigado a los defraudadores, y cómplices con la pena del cuádruplo, a más de la aflictiva según las circunstancias. Los procedimientos se instruirán bajo la dirección de Asesor, con arreglo a los principios judiciales que en general designa la Constitución.

32. Se prohibirá la exportación de numerario, obligándose, para evitar toda clandestinidad, a los introductores de mercancías a convertir en frutos del pais todo el producto.[15] El celo en esta materia estará a cargo de los individuos de Rentas, y de Marina, quienes tomarán cuantas providencias convengan a la exactitud, y las aprehensiones serán confiscadas, sin perjuicio de mayor coerción, en el orden que indica el **artículo** precedente.

33. Consecuente a lo dispuesto en el **artículo** 30 quedarán abolidos los diezmos,[16] estancos, alcabalas, y demás gravámenes del anterior Gobierno.

---

15 Igual medida adoptó la Inglaterra en tiempo de Enrique VII.

16 Santo Tomas enseña que la obligación a contribuir para la subsistencia del Culto, y sus Ministros es de derecho natural y divino; pero que la cuota proviene de instituciones eclesiásticas; de manera que, aunque se exija la décima parte de las producciones, atendidas las circunstancias de los tiempos, y de las personas, puede sustituirse otra porción. 2.2, q. 97. Art. 1.

34. Los deudores al anterior Fisco quedarán solventes dando la cuarta parte al Fisco actual. Este cubrirá las responsabilidades de aquel que procedan de ocupación de propiedades o bienes no indemnizados, no otras.

Título. VII. De la Religión

35. La Religión Católica será dominante; pero se tolerarán las demás, por el fomento, y prosperidad que proporciona a la isla la concurrencia de hombres de todos países, y opiniones. Siendo dominante forma, desde luego, una de las ramas del Estado, y se sujeta a la Constitución.
Ademas, para evitar cargas superfluas al Tesoro público, y a los Ciudadanos, y a fin también de restituir la Religión a la sublimidad, y sencillez con que la distinguió su Divino Autor, hay necesidad imperiosa de corregir los abusos, e innovaciones añadidos a la disciplina y culto exterior, sin tocar a la moral, ni al dogma.[17]
36. Con tal objeto deberá subsistir un solo Obispado para toda la Isla, y suprimirse el Arzobispado, Catedrales, Religiones de ambos sexos, Ordenes terceras, Hermandades, Cofradías, Qüestas, &c.[18]

---

17 Dentro de la Iglesia, y de un Reino Católico reside la potestad suprema independiente de los Príncipes para resistir el uso de la disciplina, cuando perjudica verdaderamente al Estado; pero en el Imperio temporal no hay poder independiente que resista a las leyes del Soberano. Dictamen del Colegio de Abogados de Madrid sobre las tesis de Valladolid, inserto en la Real Provisión de 6 de Setiembre de 1770.

18 Con conocimiento de la Silla Apostólica, se han hecho iguales reformas en Alemania, Italia, Francia, y últimamente en España. A este intento merece transcribirse la respuesta del Príncipe de Kaunitz, de 19 de Diciembre de 1781 al primero, y segundo punto de la representación del Nuncio de S.S. en Viena, del 12 anterior, según la inserta el licenciado Covarrubias en el Apéndice a sus *Máximas sobre Recursos de Fuerza, y Protección.*
"Que la reforma de ciertos abusos introducidos sucesivamente en objetos de disciplina Eclesiástica, lejos de causar perjuicio a la Religión, debe precisamente serla muy útil, respecto a que ninguno de estos abusos existía en la doctrina que el mismo Jesucristo enseñó a sus Apóstoles, ni tampoco le había cuando fue adoptada, y acogida con celo, y fervor, a causa de la pureza de sus máximas, y excelencia de su moral, por los príncipes, y por la mayor parte de las Naciones civilizadas; pues a no haber tenido este carácter, no hubiera sido tan universalmente recibida, ni jamas la hubiera admitido ningún príncipe, si una sola de sus máximas hubiera podido considerarse como equívoca, o contraria a la autoridad Soberana, o poco conforme a un buen Gobierno. Que la reforma de los abusos, que no miran a materias dogmáticas, y puramente espirituales, no puede depender del Sumo Pontífice, quien, a excepción de estos dos objetos, no tiene derecho de ejercer ningún acto de autoridad en el Estado. Que una tal reforma no puede por consiguiente pertenecer sino al mismo Soberano, que es el que únicamente tiene derecho, y potestad para disponer sobre este asunto. Que

37. En La Habana habrá tres Templos, uno para cada clase, separado los sexos respectivos,[19] con ocho Curas, y dos Acólitos cada uno. Extra-muros se pondrán seis Curas, tres Acólitos, y un Vicario foráneo: en los Partidos mayores, dos Curas, y un Acólito, y en los menores un Cura, y un Acólito. En Puerto-Príncipe, Bayamo y Santiago de Cuba habrá dos Iglesias, una para los blancos, y otra para la gente de color, con cinco Curas y dos Acólitos cada una, y un Vicario foráneo. En los demás Lugares bastará un solo Templo con distinción de clases, y sexos, dos, o cuatro Curas, un Acólito, y un Vicario

en esta categoría se puede comprender, sin excepción, todo lo concerniente a la disciplina externa del Clero, y principalmente a la de las Ordenes Religiosas, cuya existencia influye tan poco en la de la Iglesia, que puede esta subsistir tan plenamente sin ellas, y que, aun después de haberlas suprimido, subsistiría tan entera como lo estuvo antiguamente por espacios de tantos siglos antes que fuesen admitidas en más o menos número en los Estados de los Príncipes Católicos. Que no debiendo, como es notorio, su existencia en los Estados en que se hallan actualmente establecidas las Ordenes Religiosas, sino al libre, y voluntario consentimiento de los Soberanos, se deduce, que todo lo dispuesto hasta aquí por S.M. respecto de ellas, lo ha sido no solo en virtud de su derecho, y potestad, fundada en esta verdad inalterable, sino también en virtud de haberse creído obligado a hacerlo por precisarle a ello su potestad suprema, y particular en todo lo que no pertenece directamente al dogma, y a las cosa puramente espirituales: de donde se sigue también, que no debe dar cuenta, ni satisfacción a nadie en esta parte, y que el perjuicio que se supone debe resultar a la Religión, y a la Iglesia de estas disposiciones, no es en realidad más que pura imaginación. Que estando S.M. por la natural equidad que le anima, muy distante de emprender cosa alguna, que pueda perjudicar a los derechos de otro, ni aun le ha pasado por el pensamiento suprimir ninguno de los institutos Religiosos solemnemente aprobados por la Santa Sede; y este modo de pensar de S.M., que es muy notorio, debiera por lo menos haberle eximido de la sospecha de semejante designio; para lo cual hubiera bastado reflexionar que S.M. mira, y debe mirar con indiferencia, que exista, o deje de existir en los Estados de otros Príncipes este, o aquel instituto de las casas Religiosas. Que tuviese por conveniente suprimir en los suyos: pero así como S.M. no pretende ni pretenderá jamas arrogarse el ejercicio de la jurisdicción, legítimamente fundada del Papa, o de la Iglesia Universal en materia de dogma, y en cosas puramente espirituales; tampoco permitirá que ninguna potestad extraña quiera influir en las determinaciones, que son, o fueron incontestablemente del resorte de la suprema potestad privativa de su Soberanía, la cual comprende sin excepción, todo lo que en la Iglesia no es propiamente de derecho divino, sino de institución humana, y lo que no ha sido establecido, o no ha podido serlo, sino por concesión expresa o tacita de la suprema potestad: todas las cuales concesiones de este genero pueden, y deben ser modificadas, o abolidas por la legislación, a semejanza de cualquiera otra ley, y concesión, siempre que las razones de Estado, los abusos, o las circunstancias m lo requieran".

19 Esto lejos de ser odioso, como no lo es en los Cuerpos Militares, y en cuanto más concierne a una natural clasificación, impide choques, conspira a la armonía, y en nada hace variar la esencia de la cosa. En los templos católicos de los Estados-Unidos de Norteamérica se observa una distribución de clases semejante.

foráneo. Los Templos serán inmunes en los casos, y según el modo que la ley determine.

38. Los Eclesiásticos que quedaren sin ejercicio del ministerio Sacerdotal tomarán un destino honesto, con cuyo fin se dará a los poseedores actuales de Capellanías la cuarta parte de los principales, quedando la otra cuarta a beneficio del Fisco, y perdonándose la mitad a los inquilinos para facilitar las redenciones. A los Religiosos profesos se dará un capital del producto de la venta de bienes de los conventos, sin excluirse a los Mendicantes que carezcan de propiedad en común. A las Monjas se devolverán sus dotes; y a las que no los tuvieren se dará un capital del producto de la venta de bienes de los Monasterios; retirándose a casa de sus padres, parientes, o personas de buena fama en él mismo traje que las demás Ciudadanas.[20]

39. Los empleados de rentas cuidarán de recoger por inventario todos los efectos de Iglesias, Conventos, Cofradías &c. Se harán cargo de sus bienes y rentas, y tomarán cuenta exacta a los administradores, sindicos, y personeros. Harán también que se convoque a los vecinos de las islas de Nueva Providencia, y Jamaica, y a los de Vera-Cruz, y Norte-América, con designación de término, para que concurran, si quieren, a comprar haciendas, o bienes de los Monasterios, Conventos, e Iglesias, con rebaja de su precio, sin perjuicio de los habitadores de la Isla, y con preferencia siempre del contado a los plazos, aunque se afiancen.

20 "El Estado eclesiástico, y Religiones ha crecido de algunos años a esta parte en número de personas, fundaciones de Iglesias y Monasterios, capellanías y dotaciones de obras pías, posesiones de bienes raíces, juro y rentas, de manera que en gente es muy numeroso, respecto al Estado seglar, que en los mismos años se ha disminuido; y en substancia de hacienda tienen la mejor parte del Reino.
Y al paso que lleva por mandas y fundaciones de obras pías, que tanto se usan, y por meterse en las Religiones los hijos, e hijas de hombres ricos, y llevar sus legitimas, y no se le pone limite, regulando cuarenta años venideros por otros tantos pasados en ellos, vendrán a ser bienes eclesiásticos, y se convertirán en espirituales los raíces, que pueden ser de provecho, y los juros y rentas, que no estuvieren incorporados en mayorazgos, con que jamas saldrán de este estado. Y puesta en el, y en los mayorazgos la hacienda y substancia del Reino, se estrechara y disminuirá el pueblo, nervio y principal alimento de la República; de suerte que se dificultara mucho su reparo, y muchos hombres, con el aprieto de la necesidad, por no tener haciendas propias en que vivir, y sustentarse, dejan sus tierras y naturalezas; lo que no harían si las tuviesen, que el amor de ellas los detendría en su crianza y labranza con beneficio general del Reino". Discurso hecho por don Diego Arredondo Agüero a principios del reinado de Felipe IV sobre restablecimiento de la Monarquía Española.

40. El Tesoro público proveerá lo necesario a la Fabrica de las Iglesias, y los efectos de éstas que excedan la moderación del Culto se adjudicarán a aquel.

41. En los Curatos se procurará colocar preferentemente a los Sacerdotes beneméritos, que no tuvieran Capellanías o Patrimonios, y que por consiguiente no deben percibir capital en la extinción de amortizaciones.

Lo mismo se practicará a su vez respecto de los Sacerdotes queden sin ejercicio, y entretanto el Obispo no podrá hacer órdenes.[21]

42. En el ejercicio del Culto se observará para lo sucesivo la mayor dignidad, no admitiéndose otros actos, ceremonias, o signos que los aprobados por la Iglesia Universal. Siendo el pais tolerante, el Viático, y la Extremaunción se llevarán en secreto para evitarse irreverencias. Los días festivos se reducirán, o trasladarán a los Domingos, a fin de desterrarse la holgazanería y alentarse la actividad en un pais que para ser feliz debe ser esencialmente laborioso.[22]

43. Los Curas dirán Misa los Domingos en los Templos, Cárceles, Hospitales, y Castillos, predicarán el Evangelio, administrarán los Sacramentos, consolarán a los moribundos, y reos de últimos suplicio; y así ellos como los demás Eclesiásticos darán el ejemplo de todas las virtudes. Bajo de ningún título o denominación podrán admitir ni cobrar emolumentos, sino es por los funerales en razón de pompa.

44. La Potestad Eclesiástica se reducirá a lo espiritual, a lo económico del Culto, y a la disciplina.[23] Los Eclesiásticos fuera de estos puntos serán comprendidos en las Leyes comunes a todos los Ciudadanos.[24]

---

21 Constantino prohibió ordenar mientras hubiese algún clérigo de número establecido. L. 6, Cod. Teod. de Ep. Et. Cler. lib. 16.

22 Véase la *Empresa 71*, de Saavedra, el discurso I. tom. 6 del *Teatro Crítico*, del Padre Feijoo, y la Nota 2 del discurso sobre el *Fomento de la Industria Popular.*

23 El Conde de Florida-blanca en *Papel Fiscal sobre el Expediente de Cuent*a, advierte que la Iglesia en los tres primeros siglos no era menos fuerte, ni menos poderosa respecto del genero de potestad que pertenece naturalmente a la jurisdicción espiritual, que lo ha sido y es después que la protección de los Emperadores, y Príncipes Cristianos la han proporcionado un auxilio extraño.

24 En aquellos días preciosos del fervor del Cristianismo (dice el licenciado Covarrubias en el discurso sobre la Real Jurisdicción) no se halla que ningún autor haya puesto, ni pensado poner en duda la potestad de los Emperadores sobre las personas consagradas a Dios. Los Clérigos, los Obispos, el mismo Papa comparecían en los Tribunales Seculares; se quejaban algunas veces de la violencia de las persecuciones; acusaban a los mismos Emperadores de injusticia; pero nunca hablaron una palabra de la incompetencia de los Tribunales Seculares;

El Obispo procederá a la celebración de una Sínodo que se conforme al nuevo Gobierno, la que pasará al Consejo para su adopción, o repulsa.
Al mismo Obispo pertenece el nombramiento de Vicario General, y a uno u otro el de Curas, Vicarios foráneos, &c. El Obispo podrá mantener un Clérigo Secretario, que le sirva al mismo tiempo de Maestro de ceremonias. El Vicario general puede mantener también otro Secretario Clérigo.
45. El Obispo será electo, según los antiguos cánones, por el Clero de la isla. El número de electores se determinará en la Sínodo. Hecha así la elección, y aceptando el electo pasará a ser consagrado por el Obispo más cercano, sin aguardar confirmación Pontificia por el perjuicio que puede seguirse a su Silla en la demora, atento a la distancia, y a las fluctuaciones a que ha quedado expuesta la residencia del Papa después de su separación de Roma.[25]
46. El Obispo visitará la isla cada tres años para administrar el Sacramento de la Confirmación, inspeccionar el Clero, y cuidar del Culto, y la disciplina.
47. Habrá para toda la isla un Maestro de Ciencias Eclesiásticas, y un Maestro de órgano y canto-llano, a fin de instruirse en estos conocimientos los que se dediquen a la carrera de la Iglesia. Si existen Clérigos aptos para el desempeño de ambos Ministerios serán preferidos a los legos.

Título. VIII. Disposiciones relativas a los funcionarios públicos, e individuos del culto

48. Los Consejeros deberán renovarse en el intervalo de seis años, y durante él llevará cada uno a su vez la Presidencia, empezando el mayor de edad, y siguiendo este orden sucesivamente, aun en el caso de suplemento; pero con reemplazamiento respecto del que entrare de nuevo.

---

y al mismo tiempo que gritaban contra la iniquidad de las sentencias, reconocían la potestad de los Jueces que las pronunciaban.

25 En los principios de la Iglesia la elección de Obispo no necesito confirmación, como se ve de la de San Matías, que hecha por todos los fieles, le consagraron los Apóstoles. Posteriormente, no era subsistente mientras no la confirmaba el Metropolitano, y la de este, el Concilio Provincial, cuyos derechos se arrogaron después los Sumos Pontífices, como dice el Colegio de Abogados de Madrid en el dictamen sobre las Conclusiones de Valladolid. Así es que la elección, confirmación, y establecimiento en posesión son unos actos, cuya forma fue derivada del Derecho de Gentes, y si solo se atiende a su primer origen se puede decir que son de Derecho Humano: la Consagración toda es de Derecho Divino. Berardi, *Instituciones de Derecho Eclesiástico*, tit. 5, part. 2.

Lo mismo se observará respecto de los Jueces Supremos; pero estos, los Ministerios, y los Jueces inferiores, cuyo periodo será también el de seis años, serán reelegibles indefinidamente, sin perjuicio de la residencia a que se contrae el artículo 54.

49. Los Miembros del Poder Militar, e individuos de Ejército, Marina y Rentas serán permanentes, salvo los casos de delito, o incapacidad.

Durante este examen serán reemplazados provisionalmente por sus subalternos inmediatos, o por quienes nombre el consejo, si diere tiempo el procedimiento. Se exceptúan los Miembros del Poder Militar, que deben ser juzgados por el mismo Consejo según los artículos 6, y 52. Los demás serán procesados instructivamente por los Jueces criminales, dándose cuenta al Poder que corresponda.

50. Los Consejeros, y Suplentes serán reelegibles; pero para una tercera elección, deberá pasar el intervalo de seis años, o de una renovación.

51. Los Consejeros, y los Suplentes que hayan ejercido funciones no serán elegibles para otras que sean supremas.

52. Los Consejeros serán inviolables, lo mismo que los Ministros, y Jueces Supremos, excepto en los casos de traición, felonía, y perturbación pública. Por traición solo se entenderá hacer la guerra a la Patria, o asociarse a sus enemigos.[26] Siendo permanentes los Miembros del Poder Militar de Ejército, y Marina, el Obispo, y el Vicario general, serán juzgados por el Consejo en estos, y en los demás casos del **artículo** 54.

53. Se procederá por evidencia de hecho, o informes verídicos admitidos después del examen del Consejo a mayoridad de votos, quien nombrará entonces un Miembro que instruya el hecho, para cuya comprobación se necesitarán a lo menos cuatro testigos contextes de buena reputación, documentos irrefragables, o razones concluyentes.

El prevenido, si fuere Consejero, será reemplazado por su Suplente, lo mismo que los que fueran recusados con causa grave y manifiesta.

Las sentencias del Consejo serán irrevocables.

54. Todos los Empleados, excepto los Consejeros, serán residenciados sin recurso sobre el ejercicio de sus funciones dentro de sesenta días perentorios, y siguientes a la expiración. El Consejero residenciará a los Miembros

26 Conviene con la Constitución de los Estados-Unidos de Norteamérica.

de los Poderes Ejecutivo, y Judicial, y el Tribunal Supremo a los demás. Los que gozan de inviolabilidad serán juzgados por el mismo Consejo sobre los delitos personales cometidos en el intervalo de sus funciones. Los Jueces inferiores, que durante él delincan gravemente, serán procesados por los criminales, y estos por Abogados, que sustituirán a unos y otros.

55. Los Miembros del Poder Ejecutivo que no cumplieren las providencias del Consejo, y los del Poder Militar que no auxilian la de los Poderes Ejecutivo y Judicial, y las de los otros Empleados que reclamen por el conducto de estos, serán juzgados hasta ser depuestos, y penados según los casos. Lo mismo se observará con los subalternos de unos y otros Poderes respectivamente.

56. El Consejo se juntará tres veces cada semana, y en los negocios de consideración siempre que se necesite y a cualquiera hora, tocando la convocatoria al Presidente. Sus sesiones serán públicas cuando haya discusiones o debates, las deliberaciones se sancionarán a mayoridad de votos, y no podrán anularse o sujetarse a nuevo examen sin el consentimiento unánime del Consejo, o a representación de los Empleados a quienes toque el cumplimiento bajo el apoyo del Ministerio, en los términos prevenidos en el **artículo** 8. Las Autoridades Supremas podrán proponer al mismo Consejo proyectos de leyes y de reformas, y hacer mociones saludables

57. Los demás funcionarios despacharán diariamente desde la nueve de la mañana hasta las tres de la tarde, excepto los Domingos.

En los Cuerpos colegiados siempre tendrá lugar la mayoridad de sufragios, y la subsistencia de lo sancionado según ella.

58. El Consejo, el Ministerio, y el Tribunal Supremo tendrán Palacios con escolta. El Estado Mayor se congregará en la Posada del General; el Colector, Tesorero, y Administrador principales ocuparán las Oficinas públicas; y los demás Empleados despacharán en los lugares destinados o en sus casas, no habiéndolos.

59. El Consejo, y cada Ministro tendrán Secretarios con el número preciso de escribientes, lo mismo que el Tribunal Supremo, siendo su Secretario Relator al mismo tiempo. El Estado Mayor, y Comandante de Marina escogerán Oficiales de confianza para Secretarios, y el Colector, Tesorero, y Administrador tendrán dependientes para el despacho.

Los sueldos se designarán por el Consejo.

60. Cada Juez inferior tendrá escribiente a su responsabilidad para la extensión de las actas, que autorizarán el mismo Juez, las partes, testigos, peritos, y demás que intervengan en ellas. Cuando alguno no supiere leer, o escribir, leerá, y firmará por el otro de su confianza, o el Juez y el Abogado, si lo tuviere.
61. Todos los procesos serán verbales, y no se escribirá sino la solicitud, demanda, o deducción de acción, contestación, oposición de excepciones, pruebas, y demás esencial al juicio. Las alegaciones serán también verbales: las harán las partes si fueren capaces, y si no los Abogados, que serán al mismo tiempo Procuradores con poder bastante.
Si una de las partes quisiere dar informes por escrito, no alegará entonces verbalmente, ni habrá traslado de ellos, y la otra parte podrá hacer lo mismo, o solo hablar en estrados. Estando los testigos o documentos fuera del lugar del juicio, se concederá un término proporcionado; y se darán requisitorias; pero en estando dentro del lugar, no podrán durar los juicios civiles en primer grado, y los criminales, aunque se susciten articulaciones, más de dos meses.
62. Todos los Jueces serán recusables sin necesidad de expresar causas, bastando el juramento de no hacerse de malicia. Los inferiores en La Habana pasarán el conocimiento al compañero. Recusados ambos, y en los demás Lugares, los Abogados sustanciarán y determinarán en primer grado las causas civiles a costa de los recusantes, si la recusación no es motivada, pues siéndolo por impedimento del recusado las partes pagarán el sustituto con igualdad. En las criminales los Abogados mismos instituirán los hechos, y formarán las listas para el sorteo del *jury*, cuyas costas serán a cargo de los reos, no resultando inculpables absolutamente.
63. Las recusaciones respecto de los Jueces Supremos no excederán de tres, ni tendrán lugar sino en causas muy graves, cuyo artículo será perjudicial, y sobre él decidirán los Jueces no recusados antes de admitir, o no las recusaciones. Teniendo lugar la recusación se nombrarán Abogados que subroguen a los recusados, y se determinará la segunda instancia, o demanda en casación, oídos verbalmente, o por escrito los agravios y su contestación, guardándose conformidad al plan establecido en los **artículo** anteriores. La dilación de este juicio no pasará tampoco de dos meses.

64. En las causas criminales interrogado el prevenido, e instruido suficientemente el hecho, formará el Juez una lista de veinte y cinco vecinos imparciales, de treinta años de edad, exentos de crímenes, y que sean de buena fama, y sana razón. La hará leer el mismo prevenido para que se conforme con ellos, o tache a los que le parezca, sustituyéndose otros que no le sean sospechosos, y en su presencia se sacarán por suerte seis, quienes previo juramento de fidelidad, examen de lo actuado, y audiencia del prevenido o de su Abogado decidirán a mayoridad de votos, si tiene o no lugar el procedimiento. En el primer caso continuará el Juez ampliándolo, y admitiendo las defensas legales que deduzca el prevenido, y ya en estado de sentencia formará en el mismo orden otra lista de veinte y cinco vecinos diferentes, quienes determinarán irrevocablemente, salvo el recurso de casación ante el Tribunal Supremo.
En el segundo caso el prevenido será restituido a libertad inmediatamente, y en ambos será siempre absuelto, si resultaren iguales los votos.
65. Las costas de los procesos se reducirán a los derechos de Abogados, peritos, escrito, y papel, y al emolumento del Notario de procesos, y se regularán a proporción del interés, o valor de lo que se dispute, al tiempo que se invierta, o al mérito del trabajo.
66. En los delitos públicos los Jueces criminales procederán de oficio por evidencia de hecho, o informes verídicos, no por delaciones, o débiles principios. Se exceptúa el caso de conspiración contra el Estado. Procederán también por acusación, a responsabilidad del acusador, si no probare, o resultare calumniosa su querella.
67. En los negocios civiles los individuos de la guardia cívica, y los de milicias serán juzgados como los demás ciudadanos por los Jueces civiles. En los criminales los de dicha guardia, y milicias cuando fueren empleados serán juzgados militarmente en cosas leves, o económicas por sus Coroneles, o Comandantes, y en cosas graves por el Estado Mayor conforme al Reglamento. Fuera de este caso los de milicias serán juzgados por los Jueces criminales como los demás Ciudadanos.
68. En las ocurrencias marítimas en alta mar, costas, y puertos, en las arribidas, presas, represalias, &c. conocerán los individuos de Marina con consulta de Asesor, yendo los recursos al Tribunal Supremo.

En lo civil y criminal respecto de los mismos individuos se observará lo dispuesto en el artículo anterior, conociendo el Comandante de los delitos graves según su reglamento, a quien se remitirá el proceso habiéndose evacuado fuera de La Habana la instrucción del hecho; y el Comisario, y Oficiales en los puntos de su comisión y destinos corregirán las faltas, y excesos leves.

69. Edificios cómodos, ventilados, y limpios servirán de cárceles en cada lugar de la isla, con separación de clases y sexos, y aun de los detenidos entre sí. Si no se ocupan en la lectura, escritura, y meditación, se les precisará a que trabajen estando sanos; y las obras de los que no tuvieren de que subsistir se venderán para que el producto ayude a la asistencia, que será siempre buena, tanto en comida y bebida, como en camas, medicina, &c. Los que no supieren un menester servirán a los enfermos, y serán empleados en las atenciones interiores de la cárcel.

Suponiéndose la seguridad necesaria quedarán prohibidas las cadenas, grillos, calabozos, y demás privaciones degradantes y aflictivas, siendo responsables los carceleros y guardia de las vejaciones, privaciones arbitrarias, y cualesquiera otros excesos que se cometan contra los detenidos.

70. Habrá también en cada lugar de la isla, con igual orden y asistencia, hospitales de hombres y mujeres para los enfermos e inválidos pobres de todos clases, y casas de expósitos.

71. Se harán cementerios generales donde no los haya: se establecerán en todas partes colegios o escuelas locales para ambos sexos: y ademas en La Habana y Santiago de Cuba institutos o escuelas centrales.

72. Se destinarán en todos los Lugares edificios para cuarteles, donde se fije la guardia cívica, y donde se reúnan los cuerpos de milicias, según sus clases, en las ocasiones urgentes y para los actos militares.

73. Las Comisarías para la provisión de Ejército, Marina, y Establecimiento públicos, así como su economía serán del resorte de los individuos de Rentas, bajo cuya dirección estarán también los correos terrestres, y los marítimos bajo la dirección de los individuos de Marina.

74. La Habana será la Capital de la isla. En ella residirán el Consejo, Ministerio, Estado militar, Tribunal Supremo, Comandante de Marina, Colector, Tesorero y Administrador principales, Obispo, y Vicario general; pero en caso de invasión o ataque, publicada la ley marcial, se encargará

provisionalmente el Estado militar del gobierno de La Habana, y el Consejo y Ministerio pasarán su residencia con la escolta necesaria al Lugar que crean más seguro, desde donde comunicarán las órdenes convenientes al referido Estado, y éste pasará allí los avisos oportunos. Lo mismo harán el Obispo, y Tribunal Supremo.

En las demás poblaciones gobernarán los Comandantes militares en iguales circunstancias.

75. En caso de conspiración contra el Estado se suspenderán provisionalmente la Constitución y las leyes, y se tomarán las providencias que exija la seguridad pública.[27]

76. El luxo suntuario, el ocio, la mendicidad, y demás vicios serán reprimidos por las leyes, y por los Magistrados, a cuyo cargo estará promover la amelioracion de costumbres, y el fomento de las virtudes.

Se cuidará mucho de la educación de los hijos, y de la conducta de los padres, así como de la conducta de los esclavos, y de los señores.

Con tal objeto los Jueces rurales, y de Policía harán visitas domiciliarias, examinarán ademas el destino y facultades de cada individuo, y dispondrán cuanto conduzca a mantener la moral y el orden con arreglo a los principios de una economía ilustrada.

77. El traje de los Consejeros será casaca y calzón de terciopelo verde con bordados de oro, chupa de tela de oro, espada y hebillas de oro: el de los Ministros casaca y calzón de seda morada con bordados de plata, chupa de tela de plata, espada y hebillas de plata: y el de los Jueces Supremos vestidos por entero de raso blanco con bordados de seda de color de acero, espada y hebillas de acero. Los referidos, y el General en Jefe tendrán el tratamiento de Excelencia. Ellos, y el Obispo unos mismos honores, y el sueldo de ocho mil pesos anuales.

78. El resto del Estado mayor militar, individuos de Marina de la guardia cívica, y de milicias tendrán los honores, tratamiento, y sueldos del anterior Gobierno. El vestuario se reducirá a una chupa en la infantería, inclusa la marina y cuerpos facultativos, y a una chaqueta en la caballería de paño azul con vueltas, collarín, y solapa de grana, pantalón del mismo paño azul con vivos también de grana, botas y sombrero negro o gorra, y plumaje o cucarda

27 Conviene con la Constitución francesa del año 8.

del tricolor de la bandera, botón, y chárratelas doradas en la infantería, y plateadas en la caballería; distinguiéndose las divisiones en el número y denominación grabados sobre el botón, y en alguna otra marca a los extremos del collarín, y en el doblez de la chupa en la infantería. El armamento, fornitura, y montura corresponderán a la nueva táctica.
79. Los empleados civiles llevarán un bastón con puño de oro, tendrán el tratamiento de Señoría, cuatro mil pesos anuales los de La Habana, y dos mil los de los demás Lugares y Partidos.
80. De los honores, distinciones, y tratamientos de que se hace mención en los artículos precedentes se usará en los actos públicos o de ceremonia, y en el ejercicio de las funciones; pero no en los demás de la vida privada.
81. Los Eclesiásticos fuera del Templo usarán igual traje que el común de ciudadanos. Sin embargo, en los actos públicos podrán llevar los Curas una estola morada o negra debajo de la casaca, y a más de ella el Obispo el pectoral, anillo, y muleta de oro; el Vicario general una caña con puño de oro; y los foráneos un junco con el mismo puño.
El Obispo conservará el tratamiento de Señoría Ilustrísima en los referidos actos: el Vicario general tendrá el sueldo anual de cuatro mil pesos, y el tratamiento de Señoría: los Curas de La Habana, y Maestros de ciencias eclesiásticas, y de órgano y canto llano dos mil pesos: los Acólitos mil: los Curas y Vicarios foráneos de los Lugares, y partidos otros mil: y los Acólitos quinientos.

Título. IX. De la revisión de la Constitución

82. Cuando todos los Poderes combinados juzgaren que hay necesidad de reveer la Constitución, y hacer en ella algunas mutaciones se expedirán órdenes por el Consejo para una convocatoria extraordinaria, a fin de que se nombren seis individuos distintos de sus miembros en los mismos términos que para la elección de estos se ha establecido en el artículo 5. Esta corporación, previo juramento de fidelidad, procederá al desempeño de tan importante objeto, oídas las razones de los mismos Poderes sobre los puntos de reforma que se propongan; y evacuada su función quedará disuelta, promulgándose el resultado para la ratificación, que no verificándose dará lugar a una nueva convocación y elección hasta que tenga efecto.

Título. X. Disposiciones generales

83. A los intereses de la isla guardará correspondencia la observancia de los derechos y deberes sociales; a saber, los rigurosos y perfectos que se dirigen inmediatamente a la igualdad, a la libertad, a la propiedad, a la seguridad, y se contienen implícitamente en la máxima: abstente de hacer a otro lo que no quieras que se te haga; y los menos rigurosos y perfectos contenidos también implícitamente en la otra máxima: haz a los demás todo el bien que quieras que se te haga.

84. La igualdad será civil o de derecho.[28] Así en el orden político se observará la distinción de clases que queda establecida, llevando los blancos la prelación en cuya posesión se hayan por origen y anterioridad de establecimiento, siguiendo los pardos, y últimamente los morenos.

85. Se entenderán comprendidos en la clase blanca, precediendo matrimonio o sin él, los indios, mestizos, y aquellos que descendiendo siempre de blancos por linea paterna, no interrumpiéndose por la materna el orden progresivo de color, ni interviniendo esclavitud, se hallen ya en la cuarta generación. Para mayor claridad se explica el modo: hijo de blanco y negra libre, mulato: hijo de blanco y mulata libre, cuarterón: hijo de blanco y cuarterona libre, quinterón: hijo de blanco y quinterona libre, blanco. En la clase parda se comprenderán desde mulato inclusive ascendiendo hasta quinterón exclusive; en la morena desde mulato exclusive retrogradando hasta negro.

86. Quedará abolida la ilegitimidad de nacimiento; y no habrá otra diferencia entre los hijos nacidos de matrimonio, y los nacidos fuera de él, que la de preferir aquellos a estos en la sucesión hereditaria,[29] que se fijará, en no pasando de tres hijos, a la percepción o distribución igual de las dos terceras

28 La igualdad de condiciones será siempre vana sin la igualdad de fortunas; y no pudiendo existir esta en el Estado civil después del establecimiento del derecho de propiedad, para acercarnos al natural cuanto sea dable no queda otro arbitrio que el de atacar la ambición y la avaricia, que producen ambas desigualdades, por leyes sabias y moderadas, según los principios que ha dictado Mably.

29 Dos son las razones principales que alegan los que sostienen la opinión contraria: 1. contener los desórdenes de la poligamia y de la clandestinidad; pero semejante medio, aun cuando fuese eficaz, que la experiencia acredita no serlo, envolvería la injusticia de hacer sufrir a unos hijos inocentes la pena que podrían merecer unos padres culpables: 2. impedir la dilapidación patrimonial en perjuicio de hijos procreados bajo una unión tierna y social; pero este inconveniente se salva con la preferencia de sucesión que establezco.

partes de bienes paternos y maternos, quedando padre y madre en libertad de disponer por testamento de la otra tercera parte, como no tengan hijos fuera de matrimonio; pues en tal caso optarán estos por razón de alimentos, si no hubieren sido alimentados en vida, a dicha tercera parte íntegramente, o distribuida con igualdad siendo muchos. Habiendo sido alimentados carecerán de ese derecho; y la prueba de filiación fuera de matrimonio para hacerlo valer será plena, así como la de excepción de prestación anterior de alimentos.

En pasando de tres hijos de matrimonio, no podrán optar los hijos fuera de matrimonio sino a la cuarta parte; y de ella solamente podrán los padres disponer por testamento, en no teniéndolos. Ademas, estarán obligados a cuidar de la educación de los hijos, tanto de los habidos de matrimonio, como de los habidos fuera de él. Habrá reciprocidad en favor de los mismos padres, tanto de matrimonio como fuera de él, respecto de los hijos, guardándose la proporción y reglas que según los principios que acaban de establecerse desenvuelvan las leyes.

87. Hasta los veinte años, a que se fijará la edad mayor en los hombres, y hasta los diez y ocho, a que se fijará en las mujeres, no podrán casarse unos y otros sin licencia de padres, parientes, o curadores.

Tampoco podrán confundirse las clases en los matrimonios, sea cual se fuere la edad; y se celebrarán primero como contratos ante los Jueces civiles, quienes determinarán instructivamente cualquier discusión preliminar, sin cuya habilitación no podrán los Curas elevarlos a Sacramento.

88. A la nobleza hereditaria, títulos, y condecoraciones del anterior Gobierno sucederán los privilegios personales, premios, recompensas, y pensiones a los Empleados públicos, a los que, sea cual se fuere la clase, se distinguieren en beneficio de la Patria, y a su posteridad siendo pobre.[30]

89. La esclavitud, mientras fuere precisa para la agricultura, continuará bajo principios conciliadores de equidad, justicia, y retribuciones.[31] Los esclavos

30 Juan Santiago ROUSSEAU observa que habiendo una gran distancia entre el monarca y el pueblo, para formar la trabazón de que carece entonces el Estado, es necesario poner rangos intermediarios, a saber, Príncipes, Grandes y una numerosa nobleza, nada de lo cual conviene a un Estado pequeño, a quien arruinan semejantes grados. Contr. soc. lib. 3. cap. 6.

31 Las producciones agrícolas son la que hacen la riqueza de la América, especialmente en las islas. Sin brazos no puede haberlas, y es constante que los blancos no bastan, no son tan a

que hicieren servicios importantes a sus señores o al público adquirirán la libertad por ministerio de la ley; y los que no fueren dignos del derecho de ciudadanos no podrán redimirse por dinero, ni por consentimiento de los mismos señores. Los Jueces civiles decidirán sobre este punto con conocimiento de causa.

90. Las opiniones serán libres lo mismo que la prensa, con tal que no se ofenda al doma y la moral, al sistema de Gobierno, ni a los ciudadanos en particular.

91. A más de las capellanías se extinguirán los mayorazgos, vínculos, patronatos, obras pías, y los censos cuya imposición pase de diez años. Los bienes amortizados se dividirán en pleno dominio entre el fisco y los poseedores actuales; y respecto de los censos en general se observará lo que en razón de dichas capellanías se dispuso en el **artículo** 38; de manera que por este medio los interesados pueden lucrar de una vez más que con el solo goce del usufructo, o lentas y pequeñas pensiones. Solo se permitirá la imposición de censos o tributos en los terrenos yermos por la mitad de su valor para cultivarse, y los réditos a un 5 % con el capital han de redimirse dentro de los diez años prefijados, contándose desde que los terrenos se hallen en producción. Acerca de los vacantes téngase presente el **artículo** 30.

Los que no pudieren proporcionar las redenciones estarán obligados a vender las fincas a quienes las faciliten, percibiendo el exceso que resulte a su favor.

92. Los dueños de extensiones territoriales deberán escoger dentro de seis meses las áreas que precisamente necesiten para labranzas, crías, y otras

---

propósito como los negros, ni se dedican al trabajo sino dispendiosamente, de manera que aboliéndose la esclavitud, no solo serian perjudicados los propietarios, sino el Estado mismo con la falta de este manantial de prosperidad pública, y con la afluencia de unos individuos cuya mayor parte desertaría de su destino y se entregaría a los vicios al verse sin superioridad económica. Si se examina con detención la materia hay más de aparente o exagerado, que de real y positivo. Comparase la suerte de los salvajes de África en sus países según las relaciones de los mejores viajeros con la que les cabe en nuestras posesiones, y prescindiendo de uno u otro caso particular se conocerá que siempre es preferible esta a aquella. No hablo de los esclavos criollos, por que estos son tratados con tanta blandura que a veces degenera en laxitud, a pesar de la energía que debe emplearse incesantemente para que no resulte en daño del Estado lo que contribuye a su fortuna. Sin necesidad de citar a los Griegos ni a los Romanos, nuestros hermanos del Norte tienen un millón o más de esclavos, y no por eso dejan de ser Republicanos. En fin véase al Padre Valverde en los capítulos 20, 21, y 22 de su obra "Idea del valor de la isla Española", que hablo por calculo y experiencia.

haciendas, cuyo fomento emprenderán dentro de los mismos seis meses, y vender el sobrante o repartirlo a censo y tributo en los términos referidos en el **artículo** anterior. Respecto de los Compradores o colonos se entenderá lo mismo. Los establecimientos se deslindarán y amojonarán distintamente para evitarse dudas sobre términos, sin perjuicio no obstante de las comunidades.

93. Los extranjeros que hubieren adquirido bienes raíces en la isla, y hubieren sido desposeídos de ellos, los reasumirán dentro de un año; y no haciéndolo, quedarán a favor del Tesoro Público.

94. Los que quieran establecerse en la isla, sean del pais que fueren, luego que se arraiguen o dediquen a un destino útil, y presten juramento de sumisión a la constitución y leyes serán naturalizados, y gozarán el derecho de ciudadanos. Este no se perderá sino por muerte natural o civil, y se suspenderá por causa de incapacidad física o moral. La edad de la majoridad será en la que se fije su ejercicio.

95. Cualquiera tendrá derecho de dirigir peticiones individuales a toda autoridad constituida.[32]

96. Ningún ciudadano podrá ser preso sin que aparezca antes por presunciones fuertes haber cometido un delito que merezca pena aflictiva, o que haya sido-condenado jurídicamente a este castigo.

En las causas civiles se relajarán las prisiones o arrestos inmediatamente que se den fianzas, o se presten arbitrios que concilien la libertad y la responsabilidad.

97. La gravedad o levedad de las penas guardarán correspondencia con la gravedad o levedad de los delitos; y la gravedad o levedad de estos serán relativas al mayor o menor perjuicio causado a la sociedad o a los particulares, a las circunstancias del hecho y del delincuente, a las causas generales impulsivas, y al fin que se proponga la ley. Las pruebas serán tanto más plenas cuanto más graves fueren los delitos.

98. Quedarán abolidas las penas crueles e ignominiosas, sin que deje de imponerse la de infamia en las acciones aleves y rastreras, que subsistirá hasta rehabilitación a vuelta de una amelioracion de conducta, y que nunca será trascendental a la posterioridad o familia.

32 Conviene con la Constitución francesa del año 8.

Las ejecuciones serán siempre públicas, y no podrán hacerse sin una sentencia definitiva, previo un juicio en toda forma. Las confiscaciones no tendrán lugar sino en caso de indemnización; y entonces solamente podrán hacerse secuestros precautorios al aprehenderse al prevenido.
No podrán visitarse casas, extraerse de ellas persona alguna, ni registrarse interioridades, o cofres sino de día, y en virtud de decreto jurídico que lo especifique para el convencimiento de un crimen graves de que haya probabilidad. Se exceptúan las visitas marítimas para evitarse la extracción de numerario, y las domiciliarias que previene el **artículo** 76; sin embargo de que deberán hacerse también de día. En ningún caso podrán interceptarse a abrirse cartas o papeles particulares, ni harán fe en juicio, a menos que se exhiban por aquel a quien pertenezcan.[33]
99. El territorio de la isla será inviolable. Se procurará que éste en paz con todo el mundo, y que no declare guerra sino a los que invadan o molesten su bandera, costas y puertos. Cuando fuere reconocido su Gobierno constituirá Cónsules y Embajadores, y mantendrá los demás relaciones exteriores que la convengan. Por ahora solo deberá ocuparse de su prosperidad y engrandecimiento, destruyendo los desórdenes del anterior Gobierno, reorganizando con sencillez y firmeza los ramos públicos, y promoviendo el fomento de los útiles liberalmente.
Así, pues, la agricultura, comercio, y artes quedarán sin trabas, restricciones, ni reglamentos taxativos que no arguyen sino opresión y miseria, y los que se dediquen a estas profesiones no tendrán otras leyes que las de todos los ciudadanos.
100. La bandera nacional será tricolor horizontal, verde, morado, y blanco, combinación que no se sabe haya sido tomada todavía por otra nación. El sello de Estado podrá reducirse a un pequeño óvalo con el emblema de la América en general bajo la figura india, y él de la isla en particular, bajo la de la planta de tabaco; porque aunque se dé en otras partes en ninguna es de tan excelente calidad. Al rededor habrá la inscripción: isla de Cuba independiente. El estandarte será la bandera misma con el sello del Estado en grande, en el centro.

33 Conviene con la Constitución de los Estados-Unidos de Venezuela.

En fin, la Constitución, los Códigos civil y penal, la Sínodo diocesana, y los Reglamentos para la disciplina del Ejército y Marina, y para el manejo de las Rentas públicas; ratificado todo por los Pueblos representados legítimamente completarán el sistema administrativo de la isla de Cuba.

Advertencia

Mis ideas sobre algunos puntos habrían sido más filosóficas que políticas, sí la emancipación de la América hubiera llegado ya al tiempo de una mudanza de circunstancias y de opiniones, sobre todo en mi país. Tendré la mayor complacencia en poder ratificarlas; y entretanto sirva esta sincera exposición de salvaguardia contra cualquier juicio temerario.

En la imprenta de Juan Baillío

Constitución Paraguaya de 1813[34]

Plan de gobierno presentado al Segundo Congreso del Paraguay por el doctor Francia y aprobado por aclamación en la sesión de 12 de octubre 1813 (Reunido en la Merced).

De consolidar la unión y precaver cualquiera desavenencia en lo ulterior, hemos formado de común acuerdo el siguiente reglamento de Gobierno.

Señor: Cumpliendo con lo ordenado por V. M. y teniendo en consideración las precisas circunstancias con el justo fin

Artículo 1. Continuarán en el Gobierno Superior de la provincia solamente los dos ciudadanos, don Fulgencio Yegros, y don José Gaspar de Francia, con la denominación de cónsules de la República del Paraguay y se les confiere la graduación y honores de brigadieres del Ejército, de que se les librará despacho firmado del presidente actual del Congreso, secretario y sufragantes de actuación con el sello del Gobierno.

Artículo 2. Usarán por divisa de la dignidad consular el sombrero orlado con una franja azul con la escarapela tricolor de la República, y tendrán jurisdicción y autoridad en todo igual, la que ejercerán unidamente y en conformidad. Por consecuencia, todas las providencias de Gobierno se expedirán firmadas por los dos.

Artículo 3. Su primer cuidado será la conservación, seguridad, y defensa de la república con toda la vigilancia, esmero y actividad que exigen las presentes circunstancias.

Artículo 4. La presencia quedará en adelante reducida solamente a lo interior del tribunal que han de componer unida solamente los dos cónsules. Por consiguiente, será limitada a la economía y régimen interior del tribunal, cuyo tratamiento será el de Excelencia; pero los cónsules tendrán el correspondiente al grado militar que le queda conferido.

Artículo 5. La comandancia general de las armas de la provincia, se ejercerá por la jurisdicción unida de los dos cónsules.

Artículo 6. No obstante esta disposición, la fuerza viva y efectiva, esto es, la tropa veterana de cualquiera clase que sea así como el armamento mayor y menor pólvora y municiones de toda especie se distribuirá por mitad al mando y cargo particular de cada uno de los dos cónsules, y ésta tendrá

34 «Constitución de 1813», Constituciones de la República del Paraguay, Asunción, Justicia Electoral de la República del Paraguay, TSJE Digital, 1996.

su respectivo parque o almacén en el lugar o alojamiento de sus cuerpos respectivos para su debida autoridad.

Artículo 7. Habrá dos batallones de infantería de tres o cuatro compañías cada uno, por ahora, o de más o menos según las circunstancias, de suerte que cada cónsul tendrá su batallón. Y será su jefe y comandante particular y exclusivo. Será también jefe y comandante particular de una de las actuales compañías de artillería, aplicándose a este respecto la primera de ellas al cónsul Yegros, y la segunda al cónsul Francia. Éste creará el batallón de que le corresponde ser jefe y comandante, y para una de sus compañías podrá tomar, si quiere, la quinta del actual batallón del que quedará de jefe y comandante y exclusivo. Será también jefe y comandante particular de una de las actuales compañías de artillería, aplicándose a este respecto la primera de ellas al cónsul Yegros, y la segunda al cónsul Francia. Éste creará el batallón de que le corresponde ser jefe y comandante, y para una de sus compañías podrá tomar, si quiere, la quinta del actual batallón del que quedará de jefe y comandante el cónsul Yegros.

Artículo 8. Los oficiales y demás individuos de estos cuerpos serán a satisfacción de sus respectivos comandantes, los sobredichos cónsules; pero los despachos de oficiales de cualquiera de ellos se librarán en unión por los cónsules a propuesta y elección de aquél a quien corresponda; y del mismo modo las causas particulares de cualesquiera individuos de los expresados cuerpos de una y otra comandancia, deberán ventilarse y juzgarse por la jurisdicción unida de los cónsules.

Artículo 9. La providencia interior del tribunal en los términos expresados rolará de aquí adelante alternando los dos cónsules por cuatro meses cada uno. El que la ejerza solo se titulará cónsul de turno, y de ningún modo cónsul presidente, para evitar las equivocaciones de que ha sido origen esta última denominación. Esta conformidad entrará de turno el cónsul Francia. La traslación de esta presidencia, cumplido el tiempo respectivamente al turno de cada cónsul, se extenderá por diligencia firmada por los dos en el Libro de Acuerdo, y de ello se pasará noticia al cabildo de esta ciudad para su inteligencia.

Artículo 10. Se destinará en las casas de gobierno una pieza para tribunal común y público de ambos cónsules. Estará abierta a las horas de audiencias y despacho, y de su régimen y formalidad se encargará a su vez el cónsul que esté de turno.

Artículo 11. En los casos de discordia, en cuanto no se oponga a lo determinado en el presente reglamento, la dirimirá el secretario y si hubiesen dos los ejecutará aquel a quien corresponda actuar en los negocios de la clase en que ocurra la discordia.

Artículo 12. Se deja al arbitrio y prudencia de los dos cónsules el arreglar de común acuerdo y conformidad todo lo concerniente al mejor despacho y expediente de todos los negocios de Gobierno en todos sus ramos: así como la conservación de uno o dos secretarios, y del mismo modo la creación de un tribunal superior de recurso, que deberá conocer y juzgar en la última instancia conforme a las leyes, según la naturaleza de los casos y juicios que se dejase a su conocimiento.

Artículo 13. Los cónsules con audiencia y consulta del mismo cabildo de esta ciudad arreglarán también el sueldo que deban tener, así ellos como los secretarios y miembros del nuevo tribunal, o cámaras de recursos, si se creasen.

Artículo 14. Si alguno de los dos cónsules faltase absolutamente del gobierno por muerte o por retiro, procederá el que quedase a convocar dentro de un mes a Congreso General de la provincia en la forma, método y número de mil sufragantes elegidos popularmente en toda la comprensión de la provincia como al presente; y sin perjuicio de esta deliberación se establece también como ley fundamental, y disposición general perpetua e invariable, que en lo venidero se celebrará anualmente un Congreso General de la provincia al propio modo, con la misma formalidad, número y circunstancia, señalándose a este efecto el día 15 de cada mes de octubre, en cuya conformidad se expedirán puntualmente las correspondientes convocatorias a mediados de septiembre, con el justo fin de que la provincia oportunamente, o al menos una vez al año pueda congregarse a tratar, como pueblo libre y soberano, lo más conducente a la felicidad general, a mejorar su gobierno si fuese necesario, y a ocurrir a cualesquiera abuso que pueda introducirse, tomando las disposiciones y haciendo los establecimientos más bien meditados con el conocimiento que da la experiencia.

Artículo 15. Se observará el presente reglamento hasta la determinación del futuro Congreso, y se copiará en el libro de acuerdos del gobierno.

Artículo 16. Los cónsules comparecerán inmediatamente a jurar ante el presente Congreso Soberano el observar y hacer observar fiel y cumplidamente el presente reglamento. Los mismos ejecutarán por su orden todos los oficiales de las tropas acuarteladas, los cuales tomarán igual juramento en el cuartel a los individuos de sus respectivas compañías dando cuenta con la diligencia para su agregación a las actuaciones del Congreso; con prevención que el que rehusase este reconocimiento y juramento será despedido del cuerpo, así como castigado con la misma pena y otras más severas en el que después de reconocido y jurado el presente reglamento y de cualquiera manera lo quebrantare.

Artículo 17. Queda adoptado por la providencia el método y número de sufragantes del presente Congreso, y por lo mismo se prohíbe al gobierno el que sin deliberación de otro semejante Congreso variar o mudar esta forma y número de sufragantes.

Asunción, octubre 12 de 1813.

Firmado, etc.

México, Costa Rica, El Salvador, Centroamérica, Guatemala, Honduras, Nicaragua. México Decreto Constitucional para la libertad de la América mexicana, Sancionado en Apatzingán (22 de octubre de 1814)[35]

El Supremo Congreso Mexicano, deseoso de llenar las heroicas miras de la nación, elevadas nada menos que al sublime objeto de sustraerse para siempre de la dominación extranjera, y sustituir al despotismo de la monarquía de España un sistema de administración, que reintegrando a la nación misma en el goce de sus augustos imprescriptibles derechos, la conduzca a la gloria de la independencia, y afiance sólidamente la prosperidad de los ciudadanos; decreta la siguiente forma de gobierno, sancionando ante todas cosas, los principios tan sencillos como luminosos en que puede solamente cimentarse una Constitución justa y saludable.

I. Principios o elementos constitucionales

Capítulo I. De la religión

Artículo 1. La religión católica, apostólica, romana es la única que se debe profesar en el Estado.

Capítulo II. De la soberanía

Artículo 2. La facultad de dictar leyes y de establecer la forma de gobierno que más convenga a los intereses de la sociedad, constituye la soberanía.

Artículo 3. Ésta es por su naturaleza imprescriptible, inenajenable, e indivisible.

Artículo 4. Como el Gobierno no se instituye para honra o interés particular de ninguna familia, de ningún hombre ni clase de hombres, sino para la protección y seguridad general de todos los ciudadanos, unidos voluntariamente en sociedad, estos tienen derecho incontestable a establecer el gobierno que más les convenga, alterarlo, modificarlo y abolirlo totalmente cuando su felicidad lo requiera.

35 David Pantoja Morán y Jorge Mario García Laguardia; comps., «Decreto Constitucional para la libertad de la América mexicana, sancionado en Apatzingán (22 de octubre de 1814)», Tres documentos constitucionales en la América Española preindependiente, México, Instituto de Investigaciones Jurídicas, 1975, págs. 53-76.

Artículo 5. Por consiguiente, la soberanía reside originariamente en el pueblo, y su ejercicio en la representación nacional compuesta de diputados elegidos por los ciudadanos, bajo la forma que prescriba la Constitución.
Artículo 6. El derecho de sufragio para la elección de diputados pertenece, sin distinción de clases ni países, a todos los ciudadanos en quienes concurran los requisitos que prevenga la ley.
Artículo 7. La base de la representación nacional es la población compuesta de los naturales del país, y de los extranjeros que se reputen por ciudadanos.
Artículo 8. Cuando las circunstancias de un pueblo oprimido no permiten que se haga constitucionalmente la elección de sus diputados, es legítima la representación supletoria que con tácita voluntad de los ciudadanos se establece para la salvación y felicidad común.
Artículo 9. Ninguna nación tiene derecho para impedir a otra el uso libre de su soberanía. El título de conquista no puede legitimar los actos de la fuerza: el pueblo que lo intente, debe ser obligado por las armas a respetar el derecho convencional de las naciones.
Artículo 10. Si el atentado contra la soberanía del pueblo se cometiese por algún individuo, corporación o ciudad, se castigará por la autoridad pública, como delito de lesa nación.
Artículo 11. Tres son las atribuciones de la soberanía: la facultad de dictar leyes, la facultad de hacerlas ejecutar y la facultad de aplicarlas a los casos particulares.
Artículo 12. Estos tres poderes: Legislativo, Ejecutivo y Judicial, no deben ejercerse ni por una sola persona, ni por una sola corporación.

Capítulo III. De los ciudadanos

Artículo 13. Se reputan ciudadanos de esta América, todos los nacidos en ella.
Artículo 14. Los extranjeros radicados en este suelo que profesaren la religión católica, apostólica, romana, y no se opongan a la libertad de la nación, se reputarán también ciudadanos de ella, en virtud de carta de naturaleza que se les otorgará, y gozarán de los beneficios de la ley.
Artículo 15. La calidad de ciudadano se pierde por crimen de herejía, apostasía y lesa nación.

Artículo 16. El ejercicio de los derechos anexos a esta misma calidad, se suspende en el caso de sospecha vehemente de infidencia, y en los demás determinados por la ley.
Artículo 17. Los transeúntes serán protegidos por la sociedad, pero sin tener parte en la institución de sus leyes. Sus personas y propiedades gozarán de la misma seguridad que los demás ciudadanos, con tal que reconozcan la soberanía e independencia de la nación, y respeten la religión católica, apostólica, romana.

Capítulo IV. De la ley

Artículo 18. Ley es la expresión de la voluntad general en orden a la felicidad común: esta expresión se enuncia por los actos emanados de la representación nacional.
Artículo 19. La ley debe ser igual para todos, pues su objeto no es otro que arreglar el modo con que los ciudadanos deben conducirse en las ocasiones en que la razón exija que se guíen por esta regla común.
Artículo 20. La sumisión de un ciudadano a una ley que no aprueba, no es un comprometimiento de su razón ni de su libertad; es un sacrificio de la inteligencia particular a la voluntad general.
Artículo 21. Solo las leyes pueden determinar los casos en que debe ser acusado, preso, o detenido algún ciudadano.
Artículo 22. Debe reprimir la ley todo rigor que no se contraiga precisamente a asegurar las personas de los acusados.
Artículo 23. La ley solo debe decretar penas muy necesarias, proporcionadas a los delitos y útiles a la sociedad.

Capítulo V. De la igualdad, seguridad, propiedad y libertad de los ciudadanos

Artículo 24. La felicidad del pueblo y de cada uno de los ciudadanos consiste en el goce de la igualdad, seguridad, propiedad y libertad. La íntegra conservación de estos derechos es el objeto de la institución de los Gobiernos, y el único fin de las asociaciones políticas.
Artículo 25. Ningún ciudadano podrá obtener más ventajas que las que haya merecido por servicios hechos al Estado. Estos no son títulos comu-

nicables, ni hereditarios; y así es contraria a la razón la idea de un hombre nacido legislador o magistrado.

Artículo 26. Los empleados públicos deben funcionar temporalmente, y el pueblo tiene derecho para hacer que vuelvan a la vida privada, proveyendo las vacantes por elecciones y nombramientos, conforme a la Constitución.

Artículo 27. La seguridad de los ciudadanos consiste en la garantía social: esta no puede existir sin que fije la ley los límites de los poderes y la responsabilidad de los funcionarios públicos.

Artículo 28. Son tiránicos y arbitrarios los actos ejercidos contra un ciudadano sin las formalidades de la ley.

Artículo 29. El magistrado que incurriere en este delito será depuesto y castigado con la severidad que mande la ley.

Artículo 30. Todo ciudadano se reputa inocente, mientras no se declara culpado.

Artículo 31. Ninguno debe ser juzgado ni sentenciado, sino después de haber sido oído legalmente.

Artículo 32. La casa de cualquier ciudadano es un asilo inviolable; solo se podrá entrar en ella cuando un incendio, una inundación, o la reclamación de la misma casa haga necesario este acto. Para los objetos de procedimiento criminal, deberán preceder los requisitos prevenidos por la ley.

Artículo 33. Las ejecuciones civiles y visitas domiciliarias solo deberán hacerse durante el día, y con respecto a la persona y objeto indicado en la acta que mande la visita y la ejecución.

Artículo 34. Todos los individuos de la sociedad tienen derecho a adquirir propiedades, y disponer de ellas a su arbitrio con tal que no contravengan a la ley.

Artículo 35. Ninguno debe ser privado de la menor porción de las que posea, sino cuando lo exija la pública necesidad; pero en este caso tiene derecho a una justa compensación.

Artículo 36. Las contribuciones públicas no son extorsiones de la sociedad, sino donaciones de los ciudadanos para seguridad y defensa.

Artículo 37. A ningún ciudadano debe coartarse la libertad de reclamar sus derechos ante los funcionarios de la autoridad pública.

Artículo 38. Ningún género de cultura, industria o comercio puede ser prohibido a los ciudadanos, excepto los que forman la subsistencia pública.
Artículo 39. La instrucción, como necesaria a todos los ciudadanos, debe ser favorecida por la sociedad con todo su poder.
Artículo 40. Las obligaciones de los ciudadanos para con la patria son: manifestar sus opiniones por medio de la imprenta, no debe prohibirse a ningún ciudadano, a menos que en sus producciones ataque al dogma, turbe la tranquilidad pública u ofenda el honor de los ciudadanos.

Capítulo VI. De las obligaciones de los ciudadanos

Artículo 41. Las obligaciones de los ciudadanos para con la patria son: una entera sumisión a las leyes, un obedecimiento absoluto a las autoridades constituidas, una pronta disposición a contribuir a los gastos públicos; un sacrificio voluntario de los bienes, y de la vida, cuando sus necesidades lo exijan. El ejercicio de estas virtudes forma el verdadero patriotismo.

II. Forma de Gobierno

Capítulo I. De las provincias que comprende la América mexicana

Artículo 42. Mientras se haga una demarcación exacta de esta América Mexicana, y de cada una de las provincias que la componen, se reputarán bajo este nombre, y dentro de los mismos términos que hasta hoy se han reconocido las siguientes: México, Puebla, Tlaxcala, Veracruz, Yucatán, Oaxaca, Tecpan, Michoacán, Querétaro, Guadalajara, Guanajuato, Potosí, Zacatecas, Durango, Sonora, Coahuila, y Nuevo Reino de León.
Artículo 43. Estas provincias no podrán separarse unas de otras en su gobierno, ni menos enajenarse en todo o en parte.

Capítulo II. De las supremas autoridades

Artículo 44. Permanecerá el cuerpo representativo de la soberanía del pueblo con el nombre de Supremo Congreso Mexicano. Se crearán además dos corporaciones, la una con el título de Supremo Gobierno, y la otra con el de Supremo Tribunal de Justicia.

Artículo 45. Estas tres corporaciones han de residir en un mismo lugar, que determinará el Congreso, previo informe del Supremo Gobierno; y cuando las circunstancias no lo permitan, podrán separarse por el tiempo, y a la distancia que aprobare el mismo Congreso.

Artículo 46. No podrán funcionar a un tiempo en las enunciadas corporaciones dos o más parientes, que lo sean en primer grado, extendiéndose la prohibición a los secretarios, y aun a los fiscales del Supremo Tribunal de Justicia.

Artículo 47.[36] Cada corporación tendrá su palacio y guardia de honor, iguales a las demás; pero la tropa de guarnición estará bajo las órdenes del Congreso.

Capítulo III. Del Supremo Congreso

Artículo 48. El Supremo Congreso se compondrá de diputados elegidos uno por cada provincia, e iguales todos en autoridad.

Artículo 49. Habrá un presidente, y un vicepresidente, que se elegirán por suerte cada tres meses, excluyéndose de los sorteos los diputados que hayan obtenido aquellos cargos.

Artículo 50. Se nombrarán del mismo cuerpo a pluralidad absoluta de votos dos secretarios, que han de mudarse cada seis meses; y no podrán ser reelegidos hasta que haya pasado un semestre.

Artículo 51. El Congreso tendrá tratamiento de Majestad, y sus individuos de Excelencia durante el tiempo de su Diputación.

Artículo 52. Para ser diputado se requiere ser ciudadano con ejercicio de sus derechos, la edad de treinta años, buena reputación, patriotismo acreditado con servicios positivos, y tener luces no vulgares para desempeñar las augustas funciones de este empleo.

Artículo 53. Ningún individuo que haya sido del Supremo Gobierno, o del Supremo Tribunal de Justicia, incluso los secretarios de una y otra corporación, y los fiscales de la segunda, podrá ser diputado hasta que pasen dos años después de haber expirado el término de sus funciones.

---

36 El artículo 47 del Capítulo II se reproduce del «Decreto constitucional para la libertad de la América mexicana, sancionado en Apatzingán a 22 de octubre de 1814», Instituto de Investigaciones Jurídicas.

Artículo 54. Los empleados públicos que ejerzan jurisdicción en toda una provincia, no podrán ser elegidos por ella diputados en propiedad: tampoco los interinos podrán serlo por la provincia que representen, ni por cualquiera otra, si no es pasando dos años después que haya cesado su representación.
Artículo 55. Se prohíbe también que sean diputados simultáneamente dos o más parientes en segundo grado.
Artículo 56. Los diputados no funcionarán por más tiempo que el de dos años. Estos se contarán al diputado propietario desde el día que termine el bienio de la anterior diputación: o siendo el primer propietario en propiedad desde el día que señale el Supremo Congreso para su incorporación, y al interino desde la fecha de su nombramiento. El diputado suplente no pasará del tiempo que corresponda al propietario por quien sustituye.
Artículo 57. Tampoco serán reelegidos los diputados, si no es que medie el tiempo de una Diputación.
Artículo 58. Ningún ciudadano podrá excusarse del encargo de diputado. Mientras lo fuere, no podrá emplearse en el mando de armas.
Artículo 59. Los diputados serán inviolables por sus opiniones, y en ningún tiempo ni caso podrá hacérseles cargo de ellas; pero se sujetarán al juicio de residencia por la parte que les toca en la administración pública, y además podrán ser acusados durante el tiempo de su diputación, y en la forma que previene este reglamento por los delitos de herejía y apostasía, y por los de Estado, señaladamente por los de infidencia, concusión y dilapidación de los caudales públicos.

Capítulo IV. De la elección de diputados para el Supremo Congreso

Artículo 60. El Supremo Congreso nombrará por escrutinio, y a pluralidad absoluta de votos, diputados interinos por las provincias que se hallen dominadas en toda su extensión por el enemigo.
Artículo 61. Con tal que en una provincia estén desocupados tres partidos, que comprendan nueve parroquias, procederán los pueblos del distrito libre a elegir sus diputados así propietarios, como suplentes, por medio de juntas electorales de parroquia, de partido, y de provincia.
Artículo 62. El Supremo Gobierno mandará celebrar lo más pronto que le sea posible, estas juntas en las provincias que lo permitan, con arreglo al

artículo anterior, y que no tengan diputados en propiedad: y por lo que toca a las que los tuvieren, hará que se celebren tres meses antes de cumplirse el bienio de las respectivas diputaciones. Para este efecto habrá en la secretaría correspondiente un libro, donde se lleve razón exacta del día, mes, y año, en que conforme al artículo 56 comience a contarse el bienio de cada diputado.

Artículo 63. En caso de que un mismo individuo sea elegido diputado en propiedad por distintas provincias, el Supremo Congreso decidirá por suerte la elección que haya de subsistir, y en consecuencia el suplente a quien toque, entrará en lugar del propietario de la provincia, cuya elección quedare sin efecto.

Capítulo V. De las Juntas Electorales de parroquia

Artículo 64. La Juntas Electorales de parroquia se compondrán de los ciudadanos con derecho a sufragio, que estén domiciliados, y residan en territorio de la respectiva feligresía.

Artículo 65. Se declaran con derecho a sufragio los ciudadanos que hubieren llegado a la edad de dieciocho años, o antes si se casaren, que hayan acreditado su adhesión a nuestra santa causa, que tengan empleo, o modo honesto de vivir, y que no estén notados de alguna infamia pública, ni procesados criminalmente por nuestro Gobierno.

Artículo 66. Por cada parroquia se nombrará un elector, para cuyo encargo se requiere ser ciudadano con ejercicio de sus derechos, mayor de veinticinco años, y que al tiempo de la elección resida en la feligresía.

Artículo 67. Se celebrarán estas juntas en las cabeceras de cada curato, o en el pueblo de la doctrina que ofreciere más comodidad; y si por la distancia de los lugares de una misma feligresía no pudieren concurrir todos los parroquianos en la cabecera, o pueblo determinado, se designarán dos o tres puntos de reunión, en los cuales se celebren otras tantas juntas parciales, que formarán respectivamente los vecinos, a cuya comodidad se consultare.

Artículo 68. El justicia del territorio, o el comisionado que deputare el juez del partido, convocará la junta, o juntas parciales, designará el día, hora, y lugar de su celebración, y presidirá las sesiones.

Artículo 69. Estando juntos los ciudadanos electores, y el Presidente, pasarán a la iglesia principal, donde se celebrará una misa solemne de

Espíritu Santo, y se pronunciará un discurso análogo a las circunstancias por el cura, u otro eclesiástico.

Artículo 70. Volverán al lugar destinado para la sesión, a que se dará principio, por nombrar de entre los concurrentes dos escrutadores, y un secretario, que tomarán asiento en la mesa al lado del Presidente.

Artículo 71. Enseguida preguntará el Presidente, si hay alguno que sepa que haya intervenido cohecho, o soborno, para que la elección recaiga en persona determinada: y si hubiere quien tal exponga, el Presidente y los escrutadores harán en el acto, pública y verbal justificación. Calificándose la denuncia, quedarán excluidos de voz activa y pasiva los delincuentes, y la misma pena se aplicará a los falsos calumniadores, en el concepto de que en este juicio no se admitirá recurso.

Artículo 72. Al Presidente y escrutadores toca también decidir en el acto las dudas que se ofrezcan, sobre si en alguno de los ciudadanos concurren los requisitos necesarios para votar.

Artículo 73. Cada votante se acercará a la mesa, y en voz clara e inteligible nombrará los tres individuos, que juzgue más idóneos para electores. El secretario escribirá estos sufragios, y los manifestará al votante, al Presidente y a los escrutadores, de modo que todos queden satisfechos.

Artículo 74. Acabada la votación, examinarán los escrutadores la lista de los sufragios, y sumarán los números que resulten a favor de cada uno de los votados. Esta operación se ejecutará a vista de todos los concurrentes, y cualquiera de ellos podrá revisarla.

Artículo 75. Si la junta fuere compuesta de todos los ciudadanos de la feligresía, el votado que reuniere el mayor número de sufragios, o aquel por quien en caso de empate se decidiere la suerte, quedará nombrado elector de parroquia, y lo anunciará el secretario de orden del Presidente.

Artículo 76. Concluido este acto se trasladará el concurso, llevando al elector entre el Presidente, escrutadores, y secretario, a la iglesia, en donde se cantará en acción de gracias un solemne Te Deum, y la junta quedará disuelta para siempre.

Artículo 77. El secretario extenderá el acta, que firmará con el Presidente y escrutadores: se sacará un testimonio de ella firmado por los mismos, y se dará al elector nombrado, para que pueda acreditar su nombramiento, de que el Presidente pasará aviso al juez del partido.

Artículo 78. Las juntas parciales se disolverán concluida la votación, y las actas respectivas se extenderán, como previene el artículo anterior.

Artículo 79. Previa citación del Presidente, hecha por alguno de los secretarios, volverán a reunirse en sesión pública estos y los escrutadores de las juntas parciales, y con presencia de las actas examinarán los segundos las listas de sufragios, sumando de la totalidad los números que resulten por cada votado, y quedará nombrado elector el que reuniese la mayor suma, o si hubiese empate, el que decidiere la suerte.

Artículo 80. Publicará el Presidente esta votación por medio de copia certificada del escrutinio, circulándola por los pueblos de la feligresía; y dará al elector igual testimonio firmado por el mismo Presidente, escrutadores, y secretarios.

Artículo 81. Ningún ciudadano podrá excusarse del encargo de elector de parroquia, ni se presentará con armas en la junta.

Capítulo VI. De las Juntas Electorales de partido

Artículo 82. Las Juntas Electorales de partido se compondrán de los electores parroquiales congregados en la cabecera de cada subdelegación o en otro pueblo que por justas consideraciones designe el juez, a quien toca esta facultad, como también la de citar a los electores, señalar el día, hora y sitio para la celebración de estas juntas, y presidir las sesiones.

Artículo 83. En la primera se nombrarán dos escrutadores y un secretario de los mismos electores, si llegaren a siete; o fuera de ellos si no se completare este número, con tal que los electos sean ciudadanos de probidad.

Artículo 84. A consecuencia presentarán los electores los testimonios de sus nombramientos, para que los escrutadores y el secretario los reconozcan y examinen: y con esto terminará la sesión.

Artículo 85. En la del día siguiente expondrán su juicio los escrutadores y el secretario. Ofreciéndose alguna duda, el Presidente la resolverá en el acto, y su resolución se ejecutará sin recurso: pasando después la junta a la iglesia principal, con el piadoso objeto que previene el artículo 69.

Artículo 86. Se restituirá después la junta al lugar destinado para las sesiones, y tomando asiento el Presidente y los demás individuos que la formen, se ejecutará lo contenido en el artículo 71, y regirá también en su caso el artículo 72.

Artículo 87. Se procederá enseguida a la votación, haciéndola a puerta abierta por medio de cédulas, en que cada elector exprese los tres individuos que juzgue más a propósito: recibirá las cédulas el secretario, las leerá en voz alta y manifestará al Presidente.

Artículo 88. Concluida la votación, los escrutadores a vista y satisfacción del Presidente y de los electores, sumarán el número de los sufragios que haya reunido cada votado, quedando nombrado el que contare con la pluralidad, y en caso de empate el que decidiere la suerte. El secretario anunciará de orden del Presidente el nombramiento del elector de partido.

Artículo 89. Inmediatamente se trasladarán la junta y concurrentes a la iglesia principal, bajo la forma y con el propio fin que indica el artículo 76.

Artículo 90. El secretario extenderá el acta, que suscribirá con el Presidente y escrutadores. Se sacarán dos copias autorizadas con la misma solemnidad; de las cuales una se entregará al elector nombrado, y otra se remitirá al Presidente de la junta provincial.

Artículo 91. Para ser elector de partido se requiere la residencia personal en la respectiva jurisdicción con las demás circunstancias asignadas para los electores de parroquia.

Artículo 92. Se observará por último lo que prescribe el artículo 81.

Capítulo VII. De las Juntas Electorales de provincia

Artículo 93. Los electores de partido formarán respectivamente las juntas provinciales, que para nombrar los diputados que deben incorporarse en el Congreso, se han de celebrar en la capital de cada provincia, o en el pueblo que señalare el intendente, a quien toca presidirlas, y fijar el día, hora y sitio en que hayan de verificarse.

Artículo 94. En la primera sesión se nombrarán dos escrutadores, y un secretario, en los términos que anuncia el artículo 83. Se leerán los testimonios de las actas de elecciones hechas en cada partido, remitidas por los respectivos presidentes: y presentarán los electores las copias que llevaren consigo, para que los escrutadores y el secretario las confronten y examinen.

Artículo 95. En la segunda sesión que se tendrá el día siguiente, se practicará lo mismo que está mandado en los artículos 85 y 86.

Artículo 96. Se procederá después a la votación de diputado en la forma que para las elecciones de partidos señala el artículo 87.
Artículo 97. Concluida la votación los escrutadores reconocerán las cédulas conforme al artículo 88, y sumarán los números que hubiere reunido cada votado, quedando elegido diputado en propiedad el que reuniere la pluralidad de sufragios; y suplente el que se aproxime más a la pluralidad.
Artículo 98. Si hubiere empate, se sorteará el nombramiento de diputado así propietario como suplente, entre los votados que sacaren igual número de sufragios.
Artículo 99. Hecha la elección se procederá a la solemnidad religiosa, a que se refiere el artículo 89.
Artículo 100. Se extenderá el acta de elección, y se sacarán dos copias con las formalidades que establece el artículo 90: una copia se entregará al diputado, y otra se remitirá al Supremo Congreso.
Artículo 101. Los electores en nombre de la provincia otorgarán al diputado en forma legal la correspondiente comisión.

Capítulo VIII. De las atribuciones del Supremo Congreso

Al Supremo Congreso pertenece exclusivamente: **Artículo** 102. Reconocer y calificar los documentos que presenten los diputados elegidos por las provincias, y recibirles el juramento que deben otorgar para su incorporación.
Artículo 103. Elegir los individuos del Supremo Gobierno, los del Supremo Tribunal de Justicia, los del de Residencia, los secretarios de estas corporaciones, y los fiscales de la segunda, bajo la forma que prescribe este decreto, y recibirles a todos el juramento correspondiente para la posesión de sus respectivos destinos.
Artículo 104. Nombrar los ministros públicos, que con el carácter de Embajadores Plenipotenciarios, u de otra representación diplomática hayan de enviarse a las demás naciones.
Artículo 105. Elegir a los generales de división a consulta del Supremo Gobierno, quien propondrán los tres oficiales que juzgue más idóneos.
Artículo 106. Examinar y discutir los proyectos de ley que se propongan. Sancionar las leyes, interpretarlas, y derogarlas en caso necesario.

Artículo 107. Resolver las dudas de hecho y de derecho, que se ofrezcan en orden a las facultades de las supremas corporaciones.
Artículo 108. Decretar la guerra, y dictar las instrucciones bajo de las cuales haya de proponerse o admitirse la paz: las que deben regir para ajustar los tratados de alianza y gobierno con las demás naciones, y aprobar antes de su ratificación estos tratados.
Artículo 109. Crear nuevos tribunales subalternos, suprimir los establecidos, variar su forma, según convenga para la mejor administración: aumentar o disminuir los oficios públicos, y formar los aranceles de derechos.
Artículo 110. Conceder o negar licencia para que se admitan tropas extranjeras en nuestro suelo.
Artículo 111. Mandar que se aumenten, o disminuyan las fuerzas militares a propuesta del Supremo Gobierno.
Artículo 112. Dictar ordenanzas para el Ejército y milicias nacionales en todos los ramos que las constituyen.
Artículo 113. Arreglar los gastos del Gobierno. Establecer contribuciones e impuestos, y el modo de recaudarlos: como también el método conveniente para la administración, conservación y enajenación de los bienes propios del Estado: y en los casos de necesidad tomar caudales a préstamo sobre los fondos y crédito de la nación.
Artículo 114. Examinar y aprobar las cuentas de recaudación e inversión de la Hacienda pública.
Artículo 115. Declarar si ha de haber aduanas y en qué lugares.
Artículo 116. Batir moneda, determinando su materia, valor, peso, tipo y denominación; y adoptar el sistema que estime justo de pesos y medidas.
Artículo 117. Favorecer todos los ramos de industria, facilitando los medios de adelantarla, y cuidar con singular esmero de la ilustración de los pueblos.
Artículo 118. Aprobar los reglamentos que conduzcan a la sanidad de los ciudadanos, a su comodidad y demás objetos de policía.
Artículo 119. Proteger la libertad política de la imprenta.
Artículo 120. Hacer efectiva la responsabilidad de los individuos del mismo Congreso, y de los funcionarios de las demás supremas corporaciones, bajo la forma que explica este decreto.
Artículo 121. Expedir cartas de naturaleza en los términos, y con las calidades que prevenga la ley.

Artículo 122. Finalmente ejercer todas las demás facultades que le concede expresamente este decreto.

Capítulo IX. De la sanción y promulgación de las leyes

Artículo 123. Cualquiera de los vocales puede presentar al Congreso los proyectos de ley que le ocurran, haciéndolo por escrito, y exponiendo las razones en que se funde.

Artículo 124. Siempre que se proponga algún proyecto de ley, se repetirá su lectura por tres veces en tres distintas sesiones, votándose en la última, si se admite, o no a discusión; y fijándose, en caso de admitirse, el día en que se deba comenzar.

Artículo 125. Abierta la discusión, se tratará, e ilustrará la materia en las sesiones que fueren necesarias, hasta que el Congreso declare: que está suficientemente discutida.

Artículo 126. Declarado que la materia está suficientemente discutida, se procederá a la votación, que se hará a pluralidad absoluta de votos; concurriendo precisamente más de la mitad de los diputados que deben componer el Congreso.

Artículo 127. Si resultare aprobado el proyecto, se extenderá por triplicado en forma de ley. Firmará el Presidente y secretarios los tres originales, remitiéndose uno al Supremo Gobierno, y otro al Supremo Tribunal de Justicia; quedando el tercero en la secretaría del Congreso.

Artículo 128. Cualquiera de aquellas corporaciones tendrá facultad para representar en contra de la ley; pero ha de ser dentro del término perentorio de veinte días; y no verificándolo en este tiempo, procederá el Supremo Gobierno a la promulgación: previo aviso que oportunamente le comunicará al Congreso.

Artículo 129. En caso que el Supremo Gobierno, o el Supremo Tribunal de Justicia representen contra la ley, las reflexiones que promuevan serán examinadas bajo las mismas formalidades que los proyectos de ley; y calificándose de bien fundadas a pluralidad absoluta de votos, se suprimirá la ley, y no podrá proponerse de nuevo hasta pasados seis meses. Pero si por el contrario se calificaren de insuficientes las razones expuestas, entonces se mandará publicar la ley, y se observará inviolablemente; a menos que la experiencia y la opinión pública obliguen a que se derogue, o modifique.

Artículo 130. La ley se promulgará en esta forma: El Supremo Gobierno Mexicano, a todos los que la presente vieren, sabed: que el Supremo Congreso en sesión legislativa (aquí la fecha) ha sancionado la siguiente ley. (Aquí el texto literal de la ley). Por tanto, para su puntual observancia publíquese, y circúlese a todos los tribunales, justicias, jefes, gobernadores y demás autoridades, así civiles como militares y eclesiásticas, de cualquiera clase y dignidad, para que guarden y hagan guardar, cumplir y ejecutar la presente ley en todas sus partes. – Palacio Nacional, etc. Firmarán los tres individuos y el secretario de Gobierno.

Artículo 131. El Supremo Gobierno comunicará la ley al Supremo Tribunal de Justicia, y se archivarán los originales tanto en la Secretaría del Congreso, como en la del Gobierno.

Capítulo X. Del Supremo Gobierno

Artículo 132. Compondrán el Supremo Gobierno tres individuos, en quienes concurran las calidades expresadas en el artículo 52: serán iguales en autoridad, alternando por cuatrimestres en la presidencia, que sortearán en su primera sesión para fijar invariablemente el orden con que hayan de turnar, y lo manifestarán al Congreso.

Artículo 133. Cada año saldrá por suerte uno de los tres, y el que ocupare la vacante tendrá el mismo lugar que su antecesor en el turno de la presidencia. Al Congreso toca hacer este sorteo.

Artículo 134. Habrá tres secretarios: uno de Guerra, otro de Hacienda, y el tercero que se llamará especialmente de Gobierno. Se mudarán cada cuatro años.

Artículo 135. Ningún individuo del Supremo Gobierno podrá ser reelegido, a menos que haya pasado un trienio después de su administración: y para que pueda reelegirse un secretario, han de correr cuatro años después de fenecido su ministerio.

Artículo 136. Solamente en la creación del Supremo Gobierno podrán nombrarse para sus individuos así los diputados propietarios del Supremo Congreso, que hayan cumplido su bienio, como los interinos; en la inteligencia de que si fuere nombrado alguno de estos, se tendrá por concluida su diputación; pero en lo sucesivo ni podrá elegirse ningún diputado, que a la sazón lo fuere, ni el que lo haya sido; si no es mediando el tiempo de dos años.

Artículo 137. Tampoco podrán elegirse los diputados del Supremo Tribunal de Justicia, mientras lo fueren, ni en tres años después de su comisión.

Artículo 138. Se excluyen asimismo de esta elección los parientes en primer grado de los generales en jefe.

Artículo 139. No pueden concurrir en el Supremo Gobierno dos parientes que lo sean desde el primero hasta el cuarto grado; comprendiéndose los secretarios en esta prohibición.

Artículo 140. El Supremo Gobierno tendrá tratamiento de Alteza: sus individuos el de Excelencia, durante su administración: y los secretarios el de Señoría, en el tiempo de su ministerio.

Artículo 141. Ningún individuo de esta corporación podrá pasar ni aun una noche fuera del lugar destinado para su residencia, sin que el Congreso le conceda expresamente su permiso: y si el Gobierno residiere en lugar distante, se pedirá aquella licencia a los compañeros, quienes avisarán al Congreso, en caso de que sea para más de tres días.

Artículo 142. Cuando por cualquiera causa falte alguno de los tres individuos, continuarán en el Despacho los restantes, haciendo de Presidente el que deba seguirse en turno, y firmándose lo que ocurra con expresión de la ausencia del compañero: pero en faltando dos, el que queda avisará inmediatamente al Supremo Congreso, para que tome providencia.

Artículo 143. Habrá en cada secretaría un libro, en donde se asienten todos los acuerdos, con distinción de sesiones, las cuales se rubricarán por los tres individuos, y firmará el respectivo secretario.

Artículo 144. Los títulos o despachos de los empleados, los decretos, las circulares y demás órdenes, que son propias del alto Gobierno, irán firmadas por los tres individuos y el secretario a quien corresponda. Las órdenes concernientes al gobierno económico, y que sean de menos entidad, las firmará el Presidente y el secretario a quien toque, a presencia de los tres individuos del cuerpo: y si alguno de los indicados documentos no llevare las formalidades prescritas, no tendrá fuerza ni será obedecida por los subalternos.

Artículo 145. Los secretarios serán responsables en su persona de los decretos, órdenes y demás que autoricen contra el tenor de este decreto o contra las leyes que mandadas observar, y que en adelante se promulgaren.
Artículo 146. Para hacer efectiva esta responsabilidad decretará ante todas cosas el Congreso, con noticia justificada de la transgresión, que ha lugar a la formación de la causa.
Artículo 147. Dado este decreto quedará suspenso el secretario, y el Congreso remitirá todos los documentos que hubiere al Supremo Tribunal de Justicia, quien formará la causa, la sustanciará y sentenciará conforme a las leyes.
Artículo 148. En los asuntos reservados que se ofrezcan al Superior Gobierno, arreglará el modo de corresponderse con el Congreso, avisándole por medio de alguno de sus individuos o secretarios: y cuando juzgare conveniente pasar al palacio del Congreso se lo comunicará, exponiendo si la concurrencia ha de ser pública o secreta.
Artículo 149. Los secretarios se sujetarán indispensablemente al juicio de residencia, y a cualquiera otro que en el tiempo de su ministerio se promueva legítimamente ante el Supremo Tribunal de Justicia.
Artículo 150. Los individuos del Gobierno se sujetarán asimismo al juicio de residencia; pero en el tiempo de su administración solamente podrán ser acusados por los delitos que manifiesta el artículo 59, y por la infracción del artículo 166.

Capítulo XI. De la elección de individuos para el Supremo Gobierno

Artículo 151. El Supremo Congreso elegirá en sesión secreta por escrutinio en que haya examen de tachas, y a pluralidad absoluta de votos, un número triple de los individuos que han de componer el Supremo Gobierno.
Artículo 152. Hecha esta elección, continuará la sesión en público, y el secretario anunciará al pueblo las personas que se hubieren elegido. Enseguida, repartirá por triplicado sus nombres escritos en cédulas a cada vocal, y se procederá a la votación de los tres individuos, eligiéndolos uno a uno por medio de las cédulas que se recogerán en un vaso prevenido al efecto.

Artículo 153. El secretario a vista y satisfacción de los vocales reconocerá las cédulas, y hará la regulación correspondiente, quedando nombrado aquel individuo que reuniere la pluralidad absoluta de sufragios.

Artículo 154. Si ninguno reuniere esta pluralidad, entrarán en segunda votación los dos individuos que hubieren sacado el mayor número, repartiéndose de nuevo sus nombres en cédulas a cada uno de los vocales. En caso de empate decidirá la suerte.

Artículo 155. Nombrados los individuos, con tal que se hallen presentes dos de ellos, otorgarán acto continuo su juramento en manos del Presidente, quien lo recibirá a nombre del Congreso, bajo la siguiente fórmula: ¿Juráis defender a costa de vuestra sangre la religión católica, apostólica, romana, sin admitir otra ninguna? –R. Sí juro– ¿Juráis sostener constantemente la causa de nuestra Independencia contra nuestros injustos agresores? –R. Sí juro– ¿Juráis observar, y hacer cumplir el decreto constitucional en todas y cada una de sus partes? –R. Sí juro– ¿Juráis desempeñar con celo y fidelidad el empleo que os ha conferido la nación, trabajando incesantemente por el bien y prosperidad de la nación misma? –R. Sí juro– Si así lo hiciereis, Dios os premie, y si no, os lo demande. Y con este acto se tendrá el Gobierno por instalado.

Artículo 156. Bajo de la forma explicada en los artículos antecedentes se harán las votaciones ulteriores, para proveer las vacantes de los individuos que deben salir anualmente, y las que resultaren por fallecimiento u otra causa.

Artículo 157. Las votaciones ordinarias de cada año se efectuarán cuatro meses antes de que se verifique la salida del individuo a quien tocare la suerte.

Artículo 158. Por primera vez nombrará el Congreso los secretarios del Supremo Gobierno, mediante escrutinio en que haya examen de tachas, y a pluralidad absoluta de votos. En lo de adelante hará este nombramiento a propuesta del mismo Supremo Gobierno, quien lo verificará dos meses antes que cumpla el término de cada secretario.

Capítulo XII. De la autoridad del Supremo Gobierno

Al Supremo Gobierno toca privativamente: **Artículo** 159. Publicar la guerra y ajustar la paz. Celebrar tratados de alianza, y comercio con las naciones extranjeras, conforme al artículo 108; correspondiéndose con sus gabinetes en las negociaciones que ocurran, por sí, o por medio de los ministros públicos de que habla el artículo 104; los cuales han de entenderse inmediatamente con el Gobierno, quien despachará las contestaciones con independencia del Congreso; a menos que se versen asuntos cuya resolución no esté en sus facultades: y de todo dará cuenta oportunamente al mismo Congreso.

Artículo 160. Organizar los ejércitos y milicias nacionales. Formar planes de operación, mandar ejecutarlos, distribuir y mover la Fuerza Armada, a excepción de la que se halle bajo el mando del Supremo Congreso, con arreglo al artículo 47, y tomar cuantas medidas estime conducentes, ya sea para asegurar la tranquilidad interior del Estado, o bien para promover su defensa exterior; todo sin necesidad de avisar previamente al Congreso, a quien dará noticia en tiempo oportuno.

Artículo 161. Atender y fomentar los talleres y maestranzas de fusiles, cañones, y demás armas; las fábricas de pólvora, y la construcción de toda especie de útiles y municiones de guerra.

Artículo 162. Proveer los empleos políticos, militares y de Hacienda, excepto los que se ha reservado el Supremo Congreso.

Artículo 163. Cuidar de que los pueblos estén proveídos suficientemente de eclesiásticos dignos, que administren los sacramentos, y el pasto espiritual de la doctrina.

Artículo 164. Suspender con causa justificada a los empleados a quienes nombre, con calidad de remitir lo actuado dentro del término de cuarenta y ocho horas al tribunal competente. Suspender también a los empleados que nombre el Congreso, cuando haya contra estos sospechas vehementes de infidencia: remitiendo los documentos que hubiere al mismo Congreso dentro de veinticuatro horas, para que declare si ha o no lugar a la formación de la causa.

Artículo 165. Hacer que se observen los reglamentos de policía. Mantener expedita la comunicación interior y exterior: y proteger los derechos de la libertad, propiedad, igualdad, y seguridad de los ciudadanos: usando de todos los recursos que le franquearán las leyes.

No podrá el Supremo Gobierno: **Artículo** 166. Arrestar a ningún ciudadano en ningún caso más de cuarenta y ocho horas, dentro de cuyo término deberá remitir el detenido al tribunal competente con lo que se hubiere actuado.

Artículo 167. Deponer a los empleados públicos, ni conocer en negocio alguno judicial; avocarse causas pendientes o ejecutoriadas, ni ordenar que se abran nuevos juicios **Artículo** 168. Mandar personalmente en cuerpo, ni por alguno de sus individuos, ninguna Fuerza Armadâ; a no ser en circunstancias muy extraordinarias, y entonces deberá proceder la aprobación del Congreso.

Artículo 169. Dispensar la observancia de las leyes bajo pretexto de equidad, ni interpretarlas en los casos dudosos.

Artículo 170. Se sujetará el Supremo Gobierno a las leyes y reglamentos que adoptare o sancionare el Congreso en lo relativo a la administración de Hacienda; por consiguiente, no podrá variar los empleos de este ramo que se establezcan, crear otros nuevos, gravar con pensiones al erario público, ni alterar el método de recaudación, y distribución de las rentas; podrá, no obstante, librar las cantidades que necesite para gastos secretos en servicio de la nación, con tal que informe oportunamente de su inversión.

Artículo 171. En lo que toca al ramo militar se arreglará a la antigua ordenanza, mientras que el Congreso dicta la que más se conforme al sistema de nuestro gobierno; por lo que no podrá derogar, interpretar, ni alterar ninguno de sus capítulos.

Artículo 172. Pero así en materia de Hacienda, como de guerra, y en cualquiera otra podrá, y aun deberá presentar al Congreso los planes, reformas y medidas que juzgue convenientes, para que sean examinados; mas no se le permite proponer proyectos de decreto extendidos.

Artículo 173. Pasará mensualmente al Congreso una nota de los empleados y de los que estuvieren suspensos; y cada cuatro meses un estado de los ejércitos, que reproducirá siempre que lo exija el mismo Congreso.

Artículo 174. Asimismo presentará cada seis meses al Congreso un estado abreviado de las entradas, inversión, y existencia de los caudales públicos, y cada año le presentará otro individual y documentado, para que ambos se examinen, aprueben y publiquen.

Capítulo XIII. De las intendencias de hacienda

Artículo 175. Se creará cerca del Supremo Gobierno y con sujeción inmediata a su autoridad, una Intendencia General que administre todas las rentas y fondos nacionales.

Artículo 176. Esta Intendencia se compondrá de un fiscal, un asesor letrado, dos ministros, y el jefe principal, quien retendrá el nombre de intendente general, y además habrá un secretario.

Artículo 177. De las mismas plazas han de componerse las intendencias provinciales, que deberán establecerse con subordinación a la general. Sus jefes se titularán intendentes de provincia.

Artículo 178. Se crearán también tesorerías foráneas, dependientes de las provinciales, según que se juzgaren necesarias para la mejor administración.

Artículo 179. El Supremo Congreso dictará la ordenanza que fije las atribuciones de todos y cada uno de estos empleados, su fuero y prerrogativas, y la jurisdicción de los intendentes.

Artículo 180. Así el intendente general, como los de provincia funcionarán por el tiempo de tres años.

Capítulo XIV. Del Supremo Tribunal de Justicia

Artículo 181. Se compondrá por ahora el Supremo Tribunal de Justicia de cinco individuos, que por deliberación del Congreso podrán aumentarse, según lo exijan y proporcionen las circunstancias.

Artículo 182. Los individuos de este Supremo Tribunal tendrán las mismas calidades que se expresan en el artículo 52. Serán iguales en autoridad, y turnarán por suerte en la presidencia cada tres meses.

Artículo 183. Se renovará esta corporación cada tres años en la forma siguiente: en el primero y en el segundo saldrán dos individuos, y en el tercero uno; todos por medio de sorteo, que hará el Supremo Congreso.

Artículo 184. Habrá dos fiscales letrados, uno para lo civil, y otro para lo criminal; pero si las circunstancias no permitieren al principio que se nombre más que a uno, este desempeñará las funciones de ambos destinos: lo que se entenderá igualmente respecto de los secretarios. Unos y otros funcionarán por espacio de cuatro años.

Artículo 185. Tendrá este tribunal el tratamiento de Alteza: sus individuos el de Excelencia, durante su comisión; y los fiscales y secretarios el de Señoría, mientras permanezcan en su ejercicio.

Artículo 186. La elección de los individuos del Supremo Tribunal de Justicia se hará por el Congreso, conforme a los artículos 151, 152, 153, 154, 156, y 157.

Artículo 187. Nombrados que sean los cinco individuos, siempre que se hallen presentes tres de ellos, otorgarán acto continuo su juramento en los términos que previene el artículo 155.

Artículo 188. Para el nombramiento de fiscales y secretarios regirá el artículo 158.

Artículo 189. Ningún individuo del Supremo Tribunal de Justicia podrá ser reelegido hasta pasado un trienio después de su comisión; y para que puedan reelegirse los fiscales y secretarios han de pasar cuatro años después de cumplido su tiempo.

Artículo 190. No podrán elegirse para individuos de este tribunal los diputados del Congreso, si no es en los términos que explica el artículo 136.

Artículo 191. Tampoco podrán elegirse los individuos del Supremo Gobierno mientras lo fueren, ni en tres años después de su administración.

Artículo 192. No podrán concurrir en el Supremo Tribunal de Justicia dos, o más parientes, que lo sean desde el primero hasta el cuarto grado; comprendiéndose en esta prohibición los fiscales y secretarios.

Artículo 193. Ningún individuo de esta corporación podrá pasar ni una sola noche fuera de los límites de su residencia, si no es con los requisitos que para los individuos del Supremo Gobierno expresa el artículo 141.

Artículo 194. Los fiscales y secretarios del Supremo Tribunal de Justicia se sujetarán al juicio de residencia, y a los demás, como se ha dicho de los secretarios del Supremo Gobierno; pero los individuos del mismo tribunal solamente se sujetarán al juicio de residencia, y en el tiempo de su comisión, a los que se promuevan por los delitos determinados en el artículo 59.

Artículo 195. Los autos o decretos que emanaren de este Supremo Tribunal irán rubricados por los individuos que concurran a formarlos, y autorizados por el secretario. Las sentencias interlocutorias y definitivas se firmarán por los mencionados individuos, y se autorizarán igualmente por el secretario; quien con el Presidente firmará los despachos, y por sí solo bajo su responsabilidad las demás órdenes: en consecuencia no será obedecida ninguna providencia, orden, o decreto que expida alguno de los individuos en particular.

Capítulo XV. De las facultades del Supremo Tribunal de Justicia

Artículo 196. Conocer en las causas para cuya formación deba proceder, según lo sancionado, la declaración del Supremo Congreso; en las demás de los generales de división, y secretarios del Supremo Gobierno; en las de los secretarios y fiscales del mismo Supremo Tribunal; en las del intendente general de Hacienda, de sus ministros, fiscales y asesor; en las de residencia de todo empleado público, a excepción de las que pertenecen al tribunal de este nombre.

Artículo 197. Conocer de todos los recursos de fuerza de los tribunales eclesiásticos, y de las competencias que se susciten entre los jueces subalternos.

Artículo 198. Fallar o confirmar las sentencias de deposición de los empleados públicos sujetos a este tribunal: aprobar o revocar las sentencias de muerte y destierro que pronuncien los tribunales subalternos, exceptuando las que han de ejecutarse en los prisioneros de guerra, y otros delincuentes de Estado, cuyas ejecuciones deberán conformarse a las leyes y reglamentos que se dicten separadamente.

Artículo 199. Finalmente, conocer de las demás causas temporales, así criminales, como civiles; ya en segunda, ya en tercera instancia, según lo determinen las leyes.

Artículo 200. Para formar este Supremo Tribunal, se requiere indispensablemente la asistencia de los cinco individuos en las causas de homicidio, de deposición de algún empleado, de residencia e infidencia; en las de fuerza de los juzgados eclesiásticos, y en las civiles, en que se verse el interés de veinticinco mil pesos arriba. Esta asistencia de los cinco individuos se entiende para terminar definitivamente las referidas causas, ya sea pronunciando, ya confirmando o bien revocando las sentencias respectivas. Fuera de estas causas, bastará la asistencia de tres individuos para formar Tribunal; y menos no podrán actuar en ningún caso.

Artículo 201. Si por motivo de enfermedad no pudiera asistir alguno de los jueces en los casos referidos, se le pasará la causa, para que dentro del tercer día remita su voto cerrado. Si la enfermedad fuere grave, o no pudiere asistir por hallarse distante, o por otro impedimento legal, el Supremo Congreso con aviso del tribunal nombrará un sustituto; y si el Congreso estuviere lejos, y ejecutare la decisión, entonces los jueces restantes nombrarán a pluralidad de sufragios un letrado, o un vecino honrado y de ilustración, que supla por el impedido, dando aviso inmediatamente al Congreso.

Artículo 202. En el Supremo Tribunal de Justicia no se pagarán derechos.

Artículo 203. Los litigantes podrán recusar hasta dos jueces de este tribunal, en los casos, y bajo las condiciones que señale la ley.

Artículo 204. Las sentencias que pronunciare el Supremo Tribunal de Justicia, se remitirán al Supremo Gobierno, para que se las haga ejecutar por medio de los jefes, o jueces a quienes corresponda.

Capítulo XVI. De los juzgados inferiores

Artículo 205. Habrá jueces nacionales de partido que durarán el tiempo de tres años, y los nombrará el Supremo Gobierno a propuesta de los intendentes de provincia, mientras se forma el reglamento conveniente para que los elijan los mismos pueblos.

Artículo 206. Estos jueces tendrán en los ramos de justicia o policía la autoridad ordinaria, que las leyes del antiguo Gobierno concedían a los subdelegados. Las demarcaciones de cada partido tendrán los mismos límites, mientras no se varíen con la aprobación del Congreso.

Artículo 207. Habrá tenientes de justicia en los lugares donde se han reputado necesarios: los nombrarán los jueces de partido, dando cuenta al Supremo Gobierno para su aprobación y confirmación, con aquellos nombramientos que en el antiguo Gobierno se confirmaban por la superioridad.

Artículo 208. En los pueblos, villas y ciudades continuarán respectivamente los gobernadores y repúblicas, los ayuntamientos y demás empleos, mientras no se adopte otro sistema; a reserva de las variaciones que oportunamente introduzca el Congreso, consultando al mayor bien y felicidad de los ciudadanos.

Artículo 209. El Supremo Gobierno nombrará jueces eclesiásticos, que en las demarcaciones que respectivamente les señale con aprobación del Congreso, conozcan en primera instancia de las causas temporales, así criminales como civiles, de los eclesiásticos; siendo esta una medida provisional, entretanto se ocupan por nuestras armas las capitales de cada obispado, y resuelve otra cosa el Supremo Congreso.

Artículo 210. Los intendentes ceñirán su inspección al ramo de Hacienda, y solo podrán administrar justicia en el caso de estar desembarazadas del enemigo las capitales de sus provincias, sujetándose a los términos de la antigua ordenanza que regía en la materia.

Capítulo XVII. De las leyes que se han de observar en la administración de justicia

Artículo 211. Mientras que la soberanía de la nación forma el cuerpo de leyes, que han de sustituir a las antiguas, permanecerán éstas en todo su rigor, a excepción de las que por el presente, y otros decretos anteriores se hayan derogado, y de las que en adelante se derogaren.

Capítulo XVIII. Del Tribunal de Residencia

Artículo 212. El Tribunal de Residencia se compondrá de siete jueces, que el Supremo Congreso ha de elegir por suerte de entre los individuos que para este efecto se nombren, uno por cada provincia.

Artículo 213. El nombramiento de estos individuos se hará por las juntas provinciales, de que trata el capítulo VII, a otro día de haber elegido los diputados, guardando la forma que prescriben los artículos 87 y 88; y remitiendo al Congreso testimonio del nombramiento, autorizado con la solemnidad que expresa el artículo 90. Por las provincias en donde no se celebren dichas juntas, el mismo Congreso nombrará por escrutinio, y a pluralidad absoluta de votos, los individuos correspondientes.

Artículo 214. Para obtener este nombramiento se requieren las calidades asignadas en el artículo 52.

Artículo 215. La masa de estos individuos se renovará cada dos años, saliendo sucesivamente en la misma forma que los diputados del Congreso, y no podrán reelegirse ninguno de los que salgan, a menos que no hayan pasado dos años.

Artículo 216. Entre los individuos que se voten por la primera vez podrán tener lugar los diputados propietarios, que han cumplido el tiempo de su diputación; pero de ninguna manera podrán ser elegidos los que actualmente lo sean, o en adelante lo fueren, si no es habiendo corrido dos años después de concluidas sus funciones.

Artículo 217. Tampoco podrán ser nombrados los individuos de las otras dos supremas corporaciones, hasta que hayan pasado tres años después de su administración; ni pueden, en fin, concurrir en este tribunal dos o más parientes hasta el cuarto grado.

Artículo 218. Dos meses antes que estén para concluir alguno, o algunos de los funcionarios, cuya residencia toca a este tribunal, se sortearán los individuos que hayan de componerlo, y el Supremo Gobierno anunciará con anticipación estos sorteos, indicando los nombres y empleos de dichos funcionarios.

Artículo 219. Hecho el sorteo, se llamarán los individuos que salgan nombrados, para que sin excusa se presenten al Congreso antes que se cumpla el expresado término de dos meses, y si por alguna causa no ocurriere con oportunidad cualquiera de los llamados, procederá el Congreso a elegir sustituto, bajo la forma que se establece en el capítulo XI para la elección de los individuos del Supremo Gobierno.

Artículo 220. Cuando sea necesario organizar este tribunal, para que tome conocimiento de otras causas, que no sean de residencia, se hará oportunamente el sorteo, y los individuos que resulten nombrados se citarán con término más o menos breve, según lo exija la naturaleza de las mismas causas; y en caso de que no comparezcan al tiempo señalado, el Supremo Congreso nombrará sustitutos, con arreglo al artículo antecedente.

Artículo 221. Estando juntos los individuos que han de componer este tribunal, otorgarán su juramento en manos del Congreso, bajo la fórmula contenida en el artículo 155, y se tendrá por instalado el tribunal, a quien se dará tratamiento de Alteza.

Artículo 222. El mismo tribunal elegirá por suerte de entre sus individuos un Presidente, que ha de ser igual a todos en autoridad, y permanecerá todo el tiempo que dure la corporación. Nombrará también por escrutinio, y a pluralidad absoluta de votos un fiscal, con el único encargo de formalizar las acusaciones, que se promuevan de oficio por el mismo tribunal.

Artículo 223. Al Supremo Congreso toca nombrar el correspondiente secretario, lo que hará por suerte entre tres individuos, que elija por escrutinio, y a pluralidad absoluta de votos.

Capítulo XIX. De las funciones del Tribunal de Residencia

Artículo 224. El Tribunal de Residencia conocerá privativamente de las causas de esta especie pertenecientes a los individuos del Congreso, a los del Supremo Gobierno y a los del Supremo Tribunal de Justicia.

Artículo 225. Dentro del término perentorio de un mes después de erigido el tribunal, se admitirán las acusaciones a que haya lugar contra los respectivos funcionarios, y pasado este tiempo, no se oirá ninguna; antes bien se darán aquellos por absueltos, y se disolverá inmediatamente el tribunal, a no ser que haya pendiente otra causa de su inspección.

Artículo 226. Estos juicios de residencia deberán concluirse dentro de tres meses; y no concluyéndose en este término, se darán por absueltos los acusados. Exceptuándose las causas en que se admita recurso de suplicación, conforme al reglamento de la materia, que se dictará por separado; pues entonces se prorrogará a un mes más aquel término.

Artículo 227. Conocerá también el Tribunal de Residencia en las causas que se promuevan contra los individuos de las supremas corporaciones por los delitos indicados en el artículo 59, a los cuales se agrega, por lo que toca a los individuos del Supremo Gobierno, la infracción del artículo 166.

Artículo 228. En las causas que menciona el artículo anterior se harán las acusaciones ante el Supremo Congreso, o el mismo Congreso las promoverá de oficio, y actuará todo lo conveniente, para declarar si ha, o no lugar a la formación de causa; y declarando que ha lugar, mandará suspender al acusado, y remitirá el expediente al Tribunal de Residencia, quien previa esta declaración, y no de otro modo, formará la causa, la sustanciará, y sentenciará definitivamente con arreglo a las leyes.

Artículo 229. Las sentencias pronunciadas por el Tribunal de Residencia se remitirán al Supremo Gobierno para que las publique, y haga ejecutar por medio del jefe, o tribunal a quien corresponda, y el proceso original se pasará al Congreso, en cuya secretaría quedará archivado.

Artículo 230. Podrán recusarse hasta dos jueces de este tribunal en los términos que se ha dicho del Supremo de Justicia.

Artículo 231. Se disolverá el Tribunal de Residencia luego que haya sentenciado las causas que motiven su instalación, y las que sobrevinieren mientras exista; o en pasando el término que fijaren las leyes, según la naturaleza de los negocios.

Capítulo XX. De la representación nacional

Artículo 232. El Supremo Congreso formará en el término de un año después de la próxima instalación del Gobierno, el plan conveniente para convocar la representación nacional bajo la base de la población, y con arreglo a los demás principios de derecho público, que variadas las circunstancias deben regir en la materia.

Artículo 233. Este plan se sancionará, y publicará, guardándose la forma que se ha prescrito para la sanción y promulgación de las leyes.

Artículo 234. El Supremo Gobierno, a quien toca publicarlo, convocará, según su tenor, la representación nacional, luego que estén completamente libres de enemigos las provincias siguientes: México, Puebla, Tlaxcala, Veracruz, Oaxaca, Tecpan, Michoacán, Querétaro, Guadalajara, Guanajuato, San Luis Potosí, Zacatecas y Durango, inclusos los puertos, barras y ensenadas, que se comprenden en los distritos de cada una de estas provincias.

Artículo 235. Instalada que sea la representación nacional, resignará en sus manos el Supremo Congreso las facultades soberanas que legítimamente deposita, y otorgando cada uno de sus miembros el juramento de obediencia y fidelidad, quedará disuelta esta corporación.

Artículo 236. El Supremo Gobierno otorgará el mismo juramento, y hará que lo otorguen todas las autoridades militares, políticas y eclesiásticas, y todos los pueblos.

Capítulo XXI. De la observancia de este decreto

Artículo 237. Entretanto que la representación nacional de que trata el capítulo antecedente no fuere convocada, y siéndolo, no dictare y sancionare la

Constitución permanente de la nación, se observará inviolablemente el tenor de este decreto, y no podrá proponerse alteración, adición, ni supresión de ninguno de los artículos, en que consiste esencialmente la forma de gobierno que prescribe. Cualquiera ciudadano tendrá derecho para reclamar las infracciones que notare.

Artículo 238. Pero bajo de la misma forma y principios establecidos podrá el Supremo Congreso, y aun será una de sus primarias atenciones, sancionar las leyes, que todavía se echan de menos en este decreto, singularmente las relativas a la constitución militar.

Capítulo XXII. De la sanción y promulgación de este decreto

Artículo 239. El Supremo Congreso sancionará el presente decreto en sesión pública, con el aparato y demostraciones de solemnidad que corresponden a un acto tan augusto.

Artículo 240. En el primer día festivo que hubiere comodidad, se celebrará una misa solemne en acción de gracias, en que el cura u otro eclesiástico pronunciará un discurso alusivo al objeto; y acabada la misa, el Presidente prestará en manos del decano bajo la fórmula conveniente el juramento de guardar, y hacer cumplir este decreto, lo mismo ejecutarán los demás diputados en manos del Presidente, y se cantará el Te Deum.

Artículo 241. Procederá después el Congreso con la posible brevedad a la instalación de las supremas autoridades, que también ha de celebrarse dignamente.

Artículo 242. Se extenderá por duplicado este decreto, y firmados los dos originales por todos los diputados que estuvieren presentes, y los secretarios, el uno se remitirá al Supremo Gobierno para que lo publique y mande ejecutar, y el otro se archivará en la secretaría del Congreso.

Palacio nacional del Supremo Congreso Mexicano en Apatzingán, veintidós de octubre de mil ochocientos catorce. Año quinto de la Independencia mexicana. José María Liceaga, diputado por Guanajuato, presidente – doctor José Sixto Berduzco, diputado por Michoacán – José María Morelos, diputado por el Nuevo Reino de León – licenciado José Manuel de Herrera, diputado por Techan – doctor José María Cos, diputado por Zacatecas – licenciado José Sotero de Castañeda, diputado por Durango – licenciado Cornelio Ortiz de Zárate, diputado por Tlaxcala – licenciado Manuel de Aldrete y Soria, diputado por Querétaro – Antonio José Moctezuma, diputado por Coahuila – licenciado José María Ponce de León, diputado por Sonora – doctor Francisco Argándar, diputado por San Luis Potosí – Remigio de Yarza, secretario – Pedro José Bermeo, secretario.

Por tanto: para su puntual observancia publíquese, y circúlese a todos los tribunales, justicias, jefes, gobernadores, y demás autoridades así civiles como militares, y eclesiásticas de cualquiera clase y dignidad, para que guarden, y hagan guardar, cumplir y ejecutar el presente decreto constitucional en todas sus partes.

Palacio nacional del Supremo Gobierno Mexicano en Apatzingán, veinticuatro de octubre de mil ochocientos catorce. Año quinto de la Independencia mexicana.

José María Liceaga, diputado por Guanajuato, presidente. – José María Morelos. – doctor José María Cos. – Remigio de Yarza, secretario de Gobierno.

Nota

Los Excelentísimos Señores licenciado don Ignacio López Rayón. – licenciado don Manuel Sabino Crespo. – licenciado doctor Andrés Quintana. – licenciado don Carlos María de Bustamante. – Don Antonio de Sesma, aunque contribuyeron con sus luces a la formación de este decreto, no pudieron firmarlo por estar ausentes al tiempo de la sanción, enfermos unos y otros empleados en diferentes asuntos del servicio de la patria.

Yarza

Proyecto de Constitución Provisoria para el Estado de Chile de 1818[37]

Publicado el 10 de agosto de 1818, sancionado y jurado solemnemente el 23 de octubre del mismo

El Supremo Director de Chile: La obligación de corresponder dignamente a la confianza de mis conciudadanos, que me colocaron en el supremo mando, y el deseo de promover de todos modos la felicidad general de Chile, me dictaron el decreto de 18 de mayo, en que nombré una comisión, compuesta de los sujetos más acreditados por su literatura y patriotismo, para que me presentasen un proyecto de Constitución provisoria, que rigiese hasta la reunión del Congreso Nacional. Yo hubiera celebrado con el mayor regocijo, el poder convocar a aquel cuerpo constituyente, en vez de dar la comisión referida; pero no permitiéndolo las circunstancias actuales, me vi precisado a conformarme con hacer el bien posible. Un Congreso Nacional no puede componerse sino de los diputados de todos los pueblos, y por ahora sería un delirio mandar a aquellos pueblos que eligiesen sus diputados, cuando aún se halla la provincia de Penco, que tiene la mitad de la población de Chile, bajo el influjo de los enemigos. La nulidad sería el carácter más notable de aquel cuerpo constituyente, que se formase sobre un cimiento de agravios inferidos a la mitad de la nación. La rivalidad de las provincias se seguiría por único resultado de las sesiones del Congreso. El desorden, en fin, y la guerra civil, tal vez, serían los frutos de una congregación extemporánea. Todavía tenemos a nuestra vista los fatales resultados de la división que engendró entre las provincias el Congreso anterior, a pesar de que sus vocales fueron nombrados en medio de una paz deliciosa.

Mi objeto en la formación de este proyecto de Constitución provisoria, no ha sido el de presentarla a los pueblos como una ley constitucional, sino como un proyecto, que debe ser aprobado o rechazado por la voluntad general. Si la pluralidad de los votos de los chilenos libres lo quisiese, este proyecto se guardará como una Constitución provisoria; y si aquella pluralidad fuese contraria, no tendrá la Constitución valor alguno. Jamás se dirá de Chile, que

37 Luis Valencia Avaria (comp.), «Proyecto de Constitución provisoria para el Estado de Chile», Anales de la república, textos constitucionales de Chile y registro de los ciudadanos que han integrado los Poderes Ejecutivo y Legislativo desde 1810, Santiago, Imprenta Universitaria, 1951, tomo I, pags. 52-69.

al formar las bases de su Gobierno, rompió los justos límites de la equidad; que puso sus cimientos sobre la injusticia; ni que se procuró constituir sobre los agravios de una mitad de sus habitantes.

No apruebo el método de la sanción propuesta en la advertencia de este proyecto, porque ninguna corporación, ni tribunal ni Jefe del Estado, ha recibido hasta ahora del pueblo el derecho de representarle; antes bien, estando todos ellos empleados en servicio público, deben considerarse como unas partes más pasivas que activas, en el caso presente. Yo deseo examinar la voluntad general sobre el negocio que más interesa a la nación; y para ello es necesario saber distintamente la voluntad de cada uno de los habitantes. Por tanto, y para acertar con el medio más pronto, más liberal y más justo, de consultar los votos de todos los pueblos libres del Estado, sobre si ha de regir o no la presente Constitución provisoria, se observará el reglamento siguiente:

Artículo 1. Después de impreso el Proyecto, se publicará por bando en todas las ciudades, villas y pueblos del Estado.

Artículo 2. En los cuatro días siguientes a la publicación, se recibirán las suscripciones de los habitantes en dos libros distintos, de los cuales uno llevará por epígrafe: Libro de suscripciones en favor del proyecto constitucional; y el otro, Libro de suscripciones contra el proyecto constitucional. En el primero firmarán los que quieran ser regidos por esta Constitución provisoria, y en el segundo, los que no.

Artículo 3. En todas las parroquias de todas las poblaciones habrá un libro de cada clase de las dos expresadas, en donde concurrirán a suscribirse los vecinos del pueblo, en presencia del cura, del juez del barrio y del escribano, si lo hubiese.

Artículo 4. Donde no hubiese escribano, hará sus funciones un vecino nombrado para el efecto por el cura y el juez, que deberán presenciar la suscripción.

Artículo 5. Serán hábiles para suscribir todos los habitantes, que sean padres de familia o que tengan algún capital, o que ejerzan algún oficio, y que no se hallen con causa pendiente de infidencia o de sedición. Serán inhabilitados todos aquellos que procuren seducir a otros, haciendo partidos, o tratando de violentar o de dividir la voluntad de los otros.

Artículo 6. Después de pasados los días señalados para la suscripción, se publicará en cada ciudad, villa o pueblo el resultado de ella, y se me dará cuenta por el conducto del Ministerio de Estado en el departamento de gobierno, acompañando los libros originales para archivarlos, después de haber dejado en cada parroquia, en poder del cura, una copia de ellos.
Artículo 7. La publicación del bando de que se habla en el artículo 1, se hará al día siguiente de recibirse en el pueblo el proyecto constitucional, y al quinto día de aquella publicación, se deberá remitir el resultado, por extraordinario, a esta capital, conforme se previene en el artículo anterior.
Artículo 8. Si el mayor número de suscriptores fuese contrario al proyecto, quedará sin valor alguno. Si fuese en favor de él, lo aceptaré como una Constitución provisoria, y entonces tendrá lugar el juramento de que se hace mención en la advertencia puesta al fin del proyecto.
Artículo 9. Para el caso de ser sancionada esta Constitución provisoria por la voluntad general, y deseando que también lo sea el nombramiento del Senado, elijo condicionalmente por senadores al gobernador del Obispado de Santiago don José Ignacio Cienfuegos, al gobernador intendente de esta capital don Francisco de Borja Fontecilla, al decano del Tribunal de Apelaciones don Francisco Antonio Pérez, a don Juan Agustín Alcalde y a don José María Rozas; por suplentes, a don Martín Calvo Encalada, a don Javier Errázuriz, a don Agustín Eyzaguirre, a don Joaquín Gandarillas y a don Joaquín Larraín.
Imprímase a la cabeza del proyecto constitucional, para que, publicándose por bando en todas las ciudades, villas y pueblos del Estado, surta los efectos convenientes – Dado en el Palacio Directorial de Santiago de Chile, a 10 días del mes de agosto del año de 1818 – Bernardo O'Higgins – Antonio José de Irisarri EN EL NOMBRE DE DIOS OMNIPOTENTE, CREADOR Y SUPREMO LEGISLADOR

Título I. De los derechos y deberes del hombre en sociedad

Capítulo I. De los derechos del hombre en sociedad

Artículo 1. Los hombres por su naturaleza gozan de un derecho inajenable e inamisible a su seguridad individual, honra, hacienda, libertad e igualdad civil.

Artículo 2. Ninguno debe ser castigado o desterrado, sin que sea oído y legalmente convencido de algún delito contra el cuerpo social.

Artículo 3. Todo hombre se reputa inocente, hasta que legalmente sea declarado culpado.

Artículo 4. El hombre que afianza la existencia de su persona y bienes, a satisfacción del juez, con una seguridad suficiente, no debe ser preso ni embargado, a no ser que sea por delito que merezca pena aflictiva.

Artículo 5. La casa y papeles de cada individuo son sagrados, y esta ley solo podrá suspenderse en los casos urgentes en que lo acuerde el Senado.

Artículo 6. Un juez que mortifica a un preso más de lo que exige su seguridad y entorpece la breve conclusión de su causa es un delincuente, como igualmente los magistrados que no cuidan del aseo de las cárceles, alimento y el alivio de los presos.

Artículo 7. Ninguno puede ser vulnerado en su honra y buena opinión, que haya adquirido con la rectitud de sus procedimientos.

Artículo 8. Solo será castigado con la pena infame de azotes, el que por la repetición o publicidad de sus delitos, haya perdido la honra, y el juez que esto no observe será responsable.

Artículo 9. No puede el Estado privar a persona alguna de la propiedad y libre uso de sus bienes, si no lo exige la defensa de la patria, y aun en ese caso, con la indispensable condición de un rateo proporcionado a las facultades de cada individuo, y nunca con tropelías e insultos.

Artículo 10. A ninguno se le puede privar de la libertad civil, que consiste en hacer todo lo que no daña a la religión, sociedad o a sus individuos, y en fijar su residencia en la parte que sea de su agrado, dentro o fuera del Estado.

Artículo 11. Todo hombre tiene libertad para publicar sus ideas y examinar los objetos que están a su alcance, con tal que no ofenda a los derechos particulares de los individuos de la sociedad, a la tranquilidad pública y Constitución del Estado, conservación de la religión cristiana, pureza de su moral y sagrados dogmas; y en su consecuencia, se debe permitir la libertad de imprenta, conforme al reglamento que para ello formará el Senado o Congreso.

Artículo 12. Subsistirá en todo vigor la declaración de los vientres libres de las esclavas, dada por el Congreso, y gozarán de ella todos los de esta clase nacidos desde su promulgación.

Artículo 13. Todo individuo de la sociedad tiene incontestable derecho a ser garantido en el goce de su tranquilidad y felicidad por el Director Supremo y demás funcionarios públicos del Estado, quienes están esencialmente obligados a aliviar la miseria de los desgraciados y proporcionarles a todos los caminos de la prosperidad.

Artículo 14. No hay pena trascendental para el que no concurrió al delito.

Artículo 15. Es injusta la pena dirigida a aumentar la sensibilidad y dolor físico.

Artículo 16. Deben evitarse las penas de efusión de sangre en cuanto lo permita la seguridad pública.

Artículo 17. Todo juez puede ser recusado con arreglo a las leyes.

Capítulo II. De los deberes del hombre social

Artículo 1. Todo hombre en sociedad, para afianzar sus derechos y fortuna, debe una completa sumisión a la Constitución del Estado, sus estatutos y leyes, haciendo lo que ellos prescriben, y huyendo de lo que prohíben.

Artículo 2. Debe obedecer, honrar y respetar a todos los magistrados y funcionarios públicos, como ministros de la ley y primeros ciudadanos.

Artículo 3. Debe igualmente ayudar con alguna porción de sus bienes para los gastos ordinarios del Estado; y en sus necesidades extraordinarias y peligros, debe sacrificar lo más estimable por conservar su existencia y libertad.

Artículo 4. Está obligado a dirigir sus acciones respecto de los demás hombres, por aquel principio moral: No hagas a otro lo que no quieres hagan contigo.

Artículo 5. Todo individuo que se gloríe de verdadero patriota, debe llenar las obligaciones que tiene para con Dios y los hombres, siendo virtuoso, honrado, benéfico, buen padre de familia, buen hijo, buen amigo, buen soldado, obediente a la ley y funcionario fiel, desinteresado y celoso.

Título II. De la religión Del Estado

Capítulo único

La religión católica, apostólica, romana es la única y exclusiva del Estado de Chile. Su protección, conservación, pureza e inviolabilidad, será uno de los primeros deberes de los jefes de la sociedad, que no permitirán jamás otro culto público ni doctrina contraria a la de Jesucristo.

Título III. De la potestad legislativa

Capítulo I

Artículo Único. Perteneciendo a la nación chilena reunida en sociedad, por un derecho natural e inamisible, la soberanía o facultad para instalar su Gobierno y dictar las leyes que le han de regir, lo deberá hacer por medio de sus diputados reunidos en Congreso; y no pudiendo esto verificarse con la brevedad que se desea, un Senado sustituirá, en vez de leyes, reglamentos provisionales en la forma que más convenga para los objetos necesarios y urgentes.

Capítulo II. De la elección, número y cualidad de los senadores

Artículo 1. El Supremo Director, con arreglo a lo que se previene en el artículo 8 de este capítulo, elegirá los vocales del Senado, que serán cinco, y uno de ellos Presidente, turnando por cuatrimestres.

Artículo 2. Se nombrarán también cinco suplentes, elegidos en la misma forma, para que por el orden de sus nombramientos entren a ejercer el cargo de los propietarios en ausencia, enfermedades u otro cualquier impedimento.

Artículo 3. Los vocales del Senado gozarán del sueldo anual de dos mil pesos, y si obtuvieren algún otro de igual cantidad por empleo público, en servicio de la nación, elegirán el que les convenga, y si fuere menor, recibirán el aumento hasta llenar la cuota designada.

Artículo 4. Habrá un secretario con voto consultivo, y un portero, elegidos por el Senado, con la dotación que acordase con el Director, la que se pagará de los fondos del Estado, como asimismo los gastos de la oficina, con arreglo a las razones que pasarán firmadas por el Presidente y secretario.

Artículo 5. El Senado tendrá tratamiento de Excelencia; los senadores serán inviolables; sus causas serán juzgadas por una comisión, que con este objeto nombrará dicho Senado.
Artículo 6. Sus sesiones serán dos veces en cada semana, en los días que acordasen, siendo privativo del Presidente señalar las horas de entrada y salida.
Artículo 7. También será facultativo al Presidente convocar a sesiones extraordinarias, en los días y horas que las circunstancias ocurrentes lo exijan, o porque lo pida alguno de los vocales con causa.
Artículo 8. Los senadores deberán ser ciudadanos mayores de treinta años, de acendrado patriotismo, de integridad, prudencia, sigilo, amor a la justicia y bien público. No podrán serlo los secretarios de Gobierno, ni sus dependientes, ni los que inmediatamente administran intereses del Estado.

Capítulo III. Atribuciones Del Senado
Artículo 1. El instituto del Senado es esencialmente celar puntual observancia de esta Constitución.
Artículo 2. La infracción de la Constitución por algún cuerpo o ciudadano, será reclamada por el Senado al Director Supremo, quien deberá atenderla bajo su responsabilidad.
Artículo 3. En todas las ciudades y villas del Estado habrá un censor elegido por su respectivo Cabildo, y con asiento después de los alcaldes, el que en toda aquella jurisdicción cuidará como el Senado en todo el Estado, de la observancia de esta Constitución, conforme a los dos artículos anteriores; y en las transgresiones que notase, así en los funcionarios del pueblo como del campo, oficiará por primera y segunda vez al gobernador o teniente para su remedio, y en caso que éstos no lo hagan eficazmente, dará parte al Senado.
Artículo 4. Sin el acuerdo del Senado a pluralidad de votos, no se podrán resolver los grandes negocios del Estado, como imponer contribuciones, pedir empréstitos, declarar la guerra, hacer la paz, formar tratados de alianza, comercio, neutralidad; mandar embajadores, cónsules, diputados o enviados a potencias extranjeras; levantar nuevas tropas o mandarlas fuera del Estado, emprender obras públicas y crear nuevas autoridades o empleos.
Artículo 5. Estará autorizado el Senado para limitar, añadir y enmendar esta Constitución provisoria, según lo exijan las circunstancias.

Artículo 6. Toda nueva ley o reglamento provisional que haga el Senado; toda abolición de las leyes incompatibles, con nuestra independencia: toda reforma o nuevo establecimiento en los diferentes cuerpos, institutos, departamentos y oficinas del Estado, como también las adiciones y correcciones de los reglamentos que han regido y rigen, se consultarán, antes de publicarlos, con el Supremo Director, quien en el término de ocho días, a más tardar, deberá expresar su consentimiento o disenso para su publicación, exponiendo oficialmente al Senado las razones fundamentales de su oposición. En el caso de aprobación, se publicará inmediatamente el nuevo reglamento, adición, etc., en la forma siguiente: El Excmo. Supremo Director del Estado de Chile, de acuerdo con el Excmo. Senado. En el de disenso renovará el Senado, si lo tuviese por conveniente, la presentación del nuevo reglamento, adición, etc., al Director Supremo, con las razones que desvanezcan la oposición; y si éste disiente, en el mismo término se reverá el proyecto por el Senado, el que, si presentado la tercera vez fuere repulsado, se publicará en la forma siguiente: El Excmo. Supremo Director del Estado, habiendo recibido del Excmo. Senado la resolución siguiente.
Artículo 7. En los casos particulares que ocurran sobre la inteligencia de lo ya establecido o que nuevamente se estableciese, o defecto de prevención en cualquier estatuto, reglamento, etc., que el Senado diese, resolverá él por sí solo las dudas, sin las consultas de que habla el artículo antecedente.
Artículo 8. Tendrá el Senado especialísimo cuidado de fomentar en la capital y en todas las ciudades y villas, el establecimiento de escuelas públicas e institutos o colegios, donde sea formado el espíritu de la juventud por los principios de la religión y de las ciencias.
Artículo 9. Deberá nombrar una comisión, compuesta de uno de sus vocales y dos individuos del Tribunal de Apelaciones, para que con toda integridad y la brevedad posible, tomen residencia a todos los empleados del Estado, que por delito o sin él terminan la carrera de sus funciones políticas.
Artículo 10. Será privativo del Senado, cuando juzgue oportuno indicar el tiempo y señalar el día, la apertura del Congreso; y formará el reglamento para la elección de diputados.
Artículo 11. Por muerte, renuncia o delito probado en juicio legal de alguno de los vocales del Senado, pertenecerá a éste elegir el sucesor a pluralidad

de votos, el que deberá ser del número de los suplentes, si algunas graves circunstancias no exigen lo contrario.

Artículo 12. Si discordasen en igualdad de votos los cuatro restantes miembros del Senado, se decidirá por el Director Supremo.

Título IV. Del Poder Ejecutivo

Capítulo I. De la elección y facultades del Poder Ejecutivo

Artículo 1. El Supremo Director del Estado ejercerá el Poder Ejecutivo en todo su territorio. Su elección ya está verificada, según las circunstancias que han ocurrido; pero en lo sucesivo se deberá hacer sobre el libre consentimiento de las provincias, conforme al reglamento que para ello formará la potestad legislativa.

Artículo 2. Recaerá 1.ª elección precisamente en ciudadano chileno de verdadero patriotismo, integridad, talento, desinterés, opinión pública y buenas costumbres.

Artículo 3. El sueldo del Director Supremo será el que actualmente goza. Será facultativo al Senado aumentarlo o disminuirlo oportunamente; pero no gozará algún otro emolumento ni derecho.

Artículo 4. Su tratamiento será el de Excelencia: sus honores los de Capitán General de Ejército, conforme a las ordenanzas militares, guardándose en las concurrencias públicas el ceremonial que deberá formar el Senado o Congreso.

Artículo 5. El mando y organización de los Ejércitos, Armada y Milicias, el sosiego público y la recaudación, economía y arreglada inversión de los fondos nacionales, son otras tantas atribuciones de su autoridad.

Artículo 6. Nombrará los embajadores, cónsules, diputados o enviados para las naciones y potencias extranjeras, con acuerdo del Senado sobre la necesidad, o conveniencia de su misión, como se previene en el Título III, Capítulo III, artículo 4 de esta Constitución; pero la elección de las personas será privativa del Director, el que igualmente recibirá todos los que de esta clase viniesen a este Estado.

Artículo 7. Podrá con éstos, por sí solo y su respectivo secretario, y por el órgano de sus embajadores, diputados, etc., en las potencias extranjeras entablar y seguir negociaciones, tener sesiones, hacer estipulaciones preliminares sobre tratados de treguas, paz, alianza, comercio, neutralidad y otras convenciones; pero para la conclusión y resolución, deberá acordar con el Senado, como se ha dicho en el Título III, Capítulo III, artículo 4 de esta Constitución.

Artículo 8. Procurará mantener la más estrecha alianza con el Gobierno Supremo de las Provincias Unidas del Río de la Plata, a que concurrirá eficazmente el Senado por la importancia de nuestra recíproca unión.

Artículo 9. Cuidará del fomento de la población, del de la agricultura, industria, comercio y minería, arreglo de correos, postas y caminos.

Artículo 10. Es privativo del Supremo Poder Ejecutivo el nombramiento de los secretarios de Estado, de Gobierno, Hacienda y Guerra, quien será responsable del nombramiento, como éstos de sus respectivos empleos.

Artículo 11. La provisión de empleos de cualquiera ramo que sean, y que no estén exceptuados en esta Constitución provisoria, la hará a propuesta de los respectivos jefes del cuerpo a que correspondan, por escala de antigüedad y servicios, publicándose dicha propuesta en la oficina o departamento, ocho días antes de remitirla al Director; quedando así a los agraviados franco el recurso de sus derechos a la autoridad que corresponda, y se deberá expresar en el despacho o nombramiento la indispensable calidad de propuesta, sin la cual no se tomará razón en el Tribunal de Cuentas y oficinas, ni se acudirá con el sueldo al que de otro modo fuere provisto; y en el caso que alguno justamente deba ser postergado, lo significará el jefe en su propuesta.

Artículo 12. Los colegas y demás funcionarios públicos, que deban tener la calidad de letrados, serán nombrados por el Director a propuesta en terna, que harán las respectivas Cámaras de Apelaciones.

Artículo 13. La duración de todo empleo, a no ser de los exceptuados en esta Constitución, será la de su buena comportación, y deberá ser removido, siendo inepto o delincuente con causa probada y audiencia suya.

Artículo 14. Los recursos de esta naturaleza y los de que habla el artículo 11 de este capítulo, se harán por los interesados a la junta compuesta del Presidente del Tribunal de Apelaciones, con el contador mayor, ministro más antiguo del erario y el fiscal, quedando concluida con la determinación de esta junta toda instancia, sin más recurso, y procediéndose en ello sumariamente.

Artículo 15. Esta misma junta conocerá en grado de apelación, los pleitos sobre contrabandos y demás ramos de hacienda, observando en la sustanciación, la disposición de las leyes no revocadas.

Artículo 16. Tendrá el Director especial cuidado de extinguir las divisiones intestinas, que arruinan los Estados, y fomentar la unión que los hace impenetrables y felices.

Artículo 17. Cuidará con especialidad de mantener el crédito de los fondos del Estado, consultando eficazmente su recaudación y el que se paguen con fidelidad las deudas en cuanto lo permitan la existencia de caudales y atenciones públicas.

Artículo 18. Hará pasar al Senado cada mes una razón prolija, que demuestre por clases y ramos los ingresos, las inversiones y existencias de dichos fondos.

Artículo 19. Teniendo el Director la superintendencia general de todos los ramos y caudales del Estado, de cualquiera clase y naturaleza que sean, se arreglará por ahora a las disposiciones y ordenanzas que actualmente rigen.

Artículo 20. Las causas contenciosas de cualquiera clase que sean, las remitirá a los Tribunales de Justicia a que correspondan; pero las sentencias contra el fisco no serán ejecutadas sin mandato expreso del Director

Artículo 21. Podrá confirmar o revocar con arreglo a ordenanza, en último grado, las sentencias dadas contra los militares en los Consejos de Guerra.

Artículo 22. Tendrá facultad de suspender las ejecuciones capitales ordenadas, y conceder perdón o conmutación de pena.

Artículo 23. En caso de renuncia o muerte, entrará a reemplazar su lugar, hasta la celebración del Congreso, el que inmediatamente nombrará el Senado.

Artículo 24. En el de ausencia de la capital, por más de ocho días (lo que nunca podrá hacer sin acuerdo del Senado), enfermedad u otro impedimento legítimo, que le embarace el desempeño de sus deberes y despacho de los negocios públicos, hará sus veces para lo diario y urgente el gobernador intendente, sin más distinciones de las que corresponden a su empleo. Pero si saliese del Estado, reemplazará su lugar, durante su ausencia, el que el Director nombre de acuerdo con el Senado.

Capítulo II. Límites del Poder Ejecutivo

Artículo 1. No podrá intervenir en negocio alguno judicial, civil o criminal contra persona alguna de cualquiera clase o condición que sea, ni por vía de apelación, ni alterar el sistema de administración de justicia, ni entender en los recursos de fuerza, que serán peculiares al Tribunal de Apelaciones.

Artículo 2. Cuando la urgencia del caso obligue a arrestar alguna persona, deberá ponerla dentro de veinticuatro horas a disposición de los respectivos magistrados de justicia, con toda la independencia que corresponde al Poder Judicial, pasándoles los motivos para su juzgamiento.

Artículo 3. No presentará para las raciones, canonjías o prebendas, sino aquellas personas que hayan servido ejemplarmente, por lo menos seis años, en algún curato del Estado, precediendo el informe del diocesano, cabildo eclesiástico, y demás personas que juzgue oportuno; y los ascensos en los cabildos eclesiásticos, se proveerán por la escala de antigüedad y servicio. Pero si concurriesen algunas graves circunstancias o conveniencias de Estado, podrá el Director presentar para las vacantes y ascensos sin aquellos requisitos.

Artículo 4. No podrá dar empleo alguno político, ni presentar para algún beneficio eclesiástico, sino a los ciudadanos chilenos residentes en el Estado.

Artículo 5. Si las circunstancias políticas, méritos contraídos en el Estado, relaciones extranjeras, cualidades recomendables de ciencia, etc., exigiesen colocar en algunos empleos de los referidos en el artículo anterior, a los que no fueren ciudadanos chilenos, o que aun siéndolo se duda de su opinión política, podrá hacerlo con acuerdo del Senado.

Artículo 6. No expedirá orden ni comunicación alguna, sin que sea suscrita del respectivo secretario del departamento a que corresponde el negocio, so cargo de que no deberán ser obedecidas.

Artículo 7. No podrá variar las ordenanzas que han regido y rigen en los cuerpos, departamentos y oficinas de todos los ramos del Estado. Si los jefes de ellos, enseñados por la experiencia, estuviesen plenamente convencidos de la necesidad de alguna reforma, ocurrirán al Senado, el que no innovará cosa alguna, si no tiene pleno conocimiento de la necesidad del remedio; y en este caso procederá conforme a lo prevenido en el Título III, Capítulo III, artículo 6.

Artículo 8. No podrá en ningún caso por sí solo interceptar la correspondencia epistolar de los ciudadanos, que debe respetarse como sagrada; y cuando por la salud general y bien del Estado, fuese preciso la apertura de alguna correspondencia, lo verificará a presencia del fiscal, procurador general de la ciudad y administrador de correos, los que deberán hacer juramento de secreto.

Capítulo III. De los departamentos o secretarías del Poder Ejecutivo

Artículo 1. Los tres ministros o secretarios de Estado, Hacienda y Guerra, entenderán en todos los negocios relativos a sus destinos con aquella fidelidad, integridad y prudencia, que exige el bien de la sociedad y el honor del Director.

Artículo 2. No podrán por sí solos en ningún caso, dictar providencia alguna sin previo mandato y anuencia del Director, y cuantas órdenes comunicasen por escrito a su nombre a las corporaciones, magistrados, oficinas o individuos particulares, quedarán estampadas en el libro de acuerdos, y autorizadas en él con la rúbrica de aquél.

Artículo 3. Ninguno de los secretarios podrá autorizar órdenes, decretos o providencias, contrarias a esta Constitución provisoria, so cargo de infidelidad al Estado y responsabilidad.

Artículo 4. Serán amovibles a voluntad del Director, como igualmente los dficiales de las Secretarías; pero esta separación no inferirá nota a sus personas, no siendo por delito probado en juicio formal; y deberán los separados ser atendidos para otros destinos conforme a su capacidad y méritos.

Capítulo IV. De los gobernadores de provincia y sus tenientes

Artículo 1. El Estado de Chile se halla dividido por ahora en tres provincias: la capital, Concepción y Coquimbo.

Artículo 2. La jurisdicción de cada gobernador intendente es extensiva a todo su distrito, y sus tenientes gobernadores deben sujetarse a éstos como a sus inmediatos jefes, en materias de Gobierno, y que se dirigen a la seguridad, bien y felicidad del Estado.

Artículo 3. Los gobernadores intendentes y sus tenientes son unos jueces ordinarios, a cuyo conocimiento pertenecen los negocios contenciosos, y deberán dirigirse por el código respectivo, en lo que no se oponga a esta Constitución, ni al sistema establecido; pues en este caso se consultará con el Senado.

Artículo 4. Será privativo de los gobernadores intendentes el conocimiento de las causas de policía y Hacienda, que resolverán en primera instancia.

Artículo 5. Propondrán al Director Supremo un asesor y secretario para el Despacho.

Artículo 6. Quedará el asesor sujeto a residencia, como los gobernadores y tenientes, conforme a lo prevenido en el Título III, Capítulo III, **Artículo** 9 de esta Constitución.

Artículo 7. Las apelaciones de las intendencias en causas contenciosas de policía, se dirigirán a la Cámara de Justicia; y en las de Hacienda a la Junta Superior, sin que en caso alguno, puedan ocurrir al Director en negocios de justicia.

Artículo 8. Aunque los tenientes gobernadores son subalternos de los intendentes de provincia, no por eso pueden éstos conocer en los agravios que aquéllos hagan en su administración, y debe toda especie de recursos contenciosos dirigirse a la Cámara de Apelaciones.

Artículo 9. A los tenientes gobernadores corresponde el nombramiento de los jueces diputados de su partido, y observarán escrupulosamente la conducta de éstos y sus celadores, a fin de hacerlos cumplir con sus deberes, y que no sean oprimidos los pobres, cuya indigencia exige con preferencia la protección de los Gobiernos.

Artículo 10. Deberán observar la mejor armonía con los párrocos y jueces eclesiásticos, auxiliándolos y protegiéndolos según lo exijan las circunstancias.

Capítulo V. De la elección de los subalternos del Poder Ejecutivo

Artículo 1. La capital y todas las ciudades y villas del Estado, luego que el Senado de acuerdo con el Director lo tengan por conveniente, harán la elección de sus gobernadores, tenientes y cabildos, conforme al reglamento que para este efecto deberá metodizar el Senado.

Artículo 2. Los gobernadores militares de Valparaíso, Talcahuano y Valdivia, serán elegidos por el Director, y durarán igualmente tres años en sus empleos.

Capítulo VI. De los cabildos

Artículo 1. Los gobernadores y tenientes tratarán a los cabildos con la atención debida. Ninguno de sus individuos podrá ser arrestado o preso, sino por orden expresa del Supremo Director, quien solo la podrá librar en materias de Estado, y en las de justicia la Cámara o Tribunal de Apelaciones; pero si la naturaleza de la causa exigiese un pronto remedio, se le arrestará por la autoridad competente en lugar decente y seguro, y avisará inmediatamente al Director.

Artículo 2. Los cabildos deberán fomentar el adelantamiento de la población, industria, educación de la juventud, hospicios, hospitales y cuanto sea interesante al beneficio público.

Artículo 3. Será privativa de ellos la recaudación y depósito de los propios de las ciudades y villas, que se deberán invertir en beneficio público, conforme a las necesidades ocurrentes y reglamentos que actualmente rigen; y en el caso que la utilidad común exija nuevos gastos en obras públicas, informarán al Supremo Gobierno, donde reside la superintendencia.

Artículo 4. Corresponderá también a los cabildos la policía urbana, de que queda exonerado el juez subalterno de alta policía.

Artículo 5. El cabildo de la capital elegirá asesor y secretario del cuerpo, que podrán ser confirmados, o no, por el Director.

Artículo 6. Elegirán asimismo dos asesores letrados, uno para cada alcalde ordinario, con quinientos pesos de sueldo, que se pagarán de los propios de la ciudad.

Artículo 7. Éstos asistirán diariamente al juzgado en las horas de despacho, a oír y dar dictamen en los juicios verbales, asistir a la formación de las causas criminales, y dictar providencias en los negocios contenciosos por escrito, sin exigir de las partes derechos de asesoría.

Artículo 8. Si alguno de estos asesores fuese recusado, entrará el otro en su lugar, y si éste lo fuese igualmente, pagará el recusante, íntegros los derechos del que fuese nombrado.

Artículo 9. En caso de impedimento legal de los asesores, satisfarán ambos al que el juez eligiere.
Artículo 10. En cada elección de nuevo cabildo, se hará igualmente la de estos asesores, pero no habrá impedimento para que sean reelegidos, si su buena comportación y crédito los hiciese acreedores a ello.
Artículo 11. Tendrán los asesores asiento en cabildo después de él, y su voto informativo en aquellos acuerdos a que fuesen llamados.

Título V. De la autoridad judicial

Capítulo I. De la esencia y atribuciones de esta autoridad

Artículo 1. Reside la autoridad judicial en el Supremo Tribunal Judiciario, que se deberá formar en la actual Cámara de Apelaciones, y en todos los juzgados subalternos que se hallan establecidos en el Estado y estableciera el Congreso Nacional.
Artículo 2. Integridad, amor a la justicia, desinterés, literatura y prudencia deben ser las cualidades características de los miembros del Poder Judicial, quienes ínterin se verifica la reunión del Congreso, juzgarán todas las causas por las leyes, cédulas y pragmáticas que hasta aquí han regido, a excepción de las que pugnan con el actual sistema liberal de gobierno. En este caso consultarán con el Senado, que proveerá de remedio.

Capítulo II. Del Supremo Tribunal Judiciario

Artículo 1. Se compondrá el Supremo Tribunal Judiciario de cinco ministros, de los cuales uno será Presidente, y el fiscal lo será el del crimen de la Cámara, que no puede tener impedimento legal en los recursos que allí se eleven.
Artículo 2. Los relatores y porteros de la Cámara, como sus escribanos, lo serán igualmente de este Tribunal.
Artículo 3. El nombramiento de los individuos que han de componer este Tribunal, corresponde al Director del Estado en su creación, y en vacantes ha de preceder propuesta en terna del cuerpo, en la que la colocación numeral no arguye preferencia.

Artículo 4. Deberá en los propuestos ser atendida la mayor idoneidad, mérito y antigüedad; sin que pueda obtener lugar quien no sea abogado recibido, y hubiere ejercido su oficio el término de seis años.

Artículo 5.[38] **Artículo** 6. El tratamiento de este cuerpo será el de Excelencia.

Artículo 7. Su duración será conforme a lo dispuesto en el artículo 13, capítulo I, título IV de esta Constitución. Las causas de sus miembros serán juzgadas por una comisión nombrada para el efecto por el Tribunal.

Artículo 8. La familia del que no fuere depuesto con causa, gozará del montepío establecido en esta clase de empleados.

Artículo 9. El ejercicio de este Tribunal será conocer en los recursos de segunda suplicación y otros extraordinarios, que se interpongan legalmente de las sentencias de la Cámara de Apelaciones y Tribunales de Hacienda, alzadas de Minería y Consulado.

Artículo 10. Queda abolido el reglamento hecho para estos recursos; y se observará, ínterin por el Congreso Nacional se forma un nuevo reglamento, lo dispuesto por las leyes que hasta esta época rigen, a excepción, que por el fácil adito de estos recursos, deberá en todos remitirse el proceso original sin precedente compulsa, y en ninguno ejecutarse las sentencias antes que sean confirmadas por este Supremo Tribunal.

Artículo 11. Antes de su instalación, podrá suplirse su falta elevándose los recursos de los Tribunales de Alzadas de Minería y Consulado, a la Cámara de Apelaciones, y los de ésta al Supremo Director; y para su resolución serán Jueces los asesores del Consulado y Minería, el letrado o letrados, que ocuparen los Ministerios del Supremo Gobierno, y los demás que eligiese éste hasta el número de cinco.

Artículo 12. Las sentencias de este Supremo Tribunal irán suscritas en primer lugar por el Director, y ejecutadas sin recurso de gracia ni de justicia.

38 El artículo 5 del Capítulo II no se reproduce en el original. (N. de B. A.) **Artículo** 13. La comisión, antes de instalarse el Tribunal, concluido el acto del juzgamiento quedará disuelta; y la parte recurrente, en caso de no obtener, satisfará a cada uno de los jueces nombrados, que no fuere de los rentados, los derechos establecidos para los asesores, y por mitad entre ambos litigantes, cuando la sentencia alzada se varíe.

Capítulo III. De la Cámara de Apelaciones

Artículo 1. La Cámara de Apelaciones tiene su jurisdicción en todo el distrito del Estado.

Artículo 2. Se compondrá de cuatro individuos, de los cuales el que la preside se nombrará regente, y le corresponderán todas las funciones detalladas a este empleo en su respectivo reglamento.

Artículo 3. Entre los tres vocales restantes se distribuirán los demás juzgados, según lo dispuesto por las leyes que hasta ahora se han observado.

Artículo 4. Aunque al regente corresponda la decisión de competencias entre justicias inferiores, si las autoridades superiores tuvieren alguna duda sobre sus respectivas facultades, se deslindará ésta por el Supremo Poder Judiciario con audiencia de su fiscal.

Artículo 5. La Cámara tendrá dos fiscales, uno para lo civil y otro para lo criminal, y éste desempeñará la Fiscalía del Supremo Tribunal Judiciario, conforme a lo dispuesto en el artículo 1, Capítulo II, de este Título.

Artículo 6. Habrá un agente fiscal, que lo sea en lo civil y criminal para las justicias ordinarias; sirviendo los fiscales por sí mismos en el Despacho de la Intendencia y tribunales superiores.

Artículo 7. El nombramiento de estos empleos vacantes, en lo sucesivo, corresponde al director, y se hará a propuesta de la Cámara en los mismos términos y bajo las reglas establecidas en el artículo 4 del capítulo precedente.

Artículo 8. La duración de estos empleos será la misma que en el Tribunal Judiciario, y de consiguiente el goce del montepío correspondiente a sus familias.

Artículo 9. El sueldo del regente, vocales y agentes fiscales, será el que designe el Director Supremo.

Artículo 10. Tendrá la Cámara dos relatores, y su dotación será la que designe el Supremo Director, y no se exigirán derechos a los litigantes por las relaciones.

Artículo 11. Cada relator tendrá un escribiente dotado. Tendrán preferencia a este empleo los practicantes, y les servirá de abono y méritos para recibirse de abogados.

Artículo 12. Habrá dos escribanos de Cámara en los mismos términos que hasta ahora, quienes no pagarán por estos oficios pensión alguna, ni exigirán a las partes otros derechos que los de su actuación por arancel y las tiras de lo que ante ellos se actuare.

Artículo 13. Habrá un portero dotado, sin que exija derechos algunos a los litigantes, ni de los permitidos hasta lo presente.

Artículo 14. Habrá seis procuradores de número, seis escribanos públicos, y otros tantos receptores; y los archivos se distribuirán entre aquéllos proporcionalmente, y se arreglarán los aranceles por el vocal menos antiguo de la Cámara, a quien del propio modo corresponde la visita anual de estos oficios, cuyo cumplimiento se encarga a los Tribunales de Justicia.

Artículo 15. La Cámara conocerá, como hasta aquí, de todo juicio entre partes, aunque sea gubernativo, siempre que se haga contencioso, arreglándose en todo a lo dispuesto por el derecho común y leyes que actualmente rigen, ínterin se establece un nuevo código.

Artículo 16. Conocerá en los recursos de fuerza como lo hacen las audiencias, y despachará los votos consultivos del Gobierno.

Artículo 17. Queda abolido el juzgado de provincia, que turnaba entre los camaristas, y en los juicios civiles de menor cuantía no habrá apelación de las providencias.

Artículo 18. En los pleitos de menor cantidad de unos mil pesos, dos sentencias conformes de grado en grado, se ejecutarán sin recurso.

Artículo 19. Las sentencias de jueces ordinarios inferiores, en causas criminales, que sean de muerte o aflictivas, no podrán ejecutarse sin aprobación de la Cámara.

Artículo 20. Ningún ciudadano podrá ser preso sin precedente semiplena probanza de su delito, y antes de ocho días debe hacérsele saber la causa de su prisión, tomársele su confesión y ponerse comunicado si no es que lo embarace alguna justa causa; y en este caso debe ponerse en su noticia este motivo.

Artículo 21. No deberá esta inmunidad tener lugar cuando haya algún peligro inminente de la patria.

Artículo 22. Ningún ciudadano ha de ser asegurado con prisiones, si no se recela su fuga.

Artículo 23. Tampoco podrán embargársele más bienes que los precisos para responder por el delito, y si fuere de calidad, que exija alguna pena pecuniaria.
Artículo 24. Se formarán como hasta aquí se ha observado las causas criminales; a excepción que no se recibirá juramento a los reos para sus confesiones y cargos, careos ni otras diligencias que tengan tendencia a indagar de ellos mismos sus delitos; y la pena infame aplicada a un delincuente, no será trascendental a su familia o descendencia.
Artículo 25. Deberá establecerse un juzgado de paz, y en el ínterin lo será todo juez de primera instancia, que antes de darle curso, llamará a las partes y tratará de reducirlas a una transacción o compromiso extrajudicial; y poniéndose constancia de no haber tenido efecto esta diligencia, solo correrá la demanda.
Artículo 26. Todo decreto que se notifique a las partes, se suscribirá por ellas mismas, a excepción de los que se publicaren en los tribunales superiores.
Advertencia
Esta Constitución provisoria se sancionará por todos los Cabildos del Estado, las autoridades, corporaciones, jefes y cuerpos militares, y se jurará en la forma siguiente: Juro por Dios Nuestro Señor, y estos Santos Evangelios, que cumpliré y observaré fiel y legalmente en la parte que me toca, todo cuanto se contiene y ordena en esta Constitución provisoria. Si así lo hiciere, Dios me ayude, y si no, Él y la patria me hagan cargo.
Esto mismo se practicará en todas las ciudades y villas del Estado; para cuyo efecto se mandará imprimir y archivar en todos los cabildos, oficinas y departamentos; y se remitirá a los pueblos y parroquias un número de ejemplares, para que llegue a noticia de todos.
Pero si el Supremo Director hallase otro medio por donde mejor pueda explicarse la voluntad general de los pueblos, para modificar, alterar o probar esta Constitución provisoria, podrá practicarlo así, conforme a los principios liberales que deben animarle.
Santiago de Chile y 8 de agosto de 1818 – José Ignacio Cienfuegos – Francisco Antonio Pérez – Lorenzo José de Villalón – José María de Rozas – José María Villarreal

Constitución de las Provincias Unidas en Sudamérica, dictada el 22 de abril de 1819 por el Congreso General Constituyente 1816-1820. Argentina[39]

Sección I. Religión del Estado

Artículo 1. La religión católica apostólica romana es la religión del Estado. El Gobierno le debe la más eficaz y poderosa protección y los habitantes del territorio todo respeto, cualquiera que sean sus opiniones privadas.

Artículo 2. La infracción del artículo anterior será mirada como una violación de las leyes fundamentales del país.

Sección II. Poder Legislativo

Artículo 3. El Poder Legislativo se expedirá por un Congreso Nacional compuesto de dos Cámaras, una de representantes y otra de senadores.

Capítulo I. Cámara de Representantes

Artículo 4. La Cámara de representantes se compondrá de diputados elegidos en proporción de uno por cada veinticinco mil habitantes, o una fracción que iguale el número de diecisiete mil.

Artículo 5. Ninguno podrá ser elegido Representante sin que tenga las calidades de siete años de ciudadano antes de su nombramiento, veintiséis de edad cumplidos, un fondo de cuatro mil pesos al menos, o en su defecto, arte, profesión u oficio útil. Que sea del fuero común y no esté en dependencia del Poder Ejecutivo por servicio a sueldo.

Artículo 6. Durarán en su representación cuatro años, pero se renovarán por mitad al fin de cada bienio. Para verificarlo los primeros representantes, luego que se reúnan, sortearán los que deben salir en el primer bienio. El reemplazo de éstos se hará por los que con la anticipación conveniente elijan los pueblos a quienes correspondan.

39 «Constitución de las Provincias Unidas en Sudamérica, dictada el 22 de abril de 1819 por el Congreso General Constituyente (1816-20)», El pensamiento constitucional hispanoamericano hasta 1830, Caracas, Biblioteca de la Academia Nacional de la Historia, 1961, pags. 119-138.

Artículo 7. La Cámara de representantes tiene exclusivamente la iniciativa en materia de contribuciones, tasas e impuestos, quedando al Senado la facultad de remitirlas, rehusarlas u objetarles reparos.

Artículo 8. Ella tiene el derecho privativo de acusar de oficio, o a instancia de cualquier ciudadano, a los miembros de los tres grandes poderes, a los ministros de Estado, enviados a las Cortes extranjeras, arzobispos y obispos, generales de los ejércitos, gobernadores y jueces superiores de las provincias y demás empleados de no inferior rango de los nombrados: por los delitos de traición, concusión, malversación de los fondos públicos, infracción de Constitución u otros que según las leyes merezcan pena de muerte o infamia.

Artículo 9. Los representantes serán compensados por sus servicios con la cantidad y del fondo que señale la Legislatura, siendo su distribución del resorte exclusivo de dicha Cámara.

Capítulo II. Senado

Artículo 10. Formarán el Senado los senadores de provincia, cuyo número será igual al de las provincias; tres senadores militares cuya graduación no baje de coronel mayor; un obispo y tres eclesiásticos, un senador por cada universidad y el Director del Estado, concluido el tiempo de su gobierno.

Artículo 11. Ninguno será nombrado senador que no tenga la edad de treinta años cumplidos, nueve de ciudadano antes de su elección, un fondo de ocho mil pesos, una renta equivalente o una profesión que lo ponga en estado de ser ventajoso a la sociedad.

Artículo 12. Durarán en el cargo por el tiempo de doce años renovándose por terceras partes cada cuatro. La suerte decidirá quiénes deban salir en el primero y segundo cuatricinio.

Artículo 13. El ex director permanecerá en el Senado hasta que sea reemplazado por el que le sucediese en el mando.

Artículo 14. Los senadores por las provincias se elegirán en la forma siguiente: cada municipalidad nombrará un capitular y un propietario, que tenga un fondo de diez mil pesos al menos, para electores. Reunidos éstos en un punto en el centro de la provincia, que designará el Poder Ejecutivo, elegirán tres sujetos de la clase civil, de los que uno al menos sea de fuera de la provincia. Esta terna se pasará al Senado (la primera vez al Congreso) con testimonio íntegro del acta de elección. El Senado, recibidas todas las ternas y publicadas por la prensa, hará el escrutinio, y los que tuvieren el mayor número de sufragios, computados por provincias, serán senadores. Si no resultase pluralidad, la primera vez el Congreso y en lo sucesivo el Senado hará la elección de entre los propuestos.

Artículo 15. Los senadores militares serán nombrados por el director del Estado.

Artículo 16. Será senador por la primera vez el obispo de la diócesis donde resida el cuerpo legislativo. En lo sucesivo se elegirá el obispo senador por los obispos del territorio, remitiendo sus votos al Senado. Publicados por la prensa se hará el escrutinio, y el que reuniese el mayor número será senador; no resultando pluralidad, decidirá la elección el Senado.

Artículo 17. Los cabildos eclesiásticos, reunidos con el prelado diocesano, curas rectores del sagrario de la Iglesia Catedral y rectores de los colegios (cuando éstos sean eclesiásticos) elegirán tres individuos del mismo Estado, de los cuales uno al menos sea de otra diócesis. Remitidas y publicadas las ternas con sus actas, los tres que reúnan mayor número de sufragios, computados por las iglesias, serán senadores; en caso de igualdad, el Congreso o Senado decidirá la elección.

Artículo 18. Al Senado corresponde juzgar en juicio público a los acusados por la Sala de representantes.

Artículo 19. La concurrencia de las dos terceras partes de sufragios harán sentencia contra el acusado, únicamente al efecto de separarlo del empleo o declararlo inhábil para obtener otro.

Artículo 20. La parte convencida quedará, no obstante, sujeta a acusación, juicio y castigo conforme a la ley.

Capítulo III. Atribuciones comunes a ambas cámaras

Artículo 21. Ambas Cámaras se reunirán por primera vez en esta capital y en lo sucesivo en el lugar que ellas mismas determinen, y tendrán sus sesiones en los meses de marzo, abril y mayo, y septiembre, octubre y noviembre.

Artículo 22. Cada Sala será privativamente el juez para calificar la elección de sus miembros con mayoría de un voto sobre la mitad.

Artículo 23. Nombrará su Presidente, vicepresidente y oficiales; señalará el tiempo de la duración de unos y otros y prescribirá el orden para los debates y para facilitar el despacho de sus deliberaciones.

Artículo 24. Ninguna de las Salas podrá deliberar mientras no se hallen reunidas ambas, respectivamente, en el lugar de las sesiones, al menos en las dos terceras partes de sus miembros; pero un número menor podrá compeler a los ausentes a la asistencia en los términos y bajo los apremios que cada Sala proveyere.

Artículo 25. Cada Sala llevará un diario de sus procedimientos, que se publicará de tiempo en tiempo, exceptuando aquellas partes que, a su juicio, requieran secreto. Los votos de aprobación o negación de los miembros de una y otra Sala se apuntarán en el diario, si lo exigiese así una quinta parte de ellos.

Artículo 26. Los senadores y representantes no serán arrestados ni procesados durante su asistencia a la legislatura y mientras van y vuelven de ella, excepto el caso de ser sorprendidos in fraganti en la ejecución de algún crimen que merezca pena de muerte, infamia u otra aflictiva, de lo que se dará cuenta a la Sala respectiva con la sumaria información del hecho.

Artículo 27. Los senadores y representantes, por sus opiniones, discursos o debates, en una u otra Sala no podrán ser molestados en ningún lugar; pero cada Sala podrá castigar a sus miembros por desorden de conducta, y con la concurrencia de las dos terceras partes expeler a cualquiera de su seno.

Artículo 28. En el caso que expresa el artículo 26, o cuando se forma querella por escrito contra cualquier senador o representante por delitos que no sean del privativo conocimiento del Senado: examinado el mérito del sumario en juicio público podrá cada Sala con dos tercios de votos separar al acusado de su seno y ponerlo a disposición del Supremo Tribunal de Justicia para su juzgamiento.

Artículo 29. Ningún senador o representante podrá ser empleado por el Poder Ejecutivo sin su consentimiento y el de la Cámara a que corresponda.

Artículo 30. Cada una de las Cámaras podrá hacer comparecer en su Sala a los ministros del Poder Ejecutivo para recibir los informes que estime convenientes.

Capítulo IV. Atribuciones del Congreso

Artículo 31. Al Congreso corresponde privativamente formar las leyes que deben regir en el territorio de la Unión.

Artículo 32. Decretar la guerra y la paz.

Artículo 33. Establecer derechos, y por un tiempo que no pase de dos años imponer para las urgencias del Estado contribuciones proporcionalmente iguales en todo el territorio.

Artículo 34. Fijar, a propuesta del Poder Ejecutivo, la fuerza de línea de mar y tierra para el servicio del Estado en tiempo de paz y determinar por sí el número de tropas que haya de existir en el lugar donde tenga sus sesiones.

Artículo 35. Mandar construir y equipar una Marina nacional.

Artículo 36. Recibir empréstitos sobre los fondos del Estado.

Artículo 37. Reglar las formas de todos los juicios y establecer tribunales inferiores a la Alta Corte de Justicia.

Artículo 38. Crear y suprimir empleos de toda clase.

Artículo 39. Reglar el Comercio interior y exterior.

Artículo 40. Demarcar el territorio del Estado y fijar los límites de las provincias.

Artículo 41. Habilitar puertos nuevos en las costas del territorio cuando lo crea conveniente, y elevar las poblaciones al rango de villas, ciudades o provincias.

Artículo 42. Formar planes uniformes de educación pública y proveer de medios para el sostén de los establecimientos de esta clase.

Artículo 43. Recibir anualmente del Poder Ejecutivo la cuenta general de las rentas públicas, examinarla y juzgarla.

Artículo 44. Asegurar a los autores o inventores de establecimientos útiles privilegios exclusivos por tiempo determinado.

Artículo 45. Reglar la moneda, los pesos y medidas.

Capítulo V. Formación y sanción de las leyes

Artículo 46. Las leyes pueden tener principio en cualquiera de las dos Cámaras que componen el Poder Legislativo.

Artículo 47. Se exceptúan de esta regla las relativas a los objetos de que trata el artículo 7.

Artículo 48. Todo proyecto de ley se leerá en tres sesiones distintas, mediando entre cada una de ellas tres días al menos; sin esto no se pasará a deliberar.

Artículo 49. Los proyectos de ley y demás resoluciones del cuerpo legislativo para su aprobación deberán obtener la mayoría de un voto al menos sobre la mitad de los sufragios en cada una de las Cámaras constitucionalmente reunidas.

Artículo 50. Aprobado el proyecto en la Cámara donde haya tenido principio, se pasará a la otra para que, discutido en ella del mismo modo que en la primera, lo repare, apruebe o deseche.

Artículo 51. Ningún proyecto de ley desechado por una de las Cámaras podrá repetirse en las sesiones de aquel año.

Artículo 52. Los proyectos de ley, constitucionalmente aprobados por ambas Cámaras pasarán al director del Estado.

Artículo 53. Si él los suscribe o en el término de quince días no los devuelve objecionados, tendrán fuerza de ley.

Artículo 54. Si encuentra inconveniente los devolverá objecionados a la Cámara donde tuvieron su origen.

Artículo 55. Reconsiderados en ambas Cámaras, dos tercios de sufragios en cada una de ellas harán su última sanción.

Sección III. Poder Ejecutivo

Capítulo I. Naturaleza y calidades de este poder

Artículo 56. El Supremo Poder Ejecutivo de la nación se expedirá por la persona en quien recaiga la elección de Director.

Artículo 57. Ninguno podrá ser elegido Director del Estado que no tenga las calidades de ciudadano, natural del territorio de la Unión, con seis años de residencia en él inmediatamente antes de la elección y treinta y cinco de edad cuando menos.

Artículo 58. Tampoco podrá ser elegido el que se halle empleado en el Senado o en la Cámara de representantes.

Artículo 59. Antes de entrar al ejercicio del cargo hará el Director electo, en manos del Presidente del Senado a presencia de las dos Cámaras reunidas, el juramento siguiente: Yo N. juro por Dios Nuestro Señor y estos Santos

Evangelios que desempeñaré fielmente el cargo de Director que se me confía; que cumpliré y haré cumplir la Constitución del Estado, protegeré la religión católica y conservaré la integridad e independencia del territorio de la Unión.

Artículo 60. Durará en el cargo por el tiempo de cinco años.

Artículo 61. En caso de enfermedad, acusación o muerte del Director del Estado, administrará provisionalmente el Poder Ejecutivo el Presidente del Senado, quedando entre tanto suspenso de las funciones de senador.

Capítulo II. Forma de la elección del director del Estado

Artículo 62. El Director del Estado será elegido por las dos Cámaras reunidas.

Artículo 63. Presidirá la elección el presidente del Senado y hará en ella de vicepresidente el presidente de la Cámara de representantes.

Artículo 64. Los votos se entregarán escritos y firmados por los vocales y se publicarán con sus nombres.

Artículo 65. Una mayoría de un voto sobre la mitad de cada Cámara hará la elección.

Artículo 66. Si después de tres votaciones ninguno obtuviese la expresada mayoría, se publicarán los tres sujetos que hayan obtenido el mayor número y por ellos solo se sufragará en las siguientes votaciones.

Artículo 67. Si reiterada ésta hasta tres veces ninguno de los tres propuestos reuniese la mayoría que exige el artículo 65, se excluirá el que tuviera menor número de votos; en caso de igualdad entre los tres o dos de ellos, decidirá la suerte el que haya de ser excluido, quedando solamente dos.

Artículo 68. Por uno de éstos se votará de nuevo.

Artículo 69. Si repetida tres veces la votación no resultase la mayoría expresada, se sacará por suerte el Director de entre los dos.

Artículo 70. Todo esto deberá verificarse acto continuo desde que se dé principio a la elección.

Artículo 71. Se procederá a ella treinta días antes de cumplir su término el Director que concluye; en caso de muerte deberá hacerse la elección dentro de quince días.

Artículo 72. Entre tanto se posesiona del cargo el nuevamente nombrado, subsistirá en el gobierno el que lo esté ejerciendo; pero al electo se le contarán los cinco años desde el día en que aquél haya cumplido su término.
Artículo 73. El Director del Estado solo podrá ser reelegido por una vez con un voto sobre las dos terceras partes de cada Cámara.

Capítulo III. Atribuciones Del Poder Ejecutivo

Artículo 74. El Director del Estado es Jefe Supremo de todas las fuerzas de mar y tierra.
Artículo 75. Publica y hace ejecutar las leyes que han recibido sanción.
Artículo 76. Hace la apertura de las sesiones del cuerpo legislativo en los períodos de renovación de la Cámara de representantes en la Sala del Senado, informando en esta ocasión sobre el estado del Gobierno, mejoras o reformas y demás que considere digno de poner en su conocimiento, lo que se publicará por la prensa.
Artículo 77. Convoca extraordinariamente el cuerpo legislativo cuando así lo exija el interés del país durante la interrupción de las sesiones.
Artículo 78. Puede proponer por escrito al cuerpo legislativo en sus Cámaras los proyectos, medidas, mejoras o reformas que estimare necesarias o convenientes a la felicidad del Estado.
Artículo 79. Publica la guerra y la paz; forma y da dirección a los ejércitos de mar y tierra para defensa del Estado y ofensa del enemigo.
Artículo 80. Rechaza las invasiones de los enemigos exteriores, previene las conspiraciones y sofoca los tumultos populares.
Artículo 81. Nombra por sí solo los generales de los ejércitos de mar y tierra, los embajadores enviados y cónsules cerca de las naciones extranjeras y los recibe de ellas.
Artículo 82. Nombra y destituye a sus ministros; la responsabilidad de éstos la determinará la ley.
Artículo 83. Puede, con parecer y consentimiento de dos terceras partes de senadores presentes en número constitucional, celebrar y concluir tratados con las naciones extranjeras; salvo el caso de enajenación o desmembración de alguna parte del territorio, en que deberá exigirse el consentimiento de dos tercios de la Cámara de representantes.

Artículo 84. Expide las cartas de ciudadanía con sujeción a las formas y calidades que la ley prescriba.

Artículo 85. Nombra a todos los empleos que no se exceptúan especialmente en esta Constitución y las leyes.

Artículo 86. Nombra los arzobispos y obispos a propuesta en terna del Senado.

Artículo 87. Presenta a todas las dignidades, canonjías, prebendas y beneficios de las iglesias-catedrales, colegiatas y parroquiales, conforme a las leyes.

Artículo 88. Todos los objetos y ramos de Hacienda y policía, los establecimientos públicos nacionales, científicos, y de todo otro género, formados o sostenidos con fondos del Estado, las casas de moneda, bancos nacionales, correos, postas y caminos son de la suprema inspección y resorte del Director del Estado, bajo las leyes u ordenanzas que los rigen o que en adelante formare el cuerpo legislativo.

Artículo 89. Puede indultar de la pena capital a un criminal o conmutarla, previo informe del tribunal de la causa, cuando poderosos y manifiestos motivos de equidad lo sugieran o algún grande acontecimiento feliz haga plausible la gracia, salvo los delitos que la ley exceptúa.

Artículo 90. Confirma o revoca con arreglo a ordenanza las sentencias de los reos militares pronunciadas en los tribunales de su fuero.

Artículo 91. Recibirá por sus servicios en tiempos determinados una compensación, que le señalará el cuerpo legislativo, la cual ni se aumentará ni disminuirá durante el tiempo de su mando.

Sección IV. Poder Judicial

Capítulo único. Corte Suprema de Justicia

Artículo 92. Una Alta Corte de Justicia, compuesta de siete jueces y dos fiscales, ejercerá el Supremo Poder Judicial del Estado.

Artículo 93. Ninguno podrá ser miembro de ella si no fuere letrado, recibido con ocho años de ejercicio público y cuarenta de edad.

Artículo 94. Los miembros de la Alta Corte de Justicia serán nombrados por el director del Estado con noticia y consentimiento del Senado.

Artículo 95. El Presidente será electo cada cinco años a pluralidad de sufragios por los miembros de ella y sus fiscales.
Artículo 96. La Alta Corte de Justicia nombrará los oficiales de ella en el número y forma que prescribirá la ley.
Artículo 97. Conocerá exclusivamente de todas las causas concernientes a los enviados y cónsules de las naciones extranjeras; de aquellas en que sea parte una provincia, o que se susciten entre provincia y provincia, o pueblos de una misma provincia, sobre límites u otros derechos contenciosos; de las que tengan su origen de contratos entre el Gobierno Supremo y un particular, y últimamente, de las de aquellos funcionarios públicos de que hablan los artículos 20 y 28.
Artículo 98. Conocerá en último recurso de todos los casos que descienden de tratados hechos bajo la autoridad del Gobierno; de los crímenes cometidos contra el derecho público de las naciones, y de todos aquellos en que, según las leyes, haya lugar a los recursos de segunda suplicación, nulidad o injusticia notoria.
Artículo 99. Los juicios de la Alta Corte y demás Tribunales de Justicia serán públicos; produciéndose en la misma forma los votos de cada juez para las resoluciones o sentencias de cualquier naturaleza que ellas sean.
Artículo 100. Informará de tiempo en tiempo al cuerpo legislativo de todo lo conveniente para las mejoras de la administración de justicia, que seguirá gobernándose por las leyes que hasta el presente, en todo lo que no sea contrario a esta Constitución.
Artículo 101. Cada seis meses recibirá de las Cámaras de Justicia una razón exacta de las causas y asuntos despachados en ellas y de las que quedan pendientes, su estado, tiempo de su duración y motivos de demora: instruida con el diario del Despacho que deben llevar los escribanos de Cámara, a fin de que, estando a la mira de que la justicia se administre con prontitud, prevea lo conveniente a evitar retardaciones indebidas.
Artículo 102. Los individuos de esta Corte ejercerán el cargo por el tiempo de su buena comportación y no podrán ser empleados por el Poder Ejecutivo en otro destino sin su consentimiento y el de la misma Corte.
Artículo 103. El cuerpo legislativo les designará una compensación por sus servicios, que no podrá ser disminuida mientras permanezcan en el oficio.

Sección V. Declaración de derechos

Capítulo I. Derechos de la nación

Artículo 104. La nación tiene derecho para reformar su Constitución, cuando así lo exija el interés común, guardando las formas constitucionales.

Artículo 105. La nación, en quien originariamente reside la soberanía, delega el ejercicio de los altos poderes que la representan a cargo de que se ejerzan en forma que ordena la Constitución; de manera que ni el Legislativo puede abocarse el Ejecutivo o Judicial, ni el Ejecutivo perturbar o mezclarse en éste o el Legislativo, ni el Judicial tomar parte en los otros dos, contra lo dispuesto en esta Constitución.

Artículo 106. Las corporaciones y magistrados investidos de la autoridad legislativa, ejecutiva y judicial son apoderados de la nación y responsables a ella en los términos que la Constitución prescribe.

Artículo 107. Ninguna autoridad del país es superior a la ley: ellas mandan, juzgan o gobiernan por la ley, y es, según ella, que se les debe respeto y obediencia.

Artículo 108. Al delegar el ejercicio de su soberanía constitucionalmente, la nación se reserva la facultad de nombrar sus representantes y la de ejercer libremente el poder censorio por medio de la prensa.

Capítulo II. Derechos particulares

Artículo 109. Los miembros del Estado deben ser protegidos en el goce de los derechos de su vida, reputación, libertad, seguridad y propiedad. Nadie puede ser privado de alguno de ellos sino conforme a las leyes.

Artículo 110. Los hombres son de tal manera iguales ante la ley, que ésta, bien sea penal, preceptiva o tuitiva, debe ser una misma para todos y favorecer igualmente al poderoso que al miserable para la conservación de sus derechos.

Artículo 111. La libertad de publicar sus ideas por la prensa es un derecho tan apreciable al hombre, como esencial para la conservación de la libertad civil en un Estado; se observarán a este respecto las reglas que el Congreso tiene aprobadas provisionalmente, hasta que la legislatura las varíe o modifique.

Artículo 112. Las acciones privadas de los hombres que de ningún modo ofenden el orden público ni perjudican a un tercero, están solo reservadas a Dios y exentas de la autoridad de los magistrados.

Artículo 113. Ningún habitante del Estado será obligado a hacer lo que no manda la ley, ni privado de lo que ella no prohíbe.

Artículo 114. Es del interés y del derecho de todos los miembros del Estado, el ser juzgados por jueces los más libres, independientes e imparciales, que sea dado a la condición de las cosas humanas. El cuerpo legislativo cuidará de preparar y poner en planta el establecimiento del juicio por jurados, en cuanto lo permitan las circunstancias.

Artículo 115. Todo ciudadano debe estar seguro contra las requisiciones arbitrarias y apoderamiento injusto de sus papeles y correspondencias. La ley determinará en qué casos y con qué justificación pueda procederse a ocuparlos.

Artículo 116. Ningún individuo podrá ser arrestado sin prueba al menos semiplena e indicios vehementes de crimen por el que merezca pena corporal; los que se harán constar en proceso informativo dentro de tres días perentorios, si no hubiese impedimento; pero habiéndolo, se pondrá constancia de él en el proceso.

Artículo 117. Las cárceles solo deben servir para la seguridad y no para castigo de los reos. Toda medida que a pretexto de precaución conduzca a mortificarles más allá de lo que aquélla exige, será corregida según las leyes.

Artículo 118. Ningún habitante del Estado podrá ser penado ni confinado sin que preceda forma de proceso y sentencia legal.

Artículo 119. La casa de un ciudadano es un sagrado, que no puede violarse sin crimen; y solo podrá allanarse en caso de resistencia a la autoridad legítima.

Artículo 120. Esta diligencia se hará con la moderación debida personalmente por el mismo juez. En caso que algún urgente motivo se lo impida, dará al delegado orden por escrito con las especificaciones convenientes, y se dejará copia de ella al individuo que fuere aprendido y al dueño de la casa, si la pidiere.

Artículo 121. Las anteriores disposiciones relativas a la seguridad individual no podrán suspenderse.

Artículo 122. Cuando por un muy remoto y extraordinario acontecimiento, que comprometa la tranquilidad pública o la seguridad de la patria, no pueda observarse cuanto en ellas se previene, las autoridades que se viesen en esta fatal necesidad darán inmediatamente razón de su conducta al cuerpo legislativo, quien examinará los motivos de la medida y el tiempo de su duración.

Artículo 123. Siendo la propiedad un derecho sagrado e inviolable, los miembros del Estado no pueden ser privados de ella ni gravados en sus facultades sin el consentimiento del cuerpo legislativo, o por un juicio conforme a las leyes.

Artículo 124. Cuando el interés del Estado exija que la propiedad de algún pueblo o individuo particular sea destinada a los usos públicos, el propietario recibirá por ella una justa compensación.

Artículo 125. Ninguno será obligado a prestar auxilios de cualquier clase para los ejércitos, ni a franquear su casa para alojamiento de un cuerpo o individuo militar, sino de orden del magistrado civil según la ley. El perjuicio que en este caso se infiera al propietario será indemnizado competentemente por el Estado.

Artículo 126. Todos los miembros del Estado tienen derecho para elevar sus quejas y ser oídos hasta de las primeras autoridades del país.

Artículo 127. A ningún hombre o corporación se concederán ventajas, distinciones o privilegios exclusivos, sino los que sean debidos a la virtud o los talentos; no siendo éstos transmisibles a los descendientes, se prohíbe conceder nuevos títulos de nobleza hereditarios.

Artículo 128. Siendo los indios iguales en dignidad y en derechos a los demás ciudadanos, gozarán de las mismas preeminencias y serán regidos por las mismas leyes. Queda extinguida toda tasa o servicio personal bajo cualquier pretexto o denominación que sea. El cuerpo legislativo promoverá eficazmente el bien de los naturales por medio de leyes que mejoren su condición hasta ponerlos al nivel de las demás clases del Estado.

Artículo 129. Queda también constitucionalmente abolido, el tráfico de esclavos y prohibida para siempre su introducción en el territorio del Estado.

Sección VI. Reforma de la Constitución

Artículo 130. En ninguna de las Cámaras del Poder Legislativo será admitida una moción para la reforma de uno o más artículos de la Constitución presente, sin que sea apoyada por la cuarta parte de los miembros concurrentes.

Artículo 131. Siempre que la moción obtenga dicha calidad, discutida en la forma ordinaria, podrá sancionarse con dos tercias partes de votos en cada una de las Salas: que el artículo o artículos en cuestión exigen reforma.

Artículo 132. Esta resolución se comunicará al Poder Ejecutivo para que, con su opinión fundada, la devuelva dentro de treinta días a la Sala donde tuvo su origen.

Artículo 133. Si él disiente, reconsiderada la materia en ambas Cámaras, será necesaria la concurrencia de tres cuartas partes de cada una de ellas para sancionar la necesidad de la reforma; y tanto en este caso como en el de consentir el Poder Ejecutivo, se procederá inmediatamente a verificarla con el número de sufragios prescrito en el artículo 131.

Artículo 134. Verificada la reforma, pasará al Poder Ejecutivo para su publicación. En caso de devolverla con reparos, tres cuartas partes de sufragios en cada sala harán su última sanción.

Capítulo final

Artículo 135. Continuarán observándose las leyes, estatutos y reglamentos que hasta ahora rigen, en lo que no hayan sido alterados ni digan contradicción con la Constitución presente, hasta que reciban de la legislatura las variaciones o reformas que estime convenientes.

Artículo 136. Esta Constitución será solemnemente jurada en todo el territorio del Estado.

Artículo 137. Ningún empleado político, civil, militar o eclesiástico podrá continuar en su destino sin prestar juramento de observar la Constitución y sostenerla. Los que de nuevo fuesen nombrados o promovidos a cualquier empleo, o a grados militares o literarios, o se recibieren de algún cargo u oficio público, otorgarán el mismo juramento.

Artículo 138. Todo el que atentare o prestare medios para atentar contra la presente Constitución, será reputado enemigo del Estado y castigado con todo el rigor de las penas, hasta las de muerte y expatriación, según la gravedad de su crimen.

Dada en la sala de sesiones, firmada de nuestra mano, sellada con nuestro sello y refrendada por nuestro secretario, en Buenos Aires, a veintidós de abril de mil ochocientos diecinueve, cuarto de la Independencia.

Constitución de la República de Colombia de 1821[40]

El congreso general a los habitantes de Colombia

Colombianos: el más ardiente deseo de todos y cada uno de vuestros representantes ha sido cumplir fielmente con los altos deberes que les habéis encargado, y creen haber llenado tan sagradas funciones al presentaros la Constitución, que ha sido sancionada por el voto general. En ella encontraréis que sobre la base de la unión de pueblos que antes formaron diferentes Estados se ha levantado el edificio firme y sólido de una nación, cuyo gobierno es popular representativo, y cuyos poderes, Legislativo, Ejecutivo y Judicial, exactamente divididos, tienen sus atribuciones marcadas y definidas, formando, sin embargo, un todo de tal suerte combinado y armonioso, que por él resultan protegidas vuestra seguridad, libertad, propiedad e igualdad ante la ley.

El Poder Legislativo, dividido en dos cámaras, os da una intervención plena en la formación de vuestras leyes, y el mejor derecho a esperar que sean siempre justas y equitativas; no seréis ligados sino por aquéllas a que hayáis consentido por medio de vuestros representantes, ni estaréis sujetos a otras contribuciones que las que ellos hayan propuesto y aprobado; ninguna carga se echará sobre alguno que no sea común a todos; y éstas no serán para satisfacer pasiones de particulares sino para suplir las necesidades de la república.

El Poder Ejecutivo en una sola persona, a quien toca velar por la tranquilidad interior, y seguridad exterior de la república, tiene todas las facultades necesarias para el desempeño de su elevado encargo. Vosotros encontraréis que en todo el brillo de su autoridad puede llenaros de beneficios, pero no causaros perjuicio alguno; su espada está solo desenvainada contra los enemigos del Gobierno sin posibilidad de ofender al pacífico colombiano; es como un Sol, cuyo calor benéfico, extendido por todo el territorio de la república, contribuye a desarrollar las preciosas semillas de nuestra felicidad y prosperidad; la educación pública, la agricultura, el comercio, las artes y ciencias, y todos los ramos de industria nacional están dentro del orden de su sabia administración, y sujetos a su benigno influjo.

40 Constitución de la República de Colombia, Rosario de Cúcuta, Bruno Espinosa Impresor del Gobierno General, 1821.

El Poder Judicial, donde los asaltos de la intriga pierden toda su fuerza y el rico todo su ascendiente; a donde nadie puede llegar con rostro sereno, si no va revestido con los simples adornos de la justicia, está destinado a dirimir imparcialmente vuestras contiendas, reprimir al malvado, y favorecer la inocencia; en tan respetuoso lugar rinden todos homenaje a la ley; y allí veréis las pasiones desarmadas, cortadas las tramas del artificio, y descubierta la verdad.

Tal ha sido el plano sobre que se ha levantado la Constitución de Colombia. Vuestros representantes solo han puesto una confianza ilimitada en las leyes; porque ellas son las que aseguran la equidad entre todos y cada uno; y son también el apoyo de la dignidad del colombiano, la fuente de la libertad, el alma y el consejo de la república. Pero lo que vuestros representantes han tenido siempre a la vista, y lo que ha sido el objeto de sus más serias meditaciones, es que esas mismas leyes fuesen enteramente conformes con las máximas y dogmas de la religión católica, apostólica, romana, que todos profesamos y nos gloriamos de profesar; ella ha sido la religión de nuestros padres, y es y será la religión del Estado; sus ministros son los únicos que están en libre ejercicio de sus funciones, y el Gobierno autoriza las contribuciones necesarias para el culto sagrado.

El Congreso General en sus deliberaciones no ha tenido otras miras que el bien común y el engrandecimiento de la nación. Los agentes principales del gobierno dependen de vuestra elección: considerad, meditad bien que del acierto en ellas pende vuestra dicha; que la intriga o la facción jamás dirijan vuestro juicio; mientras que las luces, la virtud y el valor, prudentemente escogidos y elevados por nosotros sean las firmes columnas que perpetúen la duración del edificio.

Villa del Rosario de Cúcuta treinta de agosto de mil ochocientos veintiuno, undécimo de la Independencia.

El presidente del Congreso, doctor Miguel Peña – el vicepresidente, Rafael, obispo de Mérida de Maracaibo – el diputado secretario, Francisco Soto – el diputado secretario, Miguel Santamaría – el diputado secretario, Antonio José Caro

Constitución de la República de Colombia de 1821

En el nombre de Dios, autor y legislador del universo

Nos los representantes de los pueblos de Colombia, reunidos en Congreso General, cumpliendo con los deseos de nuestros comitentes en orden a fijar las reglas fundamentales de su unión y establecer una forma de gobierno que les afiance los bienes de su libertad, seguridad, propiedad e igualdad, cuanto es dado a una nación que comienza su carrera política y que todavía lucha por su independencia, ordenamos y acordamos la siguiente Constitución

Título I. De la nación colombiana y de los colombianos

Sección primera. De la nación colombiana

Artículo 1. La nación colombiana es para siempre e irrevocablemente libre e independiente de la monarquía española y de cualquiera otra potencia o dominación extranjera; y no es, ni será nunca, patrimonio de ninguna familia ni persona.

Artículo 2. La soberanía reside esencialmente en la nación. Los magistrados y oficiales del gobierno, investidos de cualquiera especie de autoridad, son sus agentes o comisarios y responsables a ella de su conducta pública.

Artículo 3. Es un deber de la nación proteger por leyes sabias y equitativas la libertad, la seguridad, la propiedad y la igualdad de todos los colombianos.

Sección II. De los colombianos

Artículo 4. Son colombianos: 1. Todos los hombres libres nacidos en el territorio de Colombia y los hijos de éstos; 2. Los que estaban radicados en Colombia al tiempo de su transformación política, con tal que permanezcan fieles a la causa de la independencia; 3. Los no nacidos en Colombia que obtengan carta de naturaleza.

Artículo 5. Son deberes de cada colombiano, vivir sometido a la Constitución y a las leyes; respetar y obedecer a las autoridades que son sus órganos, contribuir a los gastos públicos, y estar pronto en todo tiempo a servir y defender la patria, haciéndole el sacrificio de sus bienes y de su vida, si fuere necesario.

Título II. Del territorio de Colombia y de su Gobierno

Sección I. Del territorio de Colombia

Artículo 6. El territorio de Colombia es el mismo que comprendía el antiguo Virreinato de la Nueva Granada y Capitanía General de Venezuela.

Artículo 7. Los pueblos de la extensión expresada, que están aún bajo el yugo español, en cualquier tiempo en que se liberen, harán parte de la república, con derechos y representación iguales a todos los demás que la componen.

Artículo 8. El territorio de la república será dividido en departamentos, los departamentos en provincias, las provincias en cantones y los cantones en parroquias.

Sección II. Del Gobierno de Colombia

Artículo 9. El Gobierno de Colombia es popular representativo.

Artículo 10. El pueblo no ejercerá por sí mismo otras atribuciones de la soberanía que la de las elecciones primarias, ni depositará el ejercicio de ella en unas solas manos. El Poder Supremo estará dividido para su administración en Legislativo, Ejecutivo y Judicial.

Artículo 11. El poder de dar leyes corresponde al Congreso, el de hacer que se ejecuten al Presidente de la República, y el de aplicarlas en las causas civiles y criminales a los tribunales y juzgados.

Título III. De las asambleas parroquiales y electorales

Sección I. De las asambleas parroquiales y escrutinio de sus elecciones

Artículo 12. En cada parroquia, cualquiera que sea su población, habrá una asamblea parroquial el último domingo de julio de cada cuatro años.

Artículo 13. La asamblea parroquial se compondrá de los sufragantes parroquiales no suspensos, vecinos de cada parroquia, y será presidida por el juez o los jueces de ella, con asistencia de cuatro testigos de buen crédito, en quienes concurran las cualidades de sufragante parroquial.

Artículo 14. Los jueces sin necesidad de esperar ningunas órdenes, deberán convocarla indispensablemente en dichos periodos para el día señalado en esta Constitución.

Artículo 15. Para ser sufragante parroquial se necesita: 1. Ser colombiano; 2. Ser casado o mayor de veintiún años; 3. Saber leer y escribir; pero esta condición no tendrá lugar hasta el año de 1840; 4. Ser dueño de alguna propiedad raíz que alcance al valor libre cien pesos. Suplirá este defecto el ejercitar algún oficio, profesión, comercio o industria útil, con casa o taller abierto, sin dependencia de otro en clase de jornalero o sirviente.

Artículo 16. La calidad de sufragante parroquial se pierde: 1. Por admitir empleo de otro gobierno sin licencia del Congreso, teniéndolo con renta o ejerciendo otra confianza en el de Colombia; 2. Por sentencia en que se impongan penas aflictivas o infamantes, si no se obtiene rehabilitación; 3. Por haber vendido su sufragio o comprado el de otro, para sí o para un tercero, bien sea en asambleas primarias, en las electorales o en otras.

Artículo 17. El ejercicio de sufragante parroquial se suspende: 1. En los locos, furiosos o dementes; 2. En los deudores fallidos y en los vagos declarados como tales; 3. En los que tengan causa criminal abierta, hasta que sean declarados absueltos o condenados a pena no aflictiva ni infamatoria; 4. En los deudores a caudales públicos con plazo cumplido.

Artículo 18. El objeto de las asambleas parroquiales es votar por el elector o electores que corresponden al cantón.

Artículo 19. La provincia a quien corresponda un solo representante nombrará diez electores, distribuyendo su nombramiento entre los cantones que tenga, con proporción a la población de cada uno.

Artículo 20. La provincia que deba nombrar dos o más representantes tendrá tantos electores cuantos correspondan a los cantones de que se compone, debiendo elegir cada cantón un elector por cada cuatro mil almas, y otro más por un residuo de tres mil. Todo cantón, aunque no alcance a aquel número, tendrá siempre un elector.

Artículo 21. Para ser elector se requiere: 1. Ser sufragante no suspenso; 2. Saber leer y escribir; 3. Ser mayor de veinticinco años cumplidos y vecino de cualquiera de las parroquias del cantón que va a hacer las elecciones; 4. Ser dueño de una propiedad raíz que alcance el valor libre de quinientos pesos, o gozar de un empleo de trescientos pesos de renta anual, o ser usufructuario de bienes que produzcan una renta de trescientos pesos anuales, o profesar alguna ciencia o tener un grado científico.

Artículo 22. Cada sufragante parroquial votará por el elector o electores del cantón, expresando públicamente los nombres de otros tantos ciudadanos vecinos del mismo cantón, los cuales serán indispensablemente asentados en su presencia en un registro destinado a este solo fin.

Artículo 23. Las dudas o controversias que hubiere sobre las cualidades o formas en los sufragios parroquiales, y las quejas que se suscitan sobre cohecho o soborno, se decidirán por los jueces y testigos asociados, y su resolución se llevará a efecto por entonces; pero quedando salva la reclamación al Cabildo del cantón.

Artículo 24. Las elecciones serán públicas y ninguno podrá presentarse armado a ellas.

Artículo 25. Las elecciones estarán abiertas por el término de ocho días, concluido el cual la asamblea queda disuelta, y cualquiera otro acto más allá de lo que previene la Constitución o la ley, no solamente es nulo, sino atentado contra la seguridad pública.

Artículo 26. Apenas esté concluido el acto de las elecciones, el juez o los jueces que hayan presidido la asamblea remitirán al Cabildo el registro de las celebradas en su parroquia, en pliego cerrado y sellado.

Artículo 27. Luego que estén recogidos los pliegos de las asambleas parroquiales, el Cabildo del cantón, presidido por alguno de los alcaldes ordinarios, y en su defecto, por uno de los regidores, se reunirá en sesión pública. En su presencia serán abiertos los pliegos de las asambleas parroquiales, y se irán formando listas y cotejos de todos los votos, asentándolos en un registro.

Artículo 28. Los ciudadanos que resulten con el mayor número de votos se declararán constitucionalmente nombrados para electores. Cuando ocurriere alguna duda por igualdad de sufragios se decidirá por suerte.

Artículo 29. El Cabildo del cantón remitirá al de la capital de la provincia el resultado del escrutinio que ha verificado y dará también pronto aviso a los nombrados para que concurran a la capital de la provincia en el día prevenido por la Constitución.

Sección II. De las asambleas electorales o de provincia

Artículo 30. La asamblea electoral se compone de los electores nombrados por los cantones.

Artículo 31. El día 1.º de octubre de cada cuatro años se reunirá la asamblea electoral en la capital de la provincia, y procederá a hacer todas las elecciones que correspondan, estando presentes, por lo menos las dos terceras partes de los electores. Presidirá su reunión el Cabildo de la capital, mientras la asamblea elige un Presidente de entre sus miembros, que será el que obtenga el mayor número de votos.

Artículo 32. Los artículos 24 y 25 son comunes a las asambleas electorales.

Artículo 33. El cargo de elector durará por cuatro años. Las vacantes se llenarán, cuando sea necesario, por los que sigan en votos.

Artículo 34. Son funciones de las asambleas electorales sufragar: 1. Por el Presidente de la República; 2. Por el vicepresidente de la misma; 3. Por los senadores del departamento; 4. Por el representante o los representantes diputados de la provincia.

Artículo 35. Los votos de estas cuatro clases de elecciones se asentarán en cuatro registros diversos, y la misma Asamblea Electoral procederá a hacer el escrutinio de la última.

Artículo 36. Para ser representante de una provincia se requiere haber obtenido la pluralidad absoluta; esto es, un voto más sobre la mitad de todos los de los electores que han asistido a la elección.

Artículo 37. Los representantes serán nombrados de uno en uno en sesión permanente, y se declararán elegidos los que obtengan la indicada mayoría. Si ninguno la hubiere alcanzado, los dos que hayan tenido el mayor número entrarán en segundo escrutinio, y será representante el que reúna pluralidad. Los casos de igualdad se decidirán por la suerte.

Artículo 38. Perfeccionada de esta manera las elecciones del representante o los representantes, el presidente de la asamblea electoral avisará sin demora alguna a los nombrados, para que asistan a la próxima reunión; y los registros se remitirán en pliego cerrado y sellado a la Cámara de representantes.

Artículo 39. Con igual formalidad y sin hacer escrutinio, serán remitidos al Cabildo de la capital del departamento los registros de las votaciones para

Presidente de la República, para vicepresidente de la misma y para senadores, a fin de que luego que se hayan reunido allí los pliegos de todas las asambleas provinciales, los dirija oportunamente a la Cámara del Senado, para que tenga lugar lo prevenido en la Sección V del Título IV.

Título IV. Del Poder Legislativo

Sección I. De la división, límites y funciones de este poder

Artículo 40. El Congreso de Colombia estará dividido en dos Cámaras, que serán la del Senado y la de representantes.

Artículo 41. En cualquiera de las dos podrán tener origen las leyes; y cada una respectivamente podrá proponer a la otra, reparos, alteraciones o adiciones para que los examine; o rehusar a la ley propuesta su consentimiento por una negativa absoluta.

Artículo 42. Se exceptúan las leyes sobre contribuciones o impuestos, las cuales no pueden tener origen sino en la Cámara de Representantes; pero quedando al Senado el derecho ordinario de adicionarlas, alterarlas o rehusarlas.

Artículo 43. Los proyectos o las proposiciones de ley que fuesen aceptados conforme a las reglas de debate, sufrirán tres discusiones en sesiones distintas, con el intervalo de un día, cuando menos, entre una y otras; sin cuyo requisito no se podrán determinar.

Artículo 44. En el caso de que la proposición sea urgente, podrá dispensarse esta última formalidad, precediendo una discusión y declaración de la urgencia, en la misma Cámara donde tenga su principio. Esta declaración y las razones que la motivaron se pasarán a la otra Cámara, junto con el proyecto de ley para que sea examinado. Si esta Cámara no cree justa la urgencia, devuelve el proyecto para que se delibere con las formalidades legales.

Artículo 45. Ningún proyecto o proposición de ley rechazado por una Cámara podrá ser presentado de nuevo hasta la sesión del año siguiente; pero esto no impedirá que alguno de los artículos compongan parte de otras proposiciones no rechazadas.

Artículo 46. Ningún proyecto a proposición de ley constitucionalmente aceptado, discutido y determinado en ambas Cámaras, podrá tenerse por ley de la república, hasta que no haya sido firmado por el Poder Ejecutivo. Si éste no creyere conveniente hacerlo, devolverá el proyecto a la Cámara de su origen, acompañándole sus reparos, sea sobre falta en las fórmulas, o en lo sustancial, dentro del término de diez días contados desde su recibo.

Artículo 47. Los reparos presentados por el Poder Ejecutivo, se asientan en el registro de las sesiones de la Cámara donde tuvo la ley su origen. Si no queda ésta satisfecha, discute de nuevo la materia, y resultando segunda vez aprobada por una mayoría de las dos terceras partes de los miembros presentes, la pasa con los reparos a la otra Cámara. El proyecto tendrá fuerza de ley, y deberá ser firmado por el Poder Ejecutivo, siempre que en esta otra Cámara lo aprueben también las dos terceras partes de los miembros presentes.

Artículo 48. Si pasados los diez días que señala el artículo 46 no hubiere sido devuelto el proyecto con las objeciones, tendrá fuerza de ley y será promulgado como tal; a menos que, corriendo este término, el Congreso se haya suspendido o puesto en receso; en cuyo caso deberán presentársele las objeciones en la primera próxima sesión.

Artículo 49. La sanción del Poder Ejecutivo es también necesaria para que tengan fuerza las demás resoluciones, los decretos, estatutos y actos legislativos de las Cámaras; exceptuando los que sean de suspensión y aplazamiento de sus sesiones; los decretos en que pidan informes o den comisiones en los negocios de su incumbencia; las elecciones que les corresponden; los juicios sobre calificación de sus miembros; las órdenes para llenar algunas vacantes en la Cámaras; las reglas de sus debates y policía interior; el castigo de sus miembros y de cuantos les falten al debido respeto, y cualquiera otros actos en que no sea necesaria la concurrencia de ambas.

Artículo 50. Las proposiciones que hayan pasado como urgentes en las dos Cámaras, serán sancionadas o devueltas por el Poder Ejecutivo, dentro de dos días sin mezclarse la urgencia.

Artículo 51. Al pasarse las deliberaciones de una Cámara a otra y al Poder Ejecutivo, se exceptuarán los días en que se discutió la materia, la fecha de las respectivas resoluciones, inclusa la de urgencia cuando la haya, y la exposición de las razones y los fundamentos que las hayan motivado. Cuando se omita alguno de estos requisitos deberá volverse el acto dentro de dos días a la Cámara donde se note la omisión, o a la de origen, si hubiere ocurrido en ambas.

Artículo 52. Siempre que una ley haya de pasarse al Poder Ejecutivo para su sanción, se extenderá por duplicado en la forma correspondiente, y se leerá en las dos Cámaras. Ambos originales serán firmados por sus respectivos Presidentes y secretarios, y se presentarán luego al Presidente de la República por una diputación.

Artículo 53. Sancionada u objetada la ley por el Presidente de la República, con arreglo al artículo 46, devolverá a las Cámaras, con el secretario del Despacho respectivo, uno de los dos originales con su decreto para que se dé cuenta en ellas. Este original se conservará en el archivo de la Cámara donde la ley tuvo su origen.

Artículo 54. Para la promulgación de la ley se usará siempre de esta fórmula: El Senado y la Cámara de representantes de la República de Colombia, reunidos en Congreso, etc., decretan:

Sección II. De las atribuciones especiales del Congreso

Artículo 55. Son atribuciones exclusivamente propias del Congreso: 1. Fijar cada año los gastos públicos en vista de los presupuestos que le presentará el Poder Ejecutivo; 2. Decretar lo conveniente para la administración, conservación y enajenación de los bienes nacionales; 3. Establecer toda suerte de impuestos, derechos o contribuciones; velar sobre su inversión, y tomar cuenta de ella al Poder Ejecutivo y demás empleados de la república; 4. Contraer deudas sobre el crédito de Colombia; 5. Establecer un banco nacional; 6. Determinar y uniformar el valor, peso, tipo y nombre de la moneda; 7. Fijar y uniformar los pesos y medidas; 8. Crear las Cortes de Justicia y juzgados inferiores de la república; 9. Decretar la creación o supresión de los empleos públicos, y señalar los sueldos, disminuirlos o aumentarlos; 10. Establecer reglas de naturalización; 11. Conceder premios y recompensas personales a los que hayan hecho grandes servicios a Colombia; 12. Decretar honores públicos a la memoria de los grandes hombres; 13. Decretar la conscripción y organización de los ejércitos, determinar su fuerza en paz y guerra, y señalar el tiempo que deben existir; 14. Decretar la construcción y equipamiento de la Marina, aumentarla o disminuirla; 15. Formar las ordenanzas que deban regir las fuerzas de mar y tierra; 16. Decretar la guerra en vista de los datos que le presente el Poder Ejecutivo; 17. Requerir al Poder Ejecutivo para que negocie la paz; 18. Prestar su consentimiento y aprobación a los tratados de paz, de alianza, de amistad, de comercio, de neutralidad y cualquier otro que celebre el Poder Ejecutivo; 19. Promover por leyes la educación pública y el progreso de las ciencias, las artes y los establecimientos útiles, y conceder por tiempo limitado derechos exclusivos para su estímulo y fomento; 20. Conceder indultos generales cuando lo exija algún grande motivo de conveniencia pública; 21. Elegir la ciudad que deba servir de residencia al Gobierno, y variarla cuando lo juzgue conveniente; 22. Fijar los límites de los departamentos, las provincias y demás divisiones del territorio de Colombia, como sea más conveniente para su mejor administración; 23. Permitir, o no, el paso de tropas de otro Estado por el territorio de Colombia; 24. Permitir, o no, la estación de escuadras de otro Estado en los puertos de Colombia, por más de un mes; 25. Conceder durante la presente Guerra de Independencia al Poder Ejecutivo aquellas facultades extraordinarias que se juzguen indispensables en los lugares que inmediatamente están sirviendo de teatro a las operaciones militares, y en los recién libertados del enemigo, pero detallándolas en cuanto sea posible, y circunscribiendo el tiempo, que solo será el muy necesario; 26. Decretar todas las demás leyes y ordenanzas, de cualquier naturaleza que sean, y alterar, reformar o derogar las establecidas. El Poder Ejecutivo solo podrá presentarle alguna materia para que la tome en consideración; pero nunca bajo la fórmula de ley.

Sección III. De las funciones económicas y prerrogativas comunes a ambas cámaras y a sus miembros

Artículo 56. Cada Cámara tiene el derecho de establecer los reglamentos que deba observar en sus sesiones, debates y deliberaciones. Conforme a ellos podrá castigar a cualquiera de sus miembros que los infrinja, o que de otra manera se haga culpable, con las penas que establezca, hasta expelerlos de su seno y declararlos indignos de obtener otros oficios de confianza o de honor en la república, cuando así se decida por el voto unánime de los dos tercios de los miembros presentes.

Artículo 57. Ninguna de ellas podrá abrir sus sesiones sin la concurrencia de la pluralidad absoluta de sus miembros, pero en todo caso el número existente, cualquiera que sea, deberá reunirse y compeler a los ausentes a que concurran, del modo y bajo las penas que las mismas Cámaras establezcan.
Artículo 58. Una vez abiertas las sesiones de cada año bastará la concurrencia de las dos terceras partes de los miembros presentes para que continúen las sesiones; con tal de que estas dos terceras partes, nunca sean menos de los dos tercios de la pluralidad absoluta.
Artículo 59. Las Cámaras en la casa de sus sesiones gozarán del derecho exclusivo de policía, y fuera de ella, en todo lo que conduzca al libre ejercicio de atribuciones. En uso de este derecho podrán castigar, o hacer que se castigue con las penas que hayan acordado, a todo el que les falte al debido respeto, o que amenace atentar contra el cuerpo o contra la inmunidad de sus individuos, o que de cualquiera otro modo desobedezca o embarace sus órdenes y deliberaciones.
Artículo 60. Las sesiones de ambas Cámaras serán públicas, pero podrán ser secretas cuando ellas lo crean necesario.
Artículo 61. El proceder de cada Cámara constará solemnemente en un registro diario en que se asienten sus debates y resoluciones, el cual se publicará de tiempo en tiempo, exceptuando aquellas cosas que deben reservarse, según el acuerdo de cada una; y siempre que lo reclame la quinta parte de los miembros presentes, deberán expresarse nominalmente los votos de sus individuos sobre toda moción o deliberación.
Artículo 62. Cada Cámara elige de entre sus miembros un presidente y un vicepresidente, cuyas funciones serán anuales desde una sesión ordinaria hasta otra, y nombrará de dentro o fuera de su seno un secretario. También nombrará los oficiales que juzgue necesarios para el desempeño de sus trabajos, asignando a estos empleados las correspondientes gratificaciones.
Artículo 63. Las comunicaciones entre las Cámaras y el Poder Ejecutivo, o entre sí mismas, se harán por el conducto de los respectivos presidentes, o por medio de diputaciones.
Artículo 64. Los senadores y representantes tienen ese carácter por la nación y no por el departamento o provincia que los nombra; ellos no pueden

recibir órdenes ni instrucciones particulares de las asambleas electorales, que solo podrán presentarles peticiones.

Artículo 65. No podrán ser senadores ni representantes el Presidente y vicepresidente de la República, los ministros de la Alta Corte de Justicia, los secretarios del Despacho, los intendentes, los gobernadores y los demás empleados públicos a quienes se prohíba por ley; los otros podrán serlo, con tal que suspendan el personal ejercicio de sus empleos mientras duren las sesiones. Cuando un senador o representante sea nombrado para otro destino público, quedará a su elección admitirle o rehusarle.

Artículo 66. Los miembros del Congreso gozan de inmunidad en sus personas y en sus bienes, durante las sesiones y mientras van a ellas o vuelvan a sus casas; excepto en los casos de traición o de otro grave delito contra el orden social, y no son responsables por los discursos y opiniones que hayan manifestado en las Cámaras, ante ninguna autoridad y en ningún tiempo.

Artículo 67. Los senadores y representantes obtendrán del tesoro nacional una indemnización determinada por ley, computándose el tiempo que deben haber invertido en venir de sus casas al lugar de reunión y volver a ellas concluidas las sesiones.

Sección IV. Del tiempo, duración y lugar de las sesiones del Congreso

Artículo 68. El Congreso se reunirá cada año precisamente, verificando la apertura de sus sesiones ordinarias el 2 de enero.

Artículo 69. Cada reunión ordinaria del Congreso durará noventa días. En caso necesario podrá prorrogarla hasta por treinta días más.

Artículo 70. Las Cámaras residirán en una misma parroquia; y mientras se hallen reunidas, ninguna podrá suspender sus sesiones por más de dos días, ni emplazarse para otro lugar distinto de aquel en que residieren, sin su mutuo consentimiento; pero si conviniendo en la traslación difiriesen respecto del tiempo y lugar, el Poder Ejecutivo tendrá la intervención de fijar un término medio entre los extremos de la disputa.

Sección V. Del escrutinio y elecciones correspondientes al Congreso

Artículo 71. En los años de elecciones se reunirá el Congreso en la Cámara del Senado, en su presencia se abrirán los pliegos de las elecciones del Presidente y vicepresidente de la República y de los senadores de los departamentos, y se formarán listas de todos los sufragios de las asambleas electorales, asentándolos en el registro correspondiente a cada clase de elecciones. El escrutinio se hace públicamente por cuatro miembros del Congreso y los secretarios.

Artículo 72. Para ser Presidente de la República se necesitan las dos terceras partes de los votos de los electores que concurrieron a las asambleas provinciales. Se declarará, pues, Presidente al que resulte con esta mayoría.

Artículo 73. Siempre que falte la mayoría indicada, el Congreso separa los tres que reúnan más sufragios, y procede a elegir uno entre ellos. El que obtuviere en esta elección los votos de las dos terceras partes de los miembros presentes será el Presidente de la República.

Artículo 74. Si hecho el escrutinio ninguno resultare electo, el Congreso contrae la votación a los dos que hayan alcanzado mayor número de votos en el acto antecedente.

Artículo 75. La elección del Presidente se hará en una sola sesión, que será permanente.

Artículo 76. El vicepresidente de la República será elegido con las mismas formalidades que el Presidente.

Artículo 77. El Congreso declarará senadores a los que hayan alcanzado la pluralidad absoluta de votos de los electores de cada departamento que concurrieron a la elección.

Artículo 78. Si no concurriere a favor de ninguno o de algunos la mayoría indicada, el Congreso tomará un número igual, o si no lo hubiere, aproximado al triple de los que falten entre los que tengan más votos. Hecha esta separación, procederá a elegir entre éstos, uno por uno, los que hayan de nombrarse. Cuando en el escrutinio no resulte elección, se repetirá el acto conforme al artículo 74.

Artículo 79. En los casos de duda por causa de igualdad en materia de elecciones, la suerte decide.
Artículo 80. Cuando falte algún senador o representante por muerte, renuncia, destitución u otra causa, se llenarán las vacantes por el Congreso, escogiendo uno entre los tres que en los registros de las asambleas electorales se sigan con mayor número de votos, pero si en dichos registros no quedare este número, la respectiva Cámara expedirá órdenes para que se nombre otra persona de la manera prevenida en esta Constitución. La duración del así nombrado solo será hasta las próximas elecciones ordinarias.
Artículo 81. Si una misma persona fuere nombrada a la vez por el departamento de su naturaleza y por el de su vecindad, o por la provincia de su naturaleza y la de su vecindad, subsistirá el nombramiento por razón de la naturaleza.
Artículo 82. El Congreso pasará aviso a los que resulten nombrados en los destinos de Presidente, vicepresidente y senadores, para que ocurran a posesionarse en el día que se les asigne.
Artículo 83. En esta primera vez nombra el actual Congreso el Presidente, el vicepresidente de la República y los senadores.

Sección VI. De la Cámara de Representantes

Artículo 84. La Cámara de representantes se compone de diputados nombrados por todas las provincias de la república, conforme a esta Constitución.
Artículo 85. Cada provincia nombrará un representante por cada treinta mil almas de su población; pero si calculada ésta, quedare un exceso de quince mil almas, tendrá un representante más, y toda provincia, cualquiera que sea su población, nombrará por lo menos un representante. El actual Congreso señalará, por medio de un decreto, el número de representantes que deba nombrar cada provincia, hasta tanto que se formen los censos de la población.
Artículo 86. Esta proporción de uno por treinta mil continuará siendo la regla de la representación, hasta que el número de representantes llegue a ciento; y aunque se aumente la población, no se aumentará por eso el número, sino que se elevará la proporción hasta que corresponda un representante a cada cuarenta mil almas. En este estado continuará la proporción de uno por cuarenta mil, hasta que lleguen a ciento cincuenta los repre-

sentantes; y entonces, como en el caso anterior, se elevará la proporción a cincuenta mil por uno.

Artículo 87. No podrá ser representante el que además de las cualidades de elector, no tenga: 1. La calidad de natural o vecino de la provincia que lo elige; 2. Dos años de residencia en el territorio de la república inmediatamente antes de la elección. Este requisito no excluye a los ausentes en servicio de la república, o con permiso del Gobierno; ni a los prisioneros, desterrados o fugitivos del país por su amor o servicios a la causa de la independencia; 3. Ser dueño de una propiedad raíz que alcance al valor libre de dos mil pesos, o tener una renta o usufructo de quinientos pesos anuales o ser profesor de alguna ciencia.

Artículo 88. Los no nacidos en Colombia necesitan para ser representantes tener ocho años de residencia en la república y diez mil pesos en bienes raíces; se exceptúan los nacidos en cualquier parte del territorio de América que en el año de 1810 dependía de España y que no se ha unido a otra nación extranjera, a quienes bastará tener cuatro años de residencia y cinco mil pesos en bienes raíces.

Artículo 89. La Cámara de representantes tiene el derecho exclusivo de acusar ante el Senado al Presidente de la República, al vicepresidente y a los ministros de la Alta Corte de Justicia, en todos los casos de una conducta manifiestamente contraria al bien de la república y a los deberes de sus empleos, o de delitos graves contra el orden social.

Artículo 90. Los demás empleados de Colombia también están sujetos a la inspección de la Cámara de representantes, y podrá acusarlos ante el Senado por el mal desempeño de sus funciones, u otros graves crímenes. Pero esta facultad no deroga ni disminuye la de otros jefes y tribunales para velar la observancia de las leyes, y juzgar, deponer y castigar según ellas a sus respectivos subalternos.

Artículo 91. El tiempo de las funciones de representante será de cuatro años.

Artículo 92. A la Cámara de representantes corresponde la calificación de las elecciones y cualidades de sus respectivos miembros, su admisión y la resolución de las dudas que sobre esto pueden ocurrir.

Sección VII. De la cámara del Senado

Artículo 93. El Senado de Colombia se compone de los senadores nombrados por los departamentos de la república, conforme a esta Constitución. Cada departamento tendrá cuatro senadores.

Artículo 94. El tiempo de las funciones de los senadores será de ocho años. Pero los senadores de cada departamento serán divididos en dos clases: los de la primera quedarán vacantes al fin del cuarto año, y los de la segunda, al fin del octavo; de modo que cada cuatro años se haga la elección de la mitad de ellos. En esta vez la Cámara, en su primera reunión sacará a la suerte los dos senadores de cada departamento, cuyas funciones hayan de expirar al fin del primer período.

Artículo 95. Para ser senador se necesita, además de las calidades de elector: 1. Treinta años de edad; 2. Ser natural o vecino del departamento que hace la elección; 3. Tres años de residencia en el territorio de la república inmediatamente antes de la elección, con las excepciones del artículo 87; 4. Ser dueño de una propiedad que alcance el valor libre de cuatro mil pesos en bienes raíces; o en su defecto tener el usufructo o renta de quinientos pesos anuales, o ser profesor de alguna ciencia.

Artículo 96. Los no nacidos en Colombia no podrán ser senadores, sin tener doce años de residencia y dieciséis mil pesos en bienes raíces; se exceptúan los nacidos en cualquier parte del territorio de la América que en el año de 1810 dependía de la España y que no se ha unido a otra nación extranjera, a quienes bastará tener seis años de residencia y ocho mil pesos en bienes raíces.

Artículo 97. Es una atribución especial del Senado ejercer el poder natural de una Corte de Justicia, para oír, juzgar y sentenciar a los empleados de la república, acusados por la Cámara de representantes en los casos de los artículos 89 y 90.

Artículo 98. En los casos en que el Senado hace las funciones de Corte de Justicia, la Cámara de representantes escoge uno de sus miembros para que haga las veces de acusador, el cual procederá conforme a las órdenes e instrucciones que le comunique la Cámara.

Artículo 99. El Senado instruye el proceso por sí mismo o por comisión emanada de su seno, reservándose la sentencia, que la pronunciará él mismo.

Artículo 100. Siempre que una acusación propuesta ante el Senado es admitida por él, queda de hecho suspenso de su empleo el acusado, y la autoridad a quien corresponde provee la plaza interinamente.
Artículo 101. Nadie podrá ser condenado en estos juicios sin el voto unánime de las dos terceras partes de los senadores presentes.
Artículo 102. Las determinaciones del Senado en estos casos no podrán extenderse a otra cosa que deponer de su empleo al convencido y declararle incapaz de obtener otros honoríficos, lucrativos o de confianza en Colombia, pero el culpado quedará, sin embargo, sujeto a acusación, prueba, sentencia y castigo según la ley.
Artículo 103. En los casos en que el Senado lo juzgue conveniente, asistirá a sus juicios, para informar e instruir en el derecho, el presidente de la Alta Corte de Justicia, o alguno de sus miembros.
Artículo 104. Los decretos, autos y sentencias que pronuncie el Senado en estos juicios deben ejecutarse sin la sanción del Poder Ejecutivo.

Título V. Del Poder Ejecutivo

Sección I. De la naturaleza y duración de este poder

Artículo 105. El Poder Ejecutivo de la República estará depositado en una persona, con la denominación de Presidente de la República de Colombia.
Artículo 106. Para ser Presidente se necesita ser ciudadano de Colombia por nacimiento y todas las otras cualidades que para ser senador.
Artículo 107. La duración del Presidente será de cuatro años, y no podrá ser reelegido más de una vez sin intermisión.
Artículo 108. Habrá un vicepresidente, que ejercerá las funciones de Presidente en caso de muerte, destitución o renuncia, hasta que se nombre sucesor, que será en la próxima reunión de las asambleas electorales. También entrará en las mismas funciones por ausencia, enfermedad o cualquiera otra falta temporal del Presidente.
Artículo 109. El vicepresidente de la república debe tener las mismas cualidades que el Presidente.

Artículo 110. El presidente del Senado suple las faltas del Presidente y vicepresidente de la República, pero cuando éstas sean absueltas, procederá inmediatamente a llenar las vacantes, conforme a esta Constitución.

Artículo 111. La duración del Presidente y vicepresidente nombrados fuera de los períodos constitucionales solo será hasta la próxima reunión ordinaria de las asambleas constitucionales.

Artículo 112. El Presidente y vicepresidente reciben por sus servicios los sueldos que la ley les señala, los cuales nunca serán aumentados ni disminuidos en su tiempo.

Sección II. De las funciones, deberes y prerrogativas del presidente de la República

Artículo 113. El Presidente es jefe de la administración general de la república. La conservación del orden y de la tranquilidad en lo interior y de la seguridad en lo exterior le está especialmente cometida.

Artículo 114. Promulga, manda ejecutar y cumplir las leyes, los decretos, estatutos y actos del Congreso cuando conforme queda establecido por la Sección I del Título IV de esta Constitución, tengan fuerza de tales, y expide los decretos, reglamentos e instrucciones que sean convenientes para su ejecución.

Artículo 115. Convoca al Congreso en los períodos señalados por esta Constitución y en los demás casos extraordinarios en que lo exija la gravedad de alguna ocurrencia.

Artículo 116. Dicta todas las órdenes convenientes para que oportunamente se hagan las elecciones constitucionales.

Artículo 117. Tiene en toda la república el mando supremo de las fuerzas de mar y tierra, y está exclusivamente encargado de su dirección; pero no podrá mandarlas en persona sin previo acuerdo y consentimiento del Congreso.

Artículo 118. Cuando, conforme al artículo anterior, el Presidente mande en persona las fuerzas de la república, o alguna parte de ellas, las funciones del Poder Ejecutivo recaerán por el mismo hecho en el vicepresidente.

Artículo 119. Declara la guerra en nombre de la república, después que el Congreso la haya decretado, y toma todas las medidas preparatorias.

Artículo 120. Celebra los tratados de paz, alianza, amistad, treguas, comercio, neutralidad y cualquiera otros, con los príncipes, naciones o pueblos extranjeros; pero sin el consentimiento y aprobación del Congreso, no presta ni deniega su ratificación a los que estén ya concluidos por los plenipotenciarios.

Artículo 121. Con previo acuerdo y consentimiento del Senado, nombra toda especie de ministros y agentes diplomáticos, y los oficiales militares desde coronel inclusive arriba.

Artículo 122. En los recesos del Senado puede dar en comisión dichos empleos, cuando urgiere su nombramiento, hasta que en la próxima reunión ordinaria o extraordinaria del Senado sean provistos conforme al artículo anterior.

Artículo 123. También le corresponde el nombramiento de los demás empleados civiles y militares que no reserve a otra autoridad la Constitución o la ley.

Artículo 124. Cuida de que la justicia se administre pronta y cumplidamente por los tribunales y juzgados de la república, y de que sus sentencias se cumplan y ejecuten.

Artículo 125. Puede suspender de sus destinos a los empleados ineptos o que delincan en razón de su oficio; pero avisará al mismo tiempo al tribunal que corresponda, acompañándole el expediente o los documentos que motivaron su procedimiento, para que siga el juicio con arreglo a las leyes.

Artículo 126. No puede privar a ningún individuo de su libertad, ni imponerle pena alguna. En caso de que el bien y la seguridad de la república exijan el arresto de alguna persona, podrá el Presidente expedir órdenes al efecto, pero con la condición de que dentro de cuarenta y ocho horas, deberá hacerla entregar a disposición del tribunal o juez competente.

Artículo 127. En favor de la humanidad puede, cuando lo exija algún grave motivo, conmutar las penas capitales de acuerdo con los jueces que conozcan de la causa, bien sea a su propuesta o a la de aquéllos.

Artículo 128. En los casos de conmoción interior a mano armada que amenace la seguridad de la república, y en los de una invasión exterior repentina, puede, con previo acuerdo y consentimiento del Congreso, dictar todas aquellas medidas extraordinarias que sean indispensables y que no estén comprendidas en la esfera natural de sus atribuciones. Si el Congreso no estuviere reunido, tendrá la misma facultad por sí solo; pero le convocará sin la menor demora, para proceder conforme a sus acuerdos. Esta extraordinaria autorización será limitada únicamente a los lugares y tiempo indispensablemente necesarios.

Artículo 129. El Presidente de la República, al abrir el Congreso sus sesiones anuales, le dará cuenta en sus dos Cámaras del estado político y militar de la nación; de sus rentas, gastos y recursos, y le indicará las mejoras y reformas que pueden hacerse en cada ramo.

Artículo 130. También dará a cada Cámara cuantos informes pida, pero reservando aquellos cuya publicación no convenga por entonces, con tal que no sean contrarios a los que presenta.

Artículo 131. El Presidente de la República, mientras dura en este empleo, solo puede ser acusado y juzgado ante el Senado en los casos del artículo 89.

Artículo 132. El Presidente no puede salir del territorio de la República durante su presidencia, ni un año después, sin permiso del Congreso.

Sección III. Del Consejo de Gobierno

Artículo 133. El Presidente de la República tendrá un Consejo de Gobierno, que será compuesto del vicepresidente de la República, de un ministro de la Alta Corte de Justicia, nombrado por él mismo, y de los secretarios del Despacho.

Artículo 134. El Presidente oirá el dictamen del Consejo en todos los casos de los artículos 46, 119, 120, 121, 122, 123, 124, 125, 126, 127, 128 y en los demás de gravedad que ocurran o que le parezca, pero no será obligado a seguirle en sus deliberaciones.

Artículo 135. El Consejo llevará un registro de todos sus dictámenes, y pasará cada año al Senado un testimonio exacto de él, exceptuando solamente los negocios reservados mientras haya necesidad de la reserva.

Sección IV. De los secretarios del despacho

Artículo 136. Se establecen para el despacho de los negocios cinco secretarios de Estado, a saber: de Relaciones Exteriores, del Interior, de Hacienda, de Marina y de Guerra. El Poder Ejecutivo puede reunir temporalmente dos secretarías en una.

Artículo 137. El Congreso hará en el número de ellas variaciones que la experiencia muestre o las circunstancias exijan; y por un reglamento particular, que hará el Poder Ejecutivo, sometiéndolo a su aprobación, se asignarán a cada Secretaría los negocios que deben pertenecerle.
Artículo 138. Cada secretario es el órgano preciso e indispensable por donde el Poder Ejecutivo libra sus órdenes a las autoridades que le están subordinadas. Toda orden que no esté autorizada por el respectivo secretario no debe ser ejecutada por ningún tribunal ni persona pública o privada.
Artículo 139. Es de la obligación de los secretarios del Despacho dar a cada Cámara, con la anuencia del Poder Ejecutivo, cuantos informes se les pidan por escrito o de palabra en sus respectivos ramos, reservando solamente lo que no convenga publicar.

Título VI. Del Poder Judicial

Sección I. De las atribuciones de la Alta Corte de Justicia, elección y duración de sus miembros

Artículo 140. La Alta Corte de Justicia de Colombia se compondrá de cinco ministros, por lo menos.
Artículo 141. Para ser ministro de la Alta Corte de Justicia se necesita: 1. Gozar de los derechos de elector; 2. Ser abogado no suspenso; 3. Tener la edad de treinta años cumplidos.
Artículo 142. Los ministros de la Alta Corte de Justicia serán propuestos por el Presidente de la República a la Cámara de representantes en número triple. La Cámara reduce aquel número al doble, y lo presenta al Senado para que éste nombre los que deben componerla. El mismo orden se seguirá siempre que por muerte, destitución o renuncia, sea necesario reemplazar toda la Alta Corte, o alguno de sus miembros. Pero si el Congreso no estuviere reunido, el Poder Ejecutivo proveerá interinamente las plazas vacantes hasta que se haga la elección en la forma dicha. En esta vez serán nombrados por el actual Congreso.
Artículo 143. Corresponde a la Alta Corte de Justicia el conocimiento: 1. De los negocios contenciosos de embajadores, ministros, cónsules o agentes diplomáticos; 2. De las controversias que resultaren en los tratados y las

negociaciones que haga el Poder Ejecutivo; 3. De las competencias suscitadas o que suscitaren en los tribunales superiores.

Artículo 144. La ley determinará el grado, forma y casos en que debe conocer de los negocios expresados y de cualquiera otros civiles y criminales que se les asignen.

Artículo 145. Los ministros de la Alta Corte de Justicia durarán en sus empleos todo el tiempo de su buena conducta.

Artículo 146. En periodos fijos determinados por la ley, recibirán por este servicio los sueldos que se les asignaren.

Sección II. De las Cortes Superiores de justicia y de los juzgados inferiores

Artículo 147. Para la más pronta y fácil administración de justicia, el Congreso establecerá en toda la república las Cortes Superiores que juzgue necesarias, o que las circunstancias permitan crear desde ahora, asignándoles el territorio a que se extienda su respectiva jurisdicción y los lugares de su residencia.

Artículo 148. Los ministros de las Cortes Superiores serán nombrados por el Poder Ejecutivo, a propuesta de terna de la Alta Corte de Justicia. Su duración será la expresada en el artículo 145.

Artículo 149. Los juzgados inferiores subsistirán por ahora en los términos que se prescribirá por ley particular, hasta tanto que el Congreso varíe la administración de justicia.

Título VII. De la organización interior de la República

Sección I. De la administración de los departamentos

Artículo 150. El Congreso dividirá el territorio de la república en seis o más departamentos, para su más fácil y cómoda administración.

Artículo 151. El mando político de cada departamento residirá en un magistrado, con la denominación de intendente, sujeto al Presidente de la República, de quien será agente natural e inmediato. La ley determinará sus facultades.

Artículo 152. Los intendentes serán nombrados por el Presidente de la República, conforme a lo que prescriben los artículos 121 y 122. Su duración será de tres años.

Sección II. De la administración de las provincias y cantones

Artículo 153. En cada provincia habrá un gobernador, que tendrá el régimen inmediato de ella con subordinación al intendente del departamento, y las facultades que detalle la ley. Durará y será nombrado en los mismos términos que los intendentes.

Artículo 154. El intendente del departamento es el gobernador de la provincia en cuya capital reside.

Artículo 155. Subsisten los Cabildos o las municipalidades de los cantones. El Congreso arreglará su número, sus límites y atribuciones y cuanto conduzca a su mejor administración.

Título VIII. Disposiciones generales

Artículo 156. Todos los colombianos tienen el derecho de escribir, imprimir y publicar libremente sus pensamientos y opiniones, sin necesidad de examen, revisión o censura alguna anterior a la publicación. Pero los que abusen de esta preciosa facultad sufrirán los castigos a que se hagan acreedores conforme a las leyes.

Artículo 157. La libertad que tienen los ciudadanos de reclamar sus derechos ante los depositarios de la autoridad pública, con la moderación y el respeto debidos, en ningún tiempo será impedida ni limitada. Todos, por el contrario, deberán hallar un remedio pronto y seguro, con arreglo a las leyes, de las injurias y daños que sufrieren en sus personas, en sus propiedades, en su honor y estimación.

Artículo 158. Todo hombre debe presumirse inocente hasta que se le declare culpado con arreglo a la ley. Si antes de esta declaratoria se juzga necesario arrestarle o prenderle, no debe emplearse ningún rigor que no sea indispensable para asegurarse de su persona.

Artículo 159. En negocios criminales ningún colombiano puede ser preso sin que preceda información sumaria del hecho por el que merezca, según la ley, ser castigado con pena corporal.

Artículo 160. En fraganti todo delincuente puede ser arrestado, y todos pueden arrestarle y conducirle a la presencia del juez, para que se proceda inmediatamente a lo prevenido en el artículo anterior.

Artículo 161. Para que un ciudadano pueda ser preso se necesita: 1. Una orden de arresto firmada por la autoridad a quien la ley confiera este poder; 2. Que la orden exprese los motivos para prisión; 3. Que se le intime y dé una copia de ella.

Artículo 162. Ningún alcaide o carcelero puede admitir ni detener en la prisión a ninguna persona sino después de haber recibido la orden de prisión o arresto, de que habla el artículo anterior.

Artículo 163. El alcaide o carcelero no podrá prohibir al preso la comunicación con persona alguna sino en el caso de que la orden de prisión contenga la cláusula de incomunicación. Ésta no puede durar más de tres días; y nunca usará de otros apremios o prisiones que los que expresamente le haya prevenido el juez.

Artículo 164. Son culpables y están sujetos a las penas de detención arbitraria: 1. Los que sin poder legal arrestan, hacen o mandan arrestar a cualquier persona; 2. Los que con dicho poder abusan de él, arrestando, o mandando a arrestar, o continuando en arresto a cualquier persona, fuera de los casos determinados por la ley, o contra las formas que haya prescrito, o en lugares que no estén pública y legalmente conocidos por cárceles; 3. Los alcaides o carceleros que contravengan a lo dispuesto en los artículos 162 y 163.

Artículo 165. En cualquier tiempo en que parezcan desvanecidos los motivos que hubo para el arresto, detención o prisión, el arrestado será puesto en libertad. También la obtendrá dando fianza, en cualquier estado de la causa en que se vea que no puede imponérsele pena corporal. Al tiempo de tomar la confesión al procesado, que deberá ser a lo más dentro del tercero día, se le leerán íntegramente todos los documentos y declaraciones de los testigos, con los nombres de éstos; y si por ellos no los conociere, se le darán todas las noticias posibles para que venga en conocimiento de quiénes son.

Artículo 166. Nadie podrá ser juzgado por comisiones especiales, sino por los tribunales a quienes corresponda el caso por las leyes.

Artículo 167. Nadie podrá ser juzgado, y mucho menos castigado sino en virtud de una ley anterior a su delito o acción, y después de habérsele oído o citado legalmente, y ninguno será admitido, ni obligado con juramento, ni con otro apremio, a dar testimonio contra sí mismo en causa criminal; ni tampoco lo serán recíprocamente entre sí los ascendientes y descendientes, y los parientes hasta el cuarto grado civil de consanguinidad y segundo de afinidad.

Artículo 168. Todo tratamiento que agrave la pena determinada por ley es un delito.

Artículo 169. Nunca podrá ser allanada la casa de ningún colombiano sino en los casos determinados por la ley, y bajo la responsabilidad del juez que expida la orden.

Artículo 170. Los papeles particulares de los ciudadanos, lo mismo que sus correspondencias epistolares, son inviolables, y nunca podrá hacerse su registro, examen o intercepción fuera de aquellos casos en que la ley expresamente lo prescriba.

Artículo 171. Todo juez y tribunal debe pronunciar sus sentencias con expresión de la ley o el fundamento aplicable al caso.

Artículo 172. En ningún juicio habrá más de tres instancias, y los jueces que hayan fallado en una, nunca podrán asistir a la vista del mismo pleito en otra.

Artículo 173. La infamia que afecta a algunos delitos nunca será trascendental a la familia o descendencia del delincuente.

Artículo 174. Ningún colombiano, excepto los que estuvieren empleados en la Marina o en las milicias que se hallaren en actual servicio, deberá sujetarse a las leyes militares ni sufrir castigos provenidos de ellas.

Artículo 175. Una de las primeras atenciones del Congreso será introducir en cierto género de causas el juicio por jurados, hasta que bien conocidas prácticamente las ventajas de esta institución, se extienda a todos los casos criminales y civiles a que comúnmente se aplica en otras naciones, con todas las formas propias de este procedimiento.

Artículo 176. Los militares en tiempo de paz no podrán acuartelarse ni tomar alojamiento en las casas de los demás ciudadanos, sin el consentimiento de sus dueños; ni en tiempo de guerra, sino por orden de magistrados civiles, conforme a las leyes.

Artículo 177. Ninguno podrá ser privado de la menor porción de su propiedad, ni ésta será aplicada a usos públicos, sin su propio consentimiento, o el del cuerpo legislativo; cuando alguna pública necesidad legalmente comprobada exigiere que la propiedad de algún ciudadano se aplique a usos semejantes, la condición de una justa compensación debe presuponerse.

Artículo 178. Ningún género de trabajo, de cultura, de industria o de comercio será prohibido a los colombianos, excepto aquellos que ahora no son necesarios para la subsistencia de la república, que se libertarán por el Congreso cuando lo juzgue oportuno y conveniente.

Artículo 179. Se prohíbe la fundación de mayorazgos y toda clase de vinculaciones.

Artículo 180. No se extraerá del tesoro común cantidad alguna en oro, plata, papel u otra forma equivalente, sino para objetos e inversiones ordenados por la ley; y anualmente se publicará un estado y cuenta regular de las entradas y los gastos de los fondos públicos para conocimiento de la nación.

Artículo 181. Quedan extinguidos todos los títulos de honor concedidos por el Gobierno español; y el Congreso no podrá conceder otro alguno de nobleza, honores o distinciones hereditarias, ni crear empleos u oficio alguno, cuyos sueldos o emolumentos puedan durar más tiempo que el de la buena conducta de los que sirvan.

Artículo 182. Cualquiera persona que ejerza algún empleo de confianza u honor bajo la autoridad de Colombia, no podrá aceptar regalo, título o emolumento de algún Rey, príncipe o Estado extranjero sin el consentimiento del Congreso.

Artículo 183. Todos los extranjeros de cualquiera nación serán admitidos en Colombia; ellos gozarán en sus personas y propiedades de la misma seguridad que los demás ciudadanos, siempre que respeten las leyes de la república.

Artículo 184. Los no nacidos en Colombia, que durante la Guerra de la Independencia han hecho o hicieren una o más campañas con honor, u otros servicios muy importantes en favor de la república, quedan igualados con los naturales del país en su aptitud para obtener todos los empleos en que no se exija ser ciudadano de Colombia por nacimiento, siempre que concurran en ellos las mismas cualidades.

Título IX. Del juramento de los empleados

Artículo 185. Ningún empleado de la república podrá ejercer sus funciones sin prestar el juramento de sostener y defender la Constitución, y de cumplir fiel y exactamente los deberes de su empleo.

Artículo 186. El Presidente y vicepresidente de la República prestarán este juramento en presencia del Congreso, en manos del presidente del Senado. Los presidentes del Senado, de la Cámara de representantes y de la Alta Corte de Justicia lo prestarán en presencia de sus respectivas corporaciones; y los individuos de éstas lo harán a su vez en manos de sus presidentes.

Artículo 187. Los secretarios del Despacho, los ministros de las Cortes Superiores de Justicia, los intendentes departamentales, los gobernadores de provincia, los generales del Ejército y las demás autoridades principales, juran ante el Presidente de la República, o ante la persona a quien él cometa esta función.

Título X. De la observancia de las leyes antiguas, interpretación y reforma de esta Constitución

Artículo 188. Se declaran en su fuerza y vigor las leyes que hasta aquí han regido en todas las materias y puntos que directa o indirectamente no se opongan a esta Constitución ni a los decretos y las leyes que expidiere el Congreso.

Artículo 189. El Congreso podrá resolver cualquier duda que ocurra sobre la inteligencia de algunos artículos de esta Constitución.

Artículo 190. En cualquier tiempo en que las dos terceras partes de cada una de las Cámaras juzguen conveniente la reforma de algunos artículos de esta Constitución, podrá el Congreso proponerla para que de nuevo se tome en consideración, cuando se haya renovado, por lo menos, la mitad de los miembros de las Cámaras que propusieron la reforma; y si entonces fuere también ratificada por los dos tercios de cada una, procediéndose con las formalidades prescritas en la Sección I del Título IV, será válida y hará parte de la Constitución; pero nunca podrán alterarse las bases contenidas en la Sección I del Título I y en la II del Título II.

Artículo 191. Cuando ya libre toda o la mayor parte de aquel territorio de la república que hoy está bajo el poder español, pueda concurrir con sus representantes a perfeccionar el edificio de su felicidad, y después que una práctica de diez o más años haya descubierto todos los inconvenientes o ventajas de la presente Constitución, se convocará por el Congreso una gran convención de Colombia autorizada para examinarla o reformarla en su totalidad.

Dada en el primer Congreso General de Colombia, y firmada por todos los diputados presentes en la Villa del Rosario de Cúcuta, a treinta de agosto del año del Señor de mil ochocientos veintiuno, undécimo de la independencia.

El presidente del Congreso, doctor Miguel Peña – el vicepresidente del Congreso, Rafael, obispo de Mérida de Maracaibo – Alejandro Osorio – Luis Ignacio Mendoza – Vicente Azuero – José Ignacio de Márquez – Diego Fernando Gómez – José Cornelio Valencia – Domingo B. y Briceño – Joaquín Borrero – Antonio María Briceño – Joaquín Fernández de Soto – José Antonio Borrero – Diego Bautista Urbaneja – Miguel de Zárraga – Manuel Benítez – José Antonio Yánez – Andrés Rojas – Ildefonso Méndez – José F. Blanco – Pedro F. Carvajal – Miguel Domínguez – doctor Ramón Ignacio Méndez – Bartolomé Osorio – Francisco de P. Orbegozo – Salvador Camacho – Juan Ronderos – J. Prudencio Lanz – Cerbelión Urbina – Mariano Escobar – José Gabriel de Alcalá – José Antonio Paredes – José María Hinestrosa – J. Francisco Pereira – Sinforoso Mutis – Juan Bautista Estévez – José Manuel Restrepo – Casimiro Calvo – Manuel María Quijano – Miguel de Tobar – José de Quintana y Navarro – José Ignacio Valbuena – Joaquín Plata – Miguel Ibáñez – doctor Félix Restrepo – Francisco José Otero – Carlos Álvarez, Gabriel Briceño – Lorenzo Santander – Nicolás Ballén de Guzmán – Pedro Gual – Bernardino Tovar – Pacífico Jaime – Policarpo Uricoechea – Vicente A.

Borrero – José A. Mendoza – Francisco Gómez – Francisco Conde – el diputado secretario – Francisco Soto, el diputado secretario, Miguel Santamaría, el diputado secretario, Antonio José Caro

Palacio del Gobierno de Colombia en el Rosario de Cúcuta, a seis de octubre de 1821. Cúmplase, publíquese y circúlese.

Dado, firmado de mi mano, sellado con el sello provisional de la república y refrendado por los ministros secretarios del Despacho.

Simón Bolívar

Pedro Briceño Méndez El ministro de Marina y Guerra

Pedro Gual El ministro de Hacienda y Relaciones Exteriores
Diego B. Urbaneja El ministro del Interior y de Justicia

Pacto social fundamental interino de Costa Rica. 1.º de diciembre de 1821[41]

En nombre de Dios todo poderoso, padre, hijo y espíritu santo, autor supremo legislador de la sociedad.

La provincia de Costa Rica, libremente congregada y legítimamente representada por los legados reunidos en esta ciudad (Cartago) de todos los pueblos que la componen y suscriben, teniendo en consideración que por haberse jurado la independencia absoluta del Gobierno español en esta y las demás provincias del reino y aun en toda la América Septentrional sobre diversas bases y principios, se hallan libres los pueblos para constituirse en nueva forma de gobierno; y deseando esta provincia conservarse libre, unida, segura y tranquila por un pacto de unión y concordia, ínterin que informándose las otras puedan concurrir al establecimiento de un Gobierno supremo constitucional, se constituye este provisional. Al efecto, después de haber conferenciado dichos legados cuanto ha parecido conveniente, en uso de sus respectivos poderes y representación, han concluido y celebrado el tratado siguiente:

Capítulo 1. De la provincia

Artículo 1. La provincia de Costa Rica está en absoluta libertad y posesión exclusiva de sus derechos para constituirse en una nueva forma de gobierno y será dependiente o confederada de aquel Estado o potencia a que le convenga adherirse, bajo el preciso sistema de absoluta independencia del Gobierno español y de cualquier otro que no sea americano.

Artículo 2. La provincia reconoce y respeta la libertad civil, propiedad y demás derechos naturales y legítimos de toda persona y de cualquiera pueblo o nación.

Capítulo 2. De la religión

Artículo 3. La religión de la provincia es y será siempre la católica apostólica romana, como única verdadera, con exclusión de cualquier otra.

---

41 «Pacto social fundamental interino de Costa Rica», Pensamiento constitucional hispanoamericano hasta 1830, Caracas, Biblioteca de la Academia Nacional de la Historia, 1961, v. 41, tomo II, págs. 179-189.

Artículo 4. Si algún extranjero de diversa religión aportase a la provincia por título o motivos de comercio o de tránsito, el Gobierno señalará el tiempo preciso de su residencia en ella, durante el cual será protegida la libertad y seguridad de su persona y bienes, siempre que no procure seducir en la provincia contra la religión o Estado, en cuyo caso será expulsado inmediatamente.

Capítulo 3. De los ciudadanos

Artículo 5. Todos los hombres libres naturales de la provincia o avecindados en ella con cinco años de residencia, gozarán el derecho de ciudadanos con tal que hayan jurado la absoluta independencia del Gobierno español.

Artículo 6. Los derechos de ciudadano se suspenden o pierden por las mismas causas que expresan los artículos 24 y 25 de la Constitución española.

Artículo 7. Para obtener cualquier empleo, a más de estar en el ejercicio de la ciudadanía, debe el que lo obtenga ser mayor de veinticinco años, adicto decididamente a la Independencia americana y jurar la observancia de este pacto.

Capítulo 4. Del Gobierno

Artículo 8. Para la administración, conservación y prosperidad de la provincia se establecerá en su seno una Junta de Gobierno provisional, compuesta de siete vocales elegidos popularmente.

Artículo 9. Este Gobierno permanecerá hasta que se forme y establezca la Constitución del Estado a que la provincia se adhiera.

Capítulo 5. De la elección del Gobierno

Artículo 10. Para la elección de los miembros del Gobierno (concediendo alguna gracia a los pueblos lejanos y pequeños por su propia conveniencia) se celebrarán juntas de parroquia en el recinto de cada uno, para el nombramiento de compromisarios y electores de parroquia, conforme al plan que se acompaña bajo este número, quienes celebrarán juntas de partido en el que respectivamente se les señala por cabeza en el plan, para nombrar los de partido.

Artículo 11. Las juntas de parroquia se celebrarán por ahora, para este caso, el tercer domingo 16 de diciembre próximo, y las de partido el cuarto domingo 23 del mismo.

Artículo 12. Los pueblos transmitirán en sus electores parroquiales, y estos en los de partido, los derechos de soberanía por medio de poder, para sancionar este pacto.

Artículo 13. Los electores de partido celebrarán, el primer domingo 6 de enero próximo, junta de provincia en esta ciudad, y nombrando de su seno presidente, escrutadores y secretario, previas las demás formalidades establecidas en la Constitución (española), que igualmente se observarán en la junta antedicha, se tendrá la junta por instalada.

Artículo 14. Si faltase alguno o algunos de los treinta y uno electores de partido, como no exceda la falta de una cuarta parte, procederá la junta a elegir suplentes por los que faltan; mas si la falta excediese de siete, se suspenderá el acto y convocará a los que falten, hasta completar el número indicado.

Artículo 15. Hallándose completa la junta, discutirá este pacto, alterando, modificando o ratificándolo como le parezca; y esta determinación será una ley interina fundamental de la provincia.

Artículo 16. Al siguiente día de ratificado el pacto procederá a la elección de los siete miembros del Gobierno y tres suplentes.

Artículo 17. Los individuos del Gobierno, a más de tener las cualidades que requiere el artículo 7, han de ser americanos.

Artículo 18. Hecha la elección anterior, nombrará la junta electoral una comisión de su seno de once individuos y cuatro suplentes, y esta comisión elegirá de su seno presidente y secretario para los fines de expresar el artículo 50, en cuyo caso será convocada por el presidente de ellas.

Capítulo 6. De la instalación de la junta y sus facultades

Artículo 19. El domingo siguiente al nombramiento de los vocales de la Junta de Gobierno, se instalará esta nombrando de su seno Presidente, vicepresidente y secretario. Se denominará Junta Superior Gubernativa de Costa Rica y residirá tres meses continuos al año en cada una de las cuatro poblaciones mayores de la provincia.

Artículo 20. Al entrar en ejercicio, los miembros del Gobierno prestarán el juramento que corresponde en manos del Presidente, y este en las de la comisión antedicha.
Artículo 21. El Presidente será renovado cada tres meses; pero puede ser reelecto, por la utilidad pública. El secretario permanecerá a discreción de la junta.
Artículo 22. La junta tendrá sesiones ordinarias todos los lunes y jueves de cada semana, a más de las extraordinarias que sean necesarias, y se sentarán sus acuerdos en un libro foliado y rubricado para el efecto.
Artículo 23. La junta tendrá otro libro foliado y rubricado de votaciones, donde se asentarán los votos de los que disientan de los acuerdos, firmándolo estos y certificándolo los otros.
Artículo 24. La junta reasumirá la autoridad superior de capitanía y superintendencia general, mando político, Diputación provincial y de audiencia, en cuanto lo protectivo no en lo judicial. Y en consecuencia podrá expedir y dictar todas las providencias que demande la libertad, seguridad y buena administración de la provincia en sus respectivos atributos, conforme a este pacto y a la Constitución española y leyes vigentes, en lo que a él no se opongan.
Artículo 25. En los asuntos o negocios de lo que era patronato, la Junta de Gobierno consultará, conciliará y concordará con el Ilustrísimo señor obispo diocesano lo que exige el bien de la Iglesia y sostención del culto en esta provincia.
Artículo 26. La junta se dividirá en tres secciones o comisiones para el más pronto despacho de los negocios, con responsabilidad cada una a la misma junta, por la que serán acordadas las providencias que por su naturaleza, gravedad y trascendencia general lo requieran.
Artículo 27. La primera sección se compondrá del Presidente y dos vocales, haciendo uno de secretario, y esta despachará en los ramos militar y de Hacienda.
Artículo 28. La segunda sección se compondrá de un vocal presidente y otro secretario y despachará en lo político.
Artículo 29. La tercera sección se compondrá de un vocal presidente y otro secretario y despachará en todo lo de economía y policía pública.

Artículo 30. En los negocios que ocurran de otra naturaleza, la junta plena determinará el orden de su despacho.

Artículo 31. La junta plena tendrá el tratamiento de Excelencia, y sus individuos en comisión, como quedan designados, el de Señoría.

Artículo 32. Si la junta juzgare necesario y conveniente tener asesor de gobierno, podrá nombrarlo.

Artículo 33. La pensión o sueldo que han gozado los gobernadores propietarios de la provincia se distribuirá entre los miembros de la junta a prorrata con el asesor, si lo hubiere.

Artículo 34. Los gastos de los amanuenses los sufragará la misma pensión, y los demás gastos de oficina y portes de correo la Hacienda nacional, como se ha acostumbrado.

Artículo 35. Para combinar y determinar sobre datos exactos y aproximados las mejoras y reformas que en el sistema de Hacienda reclama el interés público de la provincia y la justa libertad de los pueblos, la junta exigirá de los empleados estados y presupuestos de entradas y salidas.

Artículo 36. De estos estados se circularán ejemplares a los pueblos para que se enteren y hagan sus reclamos al Gobierno, fundados en observaciones justas y arregladas.

Artículo 37. Para el fomento de la provincia se permitirá, a juicio del Gobierno, el comercio libre de todos los artículos o efectos de consumo y la importación del numerario provisional de toda la América, regulándose su ley y valor.

Artículo 38. Se habilitará el papel sellado bajo esta fórmula: Habilitado por la Junta Gubernativa de Costa Rica, y se rubricará por el Presidente y secretario.

Artículo 39. En lo militar se proveerá el mando general solamente que sea amenazada la seguridad, libertad e independencia de la provincia, en cuyo caso el jefe de armas ha de tener las cualidades que se requieren por los artículos 7 y 17.

Artículo 40. La comandancia particular queda en cada pueblo en el oficial de mayor graduación, teniendo las cualidades que previene el artículo 7.

Artículo 41. En lo judicial, la junta, como tribunal de protección únicamente, hará que los jueces constitucionales administren pronta y rectamente justicia conforme a la Constitución española y leyes existentes, singularmente la del 9 de octubre de 1812.

Artículo 42. Para que no haya lesión ni atraso en la administración de justicia la junta determinará las competencias de jurisdicción y los recursos de agravio y de fuerza.

Artículo 43. En los casos que litigue un pueblo con otro, o particular como autor contra un pueblo, la junta señalará el juez constitucional inmediato que como imparcial deba conocer la causa.

Artículo 44. Para los casos de apelación en grados de segunda instancia, por no poder establecer por ahora la provincia un tribunal competente, ínter que lo hay se observará: 1.º Que en lo criminal, la sentencia de pena grave, como destierro, mutilación o cosa semejante, quede suspensa y custodiado el reo, considerándose la detención en parte de la condena; mas si la sentencia recayese por atentarse contra el gobierno de la provincia o la Independencia americana, se ejecutará con previo conocimiento de la junta, y también, en todo caso, las penas correccionales o no aflictivas gravemente. 2.º Que en lo civil, si la apelación tuviere lugar en ambos efectos, afiance la parte de quien o contra quien se reclame, y si en uno solo, la parte recipiente.

Artículo 45. La junta entablará comunicaciones y correspondencia fraternal con los gobiernos de las otras provincias, concertando las relaciones de interés público y recíproco y las bases o principios bajo los cuales se haya de constituir o atar esta con alguno de los Estados independientes de la América, conforme el voto concorde de los pueblos, que expresarán por medio de sus electores de partido que para este caso se convocarán.

Artículo 46. Si el arreglo definitivo de la Constitución del Estado a que la provincia se adhiere dilatase más de un año, la junta se renovará por mitad en cada uno, saliendo el primero de los cuatro últimos nombrados.

Artículo 47. Para el caso de que habla el artículo anterior, las juntas de parroquia se celebrarán el último domingo de noviembre y las de partido el primer domingo de diciembre, para que así puedan estos (los lectores de partido) reunirse a celebrar la junta de provincia, donde resida el Gobierno el cuarto domingo del mismo diciembre, observándose en lo demás el plan que expresa el artículo 10 y lo que previene el 18, verificándose la renovación de la junta del día 1.º de enero próximo a las antedichas elecciones.

Capítulo 7. De las restricciones del Gobierno

Artículo 48. La junta plena y sus comisiones no podrán excederse de las facultades que se les conceden en este pacto, si lo hicieren incurrirán en crimen de acusación popular.

Artículo 49. Cualquier ciudadano podrá acusar de semejante crimen a la Junta de Gobierno, poniendo su acusación ante el alcalde constitucional de su vecindad, quien examinará los testigos exigiendo de ellos sigilo bajo el mismo juramento que presten, observando igual conducta el mismo alcalde y secretario de ayuntamiento ante quien recibirá la información sumaria, de la que compulsando un testimonio lo franqueará a la parte actora, y el original lo remitirá sellado y cerrado al Presidente de la comisión de que habla el artículo 18.

Artículo 50. El Presidente, con el secretario, convocará a toda la comisión, entrando suplentes por falta de propietarios, para que vista la sumaria determine si ha lugar o no al juicio contra la junta.

Artículo 51. Si hubiere lugar a la formación de la causa, la comisión antedicha nombrará de su seno, a la pluralidad, los miembros del Gobierno que deban reponerse, contando para este caso con los tres suplentes del Gobierno; y los individuos sobrantes de la comisión, completándose con los suplentes respectivos, compondrán el Tribunal de Residencia.

Artículo 52. Para que el Gobierno no pueda resistir este juicio de residencia, los comandantes militares y jefes políticos subalternos tendrán a disposición del Tribunal de Residencia la Fuerza Armada, para el caso único de que trata el artículo anterior.

Artículo 53. La comisión citará al juicio a los acusados, y si alguno probare no haber sido miembro de la junta que cometió el exceso, o que siéndolo salvó su voto en el libro que corresponde, éstos no se suspenderán de su oficio y rango, ni entrarán en el juicio promovido, y sí se restituirán a la Junta Gubernativa, saliendo los últimos nombrados.

Artículo 54. Contra los que resulten culpados se procederá por la comisión, que se denominará Tribunal Supremo de Residencia, siguiendo la causa con fiscal nombrado al efecto; y concluido con los trámites legales, pronunciará sentencia que se ejecutará o no, conforme a lo dispuesto por el artículo 44.

Artículo 55. Ínterin se instala la Junta de Gobierno, la legación ordinaria nombrará de su seno una comisión de 7 individuos y 3 suplentes que desempeñe las atenciones que a aquella se señalan en este pacto, gozando de la misma pensión, con igual responsabilidad y sujeción a la residencia ya prevenida.

Artículo 56. Esta comisión, después de juramentada por el Presidente de la Legación al tiempo de posesionarse, se encargará de la ejecución y comunicación de este tratado.

Artículo 57. Si algún pueblo hiciese presente al Gobierno que conviene para su utilidad aumentar o disminuir el número de los individuos de sus respectivos ayuntamientos, podrá hacer esta variación el Gobierno, siempre que lo calificare por justo.

Artículo 58. Que los poderes que deban otorgar los electores de parroquia a los de partido sean tan amplios como los que estos últimos daban a los diputados de Cortes, según el artículo 100 de la Constitución, cuya fórmula se observará con respeto a este objeto.

Con lo cual se concluyó este pacto de concordia, que discutido, adicionado y reformado por toda la Legación que firma, lo aprobó interinamente, previniendo se remita a todos los pueblos sus constituyentes, para que notariándolos en la forma que parezca más conveniente, puedan instruir y facultar a los señores electores de partido para que lo rectifiquen, amplíen o disminuyan, según tengan por conveniente, en la sanción y examen que de él hagan en el día señalado en el mismo pacto.

Todo lo que yo el presente secretario certifico.

Nicolás Carrillo, presidente, legado por Escazú – José Santos Lombardo, legado por Cartago – Juan de los Santos Madriz, legado por San José – José Nereo Fonseca, legado por Heredia – Pedro José Alvarado, suplente por Alajuela – Manuel Alvarado, legado por Curridabat y Aserrí – José Ana Ulloa, legado por Pueblo Nuevo – Joaquín Oreamuno, legado por Laborío – Félix Oreamuno, legador por Ujarráz – Joaquín Hidalgo, legado por Quircó – Salvador Oreamuno, legado por Tobosi – José Nicolás de Oreamuno, suplente por Cot – Nicolás Carazo, legado por Bagaces – Tomás Prieto, legado suplente por Barba – Manuel María de Peralta, suplente por Esparza – José Antonio García, suplente por Las Cañas – Ramón Jiménez, suplente por Térrabay Boruca – Francisco Navarro, suplente por Orosí – José Joaquín Prieto, suplente por Tucurrique – Joaquín de Iglesia, legado de Pacaca, secretario.

Constitución Política del Perú de 1823

LEY DE 12 DE NOVIEMBRE DE 1823[42]

Don José Bernardo Tagle, gran mariscal de los ejércitos, y Presidente de la República peruana nombrado por el Congreso Constituyente.

Por cuanto, él mismo ha venido en decretar y sancionar la siguiente: En el nombre de Dios, por cuyo poder se instituyen todas las sociedades y cuya sabiduría inspira justicia a los legisladores.

Nos, el Congreso Constituyente del Perú, en ejercicio de los poderes que han conferido los pueblos a todos y a cada uno de sus representantes, para afianzar sus libertades, promover su felicidad, y determinar por una ley fundamental el Gobierno de la República, arreglándonos a las bases reconocidas juradas.

Decretamos y sancionamos la siguiente Constitución:

Sección I. De la nación

Capítulo I. De la nación peruana

Artículo 1. Todas las provincias del Perú reunidas en un solo cuerpo forman la nación peruana.

Artículo 2. Ésta es independiente de la monarquía española, y de toda dominación extranjera; y no puede ser patrimonio de ninguna persona ni familia.

Artículo 3. La soberanía reside esencialmente en la nación, y su ejercicio en los magistrados, a quienes ella ha delegado sus poderes.

Artículo 4. Si la nación no conserva o protege los derechos legítimos de todos los individuos que la componen, ataca el pacto social: así como se extrae de la salvaguardia de este pacto cualquiera que viole alguna de las leyes fundamentales.

Artículo 5. La nación no tiene facultad para decretar leyes que atienten a los derechos individuales.

42 José Pareja Paz-Soldán (comp.), «Constitución política de 1823», Las constituciones de Perú, Madrid, Ediciones Cultura Hispánica, 1954, pags. 439-471.

Capítulo II. Territorio

Artículo 6. El Congreso fijará los límites de la república, de inteligencia con los Estados limítrofes, verificada la total independencia del Alto y Bajo Perú.

Artículo 7. Se divide el territorio en departamentos, los departamentos en provincias, las provincias en distritos, y los distritos en parroquias.

Capítulo III. Religión

Artículo 8. La religión de la república es la católica, apostólica, romana, con exclusión del ejercicio de cualquier otra.

Artículo 9. Es un deber de la nación protegerla constantemente por todos los medios conformes al espíritu del Evangelio, y de cualquiera habitante del Estado respetarla inviolablemente.

Capítulo IV. Estado político de los peruanos

Artículo 10. Son peruanos: 1. Todos los hombres libres nacidos en el territorio del Perú; 2. Los hijos de padre o madre peruanos, aunque hayan nacido fuera del territorio, luego que manifiesten legalmente su voluntad de domiciliarse en el país; 3. Los naturalizados en él, o por carta de naturaleza, o por la vecindad de cinco años, ganada según ley, en cualquiera lugar de la república.

Artículo 11. Nadie nace esclavo en el Perú, ni de nuevo puede entrar en él alguno de esta condición. Queda abolido el comercio de negros.

Artículo 12. El peruano que fuere convencido de este tráfico pierde los derechos de naturaleza.

Artículo 13. El extranjero que se ocupare en él, no puede naturalizarse en el Perú.

Artículo 14. Los oficios prescritos por la justicia natural son obligaciones que muy particularmente debe llenar todo peruano, haciéndose indigno de este nombre el que no sea religioso, el que no ame a la patria, el que no sea justo y benéfico, el que falte al decoro nacional, el que no cumpla con lo que se debe a sí mismo.

Artículo 15. La fidelidad a la Constitución, la observancia de las leyes, y el respeto a las autoridades comprometen de tal manera la responsabilidad de todo peruano, que cualquiera violación en estos respectos lo hace delincuente.

Artículo 16. La defensa y sostén de la república, sea por medio de las armas, sea por el de las contribuciones, obligan a todo peruano en conformidad de sus fuerzas y de sus bienes.

Artículo 17. Para ser ciudadano es necesario: 1. Ser peruano; 2. Ser casado, o mayor de veinticinco años; 3. Saber leer y escribir, cuya calidad no se exigirá hasta después del año de 1840.

4. Tener una propiedad, o ejercer cualquiera profesión, o arte con título público, u ocuparse en alguna industria útil, sin sujeción a otro en clase de sirviente o jornalero.

Artículo 18. Es también ciudadano el extranjero que obtuviere carta de ciudadanía.

Artículo 19. Para obtenerla, además de reunir las calidades del artículo 17, deberá haber traído, fijado o enseñado en el país, alguna invención, industria, ciencia o arte útil, o adquirido bienes raíces que le obliguen a contribuir directamente, o estableciéndose en el comercio, en la agricultura o minería, con un capital considerable, o hecho finalmente servicios distinguidos en pro y defensa de la nación: todo a juicio del Congreso.

Artículo 20. Son igualmente ciudadanos los extranjeros casados que tengan diez años de vecindad en cualquier lugar de la república, y los solteros de más de quince, aunque unos y otros no hayan obtenido carta de ciudadanía, con tal que sean fieles a la causa de la independencia y reúnan las condiciones del artículo 17.

Artículo 21. Se moderarán estas reglas en orden a los naturales de las demás secciones independientes de América, según sus convenciones recíprocas con la república.

Artículo 22. Solo la ciudadanía abre la puerta a los empleos, cargos o destinos de la república, y da el derecho de elección en los casos prefijados por la ley. Esta disposición no obsta para que los peruanos que aún no hayan comenzado a ejercer la ciudadanía puedan ser admitidos a los empleos, que, por otra parte, no exijan edad legal.

Artículo 23. Todos los ciudadanos son iguales ante la ley, ya premie, ya castigue. Quedan abolidos los empleos y privilegios hereditarios.

Artículo 24. El ejercicio de la ciudadanía se suspende únicamente: 1. En los que por ineptitud física o moral no puedan obrar libremente; 2. Por la condición de sirviente doméstico; 3. Por la tacha de deudor quebrado, o deudor moroso al tesoro público; 4. Por no tener empleo, oficio o modo de vivir conocido; 5. En los procesos criminalmente; 6. En los casados que sin causa abandonen [a] sus mujeres, o que notoriamente falten a las obligaciones de familia; 7. En los jugadores, ebrios, truhanes y además que con su vida escandalosa ofendan la moral pública; 8. Por comerciar sufragios en las elecciones.

Artículo 25. Se pierde el derecho de ciudadanía únicamente: 1. Por naturalizarse en tierra de Gobierno extranjero.

2. Por imposición de pena aflictiva o infamante, si no se alcanza rehabilitación, la que no tendrá lugar en los traidores a la patria, sin pruebas muy circunstanciadas a juicio del Congreso.

Artículo 26. Las condiciones que indica este capítulo, calificadas legalmente, se tendrán en consideración al arreglar el censo constitucional cada quinquenio, del que se formará el registro cívico de toda la república.

Sección II. Del Gobierno

Capítulo I. Su forma

Artículo 27. El Gobierno del Perú es popular representativo.

Artículo 28. Consiste su ejercicio en la administración de los tres poderes, Legislativo, Ejecutivo y Judiciario, en que quedan divididas las principales funciones del Poder Nacional.

Artículo 29. Ninguno de los tres poderes podrá ejercer jamás ninguna de las atribuciones de los otros dos.

Capítulo II. Poder Electoral

Artículo 30. Tocando a la nación hacer sus leyes por medio de sus representantes en el Congreso, todos los ciudadanos deben concurrir a la elección de ellos, en el modo que reglamente la ley de elecciones, conforme a los principios que aquí se establecen. Esta es la única función del Poder Nacional que se puede ejercitar sin delegarla.

Artículo 31. La elección de diputados se hará por medio de colegios electorales de parroquia y de provincia, señalándose para la reunión de los primeros el primer domingo de mayo, y para la de los segundos el primer domingo de junio, a fin de que en septiembre puedan reunirse todos los diputados en la capital de la república.

Artículo 32. Constituyen los colegios electorales de parroquia todos los vecinos residentes en ella que estuviesen en ejercicio de la ciudadanía, presididos por el alcalde o regidor que se designare, y asistencia del secretario y escrutadores que nombrará el colegio de entre los concurrentes.

Artículo 33. Por cada doscientos individuos se nombrará un elector, cualquiera que sea el censo parroquial.

Artículo 34. Para ser elector parroquial se exige: 1. Ser ciudadano en ejercicio; 2. Ser vecino y residente en la parroquia; 3. Tener una propiedad que produzca trescientos pesos cuando menos, o ejercer cualquier arte u oficio, o estar ocupado en alguna industria útil que los rinda anualmente, o ser profesor público de alguna ciencia.

Artículo 35. Los colegios electorales de parroquia remitirán cerradas y selladas, a la municipalidad de la capital de la provincia, las actas de sus elecciones, a fin de que contestada la identidad de los elegidos, puedan tener lugar los actos subsecuentes.

Artículo 36. Forman los colegios electorales de provincia, todos los electores de parroquia reunidos en su capital presididos por un ciudadano nombrado por ellos mismos, y asistencia del secretario y escrutadores que se elegirán de su seno.

Artículo 37. Reunido el colegio procederá a elegir en sesión pública permanente los representantes o diputados que correspondan a la provincia.

Artículo 38. Elegirá asimismo un suplente por cada tres diputados propietarios. Y si no correspondiere a la provincia más que uno solo de éstos, elegirá sin embargo un suplente.

Artículo 39. Los colegios electorales de provincia remitirán, cerradas y selladas, al Senado conservador las actas de sus elecciones, para el fin indicado en el artículo 34.

Artículo 40. El cargo de elector cesa verificadas las elecciones, pero si en el intervalo de una legislatura a su renovación, ocurriere motivo de elecciones, se reunirán los mismos electores.

Artículo 41. Mientras se aumenta considerablemente la población, se declara por base representativa para cada diputado, la de doce mil almas.

Artículo 42. La provincia que no tuviere este número, pero que pase de la mitad, elegirá sin embargo un diputado. Y la que tuviere esta sobre los doce mil, elegirá dos diputados, y así progresivamente.

Artículo 43. Para el grave cargo de representante es necesario: 1. Ser ciudadano en ejercicio; 2. Ser mayor de veinticinco años; 3. Tener una propiedad o renta de ochocientos pesos cuando menos, o ejercer cualquier industria que los rinda anualmente, o ser profesor público de alguna ciencia. 4. Haber nacido en la provincia o estar avecindado en ella diez años antes de su elección, pudiendo recaer ésta en individuos del Colegio electoral.

Artículo 44. Verificada la elección, otorgará cada Colegio electoral de provincia a sus representantes, los correspondientes poderes, con arreglo a la fórmula que prescriba la ley reglamentaria de elecciones.

Artículo 45. Tanto para ser elector como para ser diputado, es indispensable la pluralidad absoluta de sufragios.

Artículo 46. Los sufragios serán secretos, registrándose después su resultado en los libros correspondientes, para depositarlos en el archivo público de elecciones, que se conservará en la capital de la provincia.

Artículo 47. Toda duda en punto a elecciones se decidirá por el presidente, escrutadores y secretarios de cada Colegio electoral, sin necesidad de otro recurso para este solo efecto.

Artículo 48. El cargo de elector es inexcusable: lo es también el de diputado, excepto el caso de ser reelegido antes de los cuatro años de haber cesado.

Artículo 49. La subsistencia de los diputados durante su comisión es de cuenta de su respectiva provincia conforme a la tasa permanente que se designare por la ley.

Artículo 50. Al día siguiente de la elección de diputados procederán los mismos colegios electorales de provincia a la de senadores; y al siguiente de esta elección, a la de diputados departamentales, observando en todo las mismas formalidades que para el nombramiento de diputados a Congreso.

Capítulo III. Poder Legislativo

Artículo 51. El Congreso del Perú, en quien reside exclusivamente el ejercicio del Poder Legislativo, se compone de todos los representantes de la nación elegidos por las provincias.

Artículo 52. Todo Diputado, antes de instalarse en el Congreso, para ejercer su cargo prestará juramento ante el presidente del Senado en la forma siguiente: ¿Juráis a Dios defender la religión católica, apostólica, romana, sin admitir el ejercicio de otra alguna en la república? –Sí, juro. –¿Juráis guardar y hacer guardar la Constitución política de la República peruana, sancionada por el Congreso Constituyente? –Sí, juro. –¿Juráis haberos bien y fielmente en el cargo que la nación os ha hecho, mirando en todo por el procomunal de la misma nación? –Sí, juro. –Si así lo hiciereis, Dios os lo premie, y si no, os lo demande.

Artículo 53. El Congreso se reunirá cada año el 20 de septiembre, permaneciendo en sus sesiones tres meses consecutivos, y podrá continuarlas por otro mes en caso necesario, con tal que lo resuelvan los dos tercios de los diputados existentes.

Artículo 54. Se abrirán indispensablemente las sesiones el 21 del mismo mes con asistencia del Poder Ejecutivo, sin que la falta de éste por cualquier impedimento pueda diferirla.

Artículo 55. Se renovará el Congreso por mitad cada dos años, de modo que cada cuatro lo sea totalmente, designando en la primera vez la suerte los diputados que cesaren.

Artículo 56. El reglamento actual, sin perjuicio de las reformas que en él se hicieren, fijará la economía interior del Congreso y todas las formalidades convenientes.

Artículo 57. Los diputados son inviolables por sus opiniones, y jamás podrán ser reconvenidos ante la ley por las que hubieren manifestado en el tiempo del desempeño de su comisión.

Artículo 58. Ningún diputado durante su diputación, podrá obtener para sí, ni pretender para otro, empleo, pensión o condecoración alguna, si no es ascenso de escala en su carrera.

Artículo 59. En las acusaciones criminales contra los diputados no entenderá otro juzgado ni tribunal que el Congreso, conforme a su reglamento interior; y mientras permanezcan las sesiones del Congreso no podrán ser demandados civilmente, ni ejecutados por deudas.

Artículo 60. Son facultades exclusivas del Congreso: 1. Decretar y sancionar las leyes, interpretarlas, modificarlas o derogarlas; 2. Conceder indultos generales o particulares; 3. Aprobar los reglamentos de cualesquiera cuerpos o establecimientos nacionales; 4. Crear milicias nacionales y aumentar o reducir las fuerzas de línea; 5. Decretar el aumento o disminución de las fuerzas navales; 6. Decretar la guerra con presencia de las instrucciones del Poder Ejecutivo, y requerir a éste para que negocie la paz; 7. Aprobar los tratados de paz y demás convenios procedentes de las relaciones exteriores en todos respectos; 8. Establecer los medios de pagar la deuda pública al paso que vaya liquidándose; 9. Decretar las contribuciones, impuestos y derechos para el sostén y defensa de la república; 10. Aprobar la repartición de las contribuciones entre los departamentos y provincias; 11. Arreglar anualmente la tarifa de los gastos públicos en vista de los datos que suministre el Poder Ejecutivo; 12. Abrir empréstitos en caso necesario, dentro o fuera de la república, pudiendo empeñar el crédito nacional; 13. Examinar y aprobar la inversión de los caudales públicos; 14. Determinar la moneda en todos sus respectos, fijar y uniformar los pesos y medidas; 15. Crear o suprimir empleos públicos y asignarles la correspondiente dotación; 16. Conceder cartas de naturaleza y ciudadanía; 17. Conceder títulos de villa o de ciudad a los lugares; 18. Arreglar la demarcación interior del territorio para su mejor administración, y fundar nuevas poblaciones, previo el informe del Poder Ejecutivo; 19. Conceder premios a los beneméritos de la patria y decretar honores a su memoria; 20. Conceder privilegios temporales a los autores de alguna invención útil a la república; 21. Instituir fiestas nacionales para mantener la unión cívica, avivar el patriotismo y perpetuar la memoria de los sucesos más célebres de la independencia nacional; 22. Decretar todo lo necesario para la instrucción pública por medio de planes fijos e instituciones convenientes a la conservación y progresos de la fuerza intelectual y estímulo de los que se dedicaren a la carrera de las letras; 23. Crear establecimientos de caridad y beneficencia; 24. Elegir el Presidente y vicepresidente de la República de entre los individuos que le proponga el Senado; 25. Designar por escrutinio los senadores de cada departamento de entre los elegidos por las provincias, cuidando de que no salgan dos de una misma provincia; 26. Nombrar cada bienio los individuos de la junta conservadora de la libertad de imprenta; 27. Proteger la libertad de imprenta de modo que jamás pueda suspenderse su ejercicio, ni mucho menos abolirse; 28. Prestar o negar su consentimiento para el ingreso de tropas extranjeras y estación de escuadras en el territorio y puertos de la república; y, en caso de otorgarlo, prescribir al mismo tiempo las precauciones con que deban admitirse; 29. Prestar o negar igualmente su consentimiento para la salida de tropas nacionales fuera del territorio de la república; 30. Gozar del derecho de policía en la casa de sus sesiones y fuera de ella en todo lo conducente al libre ejercicio de sus atribuciones y a la respetabilidad de sus miembros; y hacer castigar con las penas establecidas a todo el que le faltare al debido respeto, o que amenazase atentar contra su cuerpo o contra la inmunidad de sus individuos, o que de cualquiera otro modo desobedeciere o embarazase sus órdenes y deliberaciones; 31. Trasladarse a otro lugar cuando lo exijan graves circunstancias, siempre que lo resuelvan los dos tercios de los diputados existentes.

Capítulo IV. Formación y promulgación de las leyes

Artículo 61. Solo a los representantes en Congreso compete la iniciativa de las leyes.

Artículo 62. El reglamento de debates determinará la forma, intervalos y modo de proceder en la discusión de las proposiciones que se presentaren por los diputados.

Artículo 63. Los proyectos de ley suficientemente discutidos pasarán al Poder Ejecutivo, quien con las observaciones oportunas los remitirá al Senado en el preciso término de tres días.

Artículo 64. El Senado deliberará sobre ellos consultivamente, y dentro del tercero día los devolverá al Congreso, el que después de nueva discusión les dará o no fuerza de ley.

Artículo 65. Si pasado el término que prefijan los dos artículos anteriores no se hubiese devuelto el proyecto al Congreso, procederá éste a la segunda discusión, y en su consecuencia le dará o no fuerza de ley.

Artículo 66. Todo proyecto de ley admitido según el reglamento de debates, se imprimirá, antes de su discusión, la que tendrá lugar luego que impreso hubiere circulado.

Artículo 67. Desechado un proyecto de ley conforme al reglamento, no podrá presentarse hasta la legislatura del año siguiente.

Artículo 68. El Poder Ejecutivo hará ejecutar, guardar y cumplir todas las leyes bajo esta fórmula: —El ciudadano Presidente de la República, por la

Constitución peruana. —Por cuanto el Congreso ha sancionado lo siguiente: (Aquí el texto). —Por tanto ejecútese, guárdese y cúmplase.
Artículo 69. El Congreso para promulgar sus leyes o decretos usará la fórmula siguiente: —El Congreso de la República peruana decreta y sanciona lo siguiente: (Aquí el texto). —Comuníquese al Poder Ejecutivo para que disponga lo necesario a su cumplimiento, mandándole imprimir, publicar y circular.
Artículo 70. Para derogar o modificar alguna ley se observarán las mismas formalidades que para sancionarlas.
Artículo 71. Para la votación de un proyecto de ley y su sanción, es indispensable la pluralidad absoluta de los Diputados presentes, que no deberán ser menos de los dos tercios de la totalidad de ellos.

Capítulo V. Poder Ejecutivo
Artículo 72. Reside exclusivamente el ejercicio del Poder Ejecutivo en un ciudadano con la denominación de Presidente de la República.
Artículo 73. Todos los actos de su administración serán suscritos por el ministro de Estado en el Despacho respectivo. El que careciere de esta circunstancia se reputará como no dimanado de este poder.
Artículo 74. El ejercicio del Poder Ejecutivo nunca puede ser vitalicio, y mucho menos hereditario. Dura el oficio de Presidente cuatro años; y no podrá recaer en el mismo individuo, sino pasados otros cuatro.
Artículo 75. Para ser Presidente se requiere: 1. Ser ciudadano del Perú por nacimiento; 2. Reunir las mismas calidades que para ser diputado. Supone además esta magistratura la aptitud de dirigir vigorosa, prudente y liberalmente una república.
Artículo 76. Habrá un vicepresidente en quien concurran las mismas calidades. Administrará el Poder Ejecutivo por muerte, renuncia, destitución del Presidente, o cuando llegare el caso de mandar personalmente la Fuerza Armada.
Artículo 77. En defecto del vicepresidente administrará el Poder Ejecutivo el presidente del Senado hasta la elección ordinaria de nuevo Presidente.
Artículo 78. El Presidente es responsable de los actos de su administración.
Artículo 79. El Presidente es Jefe de la administración general de la república, y su autoridad se extiende tanto a la conservación del orden público

en lo interior, como a la seguridad exterior conforme a la Constitución y a las leyes.

Artículo 80. Además son facultades exclusivas del Presidente: 1. Promulgar, mandar, ejecutar, guardar y cumplir las leyes, decretos y resoluciones del Congreso, y expedir las providencias indispensablemente necesarias para su efecto; 2. Tiene el mando supremo de la Fuerza Armada; 3. Ordenar lo conveniente para que se verifiquen las elecciones populares en los días señalados por la Constitución; 4. Declarar la guerra a consecuencia de la resolución del Congreso; 5. Entrar en tratados de paz y alianza, y otros convenios procedentes de relaciones extranjeras con arreglo a la Constitución; 6. Decretar la inversión de los caudales destinados por el Congreso a los diversos ramos de la administración pública; 7. Nombrar los oficiales del Ejército y Armada, y de coronel inclusive para arriba con acuerdo y consentimiento del Senado; 8. Nombrar por sí los ministros de Estado, y los agentes diplomáticos de acuerdo con el Senado; 9. Velar sobre la exacta administración de justicia en los tribunales y juzgados y sobre el cumplimiento de las sentencias que éstos pronunciaren; 10. Dar cuenta al Congreso en cada legislatura de la situación política y militar de la república, indicando las mejoras o reformas convenientes en cada ramo.

Artículo 81. Limitaciones del Poder Ejecutivo: 1. No puede mandar personalmente la Fuerza Armada sin consentimiento del Congreso, y, en su receso, sin el del Senado; 2. No puede salir del territorio de la república sin permiso del Congreso; 3. Bajo ningún pretexto puede conocer en asunto alguno judicial; 4. No puede privar de la libertad personal a ningún peruano; y en caso de que fundadamente exija la seguridad pública, el arresto o detención de alguna persona, podrá ordenar lo oportuno, con la indispensable condición de que dentro de veinticuatro horas pondrá al detenido a disposición de su respectivo juez; 5. Tampoco puede imponer pena alguna. El ministro que firmare la orden, y el funcionario que la ejecutare, atentan contra la libertad individual; 6. No puede diferir ni suspender en ninguna circunstancia las sesiones del Congreso.

Capítulo VI. Ministros de Estado

Artículo 82. Habrá tres ministros de Estado: uno, de Gobierno y Relaciones Exteriores; otro, de Guerra y Marina, y otro, de Hacienda.

Artículo 83. El régimen interior de los Ministerios depende del reglamento que hiciere el Congreso.

Artículo 84. Son responsables in solidum los ministros por las resoluciones tomadas en común, y cada uno en particular por los actos peculiares a su departamento.

Artículo 85. Los ministros son el órgano del Gobierno en los departamentos de su dependencia, debiendo firmar las órdenes que emanen de este poder.

Artículo 86. Para ser ministro se requieren las mismas calidades que se exigen en la persona que administra el Poder Ejecutivo.

Capítulo VII. Senado conservador

Artículo 87. Se compone de tres senadores por cada departamento, elegidos por las provincias y designados conforme a la facultad 25 del Capítulo III.

Artículo 88. Cada provincia elegirá dos senadores propietarios y un suplente, y remitirá las actas de su elección al Congreso.

Artículo 89. El cargo de senador durará doce años, distribuyéndose su número, por lo que hace a su renovación, por cada departamento en tres órdenes. Los de la primera cesarán al fin del cuarto año; los de la segunda, al del octavo, y los de la tercera, al del decimosegundo; de suerte que cada doce años se renueve la totalidad del Senado, saliendo por suerte en los dos primeros cuatrienios los que deben cesar.

Artículo 90. Las atribuciones del Senado son: 1. Velar sobre la observancia de la Constitución y de las leyes, y sobre la conducta de los magistrados y ciudadanos; 2. Elegir y presentar al Poder Ejecutivo los empleados de la lista civil de la república, y elegir los de la eclesiástica que deban nombrarse por la nación; 3. Convocar a Congreso extraordinario, si fuere necesario; declarar la guerra o hacer tratados de paz, o, en otras circunstancias de igual gravedad, o cuando para ello lo excitare el Poder Ejecutivo; 4. Convocar a Congreso ordinario cuando no lo hiciere el Poder Ejecutivo en el tiempo prescrito por la Constitución; 5. Decretar, tanto en los casos ordinarios como en los extraordinarios, que ha lugar a formación de causa contra el magistrado que ejerciere el Poder Ejecutivo, sus ministros y el Supremo Tribunal de Justicia; 6. Prestar su voto consultivo al Poder Ejecutivo en los negocios graves de Gobierno, y señaladamente en los que respectan al interés particular de los departamentos y en los de paz y guerra; 7. Abrir empréstitos dentro de la república en caso necesario; 8. Resolver en conformidad del artículo 63; 9. Examinar las bulas, decretos y breves pontificios para darles el pase o decretar su detención; 10. Velar sobre la conservación y mejor arreglo de las reducciones de los Andes; y promover la civilización y conversión de los infieles de su territorio conforme al espíritu del Evangelio; 11. Hacer su respectivo reglamento y presentarlo para su aprobación al Congreso.

Artículo 91. El Senado no puede procesar ni por acusación, ni de oficio; sí solo poner en conocimiento del Supremo Tribunal de Justicia cualquiera ocurrencia relativa a la conducta de los magistrados sin perjuicio de la atribución 5 de este capítulo.

Artículo 92. Para ser senador se requiere: 1. Cuarenta años de edad; 2. Ser ciudadano en ejercicio; 3. Haber nacido en la provincia o departamento que le elige o estar avecindado en él diez años antes de su elección; 4. Tener una propiedad que exceda el valor de diez mil pesos en bienes raíces, o el goce o renta de dos mil pesos anuales, o el ser profesor público de alguna ciencia; 5. Gozar del concepto de una probidad incorruptible y ser de conocida ilustración en algún ramo de pública utilidad.

Artículo 93. De los senadores serán por ahora precisamente seis eclesiásticos y no más.

Artículo 94. La ley reglamentaria de elecciones determinará el modo de nombrarse estos eclesiásticos.

Capítulo VIII. Poder judiciario

Artículo 95. Reside exclusivamente el ejercicio de este poder en los Tribunales de Justicia y juzgados subalternos en el orden que designen las leyes.

Artículo 96. No se conocen otros jueces que los establecidos por la Constitución, ni otra forma de juicios que la ordinaria que determinaren las leyes.

Artículo 97. Los jueces son inamovibles, y de por vida, si su conducta no da motivo para lo contrario conforme a la ley.

Artículo 98. Habrá una Suprema Corte de Justicia que residirá en la capital de la república, compuesta de un presidente, ocho vocales y dos fiscales, divididos en las salas convenientes.

Artículo 99. Para ser individuo de la Suprema Corte de Justicia se requiere: 1. Ser de cuarenta años; 2. Ser ciudadano en ejercicio.

Haber sido individuo de alguna de las Cortes Superiores. Y mientras éstas se organizan, podrán serlo los abogados que hubiesen ejercido su profesión por diez años con reputación notoria.

Artículo 100. Corresponde a la Suprema Corte: 1. Dirimir todas las competencias que entre sí tuvieren las Cortes Superiores, y las de éstas con los demás tribunales de la República; 2. Hacer efectiva la responsabilidad del magistrado que ejerciere el Poder Ejecutivo, y de los ministros de Estado, cuando el Senado decretare haber lugar a formación de causa; 3. Conocer de las causas criminales de los ministros de Estado y hacer efectiva la responsabilidad de las Cortes Superiores; 4. Conocer de todas las causas criminales que se promovieren contra los individuos de su seno. Y si fuere necesario hacer efectiva la responsabilidad de toda ella, nombrará el Congreso un tribunal de nueve jueces, sacados por suerte de un número doble que elegirá a pluralidad absoluta; 5. Conocer en tercera instancia de la residencia de todo empleado público que esté sujeto a ella por disposición de las leyes; 6. Conocer de los recursos de nulidad que se interpongan contra las sentencias dadas en última instancia por las Cortes Superiores, para el efecto reponer y devolver; 7. Oír las dudas de los demás tribunales y juzgados sobre la inteligencia de alguna ley, y consultar sobre ellas fundamentalmente al Poder Legislativo; 8. Conocer de las causas concernientes a los negocios diplomáticos y de los contenciosos entre los ministros, cónsules, o agentes diplomáticos.

Artículo 101. Habrá en los departamentos de Lima, Trujillo, Cuzco, Arequipa y demás que conviniese, Cortes Superiores de Justicia compuestas de los vocales y fiscales necesarios.

Artículo 102. Son atribuciones de las Cortes Superiores: 1. Conocer en segunda y tercera instancia de todas las causas civiles del fuero común, Hacienda Pública, comercio, minería, presas y comisos; 2. Conocer de las causas criminales mientras se pone en observancia el juicio de jurados; 3. Decidir las competencias suscitadas entre los tribunales y juzgados subalternos; 4. Conocer de los recursos de fuerza en su respectivo departamento.

Artículo 103. Para ser individuo de las Cortes Superiores es necesario: 1. Tener treinta y cinco años de edad; 2. Ser ciudadano en ejercicio; 3. Haber sido juez de derecho, o ejercido otro empleo o destino equivalente.

Artículo 104. Habrá jueces de derecho con sus juzgados respectivos en todas las provincias, arreglándose su número en cada una de ellas según lo exija la pronta administración de justicia.

Artículo 105. Para ser Juez de Derecho se requiere: 1. Treinta años de edad; 2. Ser ciudadano en ejercicio; 3. Ser abogado recibido en cualquier tribunal de la república; 4. Haber ejercido la profesión cuando menos por seis años con reputación notoria.

Artículo 106. Los Códigos Civil y Criminal prefijarán las formas judiciales. Ninguna autoridad podrá abreviarlas ni suspenderlas en caso alguno.

Artículo 107. En las causas criminales el juzgamiento será público, el hecho reconocido y declarado por jurados, y la ley aplicada por los jueces.

Artículo 108. El nombramiento de jurados, su clase, atribuciones y modo de proceder, se designará por un reglamento particular. Entre tanto continuarán los juicios criminales en orden prevenido por las leyes.

Artículo 109. Producen acción popular contra los jueces el soborno, la prevaricación, el cohecho, la abreviación o suspensión de las formas judiciales, el procedimiento ilegal contra la libertad personal y la seguridad del domicilio.

Artículo 110. Se administrará la justicia en nombre de la nación.

Artículo 111. Los jueces de primera instancia son responsables personalmente de su conducta ante las Cortes Superiores, y los individuos de éstas ante la Suprema Corte de Justicia.

Artículo 112. Todas las causas civiles y criminales se fenecerán dentro del territorio de cada Corte Superior.

Artículo 113. No se conocen más que tres instancias en los juicios.

Artículo 114. Queda abolido el recurso de injusticia notoria.

Artículo 115. Queda abolida toda confiscación de bienes, y toda pena cruel y de infamia trascendental. El Código Criminal limitará, en cuanto sea posible, la aplicación de la pena capital a los casos que exclusivamente la merezcan.

Artículo 116. Ninguna pena infama a otro individuo que al que la mereció por la aplicación de la ley.

Artículo 117. Dentro de veinticuatro horas se le hará saber a todo individuo la causa de su arresto, y cualquiera omisión en este punto se declara atentatoria de la libertad individual.

Artículo 118. Nadie puede allanar la casa de ningún peruano, y caso que lo exija fundada e indispensablemente el orden público, se expedirá por el Poder Ejecutivo la orden conveniente por escrito, que remitirá desde luego al juez que conozca de la causa, con la exposición de los datos que motivaron este procedimiento para que obre en el proceso.

Artículo 119. El agente que se excediere, bien en la sustancia de la orden que indica el artículo anterior, bien en el modo de cumplirla, injuria la autoridad y la ley, y será castigado a proporción del abuso.

Artículo 120. No podrá entablarse demanda alguna civil, sin haberse intentado la conciliación ante el juez de paz.

Artículo 121. Todas las leyes anteriores a esta Constitución, que no se opongan al sistema de la independencia, y a los principios que aquí se establecen, queden en su vigor y fuerza hasta la organización de los Códigos Civil, Criminal, Militar y de Comercio.

Capítulo IX. Régimen interior de la República

Artículo 122. El gobierno político superior de los departamentos reside en un ciudadano denominado prefecto.

Artículo 123. El gobierno político de cada provincia en un ciudadano que se denominará intendente.

Artículo 124. El de los distritos en un ciudadano que igualmente se nombrará en cada uno de ellos con la denominación de gobernador.

Artículo 125. Las atribuciones del prefecto, intendente y gobernador se reducirán a mantener el orden y seguridad pública en sus respectivos territorios, con subordinación gradual al Gobierno Supremo, y a cuidar de que los funcionarios de su dependencia llenen exactamente sus obligaciones.

Artículo 126. También les corresponde la intendencia económica sobre la Hacienda Pública.

Artículo 127. Les está prohibido absolutamente todo conocimiento judicial, pero si la tranquilidad pública exigiere fundadamente la aprehensión de algún individuo, podrá ordenarla desde luego, poniendo al preso dentro de veinticuatro horas a disposición del juez, y remitiéndole los antecedentes.

Artículo 128. Esta disposición tendrá lugar cuando el tiempo y las circunstancias no permitieren de algún modo poner en noticia del juez la necesidad de la aprehensión.

Artículo 129. Cualquier exceso del prefecto, intendente o gobernador en el ejercicio de su empleo relativo a la seguridad individual, o a la del domicilio, produce acción popular.

Artículo 130. La duración de los jefes que indica este capítulo será de cuatro años improrrogables, pudiendo ser removidos antes si así lo exigiere su conducta según las leyes.

Artículo 131. Para ser prefecto, intendente o gobernador se requiere: 1. Ser ciudadano en ejercicio; 2. Tener treinta años de edad; 3. Probidad notoria.

Artículo 132. En la capital de cada departamento habrá una Junta departamental, compuesta de un vocal por cada provincia elegido en la misma forma que los diputados.

Artículo 133. Esta junta es el Consejo del Prefecto que la presidirá, y pedirá dictamen en los negocios graves.

Artículo 134. Se renovará cada dos años por mitad, designando en la primera vez la suerte los vocales que cesaren.

Artículo 135. Son atribuciones de esta junta: 1. Inspeccionar la conducta de las municipalidades e informar al senado de lo que hubieren hecho con arreglo a sus atribuciones en favor de los pueblos, y lo que hubieren dejado de hacer; 2. Formar el censo y estadística de cada departamento, cada quinquenio, con presencia de los datos que suministren las municipalidades y remitirlo al senado; 3. Promover todos los ramos conducentes a la prosperidad del departamento y señaladamente la agricultura, industria y minería; 4. Cuidar de la instrucción pública y de los establecimientos piadosos y de beneficencia; 5. Velar sobre la inversión de los fondos públicos e intervenir en la repartición de las contribuciones que se hicieren al departamento; 6. Proponer al Senado, en terna, los ciudadanos para el gobierno político de las provincias y distritos del departamento; 7. Remitir anualmente al Senado lista de todas las personas beneméritas en el departamento para los empleos públicos; 8. Informar anualmente al Senado sobre los medios y recursos oportunos para la mayor prosperidad de las provincias, dando razón de lo que hubiere hecho conforme a sus atribuciones o lo que hubiere dejado de hacer; 9. Remitir al Senado la lista de los tres ciudadanos elegibles para Presidente de la República.

Artículo 136. Para ser vocal de esta junta se requieren las mismas calidades que para diputado.

Artículo 137. Se elegirá el mismo número de suplentes que de propietarios en cada Junta departamental.

Capítulo X. Poder municipal

Artículo 138. En todas las poblaciones, sea cual fuere su censo, habrá municipalidades compuestas del alcalde o alcaldes, regidores, síndico o síndicos correspondientes; en la inteligencia de que nunca podrá haber menos de dos regidores, ni más de dieciséis, dos alcaldes y dos síndicos.

Artículo 139. La elección de estos individuos se hará por Colegios electorales de parroquia, renovándose la mitad cada año según el reglamento respectivo.

Artículo 140. Las atribuciones del régimen municipal dependen: 1. De la policía de orden; 2. De la policía de instrucción primaria; 3. De la policía de beneficencia; 4. De la policía de salubridad y seguridad; 5. De la policía de comodidad, ornato y recreo.

Artículo 141. Las municipalidades deben, además: 1. Repartir las contribuciones o empréstitos que se hubieren señalado a su territorio; 2. Formar los ordenamientos municipales del pueblo y remitirlos al Congreso para su aprobación por medio de la Junta departamental; 3. Promover la agricultura, industria y cuanto conduzca en razón de la localidad al bien del pueblo; 4. Informar anualmente a la Junta departamental de lo que hubieren hecho en conformidad de sus atribuciones, o de lo que hubieren dejado de hacer, indicando los motivos.

Artículo 142. Los alcaldes son los jueces de paz de su respectiva población. En las poblaciones numerosas ejercerán también este oficio los regidores.

Artículo 143. Conocerán los jueces de paz de las demandas verbales civiles de menor cuantía; y de las criminales sobre injurias leves y delitos menores que solo merezcan una moderada corrección.

Artículo 144. Para ser alcalde, regidor o síndico se requiere: 1. Ser ciudadano en ejercicio; 2. Tener veinticinco años de edad; 3. Ser natural del pueblo o tener diez años de vecindad próximamente antes de su elección; 4. Tener probidad notoria.
Artículo 145. Ningún empleado de Hacienda puede ser admitido a los empleos municipales.
Artículo 146. Ningún ciudadano podrá excusarse de estas cargas.
Artículo 147. Toda municipalidad tendrá un secretario y un tesorero elegidos a pluralidad absoluta y con asignación deducida de los propios del común.

Sección III. De los medios de conservar el Gobierno

Capítulo I. Hacienda Pública

Artículo 148. Constituye la Hacienda Pública todas las rentas y productos que conforme a la Constitución y a las leyes deban corresponder al Estado.
Artículo 149. El presupuesto de los gastos públicos fijará las contribuciones ordinarias mientras se establece la única contribución. Adoptándose por regla constante el acrecer la Hacienda por el fomento de ramos productivos, a fin de disminuir las imposiciones en cuanto sea posible.
Artículo 150. La administración general de la Hacienda pertenece al Ministerio de ella.
Artículo 151. Éste presentará anualmente al Gobierno para que lo haga al Congreso: 1. Los planes orgánicos de la Hacienda en general y de sus oficinas en particular; 2. El presupuesto de gastos precisos para el servicio de la república; 3. El plan de contribuciones ordinarias para cubrirlos; 4. El de las contribuciones extraordinarias para satisfacer los empréstitos nacionales y sus créditos correspondientes.
Artículo 152. Habrá en la capital de la república una contaduría general con un jefe y los empleados necesarios. En ella deberán examinarse, glosarse y fenecerse las cuentas de todos los productos e inversiones de la Hacienda.
Artículo 153. Habrá también en la capital de la república una tesorería general compuesta de un contador, un tesorero y los empleados correspondientes. Se reunirán en ella todos los productos de la Hacienda.

Artículo 154. Una ley reglamentaria de Hacienda ordenará todas estas oficinas y las demás dependencias que sean necesarias en este ramo, fijando las atribuciones, escala, número y responsabilidad de los empleados y el modo de rendir y liquidar las cuentas.

Artículo 155. Quedan abolidos los estancos en el territorio de la república.

Artículo 156. Las aduanas se situarán en los puertos de mar y en las fronteras en cuanto sea compatible con la recta administración, con el interés del Estado y el servicio público.

Artículo 157. Quedan suprimidas las aduanas interiores; pero esta disposición no tendrá efecto hasta que lo determine el Congreso.

Artículo 158. Se establecerá en la capital de la república un banco general de rescate de oro y plata y habilitación de minas.

Artículo 159. Se establecerán bancos de rescate en los principales asientos de minas a fin de auxiliar a los mineros y facilitarles la pronta explotación y beneficio de metales.

Artículo 160. Un reglamento particular determinará todo lo conducente a estos establecimientos.

Artículo 161. La nación reconoce la deuda pública, y su pago depende del honor nacional; para cuyo fin decretará el Congreso cuanto estime necesario a la dirección de este importantísimo negocio.

Artículo 162. Las contribuciones se repartirán bajo la regla de igualdad y proporción, sin ninguna excepción ni privilegio.

Artículo 163. Las asignaciones de los funcionarios de la república son de cuenta de la Hacienda, cuyo arreglo se hará por un decreto particular con concepto a la representación y circunstancias de los empleos o destinos.

Capítulo II. Fuerza Armada

Artículo 164. La defensa y seguridad de la república demanda una Fuerza Armada permanente.

Artículo 165. Constituyen la Fuerza Armada de tierra: el ejército de línea, la milicia cívica y la guardia de policía.

Artículo 166. El destino del ejército de línea es defender la seguridad exterior de la república, y se empleará donde ésta pueda ser amenazada.

Artículo 167. Para emplearla en caso de alguna revolución declarada en el interior de la república, precederá el acuerdo del Congreso, y en su receso el del Senado.
Artículo 168. La milicia cívica servirá para mantener la seguridad pública entre los límites de cada provincia.
Artículo 169. No podrá traspasar estos límites sino en el caso de alguna revolución entre otras provincias dentro o fuera del departamento o en el de invasión.
Artículo 170. En estos casos procederá el acuerdo del Congreso, y en su receso el del Senado.
Artículo 171. El objeto de la guardia de policía es proteger la seguridad privada, purgando los caminos de malhechores, y persiguiendo a los delincuentes con sujeción a las órdenes de la autoridad respectiva.
Artículo 172. No puede destinarse esta guardia a otro servicio, si no es en los casos de revolución declarada, o de invasión; para lo que precederá el acuerdo del Congreso, y en su receso el del Senado.
Artículo 173. El Congreso fijará anualmente el número de tropas necesarias en el ejército de línea, y el modo de levantar las que fueren más convenientes.
Artículo 174. Las ordenanzas que prefijare el Congreso, determinarán todo lo relativo a la organización de estos cuerpos, la escala militar, disciplina y arreglo económico del Ejército.
Artículo 175. La enseñanza e instrucción del Ejército y Armada dependen de la educación que se dará en las escuelas o colegios militares que deberán establecerse.
Artículo 176. La milicia cívica se organizará en todas las provincias según su población y circunstancias.
Artículo 177. Se creará una guardia de policía en todos los departamentos que lo exijan conforme a las necesidades.
Artículo 178. El Congreso fijará anualmente el número de buques de la Marina militar que deban conservarse armados.
Artículo 179. Todo militar no es más que un ciudadano armado en defensa de la república. Y así como esta circunstancia le recomienda de una manera particular para las recompensas de la patria; el abuso de ella contra la libertad le hará excederse a los ojos de la nación y de cada ciudadano.

Artículo 180. Ningún peruano podrá excusarse del servicio militar, según y como fuere llamado por la ley.

Capítulo III. Educación pública

Artículo 181. La instrucción es una necesidad común, y la república la debe igualmente a todos sus individuos.

Artículo 182. La Constitución garantiza este derecho: 1. Por los establecimientos de enseñanza primaria, de ciencias, literatura y artes; 2. Por premios que se concedan a la dedicación y progresos distinguidos; 3. Por institutos científicos, cuyos miembros gocen de dotaciones vitalicias competentes; 4. Por el ejercicio libre de la imprenta que arreglará una ley particular; 5. Por la inviolabilidad de las propiedades intelectuales.

Artículo 183. La instrucción pública depende en todos sus ramos de los planes y reglamentos generales que decretare el Congreso.

Artículo 184. Todas las poblaciones de la república tienen derecho a los establecimientos de instrucción que sean adaptables a sus circunstancias. No puede dejar de haber universidades en las capitales de departamento, ni escuelas de instrucción primaria en los lugares más pequeños; la que comprenderá también el catecismo de la religión católica y una breve exposición de las obligaciones morales y civiles.

Artículo 185. Se establecerá una Dirección General de Estudios en la capital de la república, compuesta de personas de conocida instrucción, a cuyo cargo estará, bajo la autoridad del Gobierno y protección del Senado, la inspección de la instrucción pública.

Capítulo IV. Observancia de la Constitución

Artículo 186. El primer cuidado del Congreso, luego después de la apertura de sus sesiones, será examinar las infracciones de la Constitución que no se hubieren remediado, a fin de decretar lo necesario para que se haga efectiva la responsabilidad de los infractores.

Artículo 187. Todo peruano puede reclamar ante el Congreso, ante el Poder Ejecutivo o ante el Senado, la observancia de la Constitución, y representar fundadamente las infracciones que notare.

Artículo 188. Todo funcionario público, de cualquier fuero que sea, al tomar posesión de su cargo ratificará el juramento de fidelidad a la Constitución, prometiendo bajo de él cumplir debidamente sus obligaciones respectivas.

Artículo 189. El Presidente de la República jurará ante el Congreso, como asimismo el de la Suprema Corte de Justicia y el del Senado; los obispos jurarán en presencia de sus respectivos Cabildos.

Artículo 190. Todos los demás empleados jurarán ante las autoridades correspondientes, según el departamento a que pertenecieren.

Artículo 191. Esta Constitución queda sujeta a la ratificación o reforma de un Congreso General compuesto de los diputados de todas las provincias actualmente libres, y de todas las que fueren desocupadas por el enemigo, concluida que sea la guerra.

Artículo 192. Para la ratificación o reforma que indica el artículo anterior deberán contener los poderes de los diputados cláusula especial que los autorice para ello.

Capítulo V. Garantías constitucionales

Artículo 193. Sin embargo de estar consignados los derechos sociales e individuales de los peruanos en la organización de esta ley fundamental, se declaran inviolables: 1. La libertad civil; 2. La seguridad personal y la del domicilio; 3. La propiedad; 4. El secreto de las cartas; 5. El derecho individual de presentar peticiones o recursos al Congreso o al Gobierno; 6. La buena opinión o fama del individuo, mientras no se le declare delincuente conforme a las leyes; 7. La libertad de imprenta en conformidad de la ley que la arregle; 8. La libertad de la agricultura, industria, comercio y minería, conforme a las leyes; 9. La igualdad ante la ley, ya premie, ya castigue.

Artículo 194. Todos los peruanos pueden reclamar el uso y ejercicio de estos derechos, y es un deber de las autoridades respetarlos y hacerlos guardar religiosamente por todos los medios que estén en la esfera de las atribuciones de cada una de ellas.

Dada en la sala de sesiones, en Lima, a 12 de noviembre del año del Señor de 1823, cuarto de la Independencia y segundo de la república.

Manuel Salazar y Baquijano, diputado por Huaylas, presidente – Juan Antonio de Andueza, diputado por Trujillo – Felipe Antonio Alvarado, diputado por Lima – Toribio Rodríguez, diputado por Lima – Justo Figuerola, diputado por Trujillo – Bartolomé de Bedoya, diputado por Arequipa – José de La Mar, diputado por Puno – Hipólito Unanue, diputado por Puno – Manuel de Arias, diputado por Lima – Nicolás de Aranibar, diputado por Arequipa – Manuel de Salazar y Vicuña, diputado por Huaylas – Mariano Quesada, diputado por Trujillo – Manuel Antonio Valdizán, diputado por Tarma – Manuel de Gárate, diputado por Huaylas – Tiburcio José de la Hermosa, diputado por Huaylas – Tomás de Méndez y Lachica, diputado por Huamanga – Ignacio Antonio de Alcázar, diputado por Puno – Miguel Tafur, diputado por el Cuzco – Ignacio Ortiz de Ceballos, diputado por Lima – Francisco Salazar, diputado por Puno – Juan Esteban Henríquez de Saldaña, diputado por Lima – Miguel Tenorio, diputado por el Cuzco – Manuel Ferreiros, diputado por el Cuzco – Mariano Navia de Bolaño, diputado por el Cuzco – José de Iriarte, diputado por Tarma – Mariano José de Arce, diputado por Arequipa – Gregorio Luna Villanueva, diputado por Arequipa – Juan José Muñoz, diputado por el Cuzco – F. J. Mariátegui, diputado por Lima – Santiago Ofelán, diputado por Arequipa – Francisco Agustín de Argote, diputado por Huamanga – Marceliano de Barrios, diputado por Arequipa – José Sánchez Carrión, diputado por Trujillo – Laureano Lara, diputado por el Cuzco – Jerónimo Agüero, diputado por el Cuzco – Joaquín de Arrece, diputado por el Cuzco – José Lago y Lemús, diputado por Tarma – Pedro Pedemonte, diputado por el Cuzco – José María Galdiano, diputado por Puno – Joaquín Paredes, diputado por el Cuzco. – Pedro Antonio Alfaro de Arguedas, diputado por Arequipa – Francisco Javier Pastor, diputado por Arequipa – Mariano Carranza, diputado por Tarma – José Mendoza, diputado por Huamanga – Juan Zevallos, diputado por el Cuzco – Manuel Antonio Colmenares, diputado por Huancavelica – Carlos Pedemonte, diputado por Tarma – Esteban Navia y Quiroga, diputado por el Cuzco – Domingo de Orúe, diputado por Puno – Tomás Forcada, diputado por Lima – Toribio de Alarco, diputado por Huancavelica – José Bartolomé Zárate, diputado por Huamanga – Anselmo Flores, diputado por Arequipa – José Gregorio Paredes, diputado por Lima – Manuel Muelle, diputado por Huaylas, secretario – Miguel Otero, diputado por Tarma, secretario

Por tanto, mandamos a todos los peruanos individuos de la república, de cualquier clase y condición que sean, que hayan y guarden la Constitución inserta como ley fundamental de la república, y mandamos asimismo a todos los tribunales, justicias, jefes, gobernadores y demás autoridades, así civiles como militares y eclesiásticas de cualquiera clase y dignidad que la guarden y hagan guardar, cumplir y ejecutar en todas sus partes. El ministro de Estado en el Departamento de Gobierno y Relaciones Exteriores dispondrá lo necesario a su cumplimiento haciéndola imprimir, publicar y circular, de que dará cuenta.

Palacio del Gobierno en Lima, a 12 de noviembre de 1823 4.º 2.º

José Bernardo Tagle

Juan de Beringoaga

Por orden de S.E.

Constitución del Estado de El Salvador (12 de junio de 1824)[43]

El Jefe del Estado me ha dirigido el decreto que sigue: El Jefe Supremo del Estado de El Salvador a todos los que las presentes vieren y entendieren, sabed: que el Congreso Constituyente del Estado ha decretado y sancionado la siguiente Constitución: Nos, los representantes de los pueblos comprendidos en la Intendencia de San Salvador y Alcaldía mayor de Sonsonate, reunidos en Congreso Constituyente, cumpliendo con los deseos de los mismos pueblos a virtud de los plenos poderes con que nos hallamos revestidos, y teniendo juntamente en consideración las bases constitucionales decretadas por la Asamblea Nacional Constituyente de la Federación: ordenamos y acordamos lo siguiente:

Constitución del Estado

Capítulo I

Artículo 1. El Estado es y será siempre libre e independiente de España y de México y de cualquiera otra potencia o Gobierno extranjero, y no será jamás el patrimonio de ninguna familia ni persona.

Artículo 2. Será uno de los Estados federados de la República del Centro de América.

Artículo 3. El Estado es libre, soberano e independiente en su interior administración y gobierno.

Artículo 4. El territorio del Estado se compone de los que antes comprendían la Intendencia de San Salvador, y la Alcaldía mayor de Sonsonate. Tiene por límites, al Oeste el río de Paz, la ensenada de Conchagua al Este, la provincia de Chiquimula y Honduras al Norte, y el mar Pacífico al Sur.

Artículo 5. La religión del Estado es la misma que la de la república, a saber: la C. A. R.,[44] con exclusión del ejercicio público de cualquiera otra.

---

43 María y Freddy Leistenshneider; comps., «Constitución del Estado de El Salvador» (12 de junio de 1824), Períodos presidenciales y constituciones federales y políticas de El Salvador, San Salvador, Ministerio de Educación, Dirección de Publicaciones de San Salvador, 1979, pags. 145-155.

44 Católica apostólica romana. (N. del E.)

Artículo 6. El territorio del Estado se dividirá en cuatro departamentos, a saber: el de San Salvador, Sonsonate, San Vicente y San Miguel; arreglándose la demarcación de cada uno de ellos por ley particular.
Artículo 7. El Estado se denominará ESTADO DE EL SALVADOR conservando el departamento la antigua denominación de San Salvador.

Capítulo II. De los salvadoreños

Artículo 8. Todos los salvadoreños son hombres libres, y son igualmente ciudadanos en este y los otros Estados de la Federación, con la edad y condiciones que establezca la Constitución General de la República.
Artículo 9. Si la República y el Estado protegen con leyes sabias y justas la libertad, la propiedad y la igualdad de todos los salvadoreños, estos deben: 1. Vivir sujetos a la Constitución y leyes del Estado y la general de la Federación; 2. Respetar y obedecer las autoridades; 3. Contribuir con proporción de sus haberes a los gastos del Estado y Federación para mantener la integridad, independencia y seguridad; 4. Servir y sostener la patria, aun a consta de sus bienes y de su vida si fuere necesario.

Capítulo III. Del Gobierno

Artículo 10. El Gobierno del Estado, es popular representativo; y la felicidad de este reside en la Federación, es su principal objeto.
Artículo 11. El Supremo Poder estará dividido por su administración en Legislativo, Ejecutivo y Judicial.
Artículo 12. El Poder Legislativo corresponde al Congreso, el Ejecutivo al Jefe del Estado, y el Judicial en las causas civiles y criminales a la Corte Superior de Justicia.
Artículo 13. El pueblo no puede ni por sí, ni por autoridad alguna, ser despojado de su soberanía; ni podrá excederla sino únicamente en las elecciones primarias, y practicándolas conforme a las leyes. Mas tienen los salvadoreños el derecho de petición, y la libertad de imprenta para proponer medidas útiles, y censurar la conducta de los funcionarios públicos en el ejercicio de su cargo y el de velar sobre el cumplimiento de las leyes.

Capítulo IV. Del Congreso

Artículo 14. El Congreso del Estado se compondrá del número de diputados que designen las legislaturas para las venideras, el que nunca podrá bajar de nueve, ni subir de veintiuno.

Las legislaturas se renovarán cada dos años, pudiendo ser reelegidos una vez sus individuos.

Artículo 15. Los diputados deben tener las calidades que designen la Constitución federal y su nombramiento será en la forma que prescriba la misma Constitución.

Artículo 16. Por cada dos diputados se nombrará un suplente para que sirvan en caso de impedimento grave o muerte de alguno de los propietarios, pudiendo reelegirse por solo una vez.

Artículo 17. Podrán ser nombrados diputados los ciudadanos de otro Estado que reúnan las condiciones y las cualidades de la ley.

Artículo 18. Las sesiones comenzarán en cada año el día dos de enero, y los diputados deberán hallarse en el lugar que se celebren aquellas el día 24 del mes anterior para las juntas preparatorias que deben preceder a las sesiones.

Artículo 19. El Congreso ordinario será de sesenta días, y de noventa lo más; volverá a reunirse en sus recesos si el Consejo Directivo lo convocare para uno o más asuntos urgentes del Estado y no podrá tratar de otros en esta reunión.

Artículo 20. El lugar de las sesiones será el que señale el Congreso en las últimas de la legislatura que concluye y con precedente acuerdo del Consejo representativo.

Artículo 21. Para que haya Congreso se necesita por lo menos la reunión de las dos terceras partes de los diputados.

Artículo 22. Un número menor de diputados podrá compeler y apremiar a los demás a reunirse en el tiempo designado, ya sea para legislatura ordinaria, o para alguna extraordinaria que deba celebrarse a juicio del Consejo representativo.

Artículo 23. A la apertura del Congreso asistirá el Jefe del Estado y hará o representará un discurso en el que proponga cuanto sea conveniente.

Artículo 24. Examinando y discutido un proyecto de ley, si la pluralidad absoluta lo aprobare, pasará al Consejo para la sanción y obtenida esta se hará publicar.

Artículo 25. En caso de que el Consejo niegue la sanción, deberá dentro de seis días devolver el proyecto al Congreso con las razones o motivos que tenga para la negativa; y examinada esta por el Congreso, si las dos terceras partes de él la desaprobaren, se tendrá por sancionada la ley y se publicará.

Artículo 26. La forma de que usará el Consejo para dar la sanción, será PASE AL JEFE Del ESTADO, y la de cuando la niegue, VUELVA AL CONGRESO.

Artículo 27. La derogación de las leyes vigentes se hará por los mismos trámites que el establecimiento de las mismas: entendiendo que las que sean opuestas al sistema republicano, e independiente del Estado, se dan desde luego por derogadas.

Artículo 28. Los diputados serán inviolables por sus opiniones, y en ningún tiempo ni caso, ni ninguna autoridad podrán ser reconvencidos por ellas. En las causas criminales que contra ellos se intentaren, no podrán ser juzgados, sino por el Tribunal del Congreso en el modo y forma que prescriba el reglamento de su gobierno interior. Durante las sesiones y un mes después, los diputados no podrán ser demandados civilmente ni ejecutados por deudas.

Artículo 29. Son atribuciones propias del Congreso: 1. Dictar las leyes del Estado, interpretar, alterar y derogar las establecidas; 2. Formar el Código Civil y criminal; 3. Su reglamento interior y el de los otros poderes; 4. Aprobar los estatutos de otras corporaciones; 5. Dar las ordenanzas correspondientes a la milicia cívica y disciplinada; 6. Determinar la fuerza de línea que el Estado necesite con acuerdo del Congreso Federal; 7. Levantar la Fuerza Armada en tiempo de guerra correspondiente al cupo que el Congreso Federal designe; 8. Formar la estadística del Estado por medio de los jefes, municipalidades, y otros conductos que crea necesarios; 9. Decretar las contribuciones o impuestos para los gastos necesarios y el cupo del Estado con vista del presupuesto que indispensablemente debe haber y publicarse; 10. Aumentar o disminuir las contribuciones e impuestos según las exigencias del Estado y de la República; 11. Examinar la Constitución y las leyes de la asamblea general, y dar su voto acerca de ellas, sujetándose al de la mayoría de los Estados; 12. Proceder de la misma suerte en las alteraciones o derogaciones de las expresadas leyes; 13. Erigir los establecimientos, corporaciones, tribunales inferiores, y demás que considere convenientes al mayor orden de justicia, economía, instrucción pública y otros ramos de administración; 14. Conceder premios a los súbditos del Estado, proporcionados a sus merecimientos; 15. Conmutar las penas de la ley, o perdonar los delitos cometidos y no contra las leyes de la Federación, ni aquellas cuyo cumplimiento esté al cuidado de las autoridades federales; 16. Detallar los sueldos de los funcionarios públicos, aumentarlos o disminuirlos según las circunstancias; 17. Aprobar los tratados que el Jefe del Estado celebre con los otros de la Federación; 18. Sentenciar en el caso de que algún Estado reclame de otro el haber traspasado los límites constitucionales; 19. Contraer deudas sobre el crédito del Estado y suministrar empréstitos en territorio de la república, en caso de absoluta necesidad; 20. Erigir la ciudad o pueblo que deba servir de residencia al Congreso, Consejo y Gobierno, y variarlo en caso necesario; 21. Fijar los límites de los departamentos, partidos y pueblos como sean más convenientes para su mejor administración.

Capítulo V. Del Consejo Representativo

Artículo 30. Habrá un Consejo compuesto de un representante por cada departamento elegido por sus respectivos pueblos.

Artículo 31. Los consejeros han de ser ciudadanos naturales de la república con la edad y demás cualidades que ordene la Constitución Federal.

Artículo 32. El Consejo durará tres años, y sus individuos podrán ser reelegidos una sola vez enseguidas.

Artículo 33. El Consejo celebrará diariamente sus sesiones en el tiempo de las del Congreso, y dos veces a la semana en el resto de año y en las ocasiones extraordinarias que el Jefe del Estado le convoque.

Artículo 34. Son atribuciones del Congreso representativo: 1. Sancionar las leyes del Congreso del Estado, y lo hará en el término que señala el artículo 26 de esta Constitución fundando su dictamen en caso de rehusar la sanción; 2. Prestar su anuencia para la derogación de la ley, de la misma suerte y en el mismo término que debe dar la sanción oyendo en uno y otro caso al Jefe del Estado; 3. Consultado por el Jefe del Estado sobre dudas que ofrezca alguna ley en los recesos del Congreso, resolverá la conveniente, y su resolución será ejecutada; 4. Aconsejar al Jefe del Estado en los casos en que le consulte; 5. También dará dictamen en los negocios diplomáticos que ocurran entre el Gobierno del Estado y el federal, o con otro de los demás Estados, sin cuyo requisito no podrá el Congreso aprobarlos; 6. Poner en terna al Jefe del Estado, al comandante general o Primer Jefe Militar del Estado, al intendente, tesorero, o ministro general de Hacienda Pública del Estado; los jefes primeros de departamento, y al obispo; 7. Cuidar o velar sobre la conducta de los nombrados arriba, y declarar en su caso cuando ha lugar a la formación de la causa; 8. Nombrar Presidente de su seno, cuando el designado por la Constitución estuviere impedido; 9. Nombrar secretario de fuera de su seno, al que podrá suspender de sus funciones; pero no remover sin conocimiento de causa; 10. Convocar al Congreso en los casos extraordinarios y leyes del Estado y dar cuenta a la legislatura de las infracciones que haya notado, o de que está informado.

Capítulo VI. Del Poder Ejecutivo y jefe del Estado

Artículo 35. Este Supremo Poder reside en un Jefe nombrado por el pueblo del Estado como determine la ley.

Artículo 36. En la elección del Jefe Supremo del Estado, se nombrará otro en la misma forma que le subrogue o supla en su falta por ausencia, enfermedad o muerte. Ambos deben tener las mismas cualidades que los consejeros.

Artículo 37. El Jefe Supremo lo será únicamente por espacio de cuatro años; mas podrá ser reelegido en segundas una sola vez.

Artículo 38. El cuplente del Supremo Jefe presidirá sin voto el Consejo, pero lo tendrá en caso de empate.

Artículo 39. No asistirá al Consejo, cuando este delibere si ha lugar a formación de causa contra el Jefe Supremo.

Artículo 40. Las atribuciones del Supremo Jefe son las siguientes: 1. Publicar la ley y hacer que se publique en el territorio del Estado dentro del término de un mes. La retardación de este acto por más tiempo lo hace responsable; 2. Ejecutar la ley, cuidar de su ejecución, orden público y del exacto cumplimiento de los funcionarios en sus respectivos cargos; 3. Nombrar los primeros magistrados de que habla el artículo 34 a propuesta del Senado, y nombrar también los subalternos a propuesta igual de sus jefes inmediatos; 4. Disponer de la Fuerza Armada del Estado, y usar de ella en su defensa en caso de invasión repentina dando cuenta inmediatamente a la legislatura del Estado para que este lo haga al Congreso Federal; 5. Pedir auxilios en el mismo caso a los Estados inmediatos y suministrarlos cuando ellos lo pidan, avisando al Congreso para que este lo verifique al de la Federación; 6. Formar reglamentos para el más fácil cumplimiento y ejecución de las leyes; 7. Nombrar enviados o ministros diplomáticos del interior si fuere menester, consultando antes a la legislatura, y en su nombre recibir los de otros Estados, comunicándolo a la misma; 8. Nombrar interinamente a los empleados por falta de propietarios; 9. Convocar al Consejo en casos extraordinarios cuando necesitase consultarle.

Artículo 41. El Jefe Supremo tendrá y nombrará un ministro general para el despacho de los negocios.

Artículo 42. El secretario del Consejo suplirá en caso necesario por el ministro.

Artículo 43. Estará a cargo del ministro: 1. Formar la planta de la Secretaría que con acuerdo del Jefe presentará al Congreso; 2. Autorizar las órdenes, decretos y despachos del mismo Jefe; 3. Comunicarlos a las primeras autoridades del Estado y dar cuenta con sus contestaciones; 4. Entablar las relaciones y comunicaciones que determinare el Jefe Supremo en los otros Estados de la república.

Artículo 44. El ministro será responsable por la autorización de órdenes y decretos que se desviaren de la ley.

Artículo 45. El Jefe Supremo no podrá remover al ministro sin previa formación de causa, pero podrá suspenderlo.

Capítulo VII. Del Poder Judicial

Artículo 46. El Poder Judicial es independiente de los otros dos: a él solo pertenece la aplicación de las leyes en las causas civiles y criminales.

Artículo 47. Habrá una Corte Superior de Justicia compuesta de cinco jueces a lo más, y tres a lo menos elegidos popularmente.

Artículo 48. A los dos años se renovarán los dos últimos jueces y los otros tres a los seis años, sin embargo de que unos mismos podrán ser siempre reelegidos.

Artículo 49. No se necesita en todos los jueces la calidad de ser letrados para este destino, pero sí la de ser ciudadanos mayores de veinticinco años, y que merezcan el concepto público de integridad y hombría de bien.
Artículo 50. La Corte Superior será el tribunal de última instancia y conocerá en los recursos de nulidad.
Artículo 51. Juzgará en las causas de los primeros funcionarios del Estado cuando hubiere declarado el Consejo que ha lugar a su formación.
Artículo 52. La Corte Superior de Justicia uno o algunos de sus individuos y los jueces inferiores son responsables por la infracción de las leyes que arreglan los procesos en lo civil y criminal.
Artículo 53. Por acción popular podrá intentarse la deposición de los jueces magistrados notados de cohecho, soborno o prevaricación.
Artículo 54. La Corte Superior podrá oír las dudas sobre inteligencia de la ley que se susciten en los tribunales y juzgados inferiores para consultarla con su informe al Congreso y en los recesos de este al Consejo.
Artículo 55. La misma Corte de Justicia, conocerá en las causas de residencia de los empleados públicos, y examinará las listas de todas las causas civiles y criminales pendientes en su tribunal y en los otros inferiores del Estado, haciéndolas publicar por medio de la prensa.

Capítulo VIII. De la administración de justicia civil en los departamentos

Artículo 56. Una ley arreglará los tribunales y jueces de los departamentos, partidos y pueblos, así como sus facultades y subalternos.
Artículo 57. En los pueblos de cada departamento se administrará la justicia por los alcaldes con los límites y en el modo que disponga la ley.
Artículo 58. A ninguno podrá privarse del derecho de terminar sus diferencias por jueces árbitros que nombren las partes, cuya sentencia, si no hubiese reservado en el compromiso el derecho de apelar, será ejecutada.
Artículo 59. Los alcaldes de los pueblos serán los jueces únicos en las demandas verbales en asuntos civiles y por injurias.
Artículo 60. Cada alcalde oirá demanda acompañado de hombres buenos nombrados uno por cada parte, y enterado en las razones en que respectivamente se apoyan las partes. Oído el dictamen de los dos hombres buenos,

proveerá en la demanda lo que crea conveniente y oportuno para conciliar a las partes.

Artículo 61. Sin que haya precedido juicio conciliatorio no se podrá entablar pleito alguno.

Capítulo IX. Del crimen

Artículo 62. Ningún salvadoreño podrá ser preso sin precedente sumario del hecho por el cual deba ser castigado; y sin previo mandamiento del juez por escrito que ordene la prisión.

Artículo 63. Intimada la expresada orden, deberá ser cumplida porque su desobediencia se tendrá por grave delito.

Artículo 64. Cuando hubiere resistencia a la expresada orden, o se temiere la fuga, podrá usarse de la fuerza para asegurar la persona.

Artículo 65. Todo delincuente en el acto de cometer el delito puede ser arrestado por cualquiera persona y entregado al juez.

Artículo 66. La casa de todo ciudadano y sus libros y correspondencia serán un sagrado, y no podrán registrarse sino como ordene la ley.

Artículo 67. Sobre acusaciones, denuncias secretas o delaciones, la ley proveerá la conducta que debe observar el juez.

Artículo 68. En ninguna causa por grave que sea habrá confiscación de bienes, sino es cuando haya responsabilidad pecuniaria, y en la cantidad a que pueda extenderse.

Capítulo X. Del Gobierno interior de los departamentos

Artículo 69. En cada uno habrá un Jefe Político Intendente nombrado por el Jefe Supremo, a cuyo cargo estará el Gobierno político y de Hacienda del departamento, como dispondrá la ley.

Artículo 70. La duración de estos magistrados será de cuatro años, y no podrán ser continuados ni promovidos a otro destino sin haber dado cuenta al Jefe Supremo de su buena administración.

Artículo 71. Los distritos o partidos de cada departamento estarán por ahora respectivamente al cargo del primer alcalde del lugar cabecera del distrito, cuyas atribuciones desempeñará con subordinación al jefe e intendente [y] serán las que designe la ley.

Artículo 72. El jefe e intendente desempeñará iguales atribuciones en el distrito de su residencia.

Artículo 73. Continuarán las municipalidades en todos los pueblos que tengan de quinientas almas arriba, y el Congreso arreglará el número de individuos, sus atribuciones, la forma de elecciones que siempre será popular; y todo lo que conduzca a su mejor administración.

Capítulo XI. De la Hacienda pública

Artículo 74. La Hacienda pública del Estado consiste en las tierras baldías, y en el producto de las contribuciones que decrete el Congreso, ya sean directas o indirectas. Las primeras serán con proporción a las facultades de los contribuyentes y sin excepción ni privilegio alguno.

Artículo 75. No habrá aduanas ni estanco alguno en el Estado; y esta disposición se pondrá en práctica tan luego como estén las contribuciones que cubran el déficit de aquellas.

Artículo 76. La cuenta de la tesorería general se comprenderá del producto anual de todas las contribuciones y rentas, y su inversión se imprimirá y circulará por todos los departamentos, distritos y pueblos.

Artículo 77. Del mismo modo se harán publicar las respectivas cuentas de ingresos y egresos de caudales de cada departamento.

Capítulo XII. De la observancia de las leyes, interpretación y reforma de esta Constitución

Artículo 78. Todo empleado civil, militar o eclesiástico al tomar posesión de su destino prestará juramento de guardar la Constitución del Estado y desempeñar debidamente su cargo.

Artículo 79. Todo salvadoreño puede representar al Congreso, al Jefe Supremo y al Consejo para reclamar la observancia de la Constitución.

Artículo 80. Hasta pasados dos años podrá el Congreso reformar o alterar uno u otro artículo de la Constitución del Estado, pero nunca podrán alterarse los dos artículos primeros y el cuarto del Capítulo I y el artículo 12 del Capítulo III.

Artículo 81. Las leyes que hasta aquí han regido en todas las materias continuarán en su fuerza y vigor, menos las que directa o indirectamente se opongan a la Constitución federal y del Estado, y a los decretos y leyes que expidiere el Congreso.

Artículo 82. A los ocho años cuando la práctica y más conocimientos hayan descubierto los inconvenientes o ventajas de la presente Constitución, podrá convocarse un Congreso Constituyente para que examinada su totalidad pueda reformarla.

Dada en San Salvador, a 12 de junio de 1824.

Manuel Romero, diputado por Sonsonate, presidente – Sixto Pineda, diputado por San Miguel, vicepresidente – Hermenegildo Gutiérrez, diputado por Gotera – Mariano Fagoaga, diputado por Sonsonete – Miguel José Castro, diputado por Zacatecoluca – Joaquín de S. Martín, diputado por Tejutla y Chalatenango – Pablo María Sagastume, diputado por Sonsonete – Benito González Martínez, diputado por Chalatenango – Bonifacio Paniagua, diputado por Santa Ana – Vicente Chávez, diputado por Cojutepeque – Ramón Meléndez, diputado por San Salvador – José Manuel Guillén, diputado por Metapán – Atanasio Flores, diputado por San Vicente – Mateo Ibarra, diputado por San Salvador – Carlos Antonio Meany, diputado suplente por San Miguel – José Mariano Calderón, diputado por San Salvador – José Damián Villacorta, diputado por San Salvador, secretario – León Quinteros, diputado por San Vicente, secretario.

El Jefe del Estado hará imprimir, publicar, reconocer y jurar solemnemente en todo el Estado la presente Constitución. San Salvador, junio 12 de 1824. Manuel Romero, presidente – José Damián Villacorta, diputado secretario – León Quinteros, diputado secretario. Al ciudadano secretario del Estado.

Por tanto, mando a todos sus habitantes de cualquier clase y condición que sean que hayan y guarden la Constitución inserta, como Ley Fundamental del Estado; y mando a todos los tribunales, justicias, jefes y demás autoridades civiles, militares y eclesiásticos, de cualquier clase y dignidad, que guarden y hagan guardar, cumplir y ejecutar la misma Constitución en todas sus partes. Lo tendrá entendido el secretario del Despacho y dispondrá lo necesario a su cumplimiento, haciéndola imprimir, jurar, publicar y circular. San Salvador, 12 de junio de 1824. Juan Manuel Rodríguez. Al ciudadano Alexandro Escalante.

Y lo comunico a usted para su inteligencia y efectos consiguientes, acompañándole competente número de ejemplares.

San Salvador, 12 de junio de 1824
Alejandro Escalante

Constitución de la República Federal de Centroamérica dada por la Asamblea Nacional Constituyente en 22 de noviembre de 1824[45]

En el nombre del Ser Supremo, autor de las sociedades y legislador del Universo. Congregados en Asamblea Nacional Constituyente, nosotros los representantes del pueblo de Centroamérica, cumpliendo con sus deseos y en uso de sus soberanos derechos, decretamos la siguiente Constitución para promover su felicidad, sostenerla en el mayor goce posible de sus facultades, afianzar los derechos del hombre y del ciudadano sobre los principios inalterables de libertad, igualdad, seguridad y propiedad; establecer el orden público y formar una perfecta Federación.

Título I. De la nación y de su territorio

Sección I. De la nación

Artículo 1. El pueblo de la República Federal de Centroamérica es soberano e independiente.

Artículo 2. Es esencialmente soberano y su primer objeto [es] la conservación de la libertad, igualdad, seguridad y propiedad.

Artículo 3. Forman el pueblo de la república, todos sus habitantes.

Artículo 4. Están obligados a obedecer y respetar la ley, a servir y defender la patria con las armas y a contribuir proporcionalmente para los gastos públicos sin exención ni privilegio alguno.

Sección II. Del territorio

Artículo 5. El territorio de la república es el mismo que antes comprendía el antiguo reino de Guatemala, a excepción, de la provincia de Chiapas.

Artículo 6. La Federación se compone de cinco Estados, que son: Costa Rica, Nicaragua, Honduras, El Salvador y Guatemala. La provincia de Chiapas se tendrá por Estado en la Federación cuando libremente se una.

Artículo 7. La demarcación del interior de los Estados se hará por una ley constitucional con presencia de los datos necesarios.

45 «Constitución de la República Federal de Centroamérica», *El pensamiento constitucional hispanoamericano hasta 1830*, Caracas, Biblioteca de la Academia Nacional de la Historia, 1961, v. 40, tomo I, pags. 285-323.

Título II. Del Gobierno, de la religión y de los ciudadanos

Sección I. Del Gobierno y de la religión

Artículo 8. El Gobierno de la república es popular, representativo, federal.

Artículo 9. La república se denomina Federación de Centroamérica.

Artículo 10. Cada uno de los Estados que la componen es libre e independiente en su gobierno y administración interior, y les corresponde todo el poder que por la Constitución no estuviere conferido a las autoridades federales.

Artículo 11. Su religión es la católica, apostólica, romana, con exclusión del ejercicio público de cualquier otra.

Artículo 12. La república es un asilo sagrado para todo extranjero, y la patria de todo el que quiera residir en su territorio.

Sección II. De los ciudadanos

Artículo 13. Todo hombre es libre en la república. No puede ser esclavo el que se acoja a sus leyes, ni ciudadano el que trafique en esclavos.

Artículo 14. Son ciudadanos todos los habitantes de la república naturales del país, o naturalizados en él, que fueren casados o mayores de dieciocho años, siempre que ejerzan alguna profesión útil, o tengan medios conocidos de subsistencia.

Artículo 15. El Congreso concederá cartas de naturaleza a los extranjeros que manifiesten a la autoridad local designio de radicarse en la república: 1. Por servicios relevantes hechos a la nación y designados por la ley; 2. Por cualquier invención útil, y por el ejercicio de alguna ciencia, arte u oficio no establecidos aún en el país, o mejora notable de una industria conocida; 3. Por vecindad de cinco años; 4. Por la de tres, a los que vinieren a radicarse con sus familias; a los que contrajeren matrimonio en la república, y a los que adquirieren bienes raíces del valor y clase que determine la ley.

Artículo 16. También son naturales los nacidos en país extranjero de ciudadanos de Centroamérica, siempre que sus padres estén al servicio de la república, o cuando su ausencia no pasare de cinco años y fuere con noticia del gobierno.

Artículo 17. Son naturalizados los españoles y cualesquiera extranjeros que, hallándose radicados en algún punto del territorio de la república, al proclamar su independencia la hubieren jurado.
Artículo 18. Todo el que fuera nacido en las repúblicas de América y viniere a radicarse a la Federación, se tendrá por naturalizado en ella desde el momento en que manifieste su designio, ante la autoridad local.
Artículo 19. Los ciudadanos de un Estado tienen expedito el ejercicio de la ciudadanía en cualquiera otro de la Federación.
Artículo 20. Pierden la calidad de ciudadanos: 1. Los que admitieren empleo o aceptaren pensiones, distintivos o títulos hereditarios de otro Gobierno, o personales, sin licencia del Congreso.
2. Los sentenciados por delitos que según la ley merezcan pena más que correccional, si no obtuvieren rehabilitación.
Artículo 21. Se suspenden los derechos de ciudadano: 1. Por proceso criminal en que se haya proveído auto de prisión por delito que según la ley merezca pena más que correccional; 2. Por ser deudor fraudulento declarado, o deudor a las rentas públicas, y judicialmente requerido de pago; 3. Por conducta notoriamente viciada; 4. Por incapacidad física o moral, judicialmente calificada; 5. Por el estado de sirviente doméstico cerca de la persona.
Artículo 22. Solo los ciudadanos en ejercicio pueden obtener oficios en la república.

Título III. De la elección de las supremas autoridades federales

Sección I. De las elecciones en general

Artículo 23. Las asambleas de los Estados dividirán su población con la posible exactitud y comodidad en juntas populares, en distritos y en departamentos.
Artículo 24. Las juntas populares se componen de ciudadanos en el ejercicio de sus derechos; las juntas de distrito, de los electores nombrados por las juntas populares, y las juntas de departamento, de los electores nombrados por las juntas de distrito.
Artículo 25. Toda junta será organizada por un directorio compuesto de un presidente, dos secretarios y dos escrutadores elegidos por ella misma.

Artículo 26. Las acusaciones sobre fuerza, cohecho o soborno en los sufragantes hechas en el acto de la elección, serán determinadas por el directorio con cuatro hombres buenos nombrados entre los ciudadanos presentes por el acusador y el acusado, para el solo efecto de desechar por aquella vez los votos tachados o el del calumniador en su caso. En lo demás, estos juicios serán seguidos y terminados en los tribunales comunes.
Artículo 27. Los recursos sobre nulidad en elecciones de las juntas populares serán definitivamente resueltos en las juntas de distrito; y los que se entablen contra estas en las de departamento. Los cuerpos legislativos que verifican las elecciones, deciden de las calidades de los últimos electos cuando sean tachados, y de los reclamos sobre nulidad en los actos de las juntas de departamento.
Artículo 28. Los electores de distrito y de departamento no son responsables de su ejercicio electoral. Las leyes acordarán las garantías necesarias para que libre y puntualmente, verifiquen su encargo.
Artículo 29. En las épocas de elección constitucional, se celebrarán el último domingo de octubre las juntas populares; el segundo domingo de noviembre las de distrito; y el primer domingo de diciembre las de departamento.
Artículo 30. Ningún ciudadano podrá excusarse del cargo de elector por motivo ni pretexto alguno.
Artículo 31. Nadie puede presentarse con armas a los actos de elección, ni votarse a sí mismo.
Artículo 32. Las juntas no podrán deliberar si no sobre objetos designados por la ley. Es nulo todo acto que esté fuera de su legal intervención.

Sección II. De las juntas populares

Artículo 33. La base menor de una junta popular será de doscientos cincuenta habitantes, la mayor de dos mil quinientos.
Artículo 34. Se formarán registros de los ciudadanos que resulten de la base de cada junta, y los inscritos en ellos únicamente tendrán voto activo y pasivo.
Artículo 35. Las juntas nombrarán un elector primario por cada doscientos cincuenta habitantes. La que tuviere un residuo de ciento veintiséis nombrará un elector más.

Sección III. De las juntas de distrito

Artículo 36. Los electores primarios se reunirán en las cabeceras de los distritos que las asambleas designen.

Artículo 37. Reunidos por lo menos las dos terceras partes de los electos primarios, se forma la junta y nombra por mayoría absoluta un elector de distrito por cada diez electores primarios de los que le corresponden.

Sección IV. De las juntas de departamento

Artículo 38. Un departamento constará fijamente de doce electores de distrito por cada representante que haya de nombrar.

Artículo 39. Los electores de distritos se reunirán en las cabeceras de departamento que las asambleas designen.

Artículo 40. Reunidas por lo menos las dos terceras partes de los electores de distrito, se forma la junta de departamento y elige por mayoría absoluta los representantes y suplentes que le corresponden para el Congreso.

Artículo 41. Nombrados los representantes y suplentes, se despachará a cada uno por credencial copia autorizada del acta en que conste su nombramiento.

Artículo 42. En la renovación del Presidente y vicepresidente de la República, individuos de la Suprema Corte de Justicia y senadores del Estado, los electores sufragarán para estos funcionarios en actos diversos, y cada voto será registrado con separación.

Artículo 43. Las juntas de departamento formarán de cada acto de elección listas de los electores con expresión de sus votos.

Artículo 44. Las listas relativas a la elección del Presidente y vicepresidente de la República e individuos de la Suprema Corte de Justicia, deberán firmarse por los electores y remitirse cerradas y selladas al Congreso. También se dirigirá en la propia forma una copia de ellas, con la de votación para senadores, a la asamblea del Estado respectivo.

Sección V. De la regulación de votos y modo de verificar la elección de las supremas autoridades federales

Artículo 45. Reunidas las listas de las juntas departamentales de cada Estado, su asamblea hará un escrutinio de ellas, y en la forma prescrita en el artículo anterior lo remitirá con las mismas listas al Congreso, reservándose las que contienen la elección de senadores.

Artículo 46. Reunidos los pliegos que contienen las listas de todas las juntas de departamento y su escrutinio formado por las asambleas, el Congreso los abrirá y regulará la votación por el número de electores de distrito, y no por el de las juntas de departamento.

Artículo 47. Siempre que resulte mayoría absoluta de sufragios, la elección está hecha. Si no la hubiere, y algunos ciudadanos reunieren cuarenta o más votos, el Congreso, por mayoría absoluta, elegirá solo entre ellos. Si esto no se verificare, nombrará entre los que tuvieren de quince votos arriba; y no resultando los suficientes para ninguno de estos casos, elegirá entre los que obtengan cualquier número.

Artículo 48. Las asambleas de los Estados sobre las mismas reglas y en proporción semejante, verificarán la elección de senadores, si no resultare hecha por los votos de los electores de distrito.

Artículo 49. En un mismo sujeto la elección de propietario con cualquier número de votos prefiere a la de suplente.

Artículo 50. En caso de que un mismo ciudadano obtenga dos o más elecciones, preferirá la que se haya efectuado con mayor número de votos populares; y siendo estos iguales se determinará por la voluntad del electo.

Artículo 51. Los ciudadanos que hayan servido por el término constitucional cualquier destino electivo de la Federación, no serán obligados a admitir otro diverso sin que haya transcurrido el intervalo de un año.

Artículo 52. Las elecciones de las supremas autoridades federales se publicarán por un decreto del cuerpo legislativo que las haya verificado.

Artículo 53. Todos los actos de elección desde las juntas populares hasta los escrutinios del Congreso y de las asambleas, deben ser públicos para ser válidos.

Artículo 54. La ley reglamentará estas elecciones sobre las bases establecidas.

Título IV. Del Poder Legislativo y sus atribuciones

Sección I. De la organización del Poder Legislativo

Artículo 55. El Poder Legislativo de la Federación reside en un Congreso compuesto de representantes popularmente elegidos en razón de uno por cada treinta mil habitantes.

Artículo 56. Por cada tres representantes se elegirá un suplente. Pero si a alguna junta no le correspondiere elegir más que uno o dos propietarios, nombrará, sin embargo, un suplente.

Artículo 57. Los suplentes concurrirán por falta de los propietarios en caso de muerte o imposibilidad, a juicio del Congreso.

Artículo 58. El Congreso se renovará por mitad cada año, y los mismos representantes podrán ser reelegidos una vez sin intervalo alguno.

Artículo 59. La primera legislatura decidirá, por suerte, los representantes que deben renovarse en el año siguiente; en adelante la renovación se verificará saliendo los de nombramiento más antiguo.

Artículo 60. La primera vez calificará las elecciones y credenciales de los representantes, una junta preparatoria compuesta de ellos mismos; en lo sucesivo, mientras no se hubiere abierto las sesiones, toca esta calificación a los representantes que continúan, en unión de los nuevamente electos.

Artículo 61. Para ser representante se necesita tener la edad de veintitrés años –haber sido, cinco, ciudadano, bien sea de estado seglar o del eclesiástico secular– y hallarse en actual ejercicio de sus derechos. En los naturalizados se requiere además un año de residencia no interrumpida e inmediata a la elección, si no es que hayan estado ausentes en servicio de la república.

Artículo 62. Los empleados del gobierno de la Federación o de los Estados no podrán ser representantes en el Congreso ni en las asambleas por el territorio en que ejercen su cargo; ni los representantes serán empleados por estos gobiernos durante sus funciones, ni obtendrán ascenso que no sea de rigurosa escala.

Artículo 63. En ningún tiempo ni con motivo alguno los representantes pueden ser responsables por proposición, discurso o debate en el Congreso o fuera de él sobre asuntos relativos a su encargo. Y durante las sesiones y un mes después no podrán ser demandados civilmente ni ejecutados por deudas.

Artículo 64. El Congreso resolverá en cada legislatura el lugar de su residencia; pero tanto el Congreso como las demás autoridades federales no ejercerán otras facultades sobre la población donde residan, que las concernientes a mantener el orden y tranquilidad públicos para asegurarse en el libre y decoroso ejercicio de sus funciones.

Artículo 65. Cuando las circunstancias de la nación lo permitan se construirá una ciudad para residencia de las autoridades federales, las que ejercerán en ella una jurisdicción exclusiva.

Artículo 66. El Congreso se reunirá todos los años el día primero de marzo y sus sesiones durarán tres meses.

Artículo 67. La primera legislatura podrá prorrogarse el tiempo que juzgue necesario; las siguientes no podrán hacerlo por más de un mes.

Artículo 68. Para toda resolución se necesita la concurrencia de la mayoría absoluta de los representantes, y el acuerdo de la mitad y uno más de los que se hallaren presentes; pero un número menor puede obligar a concurrir a los ausentes del modo y bajo las penas que se designen en el reglamento interior del Congreso.

Sección II. De las atribuciones del Congreso

Artículo 69. Corresponde al Congreso: 1. Hacer las leyes que mantienen la Federación, y aquellas en cuya uniformidad tiene un interés directo y conocido cada uno de los Estados; 2. Levantar y sostener el Ejército y Armada nacional; 3. Formar la ordenanza general de una y otra fuerza; 4. Autorizar al Poder Ejecutivo para emplear la milicia de los Estados, cuando lo exija la ejecución de la ley, o sea necesario contener insurrecciones o repeler invasiones; 5. Conceder al Poder Ejecutivo facultades extraordinarias expresamente detalladas y por un tiempo limitado, en caso de guerra contra la independencia nacional; 6. Fijar los gastos de la administración general; 7. Decretar y designar rentas generales para cubrirlos; y no siendo bastantes, señalar el cupo correspondiente a cada Estado según su población y riqueza; 8. Arreglar la administración de las rentas generales; velar sobre su inversión, y tomar cuentas de ella al Poder Ejecutivo; 9. Decretar en caso extraordinario pedidos, préstamos o impuestos extraordinarios; 10. Calificar y reconocer la deuda nacional; 11. Destinar los fondos necesarios para su amortización y réditos; 12. Contraer deudas sobre el erario nacional; 13. Suministrar empréstitos a otras naciones; 14. Dirigir la educación, estableciendo los principios generales más conformes al sistema popular y al progreso de las artes útiles y de las ciencias, y asegurar a los inventores por el tiempo que se considere justo el derecho exclusivo de sus descubrimientos; 15. Arreglar y proteger el derecho de petición; 16. Declarar la guerra, y hacer la paz con presencia de los informes y preliminares que le comunique el Poder Ejecutivo; 17. Ratificar los tratados y negociaciones que haya ajustado el Poder Ejecutivo; 18. Conceder o negar la introducción de tropas extranjeras en la república; 19. Arreglar el comercio con las naciones extranjeras y entre los Estados de la Federación; y hacer leyes uniformes sobre las bancarrotas; 20. Habilitar puertos y establecer aduanas marítimas; 21. Determinar el valor, ley, tipo y peso de la moneda nacional, y el precio de la extranjera; fijar uniformemente los pesos y medidas; y decretar penas contra los falsificadores; 22. Abrir los grandes caminos y canales de comunicación y establecer y dirigir postas y correos generales en la república; 23. Formar la ordenanza del corso, dar leyes sobre el modo de juzgar las piraterías, y decretar las penas contra este y otros atentados cometidos en alta mar y con infracción del derecho de gentes; 24. Conceder amnistías o indultos generales en el caso que designa el artículo 118; 25. Crear tribunales inferiores que conozcan en asuntos propios de la Federación; 26. Calificar las elecciones populares de las autoridades federales a excepción de las del Senado; 27. Admitir por dos terceras partes de votos las renuncias que por causas graves hagan de sus oficios los representantes en el Congreso —el Presidente y vicepresidente de la República, los senadores después que hayan tomado posesión— y los individuos de la Suprema Corte de Justicia; 28. Señalar los sueldos de los representantes en el Congreso, del Presidente y vicepresidente, de los senadores, de los individuos de la Suprema Corte y de los demás agentes de la Federación; 29. Velar especialmente sobre la observación de los artículos contenidos en los títulos X y XI, y anular, sin las formalidades prevenidas en el artículo 194, toda disposición legislativa que los contraríe; 30. Conceder permiso para obtener de otra nación pensiones, distintivos o títulos personales, siendo compatibles con el sistema de Gobierno de la República; 31. Resolver sobre la formación y admisión de nuevos Estados.

Artículo 70. Cuando el Congreso fuere convocado extraordinariamente, solo tratará de aquellos asuntos que hubieren dado motivo a la convocatoria.

Título V. De la formación, sanción y promulgación de la ley

Sección I. De la formación de la ley

Artículo 71. Todo proyecto de ley debe presentarse por escrito, y solo tienen facultad de presentarlo al Congreso, los representantes y los secretarios del Despacho; pero estos últimos no podrán hacer proposiciones sobre ninguna clase de impuestos.

Artículo 72. El proyecto de ley debe leerse por dos veces en días diferentes antes de resolver si se admite o no a discusión.

Artículo 73. Admitido, deberá pasar a una comisión que lo examinará detenidamente y no podrá presentarlo, sino después de tres días. El informe que diere tendrá también dos lecturas en días diversos y señalando el de su discusión con el intervalo a lo menos de otros tres, no podrá diferirse más tiempo sin acuerdo del Congreso.

Artículo 74. La ley sobre formación de nuevos Estados se hará según lo prevenido en el Título XIV.

Artículo 75. No admitido a discusión, o desechado un proyecto de ley, no podrá volver a proponerse sino hasta el año siguiente.

Artículo 76. Si se adoptare el proyecto, se extenderá por triplicado en forma de ley; se leerá en el Congreso, y firmado los tres originales por el Presidente y dos secretarios, se remitirá al Senado.

Sección II. De la sanción de la LEY

Artículo 77. Todas las resoluciones del Congreso dictadas en uso de las atribuciones que le designa la Constitución, necesitan para ser válidas tener la sanción del Senado, exceptuando únicamente las que fueren: 1. Sobre su régimen interior, lugar y prórroga de sus sesiones; 2. Sobre calificación de elecciones y renuncia de los elegidos; 3. Sobre concesión de cartas de naturaleza; 4. Sobre declaratoria de haber lugar a la formación de causa contra cualquier funcionario.

Artículo 78. El Senado dará la sanción por mayoría absoluta de votos con esta fórmula: Al Poder Ejecutivo; y la negará con esta otra: Vuelva al Congreso.

Artículo 79. Para dar o negar la sanción tomará desde luego informes del Poder Ejecutivo, que deberá darlos en el término de ocho días.

Artículo 80. El Senado dará o negará la sanción entre los diez días inmediatos. Si pasado este término no la hubiere dado o negado, la resolución la obtiene por el mismo hecho.

Artículo 81. El Senado deberá negarla, cuando la resolución sea en cualquier manera contraria a la Constitución, o cuando juzgare que su observancia no es conveniente a la república. En estos dos casos devolverá al Congreso uno de los originales con la fórmula correspondiente, puntualizando por separado las razones en que funda su opinión. El Congreso las examinará y discutirá de nuevo la resolución devuelta. Si fuere ratificada por dos terceras partes de votos, la sanción se tendrá por dada, y en efecto, la dará el Senado. En caso contrario no podrá proponerse de nuevo sino hasta el año siguiente.

Artículo 82. Cuando la resolución fuere sobre contribuciones de cualquier clase que sean, y el Senado rehusare sancionarla, se necesita el acuerdo de las tres cuartas partes del Congreso para su ratificación. Ratificada que sea, se observará en lo demás lo prevenido en el artículo anterior.

Artículo 83. Cuando el Senado rehusare sancionar una resolución del Congreso por ser contraria a los Títulos X y XI, se requiere también para ratificarla el acuerdo de las tres cuartas partes del Congreso, y debe pasar [por] segunda vez al Senado para que dé o niegue la sanción.

Artículo 84. Si aun así, no la obtuviere, o si la resolución no hubiere sido ratificada, no puede volver a proponerse sino hasta el año siguiente, debiendo entonces sancionarse o ratificarse según las reglas comunes a toda resolución.

Artículo 85. Cuando la mayoría de los Estados reclamare las resoluciones del Congreso en el caso del artículo 83, deberán ser inmediatamente revisadas sin perjuicio de su observancia, y recibir nueva sanción por los trámites prevenidos en el mismo artículo, procediéndose en lo demás conforme al 84.

Artículo 86. Dada la sanción constitucionalmente, el Senado devuelve con ella al Congreso un original y pasa otro al Poder Ejecutivo para su ejecución.

Sección III. De la promulgación de la ley

Artículo 87. El Poder Ejecutivo luego que reciba una resolución sancionada, o de las que trata el artículo 77, debe, bajo la más estrecha responsabilidad, ordenar su cumplimiento, disponer entre quince días lo necesario a su ejecución y publicarla y circularla, pidiendo al Congreso prórroga del término si en algún caso fuere necesaria.

Artículo 88. La promulgación se hará en esta forma: «Por cuanto el Congreso decreta y el Senado sanciona lo siguiente (el texto literal); por tanto, ejecútese».

Título VI. Del Senado y sus atribuciones

Sección I. Del Senado

Artículo 89. Habrá un Senado compuesto de miembros elegidos popularmente en razón de dos por cada Estado; se renovará anualmente por tercios, pudiendo sus individuos ser reelectos una vez sin intervalo alguno.

Artículo 90. Para ser senador se requiere: naturaleza en la república, tener treinta años cumplidos, haber sido durante siete ciudadano, bien ser del estado seglar o del eclesiástico secular y estar en actual ejercicio de sus derechos.

Artículo 91. Nombrará cada Estado un suplente, que tenga las mismas calidades, para los casos de muerte, o imposibilidad declarada por el mismo Senado.

Artículo 92. Uno solo de los senadores que nombre cada Estado podrá ser eclesiástico.

Artículo 93. El Senado, en su primera sesión, se dividirá por suerte con la igualdad posible en tres partes, las que sucesivamente se renovarán cada año.

Artículo 94. El vicepresidente de la República presidirá el Senado, y solo sufragará en caso de empate.

Artículo 95. En su falta nombrará el Senado entre sus individuos un presidente, que deberá tener las calidades que se requieren para Presidente de la República.

Artículo 96. El vicepresidente se apartará del Senado cuando este nombre los individuos del Tribunal que establece el artículo 147.

Artículo 97. Las sesiones del Senado durarán todo el año en la forma que prevenga su reglamento.

Sección II. De las atribuciones del Senado

Artículo 98. El Senado tiene la sanción de todas las resoluciones del Congreso en la forma que se establece en la sección II, Título V.

Artículo 99. Cuidará de sostener la Constitución, velará sobre el cumplimiento de las leyes generales y sobre la conducta de los funcionarios del Gobierno federal.

Artículo 100. Dará consejo al Poder Ejecutivo: 1. Acerca de las dudas que ofrezca la ejecución de las resoluciones del Congreso; 2. En los asuntos que provengan de las relaciones y tratados con potencias extranjeras; 3. En los de gobierno interior de la república; 4. En los de guerra o insurrección.

Artículo 101. Convocará al Congreso en casos extraordinarios, citando a los suplentes de los representantes que hubieren fallecido durante el receso.

Artículo 102. Propondrá ternas al Poder Ejecutivo para el nombramiento de los diplomáticos, del comandante de las armas de la Federación, de todos los oficiales del Ejército, de coronel inclusive arriba, de los comandantes de los puertos y fronteras, de los ministros de la tesorería general y de los jefes de las rentas generales.

Artículo 103. Declarará cuándo ha lugar a la formación de causa contra los ministros diplomáticos y cónsules en todo género de delitos y contra los secretarios del Despacho, el comandante de armas de la Federación, los comandantes de los puertos y fronteras, los ministros de la tesorería general, y los jefes de las rentas generales, por delitos cometidos en el ejercicio de sus funciones, quedando sujetos en todo lo demás a los tribunales comunes.

Artículo 104. Intervendrá en las controversias que designa el artículo 194; y nombrará en sus primeras sesiones el tribunal que establece el 147.

Artículo 105. Reservará las sentencias de que habla el artículo 137.

Título VII. Del Poder Ejecutivo, de sus atribuciones y de los secretarios de Despacho

Sección I. Del Poder Ejecutivo

Artículo 106. El Poder Ejecutivo se ejercerá por un Presidente nombrado por el pueblo de todos los Estados de la Federación.

Artículo 107. En su falta hará sus veces el vicepresidente, nombrado igualmente por el pueblo.

Artículo 108. En falta de uno y otro, el Congreso nombrará un senador de las calidades que designa el artículo 110. Si el impedimento no fuere temporal, y faltare más de un año para la renovación periódica, dispondrá se proceda a nueva elección, la que deberá hacerse desde las juntas populares hasta su complemento. El que así fuere electo durará en sus funciones el tiempo designado en el artículo 111.

Artículo 109. Cuando la falta de que habla el artículo anterior ocurra no hallándose reunido el Congreso, se convocará extraordinariamente y, entre tanto, ejercerá el Poder Ejecutivo el que presida el Senado.

Artículo 110. Para ser Presidente y vicepresidente se requiere naturaleza en la república, tener treinta años cumplidos, haber sido siete ciudadano, ser del estado seglar y hallarse en actual ejercicio de sus derechos.

Artículo 111. La duración de Presidente y vicepresidente será por cuatro años, y podrán ser reelegidos una vez sin intervalo alguno.

Artículo 112. El Presidente no podrá recibir de ningún Estado, autoridad, o persona particular emolumentos o dádivas de ninguna especie, ni sus sueldos serán alterados durante su encargo.

Sección II. De las atribuciones del Poder Ejecutivo

Artículo 113. El Poder Ejecutivo publicará la ley, cuidará de su observancia y del orden público.

Artículo 114. Consultará al Congreso sobre la inteligencia de la ley, y al Senado sobre las dudas y dificultades que ofrezca su ejecución. Debe en este caso conformarse con su dictamen y cesa su responsabilidad.

Artículo 115. Entablará, consultando al Senado, las negociaciones y tratados con las potencias extranjeras; le consultará, asimismo, sobre los negocios que provengan de estas relaciones; pero en ninguno de los dos casos está obligado a conformarse con su dictamen.

Artículo 116. Podrá consultar al Senado en los negocios graves del gobierno interior de la república, y en los de guerra o insurrección.

Artículo 117. Nombrará los funcionarios de la república que designa el artículo 102, a propuesta del Senado; los que designa el artículo 139, a propuesta de la Suprema Corte de Justicia; y los subalternos de unos y otros, y los oficiales de la fuerza permanente, que no llegaren a la graduación de coroneles, por igual propuesta de sus jefes o superiores respectivos.

Artículo 118. Cuando por algún grave acontecimiento peligre la salud de la patria y convenga usar de amnistía o indulto, el Presidente lo propondrá al Congreso.

Artículo 119. Dirigirá toda la Fuerza Armada de la Federación; podrá reunir la cívica y disponer de ella cuando se halle en servicio activo de la república, y mandar en persona el Ejército con aprobación del Senado, en cuyo caso recaerá el Gobierno en el vicepresidente.

Artículo 120. Podrá usar de la fuerza para repeler invasiones o contener insurrecciones, dando cuenta inmediatamente al Congreso, o en su receso, al Senado.

Artículo 121. Concederá con aprobación del Senado, los premios honoríficos compatibles con el sistema de gobierno de la nación.

Artículo 122. Podrá separar libremente y sin necesidad de instrucción de causa de los secretarios del Despacho, trasladar por arreglos a las leyes, a todos los funcionarios del Poder Ejecutivo Federal, suspenderlos por seis meses y deponerlos con pruebas justificativas de ineptitud o desobediencia, y con acuerdo, en vista de ellas, de las dos terceras partes del Senado.

Artículo 123. Presentará por medio de los secretarios del Despacho, al abrir sus sesiones, un detalle circunstanciado del estado de todos los ramos de la administración pública y del Ejército y Marina, con los proyectos que juzgue más oportunos para su conservación o mejora y una cuenta exacta de los gastos hechos, con el presupuesto de los venideros y medios para cubrirlos.

Artículo 124. Dará al Congreso y al Senado los informes que le pidieren y cuando sean sobre asuntos de reserva, lo expondrá así para que el Congreso o el Senado le dispensen de su manifestación, o se la exijan, si el caso lo requiere.

Mas no estará obligado a manifestar los planes de guerra ni las negociaciones de alta política pendientes con las potencias extranjeras.

Artículo 125. En caso que los informes sean necesarios para exigir la responsabilidad al Presidente, no podrán rehusarse por ningún motivo, ni reservarse los documentos después que se haya declarado haber lugar a la formación de causa.

Artículo 126. No podrá el Presidente sin licencia del Congreso separarse del lugar en que éste resida; ni salir del territorio de la república hasta seis meses después de concluido su encargo.

Artículo 127. Cuando el Presidente sea informado de alguna conspiración o traición de la república y de que amenaza un próximo riesgo, podrá dar órdenes de arresto e interrogar a los que se presuma reos; pero en el término de tres días los pondrá, precisamente, a disposición del juez respectivo.

Artículo 128. Comunicará a los Jefes de los Estados las leyes y disposiciones generales, y les prevendrá lo conveniente en todo cuanto concierna al servicio de la Federación y no estuviere encargado a sus agentes particulares.

Sección III. De los secretarios del Despacho

Artículo 129. El Congreso, a propuesta del Poder Ejecutivo, designará el número de los secretarios del Despacho; organizará las secretarías, y fijará los negocios que a cada una corresponden.

Artículo 130. Para ser secretario del Despacho se necesita ser americano de origen, ciudadano en el ejercicio de sus derechos y mayor de veinticinco años.

Artículo 131. Las órdenes del Poder Ejecutivo se expedirán por medio del secretario del ramo a que correspondan, y las que de otra suerte se expidieren no deben ser obedecidas.

Título VIII. De la Suprema Corte de Justicia y de sus atribuciones

Sección I. De la Suprema Corte de Justicia

Artículo 132. Habrá una Suprema Corte de Justicia que según disponga la ley se compondrá de cinco a siete individuos; serán elegidos por el pueblo, se renovarán por tercios cada dos años y podrán siempre ser reelegidos.

Artículo 133. Para ser individuo de la Suprema Corte se requiere ser americano de origen, con siete años de residencia no interrumpida e inmediata a la elección, ciudadano en el ejercicio de sus derechos, del estado seglar y mayor de treinta años.

Artículo 134. En falta de algún individuo de la Suprema Corte hará sus veces uno de tres suplentes que tendrán las mismas calidades y serán elegidos por el pueblo después del nombramiento de los propietarios.

Artículo 135. La Suprema Corte designará, en su caso, el suplente que deba concurrir.

Sección II. De las atribuciones de la Suprema Corte de Justicia

Artículo 136. Conocerá en última instancia, con las limitaciones y arreglo que hiciere el Congreso en los emanados de la Constitución, de las leyes generales, de los tratados hechos por la república, de jurisdicción marítima y de competencia sobre jurisdicción en controversia de ciudadanos o habitantes de diferentes Estados.

Artículo 137. En los casos de contienda en que sea parte toda la república, uno o más Estados, con algunos otros, o con extranjeros o habitantes de la república; la Corte Suprema de Justicia hará [que] nombren árbitros para la primera instancia, conocerá en la segunda, y la sentencia que diere será llevada en revista al Senado, caso de no conformarse las partes con el primero y segundo juicio, y de haber lugar a ella, según la ley.

Artículo 138. Conocerá originariamente con arreglo a las leyes en las causas civiles de los ministros diplomáticos y cónsules; y en las criminales de todos los funcionarios en que declara el Senado, según el artículo 103, haber lugar a la formación de causa.

Artículo 139. Propondrá ternas al Poder Ejecutivo para que nombre los jueces que deben componer los tribunales inferiores de que habla el artículo 69, número 25.

Artículo 140. Velará sobre la conducta de los jueces inferiores de la Federación y cuidará de que administren pronta y cumplida la justicia.

Título IX. De la responsabilidad y modo de proceder en las causas de las supremas autoridades federales

Sección única

Artículo 141. Los funcionarios de la Federación, antes de posesionarse de sus destinos, prestarán juramento de ser fieles a la república y de sostener con toda su autoridad la Constitución y las leyes.

Artículo 142. Todo funcionario público es responsable, con arreglo a la ley, del ejercicio de sus funciones.

Artículo 143. Deberá declararse que ha lugar a la formación de causa contra los representantes en el Congreso por traición, venalidad, falta grave en el desempeño de sus funciones y delitos comunes que merezcan pena más que correccional.

Artículo 144. En todos estos casos, y en los de infracción de ley y usurpación habrá igualmente a la formación de causa contra los individuos del Senado, de la Corte Suprema de Justicia, contra el Presidente y vicepresidente de la República y secretarios del Despacho.

Artículo 145. Todo acusado queda suspenso en el acto de declararse que ha lugar a la formación de causa: depuesto siempre que resulte reo e inhabilitado para todo cargo público si la causa diere mérito, según la ley. En los demás a que hubiere lugar se sujetarán al orden y tribunales comunes.

Artículo 146. Los delitos mencionados producen acción popular, y las acusaciones de cualquier ciudadano o habitante de la república deben ser atendidas.

Artículo 147. Habrá un Tribunal compuesto de cinco individuos que nombrará el Senado entre los suplentes del mismo o del Congreso, que no hayan entrado al ejercicio de sus funciones. Sus facultades se determinan en los artículos 149 y 150.

Artículo 148. En las acusaciones contra individuos del Congreso, declarará este cuándo ha lugar a la formación de causa, la que será seguida y terminada, según la ley de su régimen interior.

Artículo 149. En las acusaciones contra el Presidente y vicepresidente, si ha hecho sus veces, declarará el Congreso cuándo ha lugar a la formación de causa, juzgará la Suprema Corte, y conocerá en apelación el tribunal que establece el artículo 147.

Artículo 150. En las acusaciones contra los individuos de la Suprema Corte, el Congreso declarará cuándo ha lugar a la formación de causa, y juzgará el tribunal que establece el artículo 147.

Artículo 151. En las acusaciones contra los senadores y vicepresidente, declarará el Congreso cuándo al llegar a la formación de causa, y juzgará la Suprema Corte.

Título X. Garantías de la libertad individual

Sección única

Artículo 152. No podrá imponerse pena de muerte, sino en los delitos que atentan directamente contra el orden público, y en el de asesinato, homicidio premeditado o seguro.

Artículo 153. Todos los ciudadanos y habitantes de la república, sin distinción alguna, estarán sometidos al mismo orden de procedimientos y de juicios que determinen las leyes.

Artículo 154. Las asambleas, tan luego como sea posible, establecerán el sistema de jurados.

Artículo 155. Nadie puede ser preso sino en virtud de orden escrita de autoridad competente para darla.

Artículo 156. No podrá librarse esta orden sin que preceda justificación de que se ha cometido un delito que merezca pena más que correccional, y sin que resulte, al menos por el dicho de un testigo, quién es el delincuente.

Artículo 157. Pueden ser detenidos: 1. El delincuente, cuya fuga se tema con fundamento.

2. El que sea encontrado en el acto de delinquir, y en este caso todos pueden aprehenderle para llevarle al juez.

Artículo 158. La detención de que habla el artículo anterior no podrá durar más de cuarenta y ocho horas, y durante este término deberá la autoridad que la haya ordenado, practicar lo prevenido en el artículo 156, y librar por escrito la orden de prisión o poner en libertad al detenido.

Artículo 159. El alcaide no puede recibir ni detener en la cárcel a ninguna persona, sin transcribir en su registro de presos o detenidos la orden de prisión o detención.

Artículo 160. Todo preso debe ser interrogado dentro de cuarenta y ocho horas; y el juez está obligado a decretar la libertad o permanencia en la prisión, dentro de las veinticuatro horas siguientes, según el mérito de lo actuado.

Artículo 161. Puede, sin embargo, imponerse arresto por pena correccional, previas las formalidades que establezca el código de cada Estado.

Artículo 162. El arresto por pena correccional no puede pasar de un mes.

Artículo 163. Las personas aprehendidas por la autoridad no podrán ser llevadas a otros lugares de prisión, detención o arresto, que a los que estén legal y públicamente destinados al efecto.

Artículo 164. Cuando algún reo no estuviere incomunicado por orden del juez transcrita en el registro del alcaide, no podrá impedirse su comunicación con persona alguna.

Artículo 165. Todo el que no estando autorizado por la ley expidiere, firmare, ejecutare o hiciere ejecutar la prisión, detención o arresto de alguna persona; todo el que en caso de prisión, detención o arresto autorizado por la ley, condujere, recibiere o retuviere al reo en lugar que no sea de los señalados pública y legalmente, y todo alcaide que contraviniere las disposiciones precedentes, es reo de detención arbitraria.

Artículo 166. No podrá ser llevado ni detenido en la cárcel el que diere fianza en los casos que la ley expresamente no la prohíba.

Artículo 167. Las asambleas dispondrán que haya visitas de cárceles para toda clase de presos, detenidos o arrestados.

Artículo 168. Ninguna casa puede ser registrada, sino por mandato escrito de autoridad competente, dado en virtud de dos disposiciones formales que presten motivo al allanamiento, el cual deberá efectuarse de día. También podrá registrarse a toda hora por un agente de la autoridad pública: 1. En la

persecución actual de un delincuente; 2. Por un desorden o escándalo que exija pronto remedio; 3. Por reclamación hecha del interior de la casa.
Mas hecho el registro, se comprobará con dos disposiciones que se hizo por algunos de los motivos indicados.
Artículo 169. Solo en los delitos de traición se pueden ocupar los papeles de los habitantes de la república; y únicamente podrá practicarse su examen cuando sea indispensable para la averiguación de la verdad, y a presencia del interesado, devolviéndosele en el acto cuantos no tengan relación con lo que se indaga.
Artículo 170. La policía de seguridad no podrá ser confiada sino a las autoridades civiles, en la forma en que la ley determine.
Artículo 171. Ningún juicio civil o sobre injurias podrá entablarse sin hacer constar que se ha intentado antes el medio de conciliación.
Artículo 172. La facultad de nombrar árbitros en cualquier estado del pleito es inherente a toda persona; la sentencia que los árbitros dieren es inapelable, si las partes comprometidas no se reservaren este derecho.
Artículo 173. Unos mismos jueces no pueden serlo en dos diversas instancias.
Artículo 174. Ninguna ley del Congreso ni de las asambleas puede contrariar las garantías contenidas en este Título; pero sí ampliarlas y dar otras nuevas.

Título XI. Disposiciones generales

Sección única

Artículo 175. No podrán el Congreso, las asambleas, ni las demás autoridades: 1. Coartar, en ningún caso ni por pretexto alguno, la libertad del pensamiento, la de la palabra, la de la escritura y la de la imprenta; 2. Suspender el derecho de peticiones de palabra o por escrito; 3. Prohibir a los ciudadanos o habitantes de la república, libres de responsabilidad, la emigración a país extranjero; 4. Tomar la propiedad de ninguna persona, ni turbarle en el libre uso de sus bienes, sino en favor del público cuando lo exija una grave urgencia legalmente comprobada y garantizándose previamente la justa indemnización; 5. Establecer vinculaciones, dar títulos de nobleza, ni pensiones, condecoraciones o distintivos que sean hereditarios, ni consentir sean admitidos por ciudadanos de Centroamérica los que otras naciones pudieran concederles; 6. Permitir el uso del tormento y los apremios; imponer confiscación de bienes, azotes y penas crueles; 7. Conceder por tiempo ilimitado, privilegios exclusivos a compañías de comercio o corporaciones industriales; 8. Dar leyes de proscripción, retroactivas ni que hagan trascendental la infamia.

Artículo 176. No podrán, sino en el caso de tumulto, rebelión o ataque con fuerza armada a las autoridades constituidas: 1. Desarmar a ninguna población, ni despojar a persona alguna de cualquier clase de armas que tengan en su casa o de la que lleve lícitamente; 2. Impedir las reuniones populares que tengan por objeto un placer honesto, o discutir sobre política y examinar la conducta pública de los funcionarios; 3. Dispensar las formalidades sagradas de la ley para allanar la casa de algún ciudadano o habitante, registrar su correspondencia privada, reducirlo a prisión o detenerlo; 4. Formar comisiones o tribunales especiales para conocer en determinados delitos, o para alguna clase de ciudadanos o habitantes.

Título XII. Del Poder Legislativo, del consejo representativo, del Poder Ejecutivo y del judiciario de los Estados

Sección I. Del Poder Legislativo

Artículo 177. El Poder Legislativo de cada Estado reside en una asamblea de representantes elegidos por el pueblo que no podrán ser menos de once ni más de veintiuno.

Artículo 178. Corresponde a las primeras legislaturas: formar la Constitución particular del Estado conforme a la Constitución federal, y corresponde a todas: 1. Hacer sus leyes, ordenanzas y reglamentos; 2. Determinar el gasto de su administración y decretar los impuestos de todas clases necesarios para llenar este, y el cupo que les corresponda en los gastos generales; mas sin consentimiento del Congreso no podrán imponer contribuciones de entrada y salida en el comercio con los extranjeros ni en el de los Estados entre sí; 3. Fijar periódicamente la fuerza de línea, si se necesitase en tiempo de paz, con acuerdo del Congreso; crear la cívica y levantar toda la que les corresponda en tiempo de guerra; 4. Elegir los establecimientos, corporaciones o tribunales que se consideren convenientes para el mejor orden en justicia, economía, instrucción pública y en todos los ramos de la administración; 5. Admitir por dos terceras partes de votos las renuncias que antes de posesionarse y por causas graves hagan de sus oficios los senadores.

Sección II. Del Consejo representativo de los Estados

Artículo 179. Habrá un Consejo representativo compuesto de representantes elegidos popularmente en razón de uno por cada sección territorial del Estado, según la división que haga su asamblea.

Artículo 180. Corresponde al Consejo representativo: 1. Dar sanción a la ley; 2. Aconsejar al Poder Ejecutivo, siempre que sea consultado; 3. Proponerle para el nombramiento de los primeros funcionarios; 4. Cuidar de su conducta y declarar cuándo ha lugar a formarles causa.

Sección III. Del Poder Ejecutivo de los Estados

Artículo 181. El Poder Ejecutivo reside en un jefe nombrado por el pueblo del Estado.

Artículo 182. Está a su cargo: 1. Ejecutar la ley y cuidar el orden público; 2. Nombrar los primeros funcionarios del Estado a propuesta en terna del Congreso, y los subalternos a propuesta igual de sus jefes; 3. Disponer de la Fuerza Armada del Estado y usar de ella para su defensa en caso de invasión repentina, comunicándolo inmediatamente a la asamblea o en su receso al Consejo, para que den cuenta al Congreso.

Artículo 183. En falta del Jefe del Estado, hará sus veces un segundo jefe, igualmente nombrado por el pueblo.

Artículo 184. El segundo jefe será Presidente del Consejo y solo votará en caso de empate.

Artículo 185. En falta del Presidente lo elegirá el Consejo de entre sus individuos.

Artículo 186. El segundo jefe no asistirá al Consejo en los mismos casos en que el vicepresidente de la república debe separarse del Senado.

Artículo 187. El jefe y segundo Jefe del Estado durarán en sus funciones cuatro años, y podrán sin intervalo alguno ser una vez reelegidos.

Artículo 188. Responderán al Estado del buen desempeño en el ejercicio de sus funciones.

Sección IV. Del Poder Judicial de los Estados

Artículo 189. Habrá una Corte Superior de Justicia compuesta de jueces elegidos popularmente, que se renovarán por períodos.

Artículo 190. Será el tribunal de última instancia.

Artículo 191. El orden de procedimiento en las causas contra los representantes en la asamblea, contra el Poder Ejecutivo y contra los individuos del Consejo y de la Corte Superior de cada Estado, se establecerá en la forma y bajo las reglas designadas para las autoridades federales.

Título XIII. Disposiciones generales sobre los Estados

Sección única

Artículo 192. Los Estados deben entregarse mutuamente los reos que se reclamaren.

Artículo 193. Los actos legales y jurídicos de un Estado serán reconocidos en todos los demás.

Artículo 194. En caso de que algún Estado o autoridades constituidas reclamen de otro el haber traspasado su asamblea los límites constitucionales, tomará el Senado los informes convenientes y los pasará a dos de los otros Estados más inmediatos para su resolución; si no se conviniere entre sí o la asamblea de quien se reclama no se conformare con su juicio, el negocio será llevado al Congreso y su decisión será la terminante.

Artículo 195. Pueden ser elegidos representantes, senadores, jefes, consejeros e individuos de la Corte Superior de Justicia de cada uno de los Estados los ciudadanos hábiles de los otros, pero no son obligados a admitir estos oficios.

Título XIV. De la formación y admisión de nuevos Estados

Sección única

Artículo 196. Podrán formarse en lo sucesivo nuevos Estados y admitirse otros en la Federación.

Artículo 197. No podrán formarse nuevos Estados en el interior de otro Estado. Tampoco podrá formarse por la unión de dos o más Estados, o partes de ellos, si no estuvieren en contacto, y sin el consentimiento de las asambleas respectivas.

Artículo 198. Todo proyecto de ley sobre formación de nuevo Estado debe ser propuesto al Congreso por la mayoría de los representantes de los pueblos que hayan de formarlo y apoyado en los precisos datos de tener una población de cien mil o más habitantes, y de que el Estado de que se separa queda con igual población y en capacidad de subsistir.

Título XV. De las reformas y de la sanción de esta Constitución

Sección I. De las reformas de la Constitución

Artículo 199. Para poder discutirse un proyecto en que se reforme o adicione esta Constitución, debe presentarse firmado al menos por seis representantes en el Congreso, o ser propuesto por alguna asamblea de los Estados.

Artículo 200. Los proyectos que se presenten en esta forma si no fueren admitidos a discusión, no podrán volver a proponerse sino hasta el año siguiente.

Artículo 201. Los que fueren admitidos a discusión, puestos en estado de votarse, necesitan para ser acordados las dos terceras partes de los votos.

Artículo 202. Acordada la reforma o adición, debe, para ser válida y tenida por constitucional, aceptarse por la mayoría absoluta de los Estados con las dos terceras partes de la votación de sus asambleas.

Artículo 203. Cuando la reforma o adición versare sobre algún punto que altere en lo esencial la forma de gobierno adoptada, el Congreso, después de la aceptación de los Estados, convocará una Asamblea Nacional Constituyente para que definitivamente resuelva.

Sección II. De la sanción

Artículo 204. Sancionará esta Constitución el primer Congreso Federal.

Artículo 205. La sanción recaerá sobre toda la Constitución y no sobre alguno o algunos artículos.

Artículo 206. La sanción será dada nominalmente por la mayoría absoluta y negada por las dos terceras partes de votos del Congreso.

Artículo 207. Si no concurriere la mayoría a dar la sanción ni las dos terceras partes a negarla, se discutirá de nuevo por espacio de ocho días, al fin de los cuales se votará precisamente.

Artículo 208. Si de la segunda votación aún no resultare acuerdo, serán llamados al Congreso los senadores, y concurrirán como representantes a resolver sobre la sanción.

Artículo 209. Incorporados los senadores en el Congreso, se abrirá por tercera vez la discusión, que no podrá prolongarse más de quince días; y si después de votarse no resultare la mayoría de los votos para dar la sanción, ni las dos terceras partes para negarla, la Constitución queda sancionada en virtud de este artículo constitucional.

Artículo 210. Dada la sanción, se publicará con la mayor solemnidad; negada, el Congreso convocará sin demora una Asamblea Nacional Constituyente.

Artículo 211. Esta Constitución, aun antes de sancionarse, regirá en toda su fuerza y vigor, como su publicación, mientras otra no fuere sancionada.

Dada en la ciudad de Guatemala, a 22 de noviembre de 1824.

José Nicolás Irías Fernando Antonio Dávila Representantes por el Estado de Costa Rica José Antonio Alvarado – Juan de los Santos Madrid – Luciano Alfaro – Pablo Alvarado

Representantes por el Estado de Nicaragua Toribio Argüello – Francisco Quiñones – Tomás Muñoz – Manuel Barberena – Benito Rosales – Manuel Mendoza – Juan Modesto Hernández – Filadelfo Benavent

Representantes por el Estado de Honduras Juan Miguel Fiallos – Miguel Antonio Pineda – Juan Esteban Milla – José Gerónimo Zelaya – José Francisco Zelaya – Joaquín Lindo – Pío José Castellón – Francisco Márquez – Próspero de Herrera – Francisco Aguirre

Representantes por el Estado de El Salvador José Matías Delgado – Juan Vicente Villacorta – Mariano de Beltranena – Ciriaco Villacorta – José Ignacio de Marticorena – Joaquín de Letona – José Francisco de Córdoba – Isidro Menéndez – Leoncio Domínguez – Marcelino Menéndez – Pedro José Cuéllar – Mariano Navarrete

Representantes por el Estado de Guatemala José Barrundia – Antonio de Rivera – José Antonio Alcayaga – Cirilo Flores – José Antonio Azmitia – Francisco Flores – Juan Miguel de Beltranena – Julián de Castro – José Simeón Cañas – José María Agüero – Luis Barrutia – José María Herrera – Eusebio Arzate – José Ignacio Grijalba – José Serapio Sánchez – Miguel Ordóñez – Mariano Gálvez – Francisco Xavier Valenzuela – Francisco Carrascal – Mariano Centeno – Antonio González – Basilio Chavaría – Juan Neponuceno Fuentes – José Domingo Estrada José Antonio de Larrave, Juan Francisco de Sosa Mariano de Córdoba José Beteta
Palacio nacional del Supremo Poder Ejecutivo de la República Federal de Centroamérica, en Guatemala, a 22 de noviembre de 1824 – Ejecútese – Firmado de nuestra mano, sellado con el sello de la República y refrendado por el secretario Interior del Estado y del Despacho de Relaciones Exteriores – José Manuel de la Cerda – Tomás O'Horán – José del Valle – el secretario de Estado, Manuel J. Ibarra.

Primera Constitución del Estado de Guatemala de 1825[46]

Los representantes del pueblo de Guatemala congregados en asamblea, autorizados plena y legalmente por nuestros comitentes, y por el pacto de la Confederación Centroamericana, para dar la ley fundamental que debe regir al Estado, asegurarle en sus derechos, y afianzar los del hombre y del ciudadano, decretamos y sancionamos lo siguiente:
CONSTITUCIÓN POLÍTICA DEL ESTADO DE GUATEMALA

Título I. Del Estado, sus derechos, garantías particulares y del territorio

Sección I. Del Estado y sus derechos

Artículo 1. El Estado conservará la denominación de Estado de Guatemala.
Artículo 2. Forman el Estado los pueblos de Guatemala reunidos en un solo cuerpo.
Artículo 3. El Estado de Guatemala es soberano, independiente y libre en su gobierno y administración interior.
Artículo 4. Limita estos derechos el pacto de unión que celebraron los Estados libres de Centroamérica en la Constitución Federativa de 22 de noviembre de 1824; pero corresponde al Estado de Guatemala todo el poder que por la misma Constitución no estuviere conferido a las autoridades federales.
Artículo 5. Ningún individuo, ninguna reunión parcial de ciudadanos, ninguna fracción del pueblo puede atribuirse la soberanía, que reside en la universalidad de los ciudadanos del Estado.
Artículo 6. Los funcionarios investidos de la autoridad legislativa, ejecutiva y judiciaria, son dependientes del Estado y responsables a él en los términos que prescribe la Constitución.
Artículo 7. Ninguna autoridad del Estado es superior a la ley; por ella ordenan, juzgan y gobiernan las autoridades, y por ella se debe a los funcionarios respeto y obediencia.

46 Luis Mariñas Otero (comp.), «Primera Constitución del Estado de Guatemala», Las constituciones de Guatemala, Madrid, Instituto de Estudios Políticos, 1958, pags. 287-332.

Artículo 8. Delegando el Estado el ejercicio de los poderes Legislativo, Ejecutivo y Judiciario, conserva la facultad de nombrar constitucionalmente sus funcionarios.

Artículo 9. Ningún oficio público es venal ni hereditario.

Artículo 10. El Estado no reconoce condecoraciones, ni distintivos hereditarios; tampoco admite vinculaciones.

Artículo 11. El Estado de Guatemala es y será uno de los que componen la Federación de Centroamérica, y está obligado a observar religiosamente el pacto de la Federación.

Artículo 12. Concurre al nombramiento de las autoridades de la Federación, a los gastos de la administración federal, a la defensa de la república, y, por medio de sus representantes, a la formación de las leyes federales.

Artículo 13. No es obligatoria al Estado ninguna ley que exceda los límites que para mantener la Federación ha fijado a las autoridades federales la Constitución de la República.

Artículo 14. Ninguno puede ejercer autoridad en nombre del Estado, ni llenar ninguna función pública sin estar autorizado por la ley.

Artículo 15. La fuerza pública es instituida para la seguridad común, y no para utilidad de los funcionarios a quienes se confía.

Artículo 16. El Estado es un asilo sagrado para todo extranjero, y también la patria de todo el que quiera residir en su territorio, radicándose en él con arreglo a las leyes.

Artículo 17. La policía de seguridad no podrá ser confiada sino a las autoridades civiles, en la forma que la ley determine.

Artículo 18. Ninguna población podrá ser desarmada, ni despojarse a ninguna persona de las armas que tenga en su casa, ni de las que lleve lícitamente.

Artículo 19. No podrá impedirse ninguna reunión popular que tenga por objeto algún placer honesto o discutir sobre política, y examinar la conducta pública de los funcionarios.

Sección II. Derechos particulares de los habitantes

Artículo 20. Los derechos del hombre en sociedad son la libertad, la igualdad, la seguridad y la propiedad.

Artículo 21. Todo hombre es libre en el Estado; nadie puede venderse ni ser vendido.
Artículo 22. No existen las distinciones sociales sino para la utilidad común; no hay entre los ciudadanos otra superioridad legal que la de los funcionarios públicos en el ejercicio de sus funciones, ni otra distinción que la de las virtudes y los talentos.
Artículo 23. Todos los ciudadanos son admisibles a los empleos públicos.
Artículo 24. Todos los habitantes del Estado están obligados a obedecer y respetar la ley, que es igual para todos, ya premie, ya castigue; a servir a la patria, o defenderla con las armas, y contribuir proporcionalmente a los gastos públicos, sin exención ni privilegio alguno.
Artículo 25. A nadie puede impedirse la libertad de decir, escribir, imprimir y publicar sus pensamientos, sin que puedan sujetarse en ningún caso, ni por pretexto alguno, y examen ni censura.
Artículo 26. Ninguno está obligado a hacer lo que la ley no ordena, ni puede impedírsele lo que no prohíbe.
Artículo 27. Las acciones privadas que no hieren el orden, la moralidad ni la decencia pública, ni producen perjuicio de tercero, están fuera de la jurisdicción de los magistrados.
Artículo 28. Todos los habitantes del Estado deben ser protegidos en el goce de su vida, de su reputación, de su libertad, seguridad y propiedad. Ninguno debe ser privado de estos derechos sino en los casos prevenidos por la ley, y con las formalidades legales.
Artículo 29. Todo habitante libre de responsabilidad puede trasladarse a un país extranjero, y volver al Estado cuando le convenga.
Artículo 30. Todos los ciudadanos tienen derecho para dirigir sus peticiones a las autoridades públicas, en la forma que arreglen las leyes el ejercicio del derecho de petición.
Artículo 31. La Constitución garantiza la inviolabilidad de todas las propiedades, el uso libre de los bienes de todos los habitantes y corporaciones, y la justa indemnización de aquellas cuyo sacrificio exija con grave urgencia la necesidad pública, legal y previamente justificada, garantizándose también previamente.

Artículo 32. La casa de un ciudadano es un asilo sagrado que no puede ser violado sin crimen, fuera de los casos prevenidos por la Constitución, y con las formalidades ordenadas en ella.
Artículo 33. Ningún habitante puede ser acusado, arrestado ni detenido, sino en los casos determinados por la Constitución y en la forma que ella prescribe.
Artículo 34. Ninguno puede ser castigado sino en virtud de una ley establecida y publicada antes de cometerse el delito, y sin que se haya aplicado legalmente.

Sección III. Del territorio

Artículo 35. El territorio del Estado comprende: al Norte, todos los pueblos de los partidos de Chiquimula, con Izabal, y el castillo de San Felipe, en el Golfo Dulce, Verapaz y el Petén; al Sur, los del antiguo gobierno de Soconusco incorporado al Estado, los de los partidos de Suchitepéquez, Sonsonete, Escuintla y Guazacapán; y en el centro, los de los partidos de Quezaltenango, Güegüetenango y Totonicapán, Sololá, Chimaltenango, Sacatepéquez, y la nueva Guatemala, capital del Estado.
Artículo 36. Hasta que con arreglo al artículo 7 de la Constitución Federativa se haya practicado la demarcación del territorio de los Estados, o se declare constitucionalmente a cuál de ellos pertenece el partido de Sonsonate, se observará lo dispuesto en el decreto de la Asamblea Nacional Constituyente de 5 de mayo de 1824.
Artículo 37. El territorio del Estado se dividirá en siete departamentos, los departamentos en distritos, y los distritos en municipalidades.
Artículo 38. Una ley constitucional hará la división del territorio del Estado, después de practicada la división territorial de la república.

Título II. Del Gobierno. De la religión. Estado político de los ciudadanos

Sección I. Del Gobierno y de la religión

Artículo 39. El Gobierno del Estado es republicano, popular, representativo.
Artículo 40. Los representantes componen los cuerpos Legislativo y Moderador.

Artículo 41. El Poder Legislativo está delegado a una asamblea compuesta de representantes libremente electos por el pueblo, y le ejerce con la sanción del cuerpo moderador, también electo por el pueblo.

Artículo 42. El Poder Ejecutivo está delegado a un jefe de nombramiento popular.

Artículo 43. El poder judiciario, a magistrados electos popularmente.

Artículo 44. Ningún magistrado, ni representante, es perpetuo; la Constitución señala las épocas en que unos y otros deben renovarse.

Artículo 45. La religión del Estado es la católica, apostólica, romana, con exclusión del ejercicio público de cualquiera otra.

Sección II. Estado político de los ciudadanos

Artículo 46. Son ciudadanos: 1. Todos los habitantes del Estado, naturales o naturalizados en cualquiera de los otros Estados de la Federación que fueren casados o mayores de dieciocho años, siempre que ejerzan alguna profesión útil, o tengan medios conocidos de subsistencia; 2. Los extranjeros que hubieren obtenido del Congreso Federal carta de naturaleza, por cualquiera de los motivos que expresa el artículo 15 de la Constitución Federativa; 3. Los hijos de ciudadanos nacidos en país extranjero, con arreglo al artículo 16 de la misma Constitución; 4. Los naturales de cualquiera de las repúblicas de América que vinieren a radicarse al Estado, desde el momento que manifiesten su designio a la autoridad respectiva, con arreglo al artículo 18; 5. Los españoles, y cualesquiera extranjeros que estaban radicados en la república al proclamar su independencia, y que la hubieren jurado; 6. Los ciudadanos de los otros Estados de la Federación tienen expedito en el de Guatemala el ejercicio de sus derechos.

Artículo 47. Pierden la calidad de ciudadanos: 1. Los que admitieren de un gobierno extranjero empleos, pensiones, distintivos o títulos hereditarios o personales, sin licencia del Congreso Federal; 2. Los sentenciados por delitos que, según la ley, merezcan pena más que correccional, si no obtuvieren rehabilitación; 3. Los que trafiquen en esclavos, si tampoco obtuvieren rehabilitación.

Artículo 48. Se suspende el ejercicio de los derechos de ciudadano: 1. Por proceso criminal en que se haya proveído auto de prisión, por delito que

según la ley merezca pena más que correccional; 2. Por ser deudor fraudulento declarado, o deudor a las rentas públicas, y judicialmente requerido de pago; 3. Por conducta notoriamente viciada; 4. Por incapacidad física o moral, judicialmente calificada; 5. Por el estado de sirviente doméstico cerca de la persona; 6. Por no tener medios honestos y conocidos de subsistencia.
Artículo 49. Solo los ciudadanos en ejercicio pueden obtener oficios en el Estado y sufragar en las elecciones populares.

Título III. De las elecciones de las supremas autoridades del Estado

Sección I. Disposiciones generales

Artículo 50. Para el nombramiento de los representantes, Jefes del Estado, consejeros o individuos de la Corte Superior de Justicia, se celebrarán juntas populares, de distrito y de departamento.
Artículo 51. Las juntas populares se compondrán de ciudadanos en el ejercicio de sus derechos; las juntas de distrito, de los electores primarios; y las juntas de departamento, de los electores de distrito.
Artículo 52. Estas juntas serán las mismas, y se celebrarán en los días que señala la Constitución Federal de la República para las elecciones de las supremas autoridades federales.
Artículo 53. Toda junta electoral será organizada por un directorio, compuesto de un presidente, dos escrutadores y dos secretarios elegidos por ella misma.
Artículo 54. Las acusaciones sobre cohecho o soborno en los sufragantes, hechas en el acto de la elección, serán determinadas por el directorio de la manera y para el efecto que expresa el artículo 26 de la Constitución Federativa. En lo demás serán seguidos y determinados estos juicios en los tribunales comunes.
Artículo 55. Los recursos y reclamos sobre nulidad en las elecciones de los representantes a la Asamblea y demás autoridades del Estado, serán determinados definitivamente por la misma Asamblea.
Artículo 56. Los que ocurran sobre nulidad en las juntas populares serán resueltos definitivamente en las juntas de distrito, y los que se entablen contra estas, en las de departamento.

Artículo 57. Nadie podrá presentarse armado en las juntas electorales ni votarse a sí mismo.

Artículo 58. Las juntas no podrán deliberar sino sobre objetos designados por la ley.

Es nulo y de ningún efecto todo acto que esté fuera de su legal intervención.

Sección II. Juntas populares

Artículo 59. Las juntas populares se cele

brarán el último domingo de cada año para nombrar un elector primario por cada doscientos cincuenta habitantes; la que tuviere un residuo de ciento veintiséis, nombrará un elector más.

Artículo 60. Todo pueblo, calle, o aldea cuya población ascienda a doscientos cincuenta habitantes, nombrará por sí un elector. Los ciudadanos de aquellos pueblos que tuvieren menor número de habitantes, concurrirán a sufragar en la junta popular del más inmediato.

Artículo 61. La base mayor de una junta popular será de dos mil quinientos habitantes.

Artículo 62. Verificada la elección de elector o electores primarios, se les dará por credencial una sola copia certificada del acta de su nombramiento.

Sección III. Juntas de distrito

Artículo 63. El Presidente de cada junta comunicará a los electos su nombramiento; y por conducto de la autoridad política local, dirigirá a la del distrito otra copia, también certificada, del acta de elección.

Artículo 64. La autoridad política de cada distrito, luego que reciba certificaciones, citará a los electores primarios que hubieren sido nombrados dentro de su territorio, para que se reúnan en la cabecera del distrito el segundo domingo del mes de noviembre de cada año.

Artículo 65. Reunidos por lo menos las dos terceras partes de los electores primarios, se formará la junta de distrito, y procederá a nombrar, por mayoría absoluta de votos, un elector de distrito por cada diez electores primarios de los que corresponden al distrito.

Artículo 66. Concluida la elección, se dará por credencial a los electores una sola copia, certificada por los secretarios, del acta en que conste su nombramiento, y el Presidente de la junta la comunicará a cada uno de los electores; dirigiendo por conducto de la autoridad política al jefe del departamento otra copia certificada del acta.

Sección IV. Juntas de departamento

Artículo 67. Luego que los jefes de departamento reciban las certificaciones en que consten los nombramientos de los electores de distrito, les citará para que concurran a la capital del departamento, donde el primer domingo del mes de diciembre de cada año debe celebrarse la junta.

Artículo 68. Un departamento constará fijamente de doce electores de distrito por cada Representante que haya de nombrar.

Artículo 69. Reunidas por lo menos las dos terceras partes de los electores de distrito, se forma la junta de departamento, y por mayoría absoluta de votos nombra el representante o representantes que en la Asamblea del Estado corresponden al departamento.

Artículo 70. Esta elección se hará todos los años inmediatamente después que las mismas juntas de departamento hayan elegido a los representantes propietarios y los suplentes para el Congreso Federal; pero de las elecciones de diputados para la Asamblea, y de toda elección que hagan las juntas departamentales para los poderes del Estado, se extenderán acta y escrutinio en libro separado.

Artículo 71. Las juntas de departamento despacharán por credencial a cada uno de los diputados propietarios y suplentes una copia legalmente autorizada del acta en que conste su nombramiento, y dirigirán otra copia igual al jefe del departamento, quien la remitirá al Gobierno del Estado para que en su vista cite a los diputados electos, y las pase a la junta preparatoria el primer día de su reunión.

Artículo 72. En las renovaciones del Presidente, vicepresidente, individuos de la Suprema Corte de Justicia de la República y senadores del Estado, sufragarán las Juntas de departamento para la elección de estos funcionarios en la forma que prescribe el Título III de la Constitución federal.

Artículo 73. En las renovaciones del jefe, segundo jefe e individuos de la Corte Superior de Justicia del Estado, en la que disponen los Títulos VII y IX de esta Constitución y en la de los individuos del Consejo representativo, cada Junta de departamento elegirá el que le corresponde con arreglo a los artículos 115 y 116.

Sección V. Bases de representación

Artículo 74. La base para la representación del Estado es la población, o el número total de sus habitantes, naturales o naturalizados, de todos sexos y edades.

Artículo 75. Se elegirá un representante por cada treinta mil almas; el departamento que tuviere un residuo de quince mil, nombrará además otro representante.

Artículo 76. Si en lo sucesivo se formase un nuevo Estado con parte del territorio del de Guatemala, o se aumentase considerablemente la población de este, las legislaturas venideras podrán alterar esta base, con vista de los datos necesarios, y observando la regla establecida en el artículo 177 de la Constitución federativa; y para que se tenga por constitucional la alteración, se procederá con las solemnidades prescritas en el Título XIV de la presente.

Título IV. Del Poder Legislativo y sus atribuciones

Sección I. Organización del Poder Legislativo

Artículo 77. El Poder Legislativo del Estado reside en una Asamblea de representantes elegidos popularmente y le ejerce con la sanción del Consejo representativo.

Artículo 78. Cada departamento elige los representantes que le corresponden por su población, y por cada dos representantes propietarios nombrará un suplente. Si un departamento elige tres representantes, solo nombrará dos suplentes; si le cupieren cinco propietarios, nombrará tres suplentes, y si solo le correspondiere un propietario, nombrará también un suplente.

Artículo 79. Los suplentes entrarán a ejercer en los casos de muerte, imposibilidad o falta de los propietarios, a juicio de la Asamblea.

Artículo 80. Para ser representante propietario y suplente se requiere ser ciudadano en ejercicio de sus derechos, mayor de veintitrés años, natural del Estado, o naturalizado, con residencia de cinco años en la república.

Los ciudadanos en ejercicio de los demás Estados de la Federación podrán ser elegidos representantes, con tal que tengan la edad designada y residencia en el Estado al menos de un año anterior a la elección.

Artículo 81. No podrá ser representante ningún empleado de nombramiento del Gobierno federal, ni del Estado por el departamento en que ejerce autoridad.

Artículo 82. Tampoco podrán los representantes, durante el tiempo de sus funciones, ni en el receso de la legislatura, admitir empleos del Gobierno de la Federación, ni ser provistos para destino de nombramiento de Jefe del Estado, a excepción de los de rigurosa escala.

Artículo 83. Los representantes son inviolables por sus opiniones emitidas de palabra o por escrito en el ejercicio de su cargo: no podrá reconvenírseles por ellas en tiempo alguno, ni por ninguna autoridad, y durante las sesiones y un mes después, tampoco podrán ser demandados civilmente, ni ejecutados por deudas.

Artículo 84. La primera vez calificará las elecciones y credenciales de los diputados una junta preparatoria compuesta de ellos mismos. Se hará esta calificación en lo sucesivo por los representantes que continúan en unión de los nuevos electos.

Artículo 85. Si resultare que alguna elección ha sido nula o viciada, por las Juntas Populares, las de distrito o las de departamento no se arreglaron a la Constitución, o por cualquier motivo que las invalide, la Asamblea, sin declarar nada respecto de la validación o nulidad de las autoridades federales podrá mandar que por lo respectivo a las del Estado se proceda a otras elecciones; celebrándose nuevas juntas desde aquella en que se encontró el vicio de la nulidad.

Artículo 86. La Asamblea se renovará cada año por mitad, y los mismos representantes podrán ser reelectos una vez sin intervalo alguno.

Artículo 87. La suerte designará en primera legislatura los representantes que deben salir, y en las siguientes se verificará la renovación en los de nombramiento más antiguo.

Artículo 88. La Asamblea se reunirá todos los años en la capital del Estado el día primero de febrero, y sus sesiones ordinarias durarán tres meses. La primera legislatura podrá prorrogarse por estos cuatro meses; las demás no podrán hacerlo sino por un mes, y con el acuerdo de las dos terceras partes de los diputados presentes.

Artículo 89. En las sesiones extraordinarias se compondrá la Asamblea de los mismos diputados que concurrieron a las ordinarias de aquel año; pero en las extraordinarias solo podrá tratarse sobre el objeto, u objetos para que fue convocada extraordinariamente la Asamblea.

Artículo 90. Si durante las sesiones extraordinarias llegase el día en que deban abrirse las ordinarias de aquel año, se continuará tratando en estas ordinariamente el negocio o negocios que motivaron la reunión extraordinaria.

Artículo 91. El reglamento interior del cuerpo legislativo prescribirá las solemnidades con que deban abrirse y cerrarse las sesiones.

Artículo 92. Para toda resolución se necesita la concurrencia de la mayoría absoluta de los representantes, y el acuerdo de la mitad y uno más de los que se hallaren presentes: pero un número menor podrá compeler a los ausentes o concurrir, del modo y bajo las penas que establezca la ley.

Artículo 93. La Asamblea, por el acuerdo de las dos terceras partes de votos, podrá variar el lugar de sus sesiones al punto del Estado que juzgue más conveniente.

Sección II. Atribuciones de la Asamblea

Artículo 94. Corresponde a la Asamblea: 1. Proponer y decretar, interpretar y derogar las leyes, ordenanzas y reglamentos que en todos los ramos de la administración pública deben regir en lo interior del Estado; 2. Determinar anualmente el gasto de la administración del Estado y decretar los impuestos y contribuciones de todas clases necesarios para cubrirle, y para llenar el cupo que le corresponda en los gastos generales de la administración federal; estableciendo las contribuciones públicas, su naturaleza, cantidad, duración y modo de percibirlas; 3. Aprobar el repartimiento que de las contribuciones directas se haga a los departamentos del Estado, según su población y riqueza: velando sobre su inversión, y de la de todos los ingresos públicos de cualquier clase, haciéndose dar cuenta de ellos por el Poder Ejecutivo; 4. Decretar la creación o supresión de los oficios públicos dotados por la Hacienda del Estado, o por los fondos comunes;

5. Permitir o negar la introducción de tropas de otros Estados para guarnición interior del de Guatemala, cuando dichas tropas estén al servicio del gobierno de la Federación o destinados por este a alguno de los objetos de sus atribuciones, con respecto a la seguridad general de la república; 6. Fijar periódicamente, con acuerdo del Congreso Federal, la fuerza permanente, si se necesitase en tiempo de paz, crear la milicia activa, la cívica, y levantar toda la que corresponda al Estado en tiempo de guerra; 7. Dar ordenanzas a la fuerza pública del Estado; 8. Arreglar la forma y solemnidades de los juicios, estableciendo el sistema de jurados tan luego como lo permita el progreso de la ilustración y de las costumbres populares; 9. Erigir los establecimientos y corporaciones que fueren necesarios para el mejor orden en justicia, economía, instrucción pública, y en todos los ramos de la administración; 10. Decretar en casos extraordinarios pedidos, préstamos, e impuestos extraordinarios contrayendo deudas sobre el crédito del Estado; sin comprometer las relaciones exteriores que dirige el Gobierno Supremo de la Federación; 11. Clasificar, reconocer, y armonizar la deuda pública del Estado; 12. Disponer lo conveniente para la administración, conservación y enajenación de los bienes y fincas del Estado; 13. Conceder amnistía e indultos por aquellos delitos cuyo conocimiento pertenezca exclusivamente a los tribunales del Estado, cuando lo exija la tranquilidad y seguridad pública, y lo solicite el Poder Ejecutivo: decretándose por las dos terceras partes de votos; 14. Conceder al Poder Ejecutivo facultades extraordinarias expresamente detalladas, y por un tiempo limitado, en los casos de insurrección o en los de una invasión repentina; 15. Dirigir la educación popular por los principios generales que establezcan las letras de la Federación, promoviendo el progreso de las ciencias, artes y bellas letras; 16. Abrir los caminos y canales de comunicación interior; promover y fomentar toda especie de industria, y remover los obstáculos que la entorpezcan; 17. Conceder privilegios exclusivos por tiempo determinado a los inventores, introductores y empresarios de descubrimientos, establecimientos y obras útiles al progreso de las ciencias, agricultura, comercio y artes; siempre que dichos privilegios no trasciendan ni perjudiquen a los demás Estados de la unión; 18. Decretar recompensas personales, y honores póstumos a la memoria de los que presten al Estado servicios extraordinarios; 19. Calificar las elecciones de los representantes, Jefe y Segundo Jefe, individuos del Consejo, de la Corte

Superior de Justicia y senadores del Estado; y admitir por las dos terceras partes de votos las renuncias que hicieren de sus respectivos cargos a excepción de los senadores que ya se hubiesen posesionado; 20. Hacer el nombramiento de los mismos funcionarios, cuando no resulten electos por los votos populares; y señalar las indemnizaciones y resueltos de que deben gozar, a excepción de los senadores; 21. Declarar cuándo ha lugar a formación de causas contra los diputados, individuos del Consejo, Jefe y segundo Jefe del Estado, secretario o secretarios del Poder Ejecutivo, e individuos de la Corte Superior de Justicia;

Título V. Formación, sanción y promulgación de la ley

Sección I. Formación de la ley

Artículo 95. Solo los diputados y el Poder Ejecutivo tienen la facultad de proponer a la Asamblea los proyectos de ley.

Artículo 96. Todo proyecto de ley debe presentarse por escrito, y leerse por dos veces en días diversos antes de resolver si se admite o no a discusión.

Artículo 97. Admitido, pasará a una comisión, que lo examinará detenidamente, y no podrá presentar su dictamen sino después de tres días. El informe que diere tendrá también dos lecturas en días diferentes; y señalado el de su discusión, con el intervalo a lo menos de otros tres, no podrá diferirse más tiempo sin acuerdo de la Asamblea.

Artículo 98. Se exceptúan de las reglas anteriores aquellas disposiciones que se declaren urgentes, y lo sean por su naturaleza, atendida alguna circunstancia o caso particular en que esté amenazada la tranquilidad pública, o peligren la independencia y libertades del Estado, pero en estos casos para admitirse un proyecto de ley, y para decretarse, se requiere la concurrencia de los dos tercios de votos de los diputados presentes.

Artículo 99. No admitido a discusión o desechado un proyecto de ley, no podrá proponerse de nuevo sino hasta el año siguiente.

Artículo 100. Cuando fuera admitido, observadas todas las formalidades que deben preceder a la discusión abrazará esta el proyecto en su totalidad y en cada uno de sus artículos.

Artículo 101. La Asamblea resolverá cuando se halle la materia suficientemente discutida, y si ha o no lugar a la votación. Decidido que ha lugar, se procederá a ella inmediatamente, aprobando o reprobando en todo o en parte el proyecto o variándole o modificándole según las observaciones hechas en el debate.
Artículo 102. Si se adoptare el proyecto, se extenderá por triplicado en forma de ley o decreto: se leerá en la asamblea, y firmados los tres originales por el Presidente y dos secretarios, se remitirá al Consejo representativo.

Sección II. Sanción de la ley
Artículo 103. Todas la resoluciones de la Asamblea dictadas en uso de las atribuciones, exigen para ser válidas la caución del Consejo representativo.
Artículo 104. El Consejo dará o negará la sanción por mayoría absoluta de votos, y para darla usará de la fórmula: AL JEFE DEL ESTADO. La negará con esta otra: VUELVA A LA ASAMBLEA.
Artículo 105. Deberá el Consejo dar o negar la sanción entre dieciocho días, contados desde que se recibió la ley o resolución; y oirá, si lo juzga conveniente, los informes que dentro de ocho días deberá darle el Poder Ejecutivo. Si pasados los dieciocho días no hubiere el Consejo dado o negado la sanción, se entiende dada por el mismo hecho; pero nunca podrá darse o negarse con menos de cuatro votos.
Artículo 106. El Consejo negará la sanción, cuando la ley o resolución fuere contraria a la Constitución federal de la república, y a la presente, y cuando juzgare que su observancia no es conveniente ni al orden, ni a la tranquilidad, o bien a la prosperidad del Estado, o de la república en general.
Artículo 107. La Asamblea las hará examinar por una comisión, cuyo dictamen será leído por dos veces en días diversos, y discutido de nuevo con las mismas formalidades que se prescriben en los artículos 97 y 101.
Artículo 108. Si la resolución fuere ratificada por dos terceras partes de votos, se tendrá por dada la sanción, y la dará en efecto el Consejo dentro de tres días después de recibirla. En caso contrario, no podrá proponerse de nuevo sino hasta las sesiones del siguiente año.
Artículo 109. Cuando la resolución fuere imponiendo contribuciones de cualquier clase, y el Consejo hubiere rehusado la sanción, se necesita el acuerdo de las tres cuartas partes de la Asamblea para la ratificación; obser-

vándose lo demás que prescribe el anterior artículo. Las votaciones serán nominales para toda ratificación.

Artículo 110. Dada la sanción constitucionalmente, devolverá el Consejo a la Asamblea uno de los originales, pasando otro al Poder Ejecutivo para su ejecución.

Artículo 111. No están sujetas a la sanción del Consejo las resoluciones de la Asamblea relativas: 1. A la policía, gobierno y arreglo interior del cuerpo legislativo, lugar y prórroga de sus sesiones; 2. A la calificación de elecciones y renuncia de los elegidos; 3. Al apremio de los miembros ausentes de la misma Asamblea; 4. A la declaratoria de haber lugar a formación de causa contra algún funcionario.

Sección III. Promulgación de la ley

Artículo 112. Luego que el Poder Ejecutivo reciba alguna resolución sancionada por el Consejo, o de las que están exceptuadas de la sanción, ordenará su cumplimiento bajo la más estrecha responsabilidad; haciéndola sellar con el sello del Estado, y disponiendo entre quince días lo necesario a su ejecución, publicación y circulación. Si no fuere bastante este término, pedirá al cuerpo legislativo la prórroga necesaria, exponiendo las causas que manifiesten la necesidad.

Artículo 113. En la promulgación se usará de esta fórmula: El Jefe del Estado de Guatemala. Por cuanto la Asamblea tuvo a bien decretar, y el Consejo representativo ha sancionado lo siguiente. (El texto literal.) Por tanto: ejecútese.

Artículo 114. El Poder Legislativo arreglará la solemnidad con que deben publicarse las leyes en la capital y en todos los pueblos del Estado.

Título VI. Del Consejo representativo y sus atribuciones

Sección I. Del Consejo

Artículo 115. Habrá un Consejo compuesto de representantes elegidos popularmente, en razón de uno por cada departamento del Estado: se renovarán por mitad cada dos años, saliendo a suerte en la primera renovación el menor número, y pudiendo ser reelegidos sus individuos con el intervalo de una elección.

Artículo 116. Los Consejos serán nombrados por las Juntas de departamento, el mismo día en que se reúnan para sufragar por los senadores del Estado, y harán la elección a pluralidad absoluta de votos.

Artículo 117. Se requiere para ser consejero: naturaleza en la república –treinta años cumplidos de edad– ciudadano por espacio de siete anteriores a la elección y uno de residencia en el Estado, y ser seglar.

Artículo 118. Por cada propietario se nombrará un suplente.

Artículo 119. No pueden ser nombrados consejeros los empleados de nombramiento de Gobierno federal, ni los de elección del Jefe del Estado por el departamento en que ejerzan autoridad.

Artículo 120. Solo funcionarán los suplentes, en los casos de muerte, imposibilidad o faltas de los propietarios respectivos, declaradas por el Consejo.

Artículo 121. El segundo Jefe del Estado será Presidente del Consejo, y solo sufragará en caso de empate. En su falta nombrará el Consejo un Presidente entre sus individuos, que deberá tener las calidades que se requieren para ser Jefe del Estado.

Sección II. Atribuciones del Consejo representativo

Artículo 122. El Consejo tiene la sanción de todas las resoluciones de la Asamblea, en la forma que establece la Sección II, Título V.

Artículo 123. Cuidará de la conducta de los agentes del Gobierno y de aquellos funcionarios contra quienes puede declarar que ha lugar a la formación de causa. Velará sobre la observancia de la Constitución y de las leyes para dar cuenta a la Asamblea, luego que esté reunida, de las infracciones que se notaren durante su receso.

Artículo 124. Aconsejará al Poder Ejecutivo en todos los negocios de Gobierno en que le consulte, especialmente en los casos en que se halle o pueda ser alterada la tranquilidad pública; y en las dudas que ofrezca la ejecución de las leyes y de las resoluciones de la Asamblea.

Artículo 125. Durante el receso de la legislatura convocará a la Asamblea extraordinariamente, citando a los diputados y a los suplentes de los que hubiesen fallecido en el receso.

Artículo 126. La convocatoria se hará por un decreto del Consejo, y deberá darse: 1. Cuando las circunstancias de guerra, insurrección o trastorno exijan que se levanten fuerzas, se impongan contribuciones extraordinarias o necesite el Poder Ejecutivo ampliación de facultades; 2. Cuando las altas autoridades federales exciten al Jefe del Estado para que se reúna extraordinariamente la Asamblea para algún objeto de interés general de la república o por circunstancias extraordinarias.

Artículo 127. Propondrá ternas al Poder Ejecutivo para el nombramiento: del intendente o director de las Rentas, tesorero o interventor de la Tesorería, de los jefes políticos departamentales, del comandante general de las armas, y de los jefes militares de coronel inclusive arriba.

Artículo 128. Declarará cuándo ha lugar a formación de causa, por delitos cometidos en el ejercicio de sus empleos, contra los mismos funcionarios y contra los magistrados y jueces inferiores a la Corte Superior de Justicia; a excepción de los jefes militares de coronel inclusive abajo.

Artículo 129. Nombrará en sus primeras sesiones el tribunal que establece el artículo 223, subrogando en cada renovación del cuerpo legislativo y del Consejo a los suplentes que hayan cesado en dicho tribunal.

Título VII. Del Poder Ejecutivo, sus atribuciones, y de la secretaría del despacho

Sección I. Del Poder Ejecutivo

Artículo 130. Ejercerá el Poder Ejecutivo un jefe electo por todos los pueblos del Estado. En su falta hará sus veces un segundo jefe, nombrado igualmente por los pueblos.

Artículo 131. En la renovación de ambos jefes se reunirán las juntas de departamento del día siguiente al que eligieron representantes y los electores que las componen procederán a dar sus votos para el nombramiento de uno y otro funcionario.

Artículo 132. El voto de cada elector se escribirá separada y claramente, y del registro en que se hubieren escrito, se remitirá a la Asamblea una copia firmada por los electores presentes en el acto, y bajo cubierta sellada, con expresión de contener sufragios.

Artículo 133. Reunidos los pliegos de todas las juntas departamentales, y señalado día para su apertura, se procederá al escrutinio y regulación.

Artículo 134. La votación será regulada por el número de electores de distrito que concurrieron a sufragar en las juntas de departamento y que sufragaron efectivamente. Se regulará primero el monto total de los sufragios, deducido del que dio cada elector concurrente de los de todas las juntas departamentales; y siempre que de ellos resulte mayoría absoluta de sufragios, la elección está hecha en la persona que la reunión y la Asamblea publicará por un decreto.

Artículo 135. Si no resultare elección, y algunos ciudadanos reunieren cuarenta o más votos, la Asamblea elegirá solo entre ellos por mayoría absoluta. Si esto no se verificare, nombrará entre los que tuvieren de diez votos arriba; y no resultando los suficientes para ninguno de estos casos, elegirá entre los que tengan cualquier número, pero siempre entre los designados. La elección que haga la Asamblea se publicará también por un decreto.

Artículo 136. Para ser Jefe y segundo Jefe del Estado se requieren: naturaleza de la república, treinta años cumplidos de edad, haber sido siete ciudadano, serlo en el ejercicio de sus derechos al tiempo de la elección, residencia en el Estado a lo menos de dos años antes del nombramiento, y ser seglar.

Artículo 137. La duración del Jefe y segundo Jefe será de cuatro años, pudiendo ser reelegidos una vez sin intervalo. Durante su ejercicio no pueden ser alterados los sueldos que disfruten; y fuera de esto no pueden recibir gratificaciones ni emolumentos de otra clase.

Artículo 138. En falta de ambos jefes sucederá temporalmente hasta la reunión próxima de la Asamblea, el Presidente que fuere del Consejo representativo. Pero si el impedimento o falta no fueren temporales y faltare más de un año para la renovación periódica, será convocada la Asamblea extraordinariamente y nombrará un ciudadano que ejerza el Poder Ejecutivo, eligiéndose entre los designados por las juntas departamentales para el nombramiento del jefe que debe subrogarse; y no habiendo entre los designados para primer jefe, se nombrará entre los designados para segundo; y en falta de unos y otros se elegirá un consejero.

Artículo 139. Si faltaren más de dos años para la renovación en las elecciones próximas sufragarán de nuevo las juntas de departamento para subrogar la falta; y el electo en este caso durará en sus funciones el tiempo precisamente que faltaba al primer nombrado para la renovación ordinaria.

Sección II. Atribuciones del Poder Ejecutivo

Artículo 140. El Poder Ejecutivo publicará la ley, cuidará de su ejecución y del orden público.

Artículo 141. Consultará a la Asamblea sobre la inteligencia de la ley y al Consejo sobre las dudas y dificultades que ofrezca su ejecución. En todo negocio de Gobierno, y especialmente cuando se halle o pueda ser alterada la tranquilidad pública, podrá igualmente consultar con el Consejo, y este deberá darle dictamen: pero no está obligado en ningún caso a conformarse con él.

Artículo 142. A propuesta en terna del Consejo nombrará los funcionarios que designa el artículo 127; a propuesta de la Corte Superior de Justicia, los que expresa el 211; los subalternos de unos y otros y los oficiales de la fuerza pública del Estado, que no lleguen a la graduación de coronel, por igual propuesta de los superiores jefes respectivos.

Artículo 143. Dirigirá la Fuerza Armada del Estado, y podrá reunir la cívica en los casos de invasión repentina o de insurrecciones.

Artículo 144. En estos mismos casos dispondrá de toda la fuerza del Estado, y usará de ella en su defensa, dando cuenta inmediatamente a la Asamblea, y en su receso al Consejo, para que la den al Congreso Federal.

Artículo 145. Cuando se le informare de alguna conspiración o traición al Estado que amenace un próximo riesgo al orden público, podrá dar órdenes de arresto e interrogar a los que se presuman reos; pero en el término de tres días los pondrá precisamente a disposición del juez respectivo.

Artículo 146. Hará cumplir en el Estado las leyes y órdenes emanadas de los poderes de la Federación, pasando a la Asamblea copia de aquellas entre las veinticuatro horas después de su recibo; y en el receso de la legislatura con dictamen del Consejo representará a los mismos poderes sobre aquellas que excedan los límites constitucionales o ataquen los derechos del Estado.

Artículo 147. Al abrirse las sesiones de la Asamblea presentará anualmente una relación detallada del estado de todos los ramos de la administración pública y de la fuerza militar; dará cuenta exacta de los ingresos y erogaciones del erario; y presentará el presupuesto de los del año próximo, proponiendo los medios necesarios para cubrirlos y los que juzgue más oportunos para el mejoramiento de todos los ramos.

Artículo 148. Dará a la Asamblea y al Consejo los informes que le pidieren, y cuando sean sobre asuntos que exijan reserva lo expondrá así para que le dispensen su manifestación o se le exijan si el caso lo requiere. Cuando los informes sean necesarios para hacer efectiva la responsabilidad al Jefe del Estado, no podrán rehusarse ni conservarse los documentos después que se haya declarado haber lugar a la formación de causa.

Artículo 149. Podrá trasladar de unos destinos a otros, equivalentes en rango y goces, a los agentes y funcionarios del Gobierno; suspenderlos por el tiempo de tres meses cuando la tranquilidad y el orden público lo exijan, o el interés del Estado evidentemente manifiesto y previo dictamen del Consejo. Con pruebas que justifiquen la ineptitud de los mismos funcionarios, y con acuerdo en vista de ellas de las dos terceras partes de votos del Consejo, podrá también deponerles.

Artículo 150. Nombrará y separará libremente, sin necesidad de instrucción de causa, al secretario o secretarios de Despacho.

Artículo 151. El Jefe del Estado residirá en el lugar en que resida la Asamblea y no podrá separarse sin su permiso. Tampoco podrá salir del territorio de la república sino seis meses después de haber concluido sus funciones; a menos que obtenga licencia de la Asamblea y en su receso con acuerdo del Consejo.

Artículo 152. Será el conducto de comunicación de las autoridades del Estado con las supremas de la república y con los Gobiernos de los otros Estados; pero en los negocios judiciales, los jueces y tribunales se entenderán directamente en sus exhortos y requisitorias.

Sección III. De la secretaría de Estado

Artículo 153. El Poder Ejecutivo tendrá un secretario para el Despacho de todos los negocios; y si la experiencia acreditase ser necesario más de uno, la Asamblea designará el número que juzgue indispensable.

Artículo 154. Para ser secretario del Despacho se requieren veinticinco años de edad, siete de residencia en la república y estar en el ejercicio de la ciudadanía.

Artículo 155. Por medio del secretario del Despacho se expedirán todas las órdenes del Poder Ejecutivo, y las que se expidieren por otro conducto no deben ser obedecidas.

Artículo 156. El secretario del Despacho respectivo estará obligado a manifestar al Jefe del Estado cuándo sus decretos y providencias son contrarias a la Constitución y a las leyes; mas no podría rehusarse a comunicarlas, haciendo constar en el libro de decretos y providencias que representó al Jefe su opinión contraria. En este caso no participa de la responsabilidad, que en todo otro es común al Jefe y al secretario.

Título VIII. Administración de los departamentos

Sección I. De los departamentos y de los distritos

Artículo 157. El Gobierno de cada departamento residirá en un jefe nombrado por el Poder Ejecutivo, a propuesta en terna del Consejo: su duración en el mando será de cuatro años y podrá ser reelecto.

Artículo 158. Se requiere para ser jefe del departamento: estar en el ejercicio de los derechos de ciudadano, ser mayor de veinticinco años, con residencia en la república al menos de cinco y de tres en el Estado. Las mismas calidades son necesarias para ser jefe subalterno en los distritos.

Artículo 159. Podrá haber jefes subalternos de los departamentos en aquellos distritos que por su población, extensión, distancia de la capital del departamento o que por ser pueblos de mar o puntos fronterizos, deban establecerse, según proponga a la Asamblea el Poder Ejecutivo, oído el dictamen del Consejo; y un mismo jefe subalterno podrá administrar dos o más distritos.

Artículo 160. Los jefes de departamento y los de distrito son agentes del gobierno, y una ley particular arreglará sus respectivas atribuciones.

Sección II. Administración municipal

Artículo 161. En la división del territorio del Estado se fijarán exactamente los límites jurisdiccionales de cada municipalidad, y no se contraerán a los urbanos, sino que se atenderán a los rurales entre unas y otras municipalidades.

Artículo 162. Todo pueblo, aldea o lugar que por sí o su extensión rural llegue a doscientos habitantes, tendrán una municipalidad compuesta de alcaldes, dos o más regidores y un procurador síndico.
Artículo 163. Los pueblos y lugares que bajen de aquella población, tendrán a lo menos un alcalde auxiliar, nombrado por la municipalidad más inmediata.
Artículo 164. Toda municipalidad será compuesta de alcaldes, regidores y procuradores síndicos, nombrados por el respectivo pueblo. La ley arreglará el número de oficiales municipales proporcionado a la población; pero este número no podrá exceder de tres alcaldes, diez regidores y dos síndicos.
Artículo 165. El segundo domingo del mes de diciembre se reunirán todos los años los ciudadanos de cada pueblo y los que se hallen entre los límites de la municipalidad respectiva para elegir a pluralidad de votos, conforme a su población, proporcionado número de electores que residan en el mismo pueblo o en sus límites y estén en el ejercicio de los derechos de ciudadano.
Artículo 166. En otro día festivo del mismo mes, nombrarán los electores a pluralidad absoluta de votos, los alcaldes, regidores y síndicos que correspondieren al pueblo; y los nombrados entrarán a ejercer sus cargos el primero de enero del siguiente año.
Artículo 167. Los alcaldes se renovarán todos los años, los regidores por mitad cada año, y lo mismo los síndicos, si hubiere más de uno; pero siendo único, se renovará anualmente. Todos los oficios municipales son carga concejil de que nadie podrá excusarse sin causa legal. Los municipales pueden ser reelegidos, pero no están obligados a admitir el cargo sino con el intervalo de dos años.
Artículo 168. Para ser alcalde, regidor y procurador síndico se requiere ser ciudadano en ejercicio, tener veintitrés años de edad y tres a lo menos la residencia en el pueblo o en sus límites. Ningún empleado de nombramiento del gobierno puede ser municipal, a excepción de los oficiales de la milicia activa.
Artículo 169. Estará a cargo de las municipalidades el gobierno económico-político de los pueblos, y la ley arreglará sus atribuciones.

Título IX. Poder Judicial. Corte superior de justicia. Jueces inferiores

Sección I. Disposiciones generales

Artículo 170. El Poder Judicial se ejercerá por los tribunales y jueces del Estado.

Ni la Asamblea, ni el Poder Ejecutivo ni otra autoridad podrán ejercer funciones judiciales, evocar causas pendientes, ni abrir juicios fenecidos. Los tribunales y jueces no podrán ejercer otras funciones que las de juzgar, y hacer que se ejecute lo juzgado. Tampoco pueden formar reglamentos para la ejecución y aplicación de las leyes, ni suspender el cumplimiento de éstas.

Artículo 171. Las leyes señalarán el orden y las formalidades de los juicios, que serán uniformes en todos los tribunales y juzgados.

Artículo 172. Todos los ciudadanos y habitantes del Estado, sin distinción alguna, estarán sometidos al mismo orden de juicios y procedimientos que determinen las leyes.

Artículo 173. En las causas civiles y criminales ningún habitante del Estado será juzgado por comisión y tribunal especial, sino por tribunales competentes anteriormente establecidos por la ley. Tampoco podrán establecerse tribunales para juzgar a una clase determinada de ciudadanos o habitantes, y menos para conocer especialmente en determinados delitos.

Artículo 174. Los crímenes militares serán juzgados por tribunales y jueces militares designados con autoridad por la ley.

Artículo 175. Ninguno puede sustraerse de la autoridad de los jueces que la ley le señala.

Unos mismos jueces no pueden juzgar en diversas instancias.

Artículo 176. Las sesiones de los tribunales serán públicas a excepción de aquellas en que se ofenda la decencia; los jueces deliberarán en secreto, y los juicios serán pronunciados en alta voz y públicamente.

Artículo 177. Las ejecutorias y provisiones de los tribunales se harán y se encabezarán en el nombre de EL ESTADO DE GUATEMALA.

Artículo 178. Todas las causas civiles y criminales se fenecerán por todas sus instancias dentro del territorio del Estado.

Sección II. Justicia civil

Artículo 179. La facultad de nombrar árbitros en cualquier estado del pleito es inherente a toda persona. La sentencia de los árbitros es inapelable, si las partes comprometidas no se reservaren este derecho.

Artículo 180. Ningún juicio escrito civil o sobre injurias podrá entablarse sin hacer constar que se intentó antes el medio de conciliación.

Artículo 181. La ley clasificará los negocios que por su cuantía admitan tres instancias; y determinará, atendida su entidad y la naturaleza y calidad de los diferentes juicios, qué sentencia ha de ser la que en cada instancia deba causar ejecutoria.

Sección III. Justicia criminal

Artículo 182. No podrá imponerse pena de muerte sino por delitos que atenten directamente contra el orden público, y en el de asesinato, homicidio premeditado o seguro.

Artículo 183. Están abolidos para siempre el uso de los tormentos, los apremios, la confiscación de bienes, azotes y penas crueles.

Artículo 184. Nadie puede ser preso sino en virtud de orden escrita por autoridad competente para darla. No podrá librarse esta sin que preceda justificación de que se ha cometido un delito que merezca pena más que correccional, y sin que resulte al menos por el dicho de un testigo, quién es el delincuente.

Artículo 185. Pueden ser detenidos: el delincuente cuya fuga se tema con fundamento, el que sea encontrado en el acto de delinquir, y en este caso cualquiera puede aprehenderlo para llevarle al juez.

Artículo 186. La detención no puede exceder de cuarenta y ocho horas, y durante este término deberá la autoridad que la haya ordenado practicar la justificación correspondiente, y según su mérito librar por escrito la orden de prisión, o poner en libertad al detenido.

Artículo 187. El alcaide, ni oficial alguno encargado de cualquiera cárcel o establecimiento de prisión o detención, no pueden recibir ni detener en las cárceles o en dichos establecimientos a ninguna persona, sin transcribir en su libro de presos o detenidos la orden de prisión o detención.

Artículo 188. Todo preso debe ser interrogado dentro de cuarenta y ocho horas, y el juez está obligado a decretar la libertad, o permanencia en la prisión, dentro de las veinticuatro siguientes, según el mérito de lo actuado. Pero se puede imponer arresto por pena correccional, previas las formalidades que establezcan las leyes, y sin que esta pena exceda de un mes.

Artículo 189. Las personas aprehendidas por la autoridad no podrán ser llevadas a otros lugares de prisión, detención, o arresto, que a los que están legal y públicamente destinados al efecto.

Artículo 190. Cuando algún reo no estuviere incomunicado por orden de juez, transcrita en el registro del alcaide, no podrá este impedir su comunicación con persona alguna.

Artículo 191. Todo el que no estando autorizado por la ley expidiere, firmare, ejecutare o hiciere ejecutar la prisión o detención o arresto de alguna persona; todo el que en caso de prisión, detención o arresto autorizado por la ley, recibiere o retuviere al reo en lugar que no sea de los señalados pública y legalmente, y todo alcaide que contraviniere a las disposiciones precedentes, es reo de detención arbitraria.

Artículo 192. No será llevado ni detenido en la cárcel el que diere fianza en los casos en que la ley no lo prohíba expresamente.

Artículo 193. Ninguna casa puede ser registrada sino por mandato escrito de autoridad competente, dado en virtud de dos disposiciones formales que presten motivo al allanamiento, el que deberá efectuarse de día.

También puede registrarse a toda hora por un agente de la autoridad pública: 1. En persecución actual de un delincuente; 2. Por un desorden escandaloso que exija pronto remedio; 3. Por reclamación hecha del interior de la casa.

Mas, hecho el registro, se comprobará por dos deposiciones que se hizo por alguno de los motivos indicados.

Artículo 194. Solo en los delitos de traición a la patria se pueden ocupar los papeles de los habitantes del Estado, y únicamente podrá practicarse su examen cuando sea indispensable para la averiguación de la verdad, y a presencia del interesado, devolviéndosele en el acto cuantos no tengan relación con el delito que se indaga.

Artículo 195. En materias criminales a nadie se recibirá juramento sobre hecho propio; y al tomarse confesión al tratado como reo, se le dará conocimiento de los testigos, se leerán sus declaraciones y todos los documentos que obren contra él. El proceso será público después de la confesión.

Artículo 196. Ninguna pena es trascendental, ni las infamantes, y todas deben tener efecto precisamente sobre el que se hizo acreedor a ellas.

Artículo 197. Las cárceles serán dispuestas de manera que sirvan para asegurar y corregir, y no para molestar a los presos. Serán visitadas con la frecuencia que determinan las leyes, y las mismas arreglarán las formalidades que se han de observar en las visitas, y las facultades de los tribunales en estos actos.

Artículo 198. Se establecerá el sistema de juicios por jurados luego que la ilustración, la moral y las costumbres populares permitan su establecimiento.

Sección IV. Organización de la Corte Superior de Justicia

Artículo 199. Habrá una Corte Superior de Justicia elegida por todos los pueblos del Estado, y compuesta de magistrados, cuyo número no podrá bajar de seis ni exceder de nueve. Se renovarán por mitad cada dos años, y podrán siempre ser reelegidos.

Artículo 200. En la renovación de la Corte Superior de Justicia, las juntas de departamento se reunirán en distinto día al que eligieron representantes, y procederá cada elector a sufragar por todos y cada uno de los individuos que deben renovarse con la Corte Superior.

Artículo 201. El voto de cada elector se escribirá separada y claramente, y del registro en que se hubieren escrito y consten los votos particulares de cada uno de los electores se remitirá a la Asamblea del Estado una copia firmada por los que concurrieron al acto y bajo cubierta sellada, con expresión de contener sufragios.

Artículo 202. Reunidos los pliegos de todas las juntas de departamento, la Asamblea procederá en su escrutinio, regulación de votos y elección, por el mismo orden, y con las mismas formalidades que prescribe la Sección I, Título VII, para el nombramiento del primero y segundo Jefe del Estado.

Artículo 203. Si las legislaturas venideras creyeren necesario establecer jueces de alzadas en los departamentos, o tribunales de apelación, situados en diversos puntos para cada dos o más departamentos, en uso de la facultad octava que les concede el Título IV de esta Constitución, el número de magistrados de que debe componerse la Corte Superior no podrá exceder de seis, incluso el fiscal, ni de cuatro el de los tribunales de segunda instancia, incluso igualmente el fiscal.

Artículo 204. En estos casos la elección de los jueces de alzadas, o la de los magistrados de las cortes departamentales será hecha popularmente por la junta o juntas del departamento a que pertenezca el tribunal, observándose respectivamente las mismas reglas establecidas para el nombramiento de la Corte Superior. Pero si el tribunal perteneciere a más de un departamento, el escrutinio de los votos, su regulación y el nombramiento, en su caso, se verificarán por la Asamblea del Estado.

Artículo 205. No estableciéndose aquellos tribunales, la Corte Superior de Justicia se dividirá en dos cámaras, en la forma que determine la ley, y el número de sus individuos será el máximum del artículo 199.

Artículo 206. Para ser magistrado de la Corte Superior de Justicia, y en su caso de las cortes departamentales, se requiere ser ciudadano en el ejercicio de sus derechos, tener treinta años de edad, siete de residencia en la república inmediatos a la elección, y dos a lo menos en el Estado; ser seglar y de conocida moralidad.

Artículo 207. Si la Corte Superior se compusiere de nueve individuos, tendrá cinco suplentes, elegidos de la misma manera.

Si constare de seis, tendrá cuatro suplentes, y las cortes departamentales no podrán bajar de tres suplentes.

Artículo 208. Los suplentes llenarán las faltas de los propietarios, y sus impedimentos legales, y serán llenados por el orden de sus nombramientos, ya por el que se hubiese resultado popularmente electos, o bien por aquel en que se les hubiere practicado la Asamblea.

Sección V. Atribuciones de la Corte Superior

Artículo 209. La Corte Superior de Justicia conocerá en segunda y tercera instancia, en la forma que establezca la ley, de todas las causas comunes civiles y criminales que ocurran dentro del territorio del Estado; pero unos mismos magistrados no podrán juzgar en ambas instancias, ni la Corte Superior conocerá en segunda si en los departamentos se establecieren cortes departamentales.

Artículo 210. Conocerá además: 1. De las competencias de los tribunales y jueces inferiores; 2. De los recursos de nulidad que se interpongan en las sentencias dadas por los tribunales de segunda instancia en todas las causas en que no haya lugar a tercera; 3. De las causas de responsabilidad de los jueces de la instancia, cuando no estén establecidas las cortes departamentales, y de la de los magistrados de éstas en el caso de que se establezcan; 4. Juzgará en las acusaciones contra el primer Jefe del Estado, secretario o secretarios del Despacho, y contra el segundo Jefe si hubiere ejercido las funciones del primero; en las del Presidente e individuos del Consejo representativo, y originariamente de las de todos los demás funcionarios contra quienes hubiere declarado el Consejo haber lugar a formación de causa; 5. En apelación de las causas contra los militares del Estado, por crímenes militares y con arreglo al Código Marcial.
Artículo 211. Propondrá ternas al Poder Ejecutivo para el nombramiento de los jueces de primera instancia, auditores y asesores militares, e individuos de todo tribunal inferior que se establezca por virtud del artículo 94, facultad novena, del cuerpo legislativo.
Artículo 212. Velará sobre la conducta de los jueces inferiores, cuidando de que administren pronta y cumplidamente la justicia.

Sección VI. Jueces inferiores
Artículo 213. Habrá jueces de primera instancia, y su número será proporcionado a la población y extensión de cada departamento.
Artículo 214. Los jueces de primera instancia serán nombrados por el Poder Ejecutivo, a propuesta en terna de la Corte Superior de Justicia, y en su caso de las respectivas cortes departamentales.
Artículo 215. Para ser juez de primera instancia se requiere ser ciudadano en el ejercicio de sus derechos, mayor de veinticinco años, con cinco de residencia en la república y tres en el Estado, y de conocida moralidad.
Artículo 216. Ejercerán la judicatura por el tiempo de cinco años, pudiendo siempre ser reelectos y provistos para las judicaturas de otro departamento aunque no hayan cumplido aquel término.
Artículo 217. Sus facultades se limitarán precisamente a lo contencioso, y las leyes determinarán hasta de qué cantidad podrán conocer sin apelación en los negocios civiles, determinando igualmente la extensión de las facul-

tades de los alcaldes en sus respectivos pueblos, así en lo contencioso como en lo económico.

Título X. De la responsabilidad de los funcionarios del Estado

Sección única

Artículo 218. Todos los funcionarios del Estado, antes de posesionarse de sus destinos, prestarán juramento de sostener con toda su autoridad la Constitución federal de la república y la presente, y ser fieles a la nación y al Estado.

Artículo 219. Todo funcionario público es responsable, con arreglo a las leyes, del ejercicio de sus funciones.

Artículo 220. Deberá declararse cuándo ha lugar a formación de causa contra los representantes de la Asamblea, por traición a la patria —venalidad—, falta grave en el desempeño de sus funciones y delitos comunes que merezcan pena más que correccional.

Artículo 221. En los mismos casos, y en los de infracción de ley y usurpación, habrá igualmente lugar a formación de causa contra los individuos del Consejo representativo y de la Corte Superior de Justicia, contra el Jefe y segundo Jefe de Estado, secretario o secretarios del Despacho.

Artículo 222. En las acusaciones contra los representantes, la Asamblea declarará cuándo ha lugar a formación de causa, la que será seguida y determinada según arregle la ley de su régimen interior.

Artículo 223. En las acusaciones contra el Jefe y segundo Jefe, si ha hecho sus veces, declarará la Asamblea cuándo ha lugar a formación de causa; juzgará la Corte Superior de Justicia, y conocerá en apelación un tribunal compuesto de cinco individuos, que nombrará el Consejo representativo entre los suplentes del mismo Consejo y los de la Asamblea que no hayan entrado al ejercicio de sus funciones.

Artículo 224. La Asamblea declarará cuándo ha lugar a formación de causa en las acusaciones contra los individuos de la Corte Superior de Justicia; juzgará el tribunal nombrado por el Consejo entre los suplentes, y conocerá en apelación otro tribunal de cinco individuos que nombre la Asamblea entre los ciudadanos que obtuvieron votos populares indistintamente para todos los destinos de la misma Corte Superior.

Artículo 225. En las acusaciones contra los individuos del Consejo y segundo Jefe del Estado, declarará la Asamblea cuándo ha lugar a formación de causa; juzgará la Corte Superior de Justicia, y conocerá en apelación el tribunal nombrado por la Asamblea de que habla el artículo anterior.

Artículo 226. Todo acusado queda suspenso en el acto de declararle que ha lugar a formación de causa, depuesto siempre que resulte reo, e inhabilitado para todo cargo público si la causa diere mérito según la ley. En lo demás a que hubiere lugar se sujetarán al orden y tribunales comunes.

Artículo 227. Los delitos mencionados en los artículos 220 y 221 producen acción popular, y las acusaciones de cualquier ciudadano o habitante del Estado deben ser atendidas.

Título XI. De las contribuciones

Sección única

Artículo 228. Las contribuciones serán repartidas igualmente entre los habitantes del Estado, con proporción a sus facultades, sin privilegio ni excepción alguna.

Artículo 229. Las contribuciones directas o indirectas serán proporcionadas a los gastos que hubiere decretado la Asamblea para los diversos ramos de la administración pública.

Artículo 230. La Asamblea establecerá o confirmará anualmente las contribuciones directas o indirectas generales o municipales. Subsistirán las antiguas hasta que, establecidas otras, se decrete la abolición de aquéllas.

Artículo 231. Decretada por la Asamblea una contribución directa de cualquiera clase, la misma Asamblea aprobará el repartimiento que hubiere hecho de ella el Poder Ejecutivo entre los departamentos con proporción a su riqueza.

Artículo 232. Las contribuciones e impuestos municipales se decretarán también por el cuerpo legislativo y las municipalidades solo tienen el derecho de proponer arbitrios para los gastos de utilidad común en sus territorios respectivos, por conducto y con informe del jefe departamental.

Artículo 233. Ni en la tesorería general del Estado, ni en los fondos comunes se hará pago alguno que no esté expresamente determinado por la ley o decretado por el Poder Ejecutivo con arreglo a la misma, comunicándose por los conductos correspondientes.

Artículo 234. Todo libramiento u orden de pago o erogación contraria a la ley, serán protestados por los directores o administradores de las rentas públicas, y de los fondos particulares de los pueblos.

Artículo 235. Toda erogación extraordinaria no incluida en el presupuesto general del año decretado por el Poder Legislativo exige nuevo y especial decreto de la Asamblea.

Artículo 236. El Poder Ejecutivo velará sobre el cobro, distribución y seguridad de las rentas públicas.

Artículo 237. La ley arreglará el sistema de cobros y el de contabilidad en la capital del Estado y en los departamentos, y anualmente se imprimirá y circulará a todos los pueblos un estado de los ingresos y egresos del erario, con el presupuesto que se haya aprobado por la Asamblea.

Título XII. De la fuerza pública

Sección única

Artículo 238. La fuerza pública se ha instituido para defender al Estado de los enemigos exteriores, para concurrir a la defensa general de la república y para asegurar en lo interior del Estado el orden y la ejecución de las leyes.

Artículo 239. La fuerza pública es esencialmente obediente; ningún cuerpo armado podrá deliberar; ningún cuerpo, ni fracción alguna de la fuerza pública del Estado, puede hacer peticiones a las autoridades con las armas en la mano; ningún cuerpo o destacamento de tropas puede obrar en el interior del Estado sin una requisición legal.

Artículo 240. Ningún agente de la fuerza pública puede entrar en la casa de un ciudadano sino para ejecutar las órdenes de la justicia o de la policía, o en los casos expresamente determinados por la ley.

Artículo 241. La fuerza pública del Estado se compone de las tropas de continuo servicio que se juzguen necesarias y que se levantarán en tiempo de paz con acuerdo del Congreso Federal, de la milicia activa y de las milicias cívica o local.

Artículo 242. La milicia cívica se compone de los ciudadanos y de los hijos de ciudadanos aptos para llevar las armas. La milicia activa se forma de los habitantes del Estado por alistamientos voluntarios, y en caso necesario del modo que la ley determine, forzosamente para todos los que no tienen excepciones legales.

Artículo 243. La ley orgánica de la fuerza pública determinará igualmente el modo de levantar las tropas de continuo servicio, y para la que se necesite en tiempo de guerra.

Artículo 244. La Asamblea, a propuesta del Poder Ejecutivo, determinará anualmente el número de hombres de que debe componerse la fuerza de continuo servicio y la milicia activa.

Artículo 245. La milicia activa y la milicia cívica tendrán, respectivamente, en todo el Estado una misma disciplina y un mismo uniforme.

Artículo 246. Nadie podrá mandar la milicia cívica de más de un distrito, sino cuando se hallare reunida haciendo un servicio activo, en cuyo caso se sujetará a las penas establecidas para las tropas de continuo servicio y milicia activa, especialmente en los delitos contra la subordinación y disciplina.

Artículo 247. El comandante general de las armas mandará la fuerza permanente y milicia activa bajo las órdenes del Jefe del Estado; pero no estará la fuerza cívica bajo las de aquél sino cuando, en los casos determinados por la ley, se halle en actividad para repeler alguna invasión o contener insurrecciones.

Artículo 248. La ordenanza de la fuerza pública clasificará exacta y precisamente los delitos militares, y determinará la forma de los procedimientos.

Título XIII. Instrucción pública

Sección única

Artículo 249. Se establecerán en todos los pueblos escuelas primarias, dotadas de sus fondos comunes, en las que se enseñará a leer, y escribir, y contar, los elementos de la moral y los principios de la Constitución.

Artículo 250. Se crearán asimismo los establecimientos y escuelas superiores que se juzguen convenientes para la enseñanza de todas las ciencias, literatura y bellas artes.

El cuerpo legislativo determinará su número y designará los puntos en que deban erigirse.

Artículo 251. El plan general de instrucción pública arreglará la enseñanza, y ninguna persona o asociación podrá establecer reglamentos particulares separándose del método común y uniforme que prescriba la ley.

Artículo 252. En todas las escuelas superiores y establecimientos literarios, aunque sean de fundación particular, donde se enseñen las ciencias eclesiásticas y políticas, se explicará la Constitución de la República y la particular del Estado.

Artículo 253. Todo ciudadano puede formar establecimientos particulares de educación y de instrucción para concurrir al progreso de las ciencias y de las artes.

Artículo 254. Todos los establecimientos de educación y de instrucción pública estarán bajo la inspección del Gobierno en cuanto concierna al cumplimiento de las leyes, reglamentos y estatutos generales.

Título XIV. De las reformas de la Constitución

Sección única

Artículo 255. Si la experiencia acreditare la necesidad de rever esta Constitución, la revisión será propuesta lo menos por cuatro representantes, o por la mayoría absoluta de los individuos del Consejo representativo.

Artículo 256. Ningún proyecto de reforma podrá proponerse hasta la legislatura del año de 1830 sino en el caso de que la Constitución federal de la República se haya reformado por los medios que prescribe, y de suerte que la forma del gobierno se hubiere alterado con respecto a la que establece pura los Estados en el Título XII.

Artículo 257. Todo proyecto de reforma se presentará por escrito, y será leído por dos veces en diversos días, con el intervalo de tres de una a otra lectura; y admitido a discusión, se examinará detenidamente por una comisión, que no podrá presentar su dictamen antes de los diez días siguientes.

Artículo 258. El dictamen de la comisión será leído por dos veces con los mismos intervalos, y no se pondrá a discusión antes de ocho días.

Artículo 259. Si se resolviere por dos tercios de votos que ha lugar a rever la Constitución, y la revisión fuere declarada urgente, por el solo caso de haberse variado o alterado en la Constitución federal la forma de gobierno de los Estados, se convocará una Asamblea Constituyente, cuyos miembros serán autorizados con poderes amplios y especiales para rever la Constitución y hacer en ella las alteraciones a que dieron lugar las circunstancias y la convocatoria.

Artículo 260. Si la resolución de haber lugar a rever la Constitución no fuere declarada urgente, el negocio será examinado de nuevo por la legislatura del siguiente año, que observará las mismas formalidades, y resolviendo de conformidad con la legislatura del año anterior, será decretada la convocatoria de la Asamblea Constituyente por dos tercios de votos.

Artículo 261. Cuando la segunda legislatura resolviere contra la revisión, no podrá proponerse de nuevo sino hasta la del año siguiente, cuya resolución será la determinante.

Artículo 262. Los miembros de la Asamblea Constituyente antes de dar principio a sus funciones jurarán solemnemente «limitarse a estudiar sobre los objetos para que fueron convocados, sin atentar contra la Constitución federal, y conservar al Estado y a sus habitantes las garantías individuales y políticas, y ser fieles a la república y al Estado».

Artículo 263. Para discutirse cualquier proyecto en que se reforme o adicione parcialmente esta Constitución, deberá presentarse firmado al menos por cuatro representantes en la Asamblea.

Artículo 264. Si el proyecto no fuere admitido a discusión, no podrá presentarse de nuevo sino hasta el siguiente año.

Artículo 265. Admitido a discusión y puesto en estado de votarse, se resolverá por las dos terceras partes de votos; y la reforma o adición no se tendrá por constitucional ni producirá efecto alguno sin que la sancione la legislatura del siguiente año, también por las dos terceras partes de votos.

Artículo 266. Observándose todas las formalidades que previenen los artículos anteriores, podrá alterarse la base de la representación del Estado en cualquier tiempo en que ocurran las causas que expresa el artículo 76.

Artículo 267. Para que la Asamblea del Estado en uso de la facultad que le concede el artículo 199 de la Constitución de la República, pueda proponer al Congreso Federal un proyecto de reforma o adición a dicha Constitución, se observarán para acordar la propuesta todas las formalidades que prescribe este título con respecto a las reformas parciales que se hagan en la presente; pero el acuerdo para proponerlas en la Federal será válido sin necesidad de sancionarse por la siguiente legislatura, y se podrá dar en cualquier tiempo.
Artículo 268. La presente Constitución está solemnemente sancionada por esta Asamblea.
Dada en la ciudad de Guatemala a once de octubre de mil ochocientos veinticinco. –5.º –3.º
José Bernardo Dighero, diputado por Cobán, presidente – Pedro José Valenzuela, diputado por Chimaltenango, vicepresidente – Balbino Antonio de Albarado, diputado por Salamá – José María Chacón, diputado por San Agustín – Félix María Rivera, diputado por Sololá – Rafael Lupercio Arriola, diputado por Sacatepéquez – Lucas Pinelo, diputado por el Petén – Laureano Nova, diputado por Quezaltenango y Suchitepéquez – Juan José Flores, diputado por Quezaltenango y Suchitepéquez – Manuel Montúfar, diputado por Escuintla – M. Julián Ibarra, diputado por Guatemala – José Mariano Vidaurre, diputado por Chiquimula – José Antonio Solís, diputado por Sacatepéquez – Eulogio Gálvez, diputado por Totonicapán – Ambrosio Collado, diputado por Totonicapán – Mariano de Altube, diputado por Soconusco, secretario – José Gregorio Márquez, diputado por Chimaltenango, secretario
Guatemala, octubre 11 de 1825.
Ejecútese – Firmado de mi mano, sellado con el sello del Estado y refrendado por el secretario del Despacho General del Gobierno del Estado.
Manuel Barberena, secretario Juan Barrundia

Constitución Política del Estado de Honduras dada por su Asamblea Constituyente el 11 de diciembre de 1825[47]

CONSTITUCIÓN DEL ESTADO DE HONDURAS

Nosotros los representantes de los pueblos del Estado de Honduras, reunidos en Asamblea Constituyente, a virtud de los plenos poderes con que se nos ha autorizado, con arreglo a las bases constitucionales, decretadas por la Asamblea Nacional Constituyente, implorando la protección de Dios para el acierto, ordenamos, decretamos y sancionamos la siguiente Constitución:

Capítulo I. Del Estado

Artículo 1. El Estado de Honduras es libre e independiente de toda potencia o Gobierno extranjero, y no será jamás patrimonio de ninguna familia ni persona.

Artículo 2. Es uno de los federados de la República de Centro América.

Artículo 3. Él es libre e independiente en su interior administración y gobierno.

Artículo 4. Su territorio comprende todo lo que corresponde y ha correspondido siempre al obispado de Honduras. Una ley demarcará sus límites y arreglará sus departamentos.

Capítulo II. De la religión

Artículo 5. El Estado de Honduras profesa y profesará siempre, inviolablemente, la religión cristiana, apostólica, romana, sin permitir mezcla de otra alguna.

Artículo 6. El Estado la protegerá con leyes sabias y justas; y no consentirá, se hagan alteraciones en la disciplina eclesiástica, sin consultar a la silla apostólica.

Artículo 7. Todo ciudadano, y principalmente los que ejercen jurisdicción velarán sobre las observancia de los artículos anteriores. Las leyes designarán las penas que merecen los infractores.

---

47 «Constitución política del Estado de Honduras», *El pensamiento constitucional hispanoamericano hasta 1830*, Caracas, Biblioteca de la Academia Nacional de la Historia, 1961, pags. 247-263.

Capítulo III. De los derechos y obligaciones de los hondureños y del Gobierno del Estado

Artículo 8. Todos los hondureños son libres, y ciudadanos los que tengan la edad, y demás condiciones que establece la Constitución de la República.

Artículo 9. El Estado protege con leyes sabias y justas la libertad, la propiedad, y la igualdad, viviendo sujetos a la Constitución y la ley, respetando a las autoridades, contribuyendo con proporción a sus facultades para los gastos del Estado y Federación, para sostener la independencia, su integridad y seguridad, y tomando las armas para defender la patria, cuando fueren llamados por la ley.

Artículo 10. El Gobierno del Estado es popular representativo, y en la Federación que ha acordado, fija su felicidad y prosperidad.

Artículo 11. El Supremo Poder estará dividido en Legislativo, Ejecutivo y Judicial; aunque en estos dos últimos, la Asamblea del Estado podrá hacer alteración, por medio de una ley, en las autoridades subalternas, según lo exijan las circunstancias y localidad.

Artículo 12. Los pueblos que componen el Estado, ni por sí, ni por autoridad alguna, pueden ser despojados de la soberanía, que reside en todos, no podrán ejercerla sino únicamente en las elecciones primarias, practicándolas en la forma que prescribe la Constitución federal.

Artículo 13. Los habitantes del Estado de Honduras tienen el derecho de petición y la libertad de imprenta para publicar sus discursos, proponer medidas útiles al Estado, y censurar con decoro la conducta de los funcionarios públicos en el ejercicio de su cargo, y el de velar sobre el cumplimiento de las leyes, que se dicten sobre los objetos indicados en este artículo.

Capítulo IV. De la elección de los Supremos Poderes del Estado

Artículo 14. La elección de los Supremos Poderes del Estado se verificará guardando las formalidades que previene el artículo 3 de la Constitución federal para la de las supremas autoridades federales, con solo la variación que contienen los artículos siguientes: **Artículo** 15. En el tiempo de elecciones constitucionales, las juntas populares se celebrarán siempre el primer domingo del mes de octubre; las de distrito el tercero del mismo mes; y las de departamento el segundo domingo de noviembre.

Artículo 16. La regulación de votos para la elección de senadores y supremas autoridades del Estado, de que tratan los artículos 47 y 49 de la Constitución federal, se verificará en la forma siguiente: los pliegos que contengan el registro de los votos, que dieren los electores de las juntas de departamentos se abrirán en sesión pública y el Presidente, secretario y dos escrutadores, nombrados al efecto, procederán a computar los votos de todos y cada uno de los electores que hayan sufragado en dichas juntas. Cuando algún ciudadano reuniere la mayoría de votos escrutados, la Asamblea publicará la elección. En caso contrario lo verificará entre los que hubieren obtenido quince o más votos, y si esto no se verificare, entre los que reunieren diez o más, y si faltare este número, la Asamblea elegirá entre todos los designados por las juntas.

Artículo 17. La Asamblea luego que reúna los datos necesarios, dividirá la población del Estado con la posible exactitud y comodidad en las juntas populares, en distritos y departamentos.

Artículo 18. La base para la representación será por ahora la de un diputado por cada quince mil almas. Aumentándose la población de modo que exceda el número de diputados al de veintiuno, podrán las asambleas futuras hacer las reformas que crean necesarias.

Capítulo V. Del Poder Legislativo

Artículo 19. La Asamblea del Estado se compondrá por ahora de once diputados; y nunca podrá bajar de este número, ni subir de veintiuno.

Artículo 20. La Asamblea se renovará por mitad cada año, y los mismos representantes podrán ser reelegidos una vez sin intervalo alguno.

Artículo 21. La primera legislatura decidirá por suerte los representantes que deben renovarse en el año siguiente: en adelante la renovación se verificará en los de nombramiento más antiguo.

Artículo 22. Las sesiones darán principio en cada año el día dos de enero, a cuyo efecto los diputados deberán hallarse reunidos en el lugar que se celebren el día veinticuatro de diciembre para las juntas preparatorias, previas a las sesiones.

Artículo 23. La Asamblea ordinaria continuará reunida por sesenta días, y cuando más por noventa; a excepción de la primera que puede prorrogarse todo el tiempo que juzgue necesario; se volverá a reunir en sus recesos si el Consejo le convocare, para uno o más asuntos urgentes del Estado no pudiendo tratar de otro en esta reunión.

Artículo 24. La residencia de la Asamblea será en la capital del Estado; pudiéndola variar, cuando lo estime conveniente con mayoría absoluta de votos.

Artículo 25. Para que haya asamblea se necesitan las dos terceras partes de los diputados; pero tres podrán compeler a los demás a reunirse en el tiempo designado para las legislaturas ordinarias, y para las extraordinarias que hayan de celebrarse a juicio del Consejo.

Artículo 26. Para la formación de la ley, se observará todo lo prevenido en los artículos 71, 72, 73, y 76, de la Sección I del Título V de la Constitución federal.

Artículo 27. Aprobado un proyecto de ley por la Asamblea, pasará al Consejo directivo para la sanción, y dada la pasará al Jefe Supremo del Estado para la publicación y ejecución.

Artículo 28. En caso de que el Consejo niegue la sanción, devolverá el proyecto entre diez días a la Asamblea, informando los fundamentos que tenga para la negativa; y examinada ésta por la Asamblea, si las dos terceras partes de ella la desaprobasen, se tendrá por sancionada la ley, devolviéndola al Consejo.

Artículo 29. La forma de que usará el Consejo para la sanción será: Pase al Jefe Supremo del Estado; cuando la niegue: Vuelva a la Asamblea; y cuando la sanción fue dada por la Asamblea: Por sancionada: Pase al Jefe Supremo del Estado.

Artículo 30. La derogación de las leyes vigentes se hará por los mismos trámites que se decretaron las del Estado.

Artículo 31. Los diputados serán inviolables por sus opiniones, y en ningún tiempo ni caso, ni por autoridad alguna, podrán ser reconvenidos por ellas. En las causas criminales que contra ellos se intenten, no podrán ser juzgados, sino por el tribunal de la Asamblea en los términos que prescribe el reglamento de su Gobierno interior. Durante las sesiones, y un mes después, los diputados no podrán ser demandados, ni ejecutados por deudas.

Artículo 32. Son atribuciones de la Asamblea: 1. Dictar las leyes del Estado en consonancia con las de la Federación, en la parte que tenga tendencia con ellas e interpretar las que diere; 2. Formar el Código Civil y Criminal; su reglamento interior, y el de los otros poderes; 3. Aprobar los estatutos de otras corporaciones; 4. Dar las ordenanzas a la milicia activa y cívica, conciliándolas con las del Ejército permanente de la Federación; 5. Acordar con el Congreso federal la fuerza de línea que debe tener el Estado; 6. Decretar en tiempo de guerra el aumento de fuerza, que conforme al cupo le señale el Congreso federal; 7. Formar la estadística del Estado por medio de los jefes, municipalidades o del modo que lo permitan las circunstancias; 8. Decretar las contribuciones o impuestos para los gastos necesarios del Estado, y para el cupo conforme el actual presupuesto, y los sucesivos; 9. Aumentar o disminuir las contribuciones con proporción a las necesidades del Estado; 10. Reclamar las leyes impracticables o perjudiciales al Estado, o no conformes con sus circunstancias locales; 11. Erigir los establecimientos, corporaciones y tribunales inferiores para el mejor orden en justicia, economía, o instrucción pública; 12. Conmutar las penas de la ley, o perdonar los delitos que por las leyes federales no estén sujetos a ellas; 13. Detallar los sueldos de los funcionarios públicos, aumentarlos o disminuirlos según las circunstancias; 14. Aprobar los tratados que el Jefe Supremo del Estado, previamente autorizado, celebre con los otros de la Federación; 15. Sentenciar en los casos que previene el artículo 194, Título XIII, de la Constitución de la República; 16. Contraer deudas sobre el crédito del Estado con los demás de la república, o con particulares, o extranjeros, con hipotecas, de sus respectivas rentas; 17. Dar reglamento para el comercio interior del Estado; 18. Admitir por dos terceras partes de votos las denuncias que por causas graves hagan de sus oficios los diputados a la Asamblea, el Jefe y vicejefe del Estado, los consejeros y ministros de la Corte Superior de Justicia y las de los senadores, antes de posesionarse.

Capítulo VI. Del Consejo representativo

Artículo 33. Habrá un Consejo, compuesto de un representante por cada departamento elegido por sus respectivos pueblos.

Artículo 34. Para ser consejero se necesita naturaleza en la república; residencia en el Estado, lo menos de cinco años; ser mayor de treinta en el ejercicio de la ciudadanía; del estado seglar o del eclesiástico secular; y de conocida adhesión al sistema constitucional adoptado.

Artículo 35. Cada departamento elegirá un suplente que reúna las mismas calidades del propietario, para los casos de muerte, e imposibilidad declarada por el Consejo.

Artículo 36. El Consejo durará tres años; renovándose por tercios en cada uno, pudiendo ser reelegidos sus individuos una vez, y la suerte decidirá en el primero y segundo año los que deban mudarse.

Artículo 37. El Consejo celebrará diariamente sus sesiones en el tiempo de la Asamblea y dos veces cada semana en el resto del año, y cuando extraordinariamente lo convoque el Jefe Supremo del Estado.

Artículo 38. Son atribuciones del Consejo: 1. Sancionar las leyes de la Asamblea del Estado con arreglo a los artículos 78, 79, 80, 81, 82, 83 y 86, del Título V de la Constitución de la República; 2. Dictaminar sobre la derogación de la ley en los mismos términos que debe negar la sanción, oyendo en ambos casos al Jefe Supremo de Estado; 3. Resolver las dudas que le consulte el Jefe; sobre la inteligencia de alguna ley en los recesos de la Asamblea y su resolución será ejecutada; 4. Aconsejar al Jefe Supremo en los casos que le consulte y darle dictamen en los negocios diplomáticos que ocurran entre el Gobierno del Estado y el Federal, o con los demás Estados; 5. Proponer en terna al Jefe Supremo, el comandante general o primer jefe militar, el intendente tesorero general de Hacienda Pública, factor de tabacos y los jefes primeros de departamento; 6. Velar sobre la conducta de los funcionarios nombrados en este artículo, declarando en su caso cuándo ha lugar a la formación de causa; 7. Nombrar Presidente de su seno, cuando estuviere impedido el designado por la Constitución; 8. Nombrar secretario, fuera de su seno, al que podrá suspender por dos meses; pero no removerle sin conocimiento de causa; 9. Convocar a la Asamblea en los casos extraordinarios; 10. Nombrar en sus primeras sesiones el tribunal que establece el artículo 62; 11. Velar sobre la observancia de la Constitución y leyes del Estado, y dar cuenta a la legislatura de las infracciones que haya notado o de que esté informado.

Capítulo VII. Del Poder Ejecutivo

Artículo 39. El Poder Ejecutivo reside en un jefe nombrado por todos los pueblos, que componen el Estado, como lo determine la ley.

Artículo 40. Al tiempo de esta elección se nombrará otro en los mismos términos que le subrogue, o supla en ausencia, enfermedad, muerte o suspensión.

Artículo 41. El Jefe Supremo del Estado y vicejefe lo serán únicamente por cuatro años, y solo podrán ser reelectos una vez.

Artículo 42. El vicejefe presidirá el Consejo sin voto, y solo lo tendrá para decidir en caso de empate.

Artículo 43. No asistirá al Consejo cuando haya de nombrarse el tribunal que establece el artículo 62.

Artículo 44. Son atribuciones del Jefe Supremo del Estado: 1. Publicar la ley y hacer se publique en el Estado dentro del término de treinta días. La retardación de este acto le hace responsable, después de cumplido el término señalado; 2. Cuidar de la ejecución de la ley, del orden público y del exacto cumplimiento de los funcionarios, en sus respectivos cargos; 3. Nombrar los primeros magistrados de que habla el artículo 38 en el párrafo 5 a propuesta del Senado, y a los subalternos a igual propuesta de sus inmediatos jefes; 4. Disponer de la Fuerza Armada del Estado, y usar de ella en su defensa en caso de invasión repentina; pedir auxilio en el mismo caso a los demás Estados, y suministrarlo cuando ellos lo pidan, dando cuenta a la Asamblea para que ella lo verifique al Congreso de la Federación; 5. Formar reglamentos para el fácil cumplimiento y ejecución de las leyes; 6. Nombrar interinamente los empleos en casos de suspensión, enfermedad o ausencia de los propietarios; 7. Convocar al Consejo en casos extraordinarios, cuando necesite consultarle.

Artículo 45. El Jefe Supremo tendrá y nombrará un ministro general para el despacho de los negocios, el cual será substituido en casos de suspensión, enfermedad o ausencia, por el oficial primero del mismo ministerio.

Artículo 46. Estará a cargo del ministro: 1. Formar la planta de la secretaría, que el Jefe Supremo del Estado presentará con su informe a la Asamblea; 2. Autorizar las órdenes, decretos y despachos del Jefe Supremo, y comunicarlos a las primeras autoridades del Estado; 3. Entablar las relaciones y comunicaciones que determine el Jefe Supremo con los Estados de la república.

Artículo 47. El ministerio será responsable con las penas a que dé lugar el proceso, si autorizase órdenes y decretos contra ley o Constitución.

Artículo 48. El Jefe Supremo podrá suspender al ministro general por un mes, sin necesidad de formación de causa, y deponerlo con pruebas justificativas de ineptitud o desobediencia, con acuerdo en vista de ellas de las dos terceras partes del Consejo.

Capítulo VIII. Del Poder Judicial

Artículo 49. El Poder Judicial es independiente en sus atribuciones del Legislativo y Ejecutivo; a él exclusivamente pertenece la aplicación de las leyes en las causas civiles y criminales.

Artículo 50. La Corte Superior de Justicia se compondrá por ahora de un Presidente, dos ministros y un fiscal, debiendo ser precisamente letrados el Presidente y el fiscal; serán elegidos popularmente; se renovarán por mitad cada dos años, y podrán siempre ser reelegidos quedando a su arbitrio la admisión. En los dos años primeros la suerte decidirá los que deban salir, y en los siguientes los de nombramiento más antiguo.

Artículo 51. Para ser ministro de la Corte de Justicia se requiere ser ciudadano, en el ejercicio de sus derechos, mayor de treinta años, del estado secular, y con instrucción a lo menos, en el derecho público.

Artículo 52. Será la Corte Superior de Justicia el tribunal de última instancia; y por una ley se arreglará el orden de nombrarse con jueces en los casos de recusación en que haya lugar a ella, conforme a las leyes.

Artículo 53. Conocerá de los recursos de nulidad y de los de fuerza con arreglo a las leyes.

Artículo 54. Juzgará a los primeros funcionarios del Estado, después que la Asamblea, o el Congreso hayan declarado que ha lugar a la formación de causa.

Artículo 55. La Corte Superior de Justicia y demás juzgados inferiores son responsables, con arreglo a la ley, del ejercicio de sus funciones.

Artículo 56. La infracción de Constitución y de leyes, el cohecho, soborno y prevaricación, produce acción popular.

Artículo 57. La Corte Superior de Justicia decidirá las dudas, que se le presenten por los jueces y autoridades inferiores, sobre la inteligencia de las leyes, consultando en su caso, con la Asamblea; y cuando ésta se halle en receso, con el Consejo.

Artículo 58. Conocerá la Corte de Justicia de las causas de residencia de los empleados públicos con arreglo a la ley, que sobre esta materia se dicte.
Artículo 59. Examinará las listas de las causas civiles y criminales, pendientes en ella misma y en los juzgados inferiores.
Artículo 60. Propondrá ternas para el nombramiento de los jueces inferiores, y velará en el cumplimiento en el ejercicio de sus funciones.
Artículo 61. La Corte Superior de Justicia decidirá las competencias que se susciten entre los juzgados inferiores.
Artículo 62. Para juzgar con apelación a los funcionarios, de que habla el artículo 54, se formará un tribunal compuesto de tres individuos, nombrados por el Consejo, entre los suplentes del mismo y de la Asamblea, que no hayan funcionado.
Artículo 63. Este tribunal juzgará de las acusaciones contra los individuos de la Corte Superior de Justicia; y en apelación conocerá otro tribunal que nombre la Asamblea, entre los que tuvieren votos para la misma Corte.
Artículo 64. Habrá otro tribunal que conozca en segunda instancia de todas las causas comunes, que deberá formarse del modo y circunstancias que determine la ley.

Capítulo IX. De la administración de justicia en lo civil

Artículo 65. Habrá jueces de primera instancia, que a más de las circunstancias que deben concurrir en ellos para el desempeño en el ejercicio de sus funciones, deben ser mayores de veinticinco años.
Artículo 66. En los pueblos en particular se administrará justicia por el alcalde, o alcaldes, bajo los límites y términos que la ley señale.
Artículo 67. A ninguno se le prohíbe comprometerse en árbitros para terminar sus diferencias: el compromiso será una ley que hará ejecutoria la sentencia de los árbitros, que no será apelable, si las partes no se reservaren este derecho.
Artículo 68. Los alcaldes de los pueblos ejercen en ellos oficios de conciliadores en las demandas civiles, y sobre injurias que deben establecerse en juicio escrito.
Artículo 69. Sin que haya precedido este juicio conciliatorio, no se podrá establecer pleito alguno.

Capítulo X. Del crimen

Artículo 70. Ninguno podrá ser preso, si no es por delito que merezca pena más que correccional; y en ningún caso sin previo mandamiento por escrito de juez competente.

Artículo 71. Intimado el auto de prisión, debe ser cumplido; y por su desobediencia incurrirá en la pena que señale la ley.

Artículo 72. Cuando sea la resistencia con armas de cualesquiera especies y se temiere la fuga, se usará de la fuerza para asegurar la persona.

Artículo 73. Todo delincuente en el acto de cometer el delito, puede ser arrestado o detenido por cualquiera persona y entregado al juez; mas no podrá usarse de fuerza que ponga en peligro la vida de los ejecutores o del delincuente.

Artículo 74. No se admitirán acusaciones de ninguna clase sin que se firme, o conste por formal diligencia quién es el acusador. Las denuncias secretas y delaciones guardarán la misma forma. Unos y otros, en su caso, serán responsables en el de salir falsas.

Artículo 75. Toda autoridad, corporación o empleado, que por el orden de informe acuse algún delito, quedará sujeto a la prueba y a la responsabilidad que las leyes detallen.

Artículo 76. En ningún caso, ni por delito alguno habrá confiscación de bienes; y solo podrán embargarse cuando haya responsabilidad pecuniaria, en la cantidad que la cubra.

Artículo 77. Los infractores de los artículos del Títulos X y XI de la Constitución federal, se sujetarán a la pena que la ley prescriba.

Capítulo XI. Del Gobierno interior en cada partido o departamento

Artículo 78. Habrá en cada departamento un jefe político intendente, a cuyo cargo estará el gobierno político y de Hacienda, bajo el orden que disponga la ley, la cual arreglará la cantidad con que debe afianzar.

Artículo 79. El ramo gubernativo de los pueblos será a cargo del alcalde que el jefe de departamento designe en cada parroquia al cual estarán subordinadas las demás municipalidades y pueblos de la misma parroquia. Una ley

particular designará las atribuciones del indicado alcalde, que desempeñará con subordinación al jefe intendente.
Artículo 80. En la cabeza del departamento, el jefe político intendente desempeñará iguales atribuciones en el distrito de la parroquia que resida.
Artículo 81. La duración de los jefes políticos intendentes será la de cuatro años, pudiendo continuar y ser promovidos a otro destino, justificada que sea su solvencia y buen desempeño.

Capítulo XII. Del Gobierno interior y policía de cada pueblo

Artículo 82. En cada pueblo que su comarca tenga de quinientas almas arriba habrá municipalidad elegida popularmente. Una ley designará el número de individuos de que deba componerse cada una y sus atribuciones.
Artículo 83. Los pueblos, reducciones, y valles que no lleguen al número de quinientos habitantes se gobernarán por un alcalde auxiliar nombrado por la municipalidad a que corresponda, y sus atribuciones serán las que le designe la ley.
Artículo 84. Cada municipalidad formará bajo su responsabilidad matrícula de los ciudadanos de su comprensión que reúnan las circunstancias y cualidades que previene el artículo 14 del Título II de la Constitución federal.
Artículo 85. Se formará cada año con presencia de esta matrícula una relación de los ciudadanos que se hallen en el ejercicio de sus derechos, y no estén comprendidos en lo que previene el artículo 20 del mismo título.
Artículo 86. Esta relación se tendrá presente para recibir las votaciones en toda elección.
Artículo 87. Solo los ciudadanos que estén en ejercicio pueden obtener empleo en la república.

Capítulo XIII. De la Hacienda pública y su administración en general

Artículo 88. Habrá un intendente general del Estado a quien inmediatamente estarán subordinados todos los empleados de Hacienda. Su duración será de cuatro años, pudiéndose prorrogar todo el tiempo que se tenga por conveniente, a vista de su exacto cumplimiento y adelantamientos que noten en la Hacienda Pública.

Artículo 89. El Jefe Supremo del Estado tomando los datos que sean necesarios, propondrá a la Asamblea el número de empleados que debe tener cada ramo.
Artículo 90. El intendente afianzará su responsabilidad con la cantidad que la ley le declare.
Artículo 91. Los ramos que deben componer la Hacienda Pública los arreglará una ley especial, que dictará la Asamblea continuando por ahora las rentas establecidas, y contribuciones.
Artículo 92. Habrá un tribunal de cuentas, que examinará anualmente las de la tesorería general, y se publicará cada año un estado de cargo y data de caudales de Hacienda Pública.

Capítulo XIV. De la observancia de la Constitución y leyes

Artículo 93. Todo funcionario público está obligado a guardar, cumplir, y ejecutar la Constitución y leyes; deberán jurarlo así al tomar posesión de sus empleos, y su infracción exige responsabilidad.
Artículo 94. Todo ciudadano o habitante puede representar a la Asamblea, al Jefe Supremo, Consejo representativo, y jueces de la primera instancia, la infracción de Constitución y leyes.
Artículo 95. La Asamblea por cada seis meses pedirá relaciones especiales a la Corte de Justicia de las causas de infracciones de Constitución y leyes, y en su visita proveerá lo conveniente.
Artículo 96. La Constitución del Estado no podrá sufrir alteración en aquellos artículos que no tengan una relación inmediata con los de la Federación, sino es hasta pasados cuatro años de hallarse en práctica y en los que tengan, en ningún tiempo.
Artículo 97. Las leyes y disposiciones que actualmente rigen, y que no se opongan a la Constitución federal, y a la particular del Estado, quedan en su vigor y fuerza.
Dada en la Ciudad de Comayagua a once de diciembre de mil ochocientos veinticinco.
Manuel Jacinto Doblado, diputado por Yoro, vicepresidente — José María del Campo, diputado por Nacaome — José Rosa de Yzaguirre, diputado por Santa Bárbara — Ángel Francisco del Valle, diputado por Cantarrana — José

María Donayre, diputado por Gracias, secretario – Miguel Rafael Valladares, diputado suplente por Tegucigalpa, secretario
Comayagua, diciembre once de mil ocho cientos veinticinco.
Ejecútese – firmada de mi mano, y refrendada por el secretario del Despacho general.
Dionisio de Herrera
Francisco Morazán El secretario general del Gobierno Supremo del Estado

Constitución del Estado de Nicaragua de 1826[48]

8 DE ABRIL DE 1826

En presencia de Dios, autor y supremo legislador del universo. Nosotros los representantes del pueblo de Nicaragua, congregados en Asambleas Constituyentes, autorizados plena y legalmente por nuestros comitentes, y por el Pacto Federativo de la República para dar la ley fundamental que asegure la felicidad y prosperidad del Estado, que consiste en el perfecto goce de los derechos del hombre y del ciudadano, que son: la libertad, la igualdad, seguridad y la propiedad; decretamos y sancionamos la siguiente:
Constitución POLÍTICA

Título I. Del Estado, su territorio, derechos y deberes

Capítulo I. Del Estado y su territorio

Artículo 1. El Estado conservará la denominación de Estado de Nicaragua; se compone de todos sus habitantes y corresponde a la Federación de Centroamérica.

Artículo 2. El territorio del Estado comprende los partidos de Nicaragua, Granada, Managua, Masaya, Matagalpa, Segovia, León, Subtiaba y el Realejo. Sus límites son: por el Este, el mar de las Antillas; por el Norte, el Estado de Honduras; por el Oeste, el golfo de Conchagua; por el Sur, el océano Pacífico, y por el Sudeste el Estado libre de Costa Rica.

Artículo 3. El mismo territorio se dividirá en departamentos, cuyo número y límites arreglará una ley particular.

Capítulo II. De los derechos y deberes del Estado

Artículo 4. El Estado es libre, soberano e independiente en su gobierno y administración interior; y su soberanía e independencia se limitan por las restricciones establecidas a cada uno de los Estados, en la Constitución federal de la república.

---

48 Emilio Álvarez Lejarza (comp.), «Constitución del Estado de Nicaragua emitida en 8 de abril de 1826», Las constituciones de Nicaragua, Madrid, Ediciones Cultura Hispánica, 1958, pags. 365-394.

Artículo 5. Ningún individuo, ninguna reunión parcial de ciudadanos, ninguna fracción del pueblo puede atribuirse la soberanía que reside en el todo del Estado.

Artículo 6. Todos los funcionarios del Estado ejercen una autoridad delegada por el pueblo: son sus agentes; y le son responsables en los términos que prescriban la Constitución y las leyes.

Artículo 7. El pueblo del Estado ejerce su soberanía, eligiendo sus primeros funcionarios y concurriendo a la elección de las autoridades federales; todo del modo establecido por la Constitución general y la particular del mismo Estado.

Artículo 8. Todo funcionario ejerce su autoridad a nombre del Estado, y conforme a la ley, ninguno es superior a ella; por ella funcionan y por ella se les obedece y respeta.

Artículo 9. La fuerza pública está instituida para seguridad común: el funcionario a quien se confía, si abusase de ella, comete un crimen grave.

Artículo 10. La policía de seguridad estará a cargo de las autoridades civiles, según determinen las leyes.

Artículo 11. Ningún oficio público es venal ni hereditario en el Estado: no admite éste condecoraciones, distintivos hereditarios ni vinculaciones.

Artículo 12. El Estado podrá reclamar por medio de sus autoridades supremas, las leyes y órdenes o cualquiera disposición en que los altos poderes de la república traspasen los límites que les ha fijado la Constitución federal, o en que de cualquiera otra manera se ataque la independencia o felicidad del Estado.

Artículo 13. Ningún pueblo del Estado podrá ser desarmado, sino en caso de tumulto, rebelión o ataque con fuerza armada a las autoridades constituidas.

Artículo 14. Tampoco podrán impedirse, si no es en el mismo caso, las reuniones populares que tengan por objeto algún placer honesto, discutir sobre política o examinar la conducta pública de los funcionarios.

Artículo 15. El Estado ofrece en su territorio un asilo sagrado a todo extranjero, y será la patria del que quiera radicarse en él conforme las leyes.

Artículo 16. El Estado está obligado a observar religiosamente el Pacto Federativo celebrado con los demás Estados de la Unión; concurre proporcionalmente a los gastos de la administración federal y a la defensa de la república.

Título II. De los nicaragüenses y de los ciudadanos

Capítulo único

Artículo 17. Son nicaragüenses todos los habitantes del Estado, avecindados en cualquier punto de su territorio. La vecindad se adquiere por los modos que previenen las leyes, o manifestando el designio de radicarse ante la municipalidad local.

Artículo 18. Son ciudadanos todos los nicaragüenses naturales o naturalizados que sean casados o mayores de dieciocho años, y que tengan una propiedad o que ejerzan algún oficio o profesión de que subsistan, calificado todo en los términos que designa la ley.

Artículo 19. Son naturales los nacidos en este Estado y en cualquier otro de la Federación, y los hijos de ciudadanos centroamericanos que nacieren en otro país extranjero, siempre que sus padres estén al servicio nacional o con tal que su ausencia no pasare de cinco años y fuere con noticia del gobierno.

Artículo 20. Son naturalizados: 1. Los extranjeros que hallándose en el territorio de la república al proclamar la independencia la hubieren jurado; 2. Los naturales de las otras repúblicas de América que vinieren a radicarse a cualquier punto de la Federación, y hubieren manifestado su designio ante la autoridad local; 3. Los que hubieren obtenido carta de naturaleza, según el artículo 15 de la Constitución de la república.

Artículo 21. Se pierde la calidad de ciudadano: 1. Por sentencia judicial dada por un delito que según la ley merezca pena más que correccional; 2. Por traficar con esclavos; 3. Por adquirir naturaleza en país extranjero o admitir empleo, pensiones, distintivos o títulos hereditarios de gobierno extraño, o personales, sin licencia del Congreso federal. Pero en todos estos casos, la legislatura del Estado podrá conceder rehabilitación.

Artículo 22. Se suspenden los derechos de ciudadano: 1. Por estar procesado criminalmente por un delito que según la ley merezca pena más que correccional, y proveído ya el auto de prisión; 2. Por el estado de deudor quebrado, o deudor a los fondos públicos, y judicialmente requerido de pago; 3. Por la condición de sirviente doméstico cerca de la persona; 4. Por la conducta notoriamente viciada o por la incapacidad física o moral, todo legalmente calificado.

Artículo 23. Solo los ciudadanos en ejercicio de sus derechos pueden obtener los empleos del Estado.

Artículo 24. Los ciudadanos de los otros Estados tienen en éste expedito el ejercicio de la ciudadanía, en cuanto pueden ser electos para los destinos que no requieren vecindad en el Estado.

Título III. De los derechos y deberes de los nicaragüenses y de los ciudadanos

Capítulo único

Artículo 25. Los derechos de los nicaragüenses son: la libertad, la igualdad, la seguridad y la propiedad.

Artículo 26. Todo hombre es libre en el Estado, y nadie puede venderse ni ser vendido.

Artículo 27. Ninguno está obligado a hacer lo que la ley no ordena, ni puede impedírsele lo que no prohíbe.

Artículo 28. Las acciones privadas que no hieren el orden, la moralidad ni la decencia pública ni producen perjuicio, están fuera de la acción de la ley.

Artículo 29. La libertad de la palabra, de la escritura y de la imprenta, es uno de los primeros y más sagrados derechos de los nicaragüenses. La ley no puede prohibirlo, ni sujetarlo a censura previa, por causa ni pretexto alguno.

Artículo 30. Todo nicaragüense tiene expedito el derecho de petición, en la forma que la ley lo arregle.

Artículo 31. También puede trasladarse a cualquier punto de la república o país extranjero, siempre que se halle libre de responsabilidad, y volver al Estado cuando le convenga.

Artículo 32. Todos los ciudadanos son admisibles a los empleos públicos del Estado: no hay entre ellos distinciones sociales, sino las que el bien general exige; no reconocen otra autoridad ni otra distinción, que la de las virtudes y los talentos.

Artículo 33. La casa de cualquier habitante del Estado es un asilo sagrado, que no puede ser violado sin cometer crimen, fuera de los casos prevenidos en la Constitución y con las formalidades ordenadas en ella.
Artículo 34. Ningún habitante puede ser preso sino en los casos determinados por la Constitución, en la forma que ella previene.
Artículo 35. Ninguno puede ser castigado, sino en virtud de una ley establecida y publicada antes de cometerse el delito, y sin que sea legalmente aplicada.
Artículo 36. Las propiedades de los habitantes y corporaciones son garantizadas por la Constitución; ninguna autoridad puede tomarlas ni perturbar a persona alguna en el libre uso de sus bienes, sino es en favor del público, cuando lo exija una grave urgencia legalmente comprobada, y garantizándose previamente la indemnización.
Artículo 37. La vida, la reputación, la libertad, la seguridad y propiedad de todos los habitantes del Estado, son protegidos por la Constitución. Ninguno puede ser privado de tan sagrados derechos, sino con las formalidades y en los casos provenidos por la ley.
Artículo 38. Todos los habitantes del Estado están obligados a obedecer y respetar la ley, que es igual para todos, ya premie y castigue; a servir a la patria, a defenderla con las armas y a contribuir con proporción a sus haberes, a los gastos del Estado y la Federación, sin excepción ni privilegio alguno para mantener su integridad, independencia y seguridad.
Artículo 39. Es injusta y no es ley toda disposición que viole los derechos de los nicaragüenses, declarados en este título.

Título IV. Del Gobierno y de la religión

Capítulo I. Del Gobierno

Artículo 40. El Gobierno del Estado es el republicano popular representativo, cuyo objeto es la felicidad de los individuos que componen el mismo Estado.
Artículo 41. Los representantes del pueblo nicaragüenses componen los cuerpos legislativo y moderador.

Artículo 42. El Poder Legislativo reside en una Asamblea compuesta de diputados electos popularmente, y lo ejerce con la sanción del cuerpo moderador, electo del mismo modo.
Artículo 43. El Poder Ejecutivo reside en un jefe nombrado por el pueblo.
Artículo 44. El Poder Judiciario, en tribunales y jueces nombrados según previenen esta Constitución y las leyes.
Artículo 45. La Constitución señala las épocas en que deben renovarse los representantes, jefes, segundo jefe e individuos de la Corte Superior.

Capítulo II. De la religión

Artículo 46. La religión del Estado es la católica, apostólica, romana, con exclusión del ejercicio público de cualquier otra.

Título V. De las elecciones de las autoridades supremas del Estado

Capítulo I. Disposiciones generales

Artículo 47. Para la elección de los representantes, Jefe y vicejefe del Estado, consejeros e individuos de la Corte Superior de Justicia, se celebrarán juntas populares, de distrito y departamento.
Artículo 48. Las juntas populares se compondrán de ciudadanos en el ejercicio de sus derechos; las juntas de distrito, de los electores primarios; y las juntas departamentales, de los electores del distrito.
Artículo 49. Estas juntas serán las mismas, y se celebrarán en las mismas épocas designadas por la Constitución de la república para las elecciones de las supremas autoridades federales.
Artículo 50. Toda junta electoral será organizada por un directorio, compuesto de un Presidente, dos escrutadores y dos secretarios elegidos por ella misma.
Artículo 51. Las acusaciones sobre fuerza, cohecho o soborno en los sufragantes hechas en el acto de la elección, serán determinadas en el modo y para el efecto que expresa el artículo 26 de la Constitución federal. En los demás casos, estos juicios serán seguidos y terminados en los tribunales comunes.

Artículo 52. Los recursos y reclamos sobre nulidad en las elecciones a representantes a la Asamblea y demás autoridades del Estado, serán determinados definitivamente por la misma Asamblea.

Artículo 53. Los que ocurran sobre nulidad en las juntas populares, serán resueltos definitivamente en el distrito; y los que se entablen contra éstas, en las de departamento.

Artículo 54. Nadie podrá presentarse armado en las juntas electorales ni votarse a sí mismo.

Artículo 55. Las juntas no podrán deliberar, sino sobre objetos designados por la ley. Es nulo, y de ningún efecto, todo acto que esté fuera de su legal intervención.

Capítulo II. De las juntas populares

Artículo 56. Las juntas populares se celebrarán el último domingo de octubre de cada año, para nombrar un elector primario por cada doscientos cincuenta habitantes: la que tuviere un residuo de ciento veintiséis, nombrará un elector más.

Artículo 57. Toda población cuyo número de habitantes ascienda a doscientos cincuenta, nombrará por sí un elector; si no llegare a aquel número los ciudadanos de dicha población concurrirán a votar a la junta del pueblo más inmediato.

Artículo 58. La base mayor de toda Junta Popular, será de dos mil quinientos habitantes.

Artículo 59. El Presidente de cada junta comunicará el nombramiento a los electos, dándoles copia del acta certificada por él y los secretarios, y comunicándola en los mismos términos a la autoridad política de distrito por conducto de la local.

Capítulo III. Juntas de distrito

Artículo 60. La autoridad política del distrito, luego que reciba las certificaciones, citará a los electores primarios para que se reúnan en la cabecera del mismo, el segundo domingo del mes de noviembre de cada año.

Artículo 61. Reunidas por lo menos las dos terceras partes de los electores primarios, se formará la junta de distrito y procederá a nombrar por mayoría absoluta de sufragios un elector por cada diez primarios de los que le corresponden. Y concluida la elección, el Presidente y secretario darán a los nombrados, certificación de su nombramiento, comunicándolo a la autoridad política del departamento por conducto de la del distrito.

Capítulo IV. Juntas de departamento

Artículo 62. Luego que la autoridad política del departamento reciba las certificaciones de que habla el artículo anterior, citará a los nombrados para que concurran a la cabecera del departamento, donde el primer domingo del mes de diciembre de cada año debe celebrarse la Junta departamental.

Artículo 63. Un departamento constará fijamente de doce electores de distrito por cada dos representantes que haya de nombrar.

Artículo 64. Reunidos por lo menos las dos terceras partes de electores de distrito, se formará la junta de departamento; y por mayoría absoluta de votos, nombrarán los representantes que en la Asamblea del Estado corresponde al departamento.

Artículo 65. Esta elección se hará todos los años inmediatamente después que las mismas juntas de departamento hayan elegido a los representantes para el Congreso federal. Pero de las elecciones de diputados para la Asamblea y de toda elección de funcionario para el Estado que hagan las juntas departamentales, se extenderán acta y escrutinio en libro separado.

Artículo 66. Las juntas de departamento despacharán por credencial a cada diputado una copia, autorizada por ellas mismas, del acta en que consta su nombramiento, y dirigirán otra igual por conducto de la autoridad política del departamento, al Gobierno del Estado, para que en su vista cite a los electos, y los pase a la junta preparatoria el primer día de su reunión.

Artículo 67. En las renovaciones del jefe, segundo jefe, individuos del Consejo representativo y Corte Superior de Justicia, las juntas departamentales sufragarán en la forma que se dispone en los artículos 8, 9 y 10 de esta Constitución.

Artículo 68. La base para la representación del Estado es el número total de sus habitantes naturales o naturalizados.

Artículo 69. Se elegirá un representante por cada quince mil almas: el departamento que tuviere un residuo que exceda de la mitad de este número, nombrará un representante más.

Título VI. Del Poder Legislativo y sus atribuciones

Capítulo I. Organización del Poder Legislativo

Artículo 70. Residiendo el Poder Legislativo del Estado en una Asamblea de diputados en los términos que expresa el artículo 42, no podrá su número ser más de veintiuno ni menos de once.

Artículo 71. Por cada dos diputados se nombrará un suplente; por cada tres, dos, y así sucesivamente; y concurrirán a la Asamblea a juicio de ella misma, en caso de muerte, imposibilidad o falta de los propietarios.

Artículo 72. Para ser representante se necesita tener la edad de veintitrés años, haber sido cinco ciudadano, bien sea del estado seglar o del eclesiástico secular, y hallarse en actual ejercicio de sus derechos.

Artículo 73. No podrá ser representante ningún empleado de nombramiento del Gobierno federal, ni el del Estado por el departamento en que ejerce su autoridad, siempre que ésta se extienda a todo el territorio departamental. Y el diputado durante su representación no podrá obtener empleo ni ascenso alguno, si no es de rigurosa escala.

Artículo 74. Los representantes son inviolables por sus opiniones, emitidas de palabra o por escrito, en la Asamblea o fuera de ella, sobre asuntos relativos a su cargo. Y durante las sesiones, y un mes después no podrán ser demandados civilmente ni ejecutados por deuda.

Artículo 75. La Asamblea se renovará por mitad cada año, y los mismos diputados podrán ser reelectos una vez sin intervalo ninguno.

Artículo 76. La primera Asamblea ordinaria decidirá por suerte los representantes que deben renovarse el año siguiente. En adelante, la renovación se verificará saliendo los de nombramiento más antiguo.

Artículo 77. La primera vez calificará las elecciones y credenciales de los representantes, una junta preparatoria compuesta de ellos mismos; en lo sucesivo, toca esta calificación a los representantes que continúan, en unión de los nuevamente electos.

Artículo 78. La Asamblea se reunirá todas los años el día quince de enero, y sus sesiones ordinarias durarán tres meses. La primera legislatura podrá prorrogarse por otros cuatro; las siguientes no podrán hacerlo sino por un mes.

Artículo 79. Cuando la Asamblea se reúna extraordinariamente en los términos que dispone esta Constitución, sus sesiones se contraerán únicamente al objeto para que fue convocada.

Artículo 80. Para toda resolución se necesita la concurrencia de las dos terceras partes de los diputados y el acuerdo de la mitad, y uno más de los que se hallaren presentes; pero un número menor puede hacer concurrir a los ausentes del modo y bajo las penas que establece la ley.

Capítulo II. Atribuciones de la Asamblea

Artículo 81. Corresponde a la Asamblea: 1. Proponer y decretar las leyes del Estado, interpretarlas y derogarlas, en caso necesario; 2. Fijar anualmente los gastos de la administración del Estado, y establecer las contribuciones e impuestos necesarios para cubrirlos, y para llenar el cupo que le corresponde en los gastos de la administración federal; 3. Hacer el repartimiento de las contribuciones directas entre los departamentos del mismo Estado, según su población y riqueza; velar sobre su inversión y la de todos los ingresos públicos, haciéndose dar cuenta de ellos por el Poder Ejecutivo; 4. Decretar la creación y supresión de los oficios, empleos públicos; y designar sus dotaciones, disminuirlas o aumentarlas; 5. Conceder o negar la introducción de tropas de otros Estados, si no es que dichas tropas estén al servicio del Gobierno federal, para los objetos que le encomienda la Constitución de la República; 6. Fijar periódicamente, con acuerdo del Congreso, la fuerza de línea que se necesite en tiempo de paz; crear la milicia activa y la cívica, y levantar la correspondiente del Estado en tiempo de guerra, dándoles a todos sus ordenanzas y reglamentos; 7. Arreglar la forma de los juicios, estableciendo el sistema de jurados, tan luego que lo permitan las circunstancias de los pueblos; 8. Erigir los establecimientos, corporaciones o tribunales necesarios para el mejor orden en justicia, economía, instrucción pública y en todos los ramos de administración; 9. Decretar en casos extraordinarios, pedidos, préstamos e impuestos extraordinarios, y contraer deudas sobre el crédito del Estado sin comprometer las relaciones exteriores de la república; 10. Calificar y reconocer la deuda pública del Estado y destinar los fondos necesarios para su amortización e interés; 11. Disponer lo conveniente para la administración, conservación y enajenación de los bienes del Estado; 12. Conceder por dos terceras partes de votos amnistías e indultos, cuando lo exija la tranquilidad y seguridad del Estado, y lo solicite el Poder Ejecutivo; 13. Conceder a éste facultades extraordinarias, detalladas expresamente, y por tiempo limitado, en los casos de insurrección o invasión repentina; 14. Decretar el plan de enseñanza pública, según los principios generales que se establezcan por el Congreso; promoviendo el adelanto de las ciencias y artes útiles, hasta conceder privilegios exclusivos por tiempo determinado para su estímulo y fomento; 15. Abrir caminos y canales de comunicación interior; promover y fomentar toda especie de industria, removiendo los obstáculos que la entorpezcan; 16. Decretar recompensas a los que presten al Estado grandes servicios; 17. Conceder rehabilitación a los que hayan perdido la calidad de ciudadano, en los casos que expresa el artículo 21 de esta Constitución; 18. Calificar las elecciones, de los diputados, primero y segundo jefe, individuos del Consejo, de la Corte Superior de Justicia y senadores del Estado, y admitir por las dos terceras partes de votos las renuncias que hicieren de sus respectivos cargos, a excepción de los senadores que hayan tomado posesión; 19. Hacer el nombramiento de los mismos funcionarios cuando éste no resulte de los votos populares, y señalar la indemnización o sueldo que deben gozar, a excepción de los senadores; 20. Declarar cuándo ha lugar a la formación de causa contra los diputados, jefe y segundo jefe, e individuos del Consejo y de la Corte Superior de Justicia; 21. Designar y variar el lugar de su residencia y la de los otros supremos poderes del Estado.

Título VII. De la formación, sanción y promulgación de la ley

Capítulo I. De la formación de la ley

Artículo 82. Todo proyecto de ley debe presentarse por escrito, y solo podrán proponerlo a la Asamblea los diputados y el Poder Ejecutivo.

Artículo 83. El proyecto de ley debe leerse por dos veces en días diferentes, antes de admitirse o no a discusión; y admitido, se observarán las reglas que prevenga el reglamento interior de la misma Asamblea. En caso de que a juicio de ésta el proyecto sea urgente, podrá dispensarse esta formalidad.

Artículo 84. Desechado el proyecto de ley, no podrá proponerse otra vez en el mismo año.

Artículo 85. Si hubiese sido adoptado, se extenderá por triplicado en forma de ley. Se leerá en la Asamblea, y firmados por el Presidente y secretarios se remitirán al Consejo representativo.

Capítulo II. De la sanción de la ley

Artículo 86. Las resoluciones de la Asamblea necesitan para ser válidas la sanción del Consejo representativo, a excepción de las que sean relativas: 1. A su régimen interior, lugar y prórroga de sus sesiones; 2. A la calificación de elecciones y renuncia de los electos; 3. A la rehabilitación de los que hubieren perdido el derecho de ciudadano; 4. Al apremio de los individuos ausentes de la misma Asamblea; 5. A la declaratoria de haber lugar a formación de causa contra algún funcionario.

Artículo 87. El Consejo dará o negará la sanción por mayoría absoluta de votos, y para darla usará de esta fórmula: Al Jefe del Estado; la negará con esta otra: Vuelva a la Asamblea.

Artículo 88. El Consejo debe dar o negar la sanción dentro de quince días, contados desde el recibo de la resolución, pidiendo, si lo tuviere por conveniente, los informes del Gobierno, que deberá darlos dentro de ocho días. Pasados los quince días sin dar o negar la sanción, se entiende dada por el mismo hecho.

Artículo 89. El Consejo negará la sanción cuando la resolución sea contraria a la Constitución federal o a la presente; y también cuando juzgase que su observancia no es conveniente a los intereses del Estado o de la República. En estos casos devolverá a la Asamblea uno de los originales, con la fórmula correspondiente, exponiendo por separado los fundamentos de su opinión. La Asamblea los examinará, y discutirá de nuevo la resolución devuelta. Si fuere ratificada por dos terceras partes, la resolución obtiene la sanción que precisamente dará el Consejo. En caso contrario, no podrá proponerse de nuevo sino hasta el siguiente año.

Capítulo III. De la promulgación de la ley

Artículo 90. Luego que el Poder Ejecutivo reciba una resolución sancionada, o de las que no necesitan este requisito, ordenará su cumplimiento bajo su responsabilidad, disponiendo lo conveniente para su ejecución y haciéndola publicar y circular dentro de quince días a lo más; pudiendo pedir a la Asamblea prórroga de este término, si en algún caso fuere suficiente.

Artículo 91. La promulgación se hará en esta fórmula: El Jefe del Estado de Nicaragua. Por cuanto la Asamblea ha decretado y el Consejo representativo sanciona lo siguiente (Aquí el texto literal). Por tanto, ejecútese.

Artículo 92. Una ley particular arreglará la solemnidad con que deban publicarse las leyes en la capital y en los demás pueblos del Estado.

Título VIII. Del Consejo representativo y sus atribuciones

Capítulo I. Del Consejo

Artículo 93. Habrá un Consejo representativo compuesto de un individuo nombrado por cada departamento del Estado. Sus miembros se renovarán por mitad cada año, saliendo por suerte los de la primera renovación, y pudiendo ser reelectos una vez sin intervalo ninguno.

Artículo 94. Cada Junta departamental elegirá el consejero correspondiente a su respectivo departamento, a pluralidad absoluta de votos en la época de su reunión, y en acto distinto de la elección de los demás funcionarios, extendiendo acta por separado. También elegirá un suplente que funcione en los casos de muerte o legítimo impedimento del propietario, a juicio del Consejo.

Artículo 95. Para ser consejero se requiere: naturaleza en la república, tener treinta años de edad, ser ciudadano en el ejercicio de sus derechos y del estado seglar.

Artículo 96. No pueden ser nombrados consejeros los empleados del Gobierno federal, ni los del Gobierno del Estado, por el departamento en que ejercen su empleo, en caso que sus funciones se extiendan a todo el territorio del mismo departamento.

Artículo 97. El segundo Jefe del Estado será Presidente del Consejo y no tendrá voto, si no es en caso de empate. En su defecto, nombrará el Consejo uno de sus individuos para que le presida.

Artículo 98. Las sesiones del Consejo durarán todo el año, en la forma que prescriba su reglamento.

Capítulo II. Atribuciones del Consejo representativo

Artículo 99. Corresponde al Consejo representativo: 1. Dar o negar la sanción a las resoluciones de la Asamblea en la forma que establece esta Constitución en el título anterior; 2. Velar sobre la observancia de la Constitución y las leyes, y sobre la conducta de los funcionarios del Estado, dando cuenta a la Asamblea, luego que esté reunida, de las infracciones que en el receso se notaren; 3. Aconsejar al Poder Ejecutivo todas las veces que consulte, especialmente en los casos en que la tranquilidad pública se halle o pueda ser alterada, y en las dudas que ofrezca la ejecución de las leyes y resoluciones de la Asamblea; 4. Convocar a la Asamblea en casos extraordinarios, citando a los suplentes de los diputados que hubieren fallecido durante el receso; 5. Proponer ternas al Poder Ejecutivo para el nombramiento del intendente, de los jefes departamentales, del comandante general y los jefes militares, de teniente coronel inclusive arriba; 6. Declarar cuándo ha lugar a formación de causa por delitos cometidos en el ejercicio de sus encargos contra el secretario o secretarios del Despacho; y los funcionarios de que habla el párrafo anterior, a excepción de los jefes militares, si no es el comandante general; 7. Nombrar en sus primeras sesiones el tribunal que establece el artículo 157 de esta Constitución.

Título IX. Del Poder Ejecutivo, sus atribuciones y de la secretaría del Despacho

Capítulo I. Del Poder Ejecutivo

Artículo 100. Residiendo el Poder Ejecutivo del Estado en un Jefe nombrado popularmente; en su falta ejercerá sus funciones un segundo Jefe, electo del mismo modo.

Artículo 101. Para las elecciones de ambos jefes, se reunirá cada junta del departamento el día siguiente al que eligió, o debió elegir consejero, y los electores que la componen darán sus votos para el nombramiento del uno y otro funcionario.

Artículo 102. El voto de cada elector se escribirá separado y claramente en un registro, del cual se remitirá a la Asamblea una copia firmada por todos los sufragantes, cerrada y sellada, con expresión de contener sufragios para primero y segundo Jefe.

Artículo 103. Reunidos los pliegos de todas las juntas departamentales, se regulará la votación por el número de electores de distrito que concurrieron a las mismas juntas. Se regulará primero la totalidad de los expresados electores, y siempre que de los sufragios resulte mayoría absoluta, la elección está hecha en la persona que la reunió, y la Asamblea la publicará por un decreto.
Artículo 104. Si no se verificase la elección, elegirá precisamente entre los designados por cualquier número de votos.
Artículo 105. Para ser primero y segundo Jefe se requieren las mismas cualidades que para consejero, y su duración será de cuatro años, no pudiendo ser reelegidos, sin intermisión, más de una sola vez.
Artículo 106. En defecto temporal de ambos jefes sucederá el Presidente del Consejo representativo. Pero si el impedimento o defecto no fuere temporal, y faltare más de un año para la renovación periódica, será convocada la Asamblea extraordinariamente para que elija un ciudadano que ejerza el Poder Ejecutivo, entre los que hayan obtenido votos populares para el nombramiento del jefe que debe subrogarse; no habiendo entre los designados para primer Jefe, se nombrará entre los designados para segundo. En falta de uno y otro, se elegirá entre los consejeros.
Artículo 107. Si faltaren más de dos años para la renovación, sufragarán de nuevo las juntas de departamento para subrogar la falta. El electo en este caso, durará en sus funciones el tiempo que solo faltaba al que va a sustituir.
Artículo 108. El Jefe del Estado, después de haber concluido su encargo, no podrá ausentarse del territorio de la república hasta pasado tres meses, si no es con permiso de la Asamblea o, en su receso, del Consejo.

Capítulo II. Atribuciones Del Poder Ejecutivo

Artículo 109. Corresponde al Poder Ejecutivo: 1. Publicar y ejecutar las leyes, cuidar de su observancia y hacer conservar el orden público; 2. Consultar a la Asamblea sobre la inteligencia de la ley, y al Consejo, sobre las dudas y dificultades que ofrezca su ejecución; 3. Consultar asimismo al Consejo en los negocios del Gobierno, especialmente en los graves. En caso que se conforme con la opinión de éste, cesa su responsabilidad; 4. Nombrar a propuesta, en terna del Consejo, los empleados de que habla el artículo 99, facultad 5.ª Al igual propuesta de la Corte Superior, los que designa el artículo 145 y los empleados subalternos, proponiéndolos también en terna sus respectivos jefes; 5. Dirigir la Fuerza Armada del Estado, reunir la cívica en casos de insurrección o invasión repentina y usar de toda ella en los mismos casos, dando cuenta inmediatamente a la Asamblea y en su receso al Consejo para que la den al Congreso federal. Pero para mandar por sí mismo la Fuerza Armada, necesita del consentimiento del Consejo, recayendo entonces el Gobierno en el segundo Jefe; 6. En casos graves y urgentes, podrá disponer el arresto de las personas que exija el bien y seguridad del Estado, e interrogar a los que se presuman reos; pero dentro de tercero día deberá ponerlas a disposición del juez competente; 7. Dar cada año a la Asamblea, al abrir sus sesiones, cuenta del estado de todos los ramos de la administración pública, haciendo una relación detallada de las rentas, erogaciones y recursos del Estado, indicando las mejoras que puedan hacerse en estos objetos y presentando el presupuesto de gastos del año próximo y el modo de cubrirlos; 8. Velar en la recaudación de las mismas rentas, celando la conducta de sus administradores; 9. Nombrar y separar libremente, sin necesidad de causa, al secretario o secretarios del Despacho. Trasladar con arreglo a las leyes de unos destinos a otros equivalentes en rango y goces a los agentes funcionarios del Gobierno; suspenderlos según dispongan las mismas por determinado tiempo; y en caso de ineptitud y faltas graves, destituirlos con acuerdo del Consejo, precediendo pruebas justificativas y audiencia del interesado; 10. Cuidar de que se cumplan y ejecuten las sentencias de los jueces y tribunales; 11. Ejercer el derecho de exclusión con acuerdo del Consejo, mientras tiene lugar otra cosa entre las potestades civil y eclesiástica, no consintiendo que ningún eclesiástico entre a ejercer beneficio, curado o prelacía regular sin su anuencia y pase al título que le será precisamente presentado; 12. Hacer cumplir en el Estado las leyes y órdenes de los poderes de la Federación, pasando a la Asamblea copia de ellas dentro de dos días después de su recibo; y en su receso, con dictamen del Consejo, representar a los mismos poderes sobre aquellas que sean inconstitucionales y ataquen a los derechos del Estado; 13. Dar a la Asamblea y al Consejo los informes que le pidieren, y en los asuntos que merezcan reserva, lo expondrá así, para que le dispensen su manifestación o se la exijan, si el caso lo requiere. Cuando los informes sean necesarios para hacer efectiva la responsabilidad del jefe, no podrán rehusarse ni reservarse los documentos después de haber declarado que ha lugar a la formación de causa; 14. Servir de conducto en las comunicaciones de las autoridades del Estado con las supremas federales y con los Gobiernos de los demás Estados de la Unión. Pero en los negocios judiciales se entenderán directamente entre sí los jueces y tribunales.

Capítulo III. De la secretaría del Despacho

Artículo 110. El Poder Ejecutivo tendrá uno o más secretarios para el despacho de los negocios, según determine la ley, y ninguna orden del Gobierno que no esté autorizada por el secretario será obedecida por autoridad ni persona alguna.

Artículo 111. El secretario del Despacho es responsable siempre que autorice decretos o providencias contrarias a la Constitución o a las leyes. Más se excusa de la responsabilidad cuando haga constar en el libro de decretos y providencias, que representó al jefe de su opinión contraria.

Artículo 112. Para ser secretario se necesita ser ciudadano en el ejercicio de sus derechos y mayor de veinticinco años.

Título X. Del Poder Judicial

Capítulo I. Disposiciones generales

Artículo 113. El Poder Judicial se ejercerá por los tribunales y jueces del Estado, y a ellos pertenece exclusivamente la potestad de aplicar las leyes en las causas civiles y criminales; pero sus funciones se limitarán precisamente a esto, y a hacer que se ejecute lo juzgado.

Artículo 114. Ni la Asamblea, ni el Consejo, ni el Poder Ejecutivo podrán ejercer en ningún caso las funciones judiciales, ni avocarse causas pendientes; y ni estas autoridades, ni otra alguna, podrán abrir los juicios fenecidos.

Artículo 115. Las leyes arreglarán el orden y formalidades de los juicios, de manera que se ejecuten con brevedad y sin vicios, y todos los habitantes del Estado estarán igualmente sujetos a lo que ellas prescriban.

Artículo 116. Todo habitante deberá ser juzgado por el juez o tribunal competente, establecido con autoridad por la ley; y no podrán formarse comisiones, ni tribunales especiales para conocer en determinados delitos, ni para cierta clase de ciudadanos, si no es en los casos de tumulto, rebelión o ataque con fuerza armada a las autoridades constituidas.
Artículo 117. En los negocios comunes, civiles y criminales, no habrá más que un solo fuero para toda clase de personas.
Artículo 118. Los eclesiásticos y militares continuarán en el goce de su fuero, en los términos que prescriben las leyes o que en adelante prescribieren.
Artículo 119. Unos mismos jueces no podrán conocer en distintas instancias, y los juicios serán públicos, en el modo y forma que determinen las leyes.

Capítulo II. De la administración de justicia en lo civil

Artículo 120. No se podrá privar a ninguna persona del derecho de terminar sus diferencias por medio de jueces árbitros elegidos por las partes. La sentencia que dieren será inapelable, si los comprometidos no se hubiesen reservado este derecho.
Artículo 121. Sin constancia de que se ha intentado el medio de la conciliación, no se entablará ningún juicio escrito, civil o sobre injurias.
Artículo 122. En todo negocio, cualquiera que sea su cuantía, habrá a lo más tres instancias y tres sentencias definitivas pronunciadas en ellas; pero la ley podrá restringir el número de instancias según el interés y calidad de los negocios, y designar la sentencia que ha de causar ejecutoria.

Capítulo III. De la administración de justicia en lo criminal

Artículo 123. No podrá imponerse pena de muerte, sino en los delitos que atenten directamente contra el orden público, en el asesinato y homicidio premeditado y seguro.
Artículo 124. Queda abolido para siempre el uso del tormento, los apremios, la confiscación de bienes, azotes y penas crueles.
Artículo 125. Ninguna pena, ni aun la de infamia, será trascendental y su efecto se limitará precisamente a solo el que la mereció.

Artículo 126. Nadie puede ser preso, sino en virtud de orden escrita de autoridad competente para darla. No podrá librarse esta orden sin que preceda justificación de que se ha cometido un delito que merezca pena más que correccional, y sin que resulte al menos por el dicho de un testigo quién es el delincuente.

Artículo 127. Pueden ser detenidos: 1. El delincuente cuya fuga se tema con fundamentos; 2. El que sea encontrado en el acto de delinquir, y en este caso, todos pueden conducirle a la presencia del juez.

Artículo 128. La detención no podrá durar más de cuarenta y ocho horas, y durante este término, deberá la autoridad que la haya ordenado, practicar la justificación que corresponde, y según su mérito librar por escrito la orden de prisión o libertad del detenido.

Artículo 129. Ningún alcaide o carcelero podrá recibir ni detener en la cárcel a ninguna persona sin transcribir en su registro de presos o detenidos la orden de prisión o detención.

Artículo 130. Todo preso debe ser interrogado dentro de cuarenta y ocho horas, y el juez está obligado a decretar la libertad o permanencia dentro de las veinticuatro horas siguientes. Pero se puede imponer arresto por pena correccional, previas las formalidades legales, sin que esta pena exceda de treinta días.

Artículo 131. Ningún preso o detenido podrá ser llevado a otro lugar de prisión que el que esté pública y legalmente destinado al efecto.

Artículo 132. El alcaide o carcelero no podrá prohibir al preso la comunicación con persona alguna, si no es en el caso de que la orden de prisión transcrita en el registro contenga la cláusula de incomunicación. Esta no podrá continuar después de tomada la confesión al preso.

Artículo 133. Todo el que no estando autorizado por la ley expidiere, firmare, ejecutare o hiciese ejecutar la prisión o detención de alguna persona, y todos los jueces o alcaldes que contravinieren las disposiciones precedentes, serán reos de detención arbitraria.

Artículo 134. No podrá ser llevado ni detenido en la cárcel el que diere fianza, en los casos que la ley no lo prohíba.

Artículo 135. Ninguna casa puede ser registrada, sino por mandato escrito de autoridad competente, dado en virtud de dos deposiciones formales, que presten motivo al allanamiento, el que deberá efectuarse de día. También puede registrarse a toda hora por un agente de la autoridad pública: 1. En persecución actual de un delincuente; 2. Por un desorden escandaloso, que exija pronto remedio; 3. Por reclamación hecha del interior de la casa. Mas hecho el registro, se comprobará con dos deposiciones haberse verificado por alguno de los motivos expresados.

Artículo 136. Solo en los delitos de traición a la patria se pueden ocupar los papeles de los habitantes del Estado, y únicamente podrá practicarse su examen cuando sea indispensable para la averiguación de la verdad, a presencia del interesado, devolviéndose en el acto cuantos no tengan relación con lo que se indaga.

Artículo 137. En materias criminales, a nadie se recibirá juramento sobre hecho propio, y al tomarse confesión al tratado como reo, se le dará conocimiento de los testigos; se leerán sus declaraciones y todos los documentos que obren contra él. El proceso de allí en adelante será público.

Artículo 138. Se dispondrán las cárceles de manera que sirvan para asegurar y corregir, y no para molestar a los presos. Serán visitados con la frecuencia que determinen las leyes, y las mismas arreglarán las formalidades que se han de observar en las visitas

Capítulo IV. Organización de la Corte Superior de Justicia y sus atribuciones

Artículo 139. Habrá una Corte Superior de Justicia, elegida por todos los pueblos del Estado, y compuesta de magistrados, cuyo número no podrá ser menos de cinco ni más de siete; se renovarán por mitad cada dos años y podrán siempre ser reelegidos.

Artículo 140. Tendrá la Corte Superior tres suplentes, que en falta de los propietarios harán sus veces, y serán elegidos de la misma manera que éstos.

Artículo 141. La Corte designará en su caso el suplente que deba concurrir.

Artículo 142. Para ser magistrado de la Corte Superior se requiere: ser ciudadano en el ejercicio de sus derechos, tener veintiocho años de edad, siete de residencia en la república, del estado seglar y ser letrado. Pero esta última cualidad no se exigirá hasta que haya en el Estado competente número de letrados y la Asamblea lo determine.

Artículo 143. En la renovación de la Corte Superior, las juntas de departamento se reunirán en día y acto distinto de la elección de los demás funcionarios; procederán a sufragar por cada uno de los individuos que deben renovarse en los mismos términos que para el nombramiento del primero y segundo Jefe previene el artículo 102, título IX de esta Constitución, y para el escrutinio, regulación de votos y elección procederá la Asamblea según el orden prescrito en los artículos 103 y 104 del mismo título.

Capítulo V. Atribuciones de la Corte Superior

Artículo 144. Corresponde a la Corte Superior conocer: 1. De todas las causas civiles y criminales en segunda y tercera instancia según prescriban las leyes, y de los recursos de nulidad que determinen las mismas leyes; 2. De los asuntos civiles contenciosos correspondientes a las personas militares, en las mismas instancias; 3. De las causas de suspensión y separación de los jueces de primera instancia; 4. De las competencias entre todos los jueces inferiores; de las que ocurran entre éstos y cualesquier otros jueces o tribunales, y de las que se susciten entre estos últimos; 5. De los recursos de fuerza que se introduzcan de los jueces y demás autoridades eclesiásticas; 6. De las causas que se formen al primero y segundo Jefe del Estado, a los individuos del Consejo representativo, y a todos les demás funcionarios, contra quienes el mismo Consejo haya declarado haber lugar a formación de causa.
Artículo 145. Corresponde también a la Corte de Justicia: proponer ternas al Poder Ejecutivo para el nombramiento de jueces letrados de primera instancia, cuando éstos se establezcan, y de los auditores o asesores militares.
Artículo 146. La Corte de Justicia velará sobre la conducta de los jueces inferiores, cuidando de que administren justicia, y visitará las cárceles del pueblo de su residencia, conforme dispongan las leyes.

Capítulo VI. De los jueces inferiores

Artículo 147. Se establecerán jueces letrados de primera instancia tan pronto como sea posible.
Artículo 148. Ínterin se puede ejecutar la anterior disposición, una ley particular arreglará provisionalmente el modo y forma en que se ha de administrar la justicia en primera instancia.

Título XI. Del Gobierno interior de los departamentos y de los pueblos

Capítulo único

Artículo 149. El Gobierno de cada departamento estará a cargo de un jefe nombrado por el Poder Ejecutivo, en los términos prevenidos por esta Constitución, y sus atribuciones las determinará una ley particular.

Artículo 150. Para el Gobierno interior de los pueblos, habrá municipalidades compuestas de alcalde o alcaldes, regidores, y de procurador o procuradores, síndicos popularmente electos.

Artículo 151. El número de individuos que deben componer las municipalidades, los pueblos en que debe haberlas, sus atribuciones y el modo de ser nombrados, serán también arreglados por una ley particular.

Título XII. De la responsabilidad de los funcionarios del Estado

Capítulo único

Artículo 152. Todos los funcionarios del Estado, antes de posesionarse de sus empleos prestarán juramento de sostener y defender con toda su autoridad la Constitución federal de la república y la presente, y ser fieles a la nación y al mismo Estado.

Artículo 153. Todo funcionario público es responsable con arreglo a las leyes del ejercicio de sus funciones.

Artículo 154. Deberá declararse que ha lugar a la formación de causa contra los diputados, por traición a la patria, venalidad, falta grave en el desempeño de sus funciones y delitos comunes que merezcan pena más que correccional.

Artículo 155. En todos estos casos, y en los de infracción de ley y usurpación, habrá igualmente lugar a formación de causa contra los individuos del Consejo, de la Corte Superior de Justicia; contra el Jefe, segundo Jefe del Estado y secretario o secretarios del Despacho.

Artículo 156. Declarado que ha lugar a la formación de causa contra un diputado, será seguida y terminada según la ley del régimen interior de la Asamblea.

Artículo 157. Hecha igual declaratoria contra el Jefe del Estado y segundo Jefe, si ha hecho sus veces, y sentenciada la causa por la Corte Superior, conocerá en apelación un tribunal compuesto de cinco individuos que nombrará el Consejo entre los suplentes del mismo y los de la Asamblea que no hayan funcionado en ella.

Artículo 158. Sentenciada la causa de cualquier individuo del Consejo, por la Corte Superior, previa la declaratoria correspondiente, conocerá en apelación otro tribunal de cinco individuos que debe nombrar la Asamblea entre los ciudadanos que obtuvieren votos populares indistintamente para todos los destinos de la misma Corte.

Artículo 159. De las causas de los individuos de la Corte Superior, precediendo también la declaratoria debida, conocerá el tribunal nombrado por la Asamblea de que habla el artículo anterior.

Artículo 160. Las disposiciones de que hablan los cuatro artículos precedentes, solo tendrán lugar en los funcionarios que estuvieren en posesión de sus destinos.

Artículo 161. Los delitos mencionados en los artículos 154 y 155 producen acción popular.

Artículo 162. Todo acusado queda suspenso en el acto de declararse que ha lugar a la formación de causa: depuesto siempre que resulte reo; e inhabilitado para todo cargo público, si la causa diere mérito según la ley. En lo demás a que hubiere lugar, se sujetarán al orden y tribunales comunes.

Título XIII. De la observancia de la Constitución y leyes y reforma de la misma

Capítulo único

Artículo 163. La Asamblea en sus primeras sesiones tomará en consideración las infracciones de la Constitución y leyes que se le hagan presentes, para poner el conveniente remedio y hacer efectiva la responsabilidad de los contraventores, dictando al efecto las providencias que parezcan conducentes.

Artículo 164. Todas las leyes que hasta aquí han regido continuarán en su vigor y fuerza, si no son las que se opongan a la Constitución de la República y del Estado, y a las que han sido dadas por las legislaturas nacionales y del mismo Estado.

Artículo 165. En cualquier tiempo que se juzgue necesaria la reforma o adición de algunos artículos de esta Constitución podrá proponerse, observando las reglas siguientes: 1. El proyecto de reforma o adición se presentará por escrito, firmado al menos por tres diputados, y se leerá por dos veces con el intervalo de ocho días; 2. Admitido a discusión pasará a una comisión, cuyo dictamen presentará después de pasados doce días; 3. El dictamen de la comisión será leído por dos veces, con el mismo intervalo que el proyecto; 4. La reforma o adición deberá ser aprobada por los dos tercios de votos de los diputados que se hallaren presentes; 5. Luego que se obtenga la aprobación del modo prevenido, no deberá tenerse por válida la reforma o adición, ni hacer parte de la Constitución hasta que no la sancione la legislatura inmediata.

Artículo 166. Si el proyecto no fuere admitido no podrá volverse a proponer, en el mismo año.

Artículo 167. Hasta pasados tres años podrá reverse en su totalidad esta Constitución, y declarándose haber lugar a la revisión, según las reglas del artículo anterior, se convocará una Asamblea Constituyente, cuyos diputados traerán de sus comitentes poderes bastantes y especiales.

Artículo 168. La presente Constitución está solemnemente sancionada por esta Asamblea Constituyente.

Dada en la ciudad de León, a 8 de abril de 1826.

Manuel Mendoza, diputado por Matagalpa, presidente — Isidro Reyes, diputado por León, vicepresidente — Pedro Muñoz, diputado por Nicaragua — Ramón Pacheco, diputado por Subtiava — Gregorio Porras, diputado por el Realejo — Silvestre Selva, diputado por Granada — Francisco Reñazco, diputado por Masaya — Juan José Zavala, diputado por Managua — José Vicente Morales, diputado suplente por León — Juan Manuel Zamora, diputado por Masaya — Francisco Parrales, diputado por Nicaragua, secretario — Sebastián Escobar, diputado por Granada, secretario León, abril 22 de 1826.

Ejecútese. —Firmado de mi mano, sellado con el sello del Estado y refrendado por el secretario interino del Despacho general del Gobierno mismo.

Juan Argüello

José Miguel de la Quadra, secretario

VENEZUELA, NUEVA GRANADA, COLOMBIA, PERÚ, BOLIVIA, ECUADOR, PANAMÁ

Constitución Boliviana de 1826[49]

En el nombre de Dios. El Congreso General Constituyente de la República Boliviana, nombrado por el pueblo para formar la Constitución del Estado, decreta la siguiente.

Título I. De la nación

Capítulo I. De la nación boliviana

Artículo 1. La nación boliviana es la reunión de todos los bolivianos.
Artículo 2. Bolivia es, y será para siempre, independiente de toda dominación extranjera, y no puede ser patrimonio de ninguna persona, ni familia.

Capítulo II. Del territorio

Artículo 3. El territorio de la República Boliviana comprende los departamentos de Potosí, Chuquisaca, La Paz, Santa Cruz, Cochabamba y Oruro.
Artículo 4. Se divide en departamentos, provincias y cantones.
Artículo 5. Por una ley se hará la división más conveniente; y otra fijará sus límites, de acuerdo con los Estados limítrofes.

Título II. De la religión

Capítulo único

Artículo 6. La religión católica, apostólica, romana, es de la república, con exclusión de todo otro culto público. El Gobierno la protegerá y hará respetar, reconociendo el principio de que no hay poder humano sobre las conciencias.

Título III. Del Gobierno

Capítulo I. Forma del Gobierno

Artículo 7. El Gobierno de Bolivia es popular representativo.

49 Ciro Félix Trigo (comp.), «Constitución de 1826», Las constituciones de Bolivia, 2.ª ed., La Paz, Fondo Editorial de la Biblioteca y Archivo Histórico del Honorable Congreso Nacional / Vicepresidencia de la República, 2003, pags. 201-225.

Artículo 8. La soberanía emana del pueblo, y su ejercicio reside en los poderes que establece esta Constitución.
Artículo 9. El Poder Supremo se divide, para su ejercicio, en cuatro secciones: Electoral, Legislativo, Ejecutivo y Judicial.
Artículo 10. Cada poder ejercerá las atribuciones que le señala esta Constitución, sin excederse de sus límites respectivos.

Capítulo II. De los bolivianos

Artículo 11. Son bolivianos: 1. Todos los nacidos en el territorio de la república; 2. Los hijos de padre o madre boliviana, nacidos fuera del territorio, luego que manifiesten legalmente su voluntad de domiciliarse en Bolivia; 3. Los que en Junín o Ayacucho combatieron por la libertad; 4. Los extranjeros que obtengan carta de naturaleza, o tengan tres años de vecindad en el territorio de la república; 5. Todos los que hasta el día han sido esclavos y, por lo mismo, quedarán de derecho libres, en el acto de publicarse la Constitución; pero no podrán abandonar la casa de sus antiguos señores, sino en la forma que una ley especial lo determine.
Artículo 12. Son deberes de todo boliviano: 1. Vivir sometido a la Constitución y a las leyes; 2. Respetar y obedecer a las autoridades constituidas; 3. Contribuir a los gastos públicos; 4. Sacrificar sus bienes y su vida misma, cuando lo exija la salud de la república; 5. Velar sobre la conservación de las libertades públicas.
Artículo 13. Los bolivianos que estén privados del ejercicio del Poder Electoral, gozarán de todos los derechos civiles concedidos a los ciudadanos.
Artículo 14. Para ser ciudadano es necesario: 1. Ser boliviano; 2. Ser casado, o mayor de veinte años; 3. Saber leer y escribir bien; que esta calidad solo se exigirá desde el año de 1836; 4. Tener algún empleo o industria, o profesar alguna ciencia o arte, sin sujeción a otro en clase de sirviente doméstico.
Artículo 15. Son ciudadanos: 1. Los que en Junín o Ayacucho combatieron por la libertad; 2. Los extranjeros que obtuvieron carta de ciudadanía; 3. Los extranjeros casados con boliviana, que reúnan las condiciones 3 y 4 del artículo 14; 4. Los extranjeros solteros, que tengan cuatro años de vecindad en la república, y las mismas condiciones.

Artículo 16. Los ciudadanos de las naciones de América, antes española, gozarán de los derechos de ciudadanía en Bolivia, según los tratados que se celebren con ellas.
Artículo 17. Solo los que sean ciudadanos en ejercicio pueden obtener empleos y cargos públicos.
Artículo 18. El ejercicio de la ciudadanía se suspende: 1. Por demencia; 2. Por la tacha de deudor fraudulento; 3. Por hallarse procesado criminalmente; 4. Por ser notoriamente ebrio, jugador o mendigo; 5. Por comprar o vender sufragios en las elecciones, o turbar el orden de ellas.
Artículo 19. El derecho de ciudadanía se pierde: 1. Por traición a la causa pública; 2. Por naturalizarse en país extranjero; 3. Por haber sufrido pena infamatoria o aflictiva en virtud de condenación judicial, si no se obtiene rehabilitación del cuerpo legislativo; 4. Por admitir empleo, título o emolumento de otro Gobierno, sin consentimiento de la Cámara de censores.

Título IV. Del Poder Electoral

Capítulo I. De las elecciones

Artículo 20. El Poder Electoral lo ejercen inmediatamente los ciudadanos en ejercicio, nombrando por cada ciento un elector.
Artículo 21. El ejercicio del Poder Electoral no podrá jamás ser suspenso; y los magistrados civiles, sin esperar orden alguna, deben convocar al pueblo precisamente en el periodo señalado por la ley.
Artículo 22. Una ley especial detallará el reglamento de elecciones.

Capítulo II. Del cuerpo electoral

Artículo 23. El cuerpo electoral se compone de los electores nombrados por los sufragantes populares.
Artículo 24. Para ser elector es indispensable ser ciudadano en ejercicio y saber leer y escribir.
Artículo 25. Cada cuerpo electoral durará cuatro años, al cabo de los cuales cesará, dejando instalado al que le suceda.
Artículo 26. Los electores se reunirán todos los años, en la capital de su respectiva provincia, los días 1.º, 2, 3, 4, 5 y 6 de abril, para ejercer las atribuciones siguientes: 1. Calificar a los ciudadanos que entren en el ejercicio de

sus derechos, y declarar la inhabilidad de aquellos que estén en los casos de los artículos 18 y 19; 2. Nombrar, por la primera vez, los individuos que han de componer las Cámaras; 3. Elegir y proponer en terna: 1.º a las Cámaras respectivas, los miembros que han de renovarlas o llenar sus vacantes; 2.º al Senado, los miembros de las Cortes del distrito judicial a que pertenecen, y los jueces de primera instancia; 3.º al Prefecto del departamento, los jueces de paz que deban nombrarse; 4. Proponer: 1.º al Poder Ejecutivo, de seis a diez candidatos para la prefectura de su departamento; otros tantos para el Gobierno de su provincia, y para corregidores de sus cantones y pueblos; 2.º al Gobierno eclesiástico, una lista de curas y vicarios para las vacantes de su provincia; 5. Recibir las actas de las elecciones populares, examinar la identidad de los nuevos elegidos, y declarar los nombrados constitucionalmente; 6. Pedir a las Cámaras cuanto crean favorable al bienestar de los ciudadanos y quejarse de los agravios e injusticias que reciban de las autoridades constituidas.

Título V. Del Poder Legislativo

Capítulo I. De la división, atribuciones y restricciones de este poder

Artículo 27. El Poder Legislativo emana inmediatamente de los cuerpos electorales nombrados por el pueblo; su ejercicio reside en tres Cámaras: 1. De tribunos; 2. De senadores; 3. De censores; **Artículo** 28. Cada Cámara se compondrá de veinte miembros en los primeros veinte años.

Artículo 29. El día 6 del mes de agosto de cada año se reunirá por sí mismo el cuerpo legislativo, sin esperar convocación.

Artículo 30. Las atribuciones particulares de cada cámara se detallarán en su lugar. Son generales: 1. Nombrar al Presidente de la República, y confirmar a los sucesores a pluralidad absoluta; 2. Aprobar al Vicepresidente, a propuesta del Presidente; 3. Elegir el lugar en que deba residir el Gobierno, y trasladarse a otro cuando lo exijan graves circunstancias, y lo resuelvan los dos tercios de los miembros que componen las tres cámaras; 4. Decidir, en juicio nacional, si ha lugar o no a la formación de causa, a los miembros de las Cámaras, al vicepresidente, y a los ministros de Estado; 5. Investir, en tiempo de guerra o de peligro extraordinario, al Presidente de la República, con las facultades que se juzguen indispensables para la salvación del Estado; 6. Elegir, entre los candidatos que presenten en terna los cuerpos electorales, los miembros que deban llenar las vacantes en cada Cámara.

Artículo 31. Los miembros del cuerpo legislativo podrán ser nombrados vicepresidente de la República, o ministros de Estado, dejando de pertenecer a su Cámara.

Artículo 32. Ningún individuo del cuerpo legislativo podrá ser preso durante su Diputación, sino por orden de su respectiva Cámara, a menos que sea sorprendido in fraganti en delito que merezca pena capital.

Artículo 33. Los miembros del cuerpo legislativo serán inviolables por las opiniones que emitan dentro de sus Cámaras, en el ejercicio de sus funciones.

Artículo 34. Cada legislatura durará cuatro años, y cada sesión anual dos meses. Estas se abrirán y cerrarán a un tiempo, por las tres Cámaras.

Artículo 35. La apertura de las sesiones se hará anualmente, con asistencia del Presidente de la República, del vicepresidente, y de los ministros de Estado.

Artículo 36. Las sesiones serán públicas y solamente los negocios de Estado que exijan reserva se tratarán en secreto.

Artículo 37. Los negocios, en cada Cámara, se resolverán por la mayoría absoluta de votos de los miembros presentes.

Artículo 38. Los empleados que sean nombrados diputados para el cuerpo legislativo, serán sustituidos interinamente en el ejercicio de sus empleos por otros individuos.

Artículo 39. Son restricciones del cuerpo legislativo: 1. No se podrá celebrar sesión en ninguna de las Cámaras sin que estén presentes las dos terceras partes de los respectivos individuos que las componen; y deberá compelerse a los ausentes para que concurran a llenar sus deberes; 2. Ninguna de las Cámaras podrá iniciar proyecto de ley relativo a ramos que la Constitución somete a distinta Cámara; mas podrá invitar a las otras para que tomen en consideración las mociones que ella les pase; 3. Reunidas las Cámaras extraordinariamente, no podrán ocuparse de otros objetos, que aquellos para que fueron convocadas por el Presidente de la República, o de los que éste les proponga; 4. Ningún miembro de las Cámaras podrá obtener para sí, durante su Diputación, sino el ascenso de escala en su carrera.

Artículo 40. Las Cámaras se reunirán: 1. Al abrir y cerrar sus sesiones; 2. Para examinar la conducta del Ministerio cuando sea éste acusado por la Cámara de censores; 3. Para rever las leyes devueltas por el Poder Ejecutivo; 4. Cuando lo pida, con fundamento, alguna de las Cámaras como en el caso del artículo 30, atribución 3; 5. Para confirmar el empleo de Presidente, en el vicepresidente.

Artículo 41. Cuando se reúnan las Cámaras, las presidirá por turno uno de los presidentes. La reunión se hará en la Cámara de censores, empezando la presidencia por el de ésta.

Capítulo II. De la Cámara de tribunos

Artículo 42. Para ser tribuno es preciso: 1. Las mismas calidades que para elector; 2. Ser nacido en Bolivia, o estar avecindado en ella por seis años; 3. Tener la edad de veintiocho años; 4. No haber sido condenado jamás en causa criminal.

Artículo 43. El tribunado tiene la iniciativa: 1. En el arreglo de la división territorial de la república; 2. En las contribuciones anuales y gastos públicos; 3. En autorizar al Poder Ejecutivo para negociar empréstitos y adoptar arbitrios para extinguir la deuda pública; 4. En el valor, tipo, ley, peso y denominación de la moneda; y en el arreglo de pesos y medidas; 5. En habilitar toda clase de puertos; 6. En la construcción de caminos, calzadas, puentes, edificios públicos y en la mejora de la policía y ramos de industria; 7. En los sueldos de los empleados del Estado.

8. En las reformas que se crean necesarias en los ramos de Hacienda y de Guerra; 9. En hacer la guerra o la paz, a propuesta del Gobierno; 10. En las alianzas; 11. En conceder el pasaje a tropas extranjeras; 12. En las fuerzas armadas de mar y tierra para el año, a propuesta del Gobierno; 13. En dar ordenanzas a la Marina, al Ejército y milicia nacional, a propuesta del Gobierno; 14. En los negocios extranjeros; 15. En conceder cartas de naturaleza y de ciudadanía; 16. En conceder indultos generales.

Artículo 44. La Cámara de tribunos se renovará por mitad, cada dos años, y su duración será de cuatro. En la primera legislatura la mitad que salga a los dos años, será por suerte.
Artículo 45. Los tribunos podrán ser reelegidos.

Capítulo III. De la Cámara de senadores

Artículo 46. Para ser senadores se necesitan: 1. Las calidades requeridas para tribuno; 2. La edad de treinta años cumplidos.
Artículo 47. Las atribuciones del Senado son: 1. Formar los Códigos Civil, Criminal, de Procedimientos y de Comercio, y los reglamentos eclesiásticos; 2. Iniciar todas las leyes relativas a reformas en los negocios judiciales; 3. Velar sobre la pronta administración de justicia en lo civil y criminal; 4. La iniciativa de las leyes que repriman las infracciones de la Constitución y de las leyes hechas por los magistrados, jueces y eclesiásticos; 5. Exigir la responsabilidad a los Tribunales Superiores de Justicia, a los prefectos, y a los magistrados y jueces subalternos; 6. Proponer en terna, a la Cámara de censores, los individuos que hayan de componer la Corte Suprema de Justicia, los arzobispos, obispos, dignidades, canónigos y prebendados de las catedrales; 7. Aprobar o rechazar los prefectos, gobernadores y corregidores que el Gobierno le presente los propuestos por los cuerpos electorales; 8. Elegir de la terna que le presenten los cuerpos electorales, los jueces del distrito y los subalternos de todo el departamento de justicia; 9. Arreglar el ejercicio del patronato y dar proyectos de ley sobre todos los negocios eclesiásticos que tienen relación con el Gobierno; 10. Examinar las decisiones conciliares, bulas, rescriptos y breves pontificios, para aprobarlos o no.
Artículo 48. La duración de los miembros del Senado será de ocho años, y se renovará por mitad en cada cuatrienio; debiendo salir por suerte la primera mitad de la primera legislatura.
Artículo 49. Los miembros del Senado podrán ser reelegidos.

Capítulo IV. De la Cámara de censores

Artículo 50. Para ser censor se necesita: 1. Las cualidades requeridas para senador; 2. Tener treinta y cinco años cumplidos; 3. No haber sido jamás condenado ni por faltas leves.

Artículo 51. Las atribuciones de la Cámara de censores son: 1. Velar si el Gobierno cumple y hace cumplir la Constitución, las leyes, y los tratados públicos; 2. Acusar ante el Senado las infracciones que el Ejecutivo haga de la Constitución, de las leyes, y de los tratados públicos; 3. Pedir al Senado la suspensión del vicepresidente y ministros de Estado, si la salud de la república lo demandare con urgencia.

Artículo 52. A la Cámara de censores pertenece exclusivamente acusar al vicepresidente y ministros de Estado ante el Senado, en los casos de traición, concusión o violación manifiesta de las leyes fundamentales del Estado.

Artículo 53. Si el Senado estimare fundada la acusación hecha por la Cámara de censores, tendrá lugar el juicio nacional; y si por el contrario el Senado estuviere por la negativa, pasará la acusación a la Cámara de tribunos.

Artículo 54. Estando de acuerdo dos Cámaras, debe abrirse el juicio nacional.

Artículo 55. Entonces se reunirán las tres Cámaras, y en vista de los documentos que presente la Cámara de censores, se decidirá a pluralidad absoluta de votos, si ha o no lugar a la formación de causa al vicepresidente o a los ministros de Estado.

Artículo 56. Luego que en juicio nacional se decrete que ha lugar a la formación de causa al vicepresidente o a los ministros de Estado, quedarán éstos en el acto suspensos de sus funciones, y las Cámaras pasarán todos los antecedentes a la Corte Suprema de Justicia, la cual conocerá exclusivamente de la causa; y el fallo que pronunciare se ejecutará sin otro recurso.

Artículo 57. Luego que las Cámaras declaren que ha lugar a la formación de causa al vicepresidente y ministros de Estado, el Presidente de la República presentará a las Cámaras reunidas, un candidato para la vicepresidencia interina, y nombrará interinamente ministros de Estado. Si el primer candidato fuere rechazado a pluralidad absoluta del cuerpo legislativo, el Presidente presentará un segundo candidato; y si éste fuere igualmente rechazado, presentará tercer candidato, y si éste fuere igualmente rechazado, entonces las Cámaras elegirán por pluralidad absoluta, en el término de veinticuatro horas precisamente, uno de los tres candidatos propuestos por el Presidente.

Artículo 58. El vicepresidente interino ejercerá desde aquel acto sus funciones, hasta el resultado del juicio contra el propietario.

Artículo 59. Por una ley que tendrá origen en la Cámara de censores, se determinarán los casos en que el vicepresidente y ministros de Estado, son responsables en común o en particular.
Artículo 60. Corresponde además, a la Cámara de censores: 1. Escoger de la terna que remita el Senado, los individuos que deben formar la Corte Suprema de Justicia, y los que se han de presentar para los arzobispos, obispados, canonjías y prebendas vacantes; 2. Todas las leyes de imprenta, economía, plan de estudios y método de enseñanza pública; 3. Proteger la libertad de imprenta, y nombrar los jueces que deben ver en última apelación los juicios de ella; 4. Proponer reglamentos, para el fomento de las artes y de las ciencias; 5. Conceder premios y recompensas nacionales a los que las merezcan por sus servicios a la república; 6. Decretar honores públicos a la memoria de los grandes hombres, y a las virtudes y servicios de los ciudadanos; 7. Condenar a oprobio eterno a los usurpadores de la autoridad pública, a los grandes traidores y a los criminales insignes; 8. Conceder a los bolivianos la admisión de empleos, títulos y emolumentos que les acordare otro Gobierno, cuando por sus servicios lo merezcan.
Artículo 61. Los censores serán vitalicios.

Capítulo V. De la formación y promulgación de las leyes

Artículo 62. El Gobierno puede presentar a las Cámaras, los proyectos de la ley que juzgue convenientes.
Artículo 63. El vicepresidente y los ministros de Estado pueden asistir a las sesiones y discutir las leyes y los demás asuntos; mas no podrán votar, ni estar presentes en las votaciones.
Artículo 64. Cuando la Cámara de tribunos adopte un proyecto de ley, lo remitirá al Senado con la siguiente fórmula: La Cámara de tribunos remite a la Cámara de senadores el adjunto proyecto de ley y cree que tiene lugar.
Artículo 65. Si la Cámara de senadores aprueba el proyecto de ley, lo devolverá a la Cámara de tribunos con la siguiente fórmula: El Senado devuelve a la Cámara de tribunos el proyecto de ley (con reforma o sin ella), y cree que debe pasarse al Ejecutivo para su ejecución.
Artículo 66. Todas las Cámaras en igual caso observarán esta misma fórmula.

Artículo 67. Si una Cámara no aprobase las reformas o adiciones de otra, y todavía la Cámara proponente juzgase que el proyecto, tal cual lo propuso, es ventajoso, podrá invitar por medio de una Diputación de tres miembros, a la reunión de las dos Cámaras, para discutir aquel proyecto, o la reforma o negativa que se le haya dado. Esta reunión de Cámaras no tendrá más objeto que el de entenderse, y cada una volverá a adoptar las deliberaciones que tenga por conveniente.

Artículo 68. Adoptado el proyecto por dos Cámaras, se dirigirán al Presidente de la República dos copias firmadas por el Presidente y secretarios de la Cámara a que corresponde la ley, con la siguiente fórmula: La Cámara de... con la aprobación de la de... dirige al Poder Ejecutivo la ley sobre... para que se promulgue.

Artículo 69. Si la Cámara de senadores se denegase a adoptar el proyecto de la de tribunos, lo pasará a la de censores, con la siguiente fórmula: La Cámara de senadores remite a la de censores el proyecto adjunto; y cree que no es conveniente. Entonces lo que determine la Cámara de censores, será definitivo.

Artículo 70. Los proyectos de ley que tuviesen origen en el Senado pasarán a la Cámara de censores, y si fueren allí aprobados, tendrán fuerza de ley. Si los censores no aprobaren el proyecto de ley, pasará a la Cámara de tribunos, y su decisión se cumplirá, como se ha dicho con respecto a esta Cámara.

Artículo 71. Los proyectos de ley iniciados en la Cámara de censores, pasarán al Senado: la sanción de éste tendrá fuerza de ley. Más en caso de negar su ascenso al proyecto, se pasará éste al Tribunado, el cual dará o negará su sanción, como en el caso de los artículos anteriores.

Artículo 72. Si el Presidente de la República creyese que la ley no es conveniente, deberá en el término de diez días cumplidos, devolverla a la Cámara que la dio, con sus observaciones, y la fórmula siguiente: El Ejecutivo cree que debe considerarse de nuevo.

Artículo 73. Las leyes que se dieren en los últimos diez días de las sesiones podrán ser retenidas por el Poder Ejecutivo hasta las próximas sesiones; y entonces deberá devolverlas con sus observaciones.

Artículo 74. Cuando el Poder Ejecutivo devuelva las leyes con observaciones a las Cámaras, se reunirán éstas, y lo que decidieren a pluralidad, se cumplirá sin otra discusión ni observación.
Artículo 75. Si el Poder Ejecutivo no tuviere que hacer observaciones a las leyes, las mandará publicar con esta fórmula: Ejecútese.
Artículo 76. Las leyes se promulgarán con esta fórmula: N. de N., Presidente Constitucional de la República Boliviana. Hacemos saber a todos los bolivianos: que el cuerpo legislativo decretó, y Nos publicamos la siguiente ley (aquí el texto de la ley). Mandamos, por tanto, a todas las autoridades de la república, la cumplan y hagan cumplir. El vicepresidente la hará imprimir, publicar, y circular a quienes corresponda. Y la firmará el Presidente, con el vicepresidente, y el respectivo ministro de Estado.

Título VI. Del Poder Ejecutivo

Artículo 77. El ejercicio del Poder Ejecutivo reside en un Presidente vitalicio, un vicepresidente, y tres ministros de Estado.

Capítulo I. Del Presidente

Artículo 78. El Presidente de la República será nombrado la primera vez por el Congreso Constituyente, a propuesta de los colegios electorales.
Artículo 79. Para ser nombrado Presidente de la República, se requiere: 1. Ser ciudadano en ejercicio, y nativo de Bolivia; 2. Profesar la religión de la república; 3. Tener más de treinta años de edad; 4. Haber hecho servicios importantes a la república; 5. Tener talentos conocidos en la administración del Estado; 6. No haber sido condenado jamás por los tribunales, ni aún por faltas leves.
Artículo 80. El Presidente de la República es el jefe de la administración del Estado, sin responsabilidad por los actos de dicha administración.
Artículo 81. Por renuncia, muerte, enfermedad o ausencia del Presidente de la República, el vicepresidente le sucederá en el mismo acto.
Artículo 82. A falta del Presidente y vicepresidente de la República, se encargarán interinamente de la administración del Estado, los ministros, debiendo presidir el más antiguo en ejercicio, hasta que se reúna el cuerpo legislativo.

Artículo 83. Las atribuciones del Presidente de la República, son: 1. Abrir las sesiones de las Cámaras, y presentarles un mensaje sobre el estado de la república; 2. Proponer a las Cámaras el vicepresidente, y nombrar por sí solo los Ministros del Despacho; 3. Separar por sí solo al vicepresidente y a los ministros del Despacho, siempre que lo estime conveniente; 4. Mandar publicar, circular y hacer guardar las leyes; 5. Autorizar los reglamentos y órdenes para el mejor cumplimiento de la Constitución, las leyes y los tratados públicos; 6. Mandar y hacer cumplir las sentencias de los Tribunales de Justicia; 7. Pedir al cuerpo legislativo la prorrogación de sus sesiones ordinarias, hasta por treinta días; 8. Convocar el cuerpo legislativo para sesiones extraordinarias, en el caso de que sea absolutamente necesario; 9. Disponer de la fuerza permanente de mar y tierra, para la defensa exterior de la república; 10. Mandar los ejércitos de la república en paz y guerra, y en persona, cuando lo crea conveniente. Cuando el Presidente se ausente de la capital para mandar el Ejército, quedará el vicepresidente encargado del mando de la república; 11. Cuando el Presidente dirige la guerra en persona, podrá residir en todo el territorio ocupado por las armas nacionales; 12. Disponer de la milicia nacional para la seguridad interior dentro de los límites de sus departamentos; y fuera de ellos, con consentimiento del cuerpo legislativo; 13. Nombrar todos los empleados del Ejército y Marina; 14. Establecer escuelas militares y escuelas náuticas; 15. Mandar establecer hospitales militares y casas de inválidos; 16. Dar retiros y licencias, conceder las pensiones de los militares y de sus familias, conforme a las leyes, y arreglar, según ellas, todo lo demás consiguiente a este ramo; 17. Declarar la guerra en nombre de la república, previo el decreto del cuerpo legislativo; 18. Conceder patentes de corso; 19. Cuidar de la recaudación e inversión de las contribuciones, con arreglo a las leyes; 20. Nombrar los empleados de Hacienda; 21. Dirigir las negociaciones diplomáticas y celebrar tratados de paz, amistad, federación, alianzas, treguas, neutralidad, armada, comercio y cualesquiera otros, debiendo preceder siempre la aprobación del cuerpo legislativo; 22. Nombrar los ministros públicos, cónsules y subalternos del departamento de Relaciones Exteriores; 23. Recibir ministros extranjeros; 24. Conceder el pase, o suspender las decisiones conciliares, bulas pontificias, breves y rescriptos, con anuencia del poder a quien corresponda; 25.

Presentar al Senado para su aprobación, uno de los candidatos propuestos por el cuerpo electoral para prefectos, gobernadores y corregidores; 26. Presentar al Gobierno eclesiástico uno de la terna que le pase éste, de los candidatos propuestos por el cuerpo electoral, para curas y vicarios de las provincias; 27. Suspender hasta por tres meses a los empleados, siempre que tengan causa para ello; 28. Conmutar las penas capitales en destierro de diez años, o extrañamiento perpetuo del territorio de la república; 29. Expedir, a nombre de la república, los títulos o nombramientos a todos los empleados.

Artículo 84. Son restricciones del Presidente de la República: 1. El Presidente no podrá privar de su libertad a ningún boliviano, ni imponerle por sí pena alguna; 2. Cuando la seguridad de la república exija el arresto de uno o más ciudadanos, no podrá pasar de cuarenta y ocho horas sin poner al acusado a disposición del tribunal o juez competente; 3. No podrá privar a ningún individuo de su propiedad, sino en el caso que el interés público lo exija con urgencia; pero deberá preceder una justa indemnización al propietario; 4. No podrá impedir las elecciones, ni las demás funciones que por las leyes competen a los poderes de la república; 5. No podrá ausentarse del territorio de la república, sin permiso del cuerpo legislativo.

Capítulo II. Del vicepresidente

Artículo 85. El vicepresidente es nombrado por el Presidente de la República, y aprobado por el cuerpo legislativo, del modo que se ha dicho en el artículo 57.

Artículo 86. Una ley especial de sucesión comprenderá todos los casos que puedan ocurrir.

Artículo 87. Para ser vicepresidente es necesario haber nacido en Bolivia y tener las demás cualidades que se requieren para Presidente.

Artículo 88. El vicepresidente de la república es el jefe del ministerio.

Artículo 89. Será responsable, con el ministro del Despacho del departamento respectivo, de la administración del Estado.

Artículo 90. Despachará y firmará a nombre de la república y del Presidente, todos los negocios de la administración con el ministro de Estado del departamento respectivo.

Artículo 91. No podrá ausentarse del territorio de la república, sin permiso del cuerpo legislativo.

Capítulo III. De los ministros de Estado

Artículo 92. Habrá tres ministros del Despacho. El uno se encargará de los departamentos del Interior y Relaciones Exteriores, el otro del de Hacienda; y el tercero del de Guerra y Marina.

Artículo 93. Estos tres ministros despacharán bajo las órdenes inmediatas del vicepresidente.

Artículo 94. Ningún tribunal, ni persona pública, dará cumplimiento a las órdenes del Ejecutivo, que no estén firmadas por el vicepresidente y ministro del respectivo departamento.

Artículo 95. En caso de impedimento del vicepresidente, las órdenes del Ejecutivo se rubricarán por el Presidente.

Artículo 96. Los ministros del Despacho serán responsables con el vicepresidente, de todas las órdenes que autoricen contra la Constitución, las leyes, y los tratados públicos.

Artículo 97. Formarán los presupuestos anuales de los gastos que deban hacerse en sus respectivos ramos; y rendirán cuenta de los que se hubieren hecho en el año anterior.

Artículo 98. Para ser ministro de Estado se requiere: 1. Ser ciudadano en ejercicio; 2. Tener treinta años cumplidos; 3. No haber sido jamás condenado en causa criminal.

Título VII. Del Poder Judicial

Capítulo I. Atribuciones de este poder

Artículo 99. La facultad de juzgar pertenece exclusivamente a los tribunales establecidos por la ley.

Artículo 100. Durarán los magistrados y jueces tanto, cuanto duraren sus buenos servicios.

Artículo 101. Los magistrados y jueces no pueden ser suspendidos de sus empleos, sino en los casos determinados por las leyes.

Artículo 102. Toda falta grave de los magistrados y jueces en el desempeño de sus respectivos cargos, produce acción popular, la cual puede intentarse en todo el término de un año, o por el órgano del cuerpo electoral, o inmediatamente por cualquier boliviano.
Artículo 103. Los magistrados y jueces son responsables personalmente. Una ley especial determinará el modo de hacer efectiva esta responsabilidad.
Artículo 104. Ni el Gobierno, ni los tribunales podrán, en ningún caso alterar ni dispensar los trámites y fórmulas que prescriben las leyes, en las diversas clases de juicio.
Artículo 105. Ningún boliviano podrá ser juzgado en causas civiles y criminales, sino por el tribunal competente designado con anterioridad por la ley.
Artículo 106. La justicia se administrará en nombre de la nación; y las ejecutorias y provisiones de los tribunales, se encabezarán del mismo modo.

Capítulo II. De la Corte Suprema

Artículo 107. La primera magistratura judicial del Estado residirá en la Corte Suprema de Justicia.
Artículo 108. Ésta se compondrá de un presidente, seis vocales y un fiscal, divididos en las salas convenientes.
Artículo 109. Para ser individuo de la Corte Suprema de Justicia se requiere: 1. La edad de treinta y cinco años; 2. Ser ciudadano en ejercicio; 3. Haber sido individuo de alguna de las Cortes de distrito judicial; y mientras éstas se organizan, podrán serlo los abogados que hubieren ejercido con crédito su profesión por diez años.
Artículo 110. Son atribuciones de la Suprema Corte de Justicia: 1. Conocer de las causas criminales del vicepresidente de la república, ministros de Estado y miembros de las Cámaras cuando decretare el cuerpo legislativo haber lugar a formarles causa; 2. Conocer de todas las causas contenciosas de patronato nacional; 3. Examinar las bulas, breves y rescriptos, cuando versen sobre materias civiles; 4. Conocer de las causas contenciosas de los embajadores, ministros residentes, cónsules y agentes diplomáticos; 5. Conocer de las causas de separación de los magistrados de las Cortes de distrito judicial, y prefectos departamentales; 6. Dirimir las competencias de las Cortes de distrito entre sí, y las de éstas con las demás autoridades; 7. Conocer en tercera instancia de la residencia de todo empleado público; 8.

Oír las dudas de los demás tribunales sobre la inteligencia de alguna ley, y consultar al Ejecutivo para que promueva la conveniente declaración en las Cámaras; 9. Conocer de los recursos de nulidad que se interpongan contra las sentencias dadas en última instancia por las Cortes de distrito; 10. Examinar el estado y progreso de las causas civiles y criminales pendientes en las Cortes de distrito, por los medios que la ley establezca; 11. Ejercer, por último, la alta facultad directiva, económica y correccional, sobre los tribunales y juzgados de la nación.

Capítulo III. De las Cortes de distrito judicial

Artículo 111. Se establecerán Cortes de distrito judicial en aquellos departamentos que el cuerpo legislativo juzgue convenir.

Artículo 112. Para ser vocal de estas Cortes es necesario: 1. Tener treinta años cumplidos; 2. Ser ciudadano en ejercicio; 3. Haber sido juez de letras, o ejercido la abogacía con crédito, por ocho años.

Artículo 113. Son atribuciones de las Cortes de distrito judicial: 1. Conocer en segunda y tercera instancia de todas las causas civiles y criminales del fuero común, Hacienda pública, Comercio, minería, presas y comisos, en consorcio de un individuo de cada una de estas profesiones en calidad de conjuez; 2. Conocer de las competencias entre todos los jueces subalternos de su distrito judicial; 3. Conocer los recursos de fuerza que se introduzcan de los tribunales y autoridades eclesiásticas de su territorio.

Capítulo IV. Partidos judiciales

Artículo 114. En las provincias se establecerán partidos judiciales proporcionalmente iguales, y en cada capital de partido habrá un juez de letras, con el juzgado que las leyes determinen.

Artículo 115. Las facultades de estos jueces se reducen a lo contencioso, y pueden conocer sin apelación en los negocios civiles, hasta la cantidad de doscientos pesos.

Artículo 116. Para ser juez de letras, se requiere: 1. La edad de veintiocho años; 2. Ser ciudadano en ejercicio; 3. Ser abogado recibido en cualquier tribunal de la república; 4. Haber ejercido la profesión seis años, con crédito.

Capítulo V. De la administración de justicia

Artículo 117. Habrá jueces de paz en cada pueblo para las conciliaciones, no debiéndose admitir demanda alguna civil o criminal de injurias, sin este previo requisito.

Artículo 118. El Ministerio de los conciliadores se limita a oír las solicitudes de las partes, instruirlas de sus derechos, y procurar entre ellas un acomodamiento prudente.

Artículo 119. Las acciones fiscales no admiten conciliación.

Artículo 120. No se conocen más que tres instancias en los juicios.

Artículo 121. Queda abolido el recurso de injusticia notoria.

Artículo 122. Ningún boliviano puede ser preso sin precedente información del hecho, por el que merezca pena corporal, y un mandamiento escrito del juez ante quien ha de ser presentado; excepto en los casos de los artículos 84, restricción 2, 123 y 132.

Artículo 123. Acto continuo, si fuere posible, deberá dar su declaración sin juramento, no difiriéndose ésta en ningún caso, por más tiempo que el de 48 horas.

Artículo 124. In fraganti todo delincuente puede ser arrestado por cualquier persona, y conducido a la presencia del juez.

Artículo 125. En las causas criminales el juzgamiento será público; reconocido el hecho y declarado por jurados (cuando se establezcan); y la ley aplicada por los jueces.

Artículo 126. No se usará jamás del tormento, ni se exigirá confesión por apremio.

Artículo 127. Queda abolida toda confiscación de bienes y toda pena cruel y de infamia trascendental. El Código Criminal limitará, en cuanto sea posible, la aplicación de la pena capital.

Artículo 128. Si en circunstancias extraordinarias la seguridad de la república exigiere la suspensión de algunas de las formalidades prescritas en este capítulo, podrán las Cámaras decretarlo. Y si éstas no se hallasen reunidas, podrá el Ejecutivo desempeñar esta misma función, como medida provisional, y dará cuenta de todo en la próxima apertura de las Cámaras, quedando responsable de los abusos que haya cometido.

Título VIII. Del régimen interior de la República

Capítulo único

Artículo 129. El Gobierno Superior Político de cada departamento residirá en un prefecto.

Artículo 130. El de cada provincia en un gobernador.

Artículo 131. El de los cantones en un corregidor.

Artículo 132. Para ser prefecto o gobernador, se requiere: 1. Ser ciudadano en ejercicio; 2. La edad de treinta años cumplidos; 3. No haber sido condenado en causa criminal.

Artículo 133. En todo pueblo donde el número de sus habitantes por sí y en su comarca, no baje de cien almas ni pase de dos mil, habrá un juez de paz.

Artículo 134. Donde el vecindario, en el pueblo y su comarca pase de dos mil almas, habrá por cada dos mil un juez de paz; si la fracción pasase de quinientos habrá otro.

Artículo 135. El destino de juez de paz es concejil; y ningún ciudadano, sin causa justa, podrá eximirse de desempeñarlo.

Artículo 136. Los prefectos, gobernadores y corregidores durarán en el desempeño de sus funciones por el término de cuatro años, pero podrán ser reelegidos.

Artículo 137. Los jueces de paz se renovarán cada año y no podrán ser reelegidos sino pasados dos.

Artículo 138. Las atribuciones de los prefectos, gobernadores, corregidores y alcaldes, serán determinadas por la ley, para mantener el orden y seguridad pública, con subordinación gradual al Gobierno Supremo.

Artículo 139. Les está prohibido todo conocimiento judicial; pero si la tranquilidad pública exigiese la aprehensión de algún individuo y las circunstancias no permitieren ponerlo en noticia del juez respectivo, podrán ordenarla desde luego, dando cuenta al juzgado que compete, dentro de cuarenta y ocho horas. Cualquier exceso que cometan estos empleados, relativo a la seguridad individual, o a la del domicilio, produce acción popular.

Artículo 140.[50]

---

50 El artículo 140 fue eliminado por el Congreso Constituyente de Bolivia sin alterar la numeración consecutiva. Rezaba así: **Artículo** 140. «Los empleados públicos son estrictamente

Título IX. De la Fuerza Armada

Capítulo único

Artículo 141. Habrá en la república una Fuerza Armada permanente.

Artículo 142. La Fuerza Armada se compondrá del ejército de línea, y de una escuadra.

Artículo 143.[51] **Artículo** 144. Habrá también un resguardo militar cuya principal incumbencia será impedir todo comercio clandestino. Por un reglamento especial se detallará la organización, y constitución peculiar de este cuerpo.

Título X. Reforma de la Constitución

Capítulo único

Artículo 145. Si pasados diez años después de jurada la Constitución, se advirtiere que algunos de sus artículos merecen reforma, se hará la proposición por escrito, firmada por una tercera parte, al menos, de la Cámara de tribunos, y apoyada por las dos terceras partes de los miembros presentes en la Cámara.

Artículo 146. La proposición será leída por tres veces, con el intervalo de seis días de una a otra lectura, y después de la tercera, deliberará la Cámara de tribunos, si la proposición podrá ser o no admitida a discusión, siguiéndose en todo lo demás, lo prevenido para la formación de las leyes.

Artículo 147. Admitida a discusión, y convencidas las Cámaras de la necesidad de reformar la Constitución, se expedirá una ley por la cual se mandará a los cuerpos electorales, confieran a los diputados de las tres Cámaras, poderes especiales para alterar o reformar la Constitución, indicando las bases sobre que deba recaer la reforma.

Artículo 148. En las primeras sesiones de la legislatura siguiente, a la en que se hizo la moción sobre alterar o reformar la Constitución, será la materia propuesta y discutida; y lo que las Cámaras resuelvan, se cumplirá, consultado el Poder Ejecutivo sobre la conveniencia de la reforma.

---

responsables de los abusos que cometieren en el ejercicio de sus funciones». (N. de B. A.).

51 El artículo 143 no aparece en el original. (N. de B. A.).

Título XI. De las garantías

Capítulo único

Artículo 149. La Constitución garantiza a todos los bolivianos su libertad civil, su seguridad individual, su propiedad, y su igualdad ante la ley, ya premie, ya castigue.

Artículo 150. Todos pueden comunicar sus pensamientos de palabra o por escrito, y publicarlos por medio de la imprenta, sin previa censura, pero bajo la responsabilidad que la ley determine.

Artículo 151. Todo boliviano puede permanecer, o salir del territorio de la república, según le convenga, llevando consigo sus bienes; pero guardando los reglamentos de policía, y salvo siempre el derecho de tercero.

Artículo 152. Toda casa de boliviano es un asilo inviolable. De noche no se podrá entrar en ella, sino por su consentimiento; y de día solo se franqueará su entrada, en los casos, y de la manera que determine la ley.

Artículo 153. Las contribuciones se repartirán proporcionalmente, sin ninguna excepción ni privilegio.

Artículo 154. Quedan abolidos los empleos y privilegios hereditarios, y las vinculaciones; y son enajenables todas las propiedades, aunque pertenezcan a obras pías, a religiones, o a otros objetos.

Artículo 155. Ningún género de trabajo, industria o comercio, puede ser prohibido, a no ser que se oponga a las costumbres públicas, a la seguridad, y a la salubridad de los bolivianos.

Artículo 156. Todo inventor tendrá la propiedad de sus descubrimientos, y de sus producciones. La ley le asegurará un privilegio exclusivo temporal o resarcimiento de la pérdida que tenga, en el caso de publicarlo.

Artículo 157. Los poderes constitucionales no podrán suspender la Constitución, ni los derechos que corresponden a los bolivianos, sino en los casos y circunstancias expresadas en la misma Constitución, señalando indispensablemente el término que deba durar la suspensión.

Dada en la sala de sesiones en Chuquisaca, a los seis días del mes de noviembre del año de mil ochocientos veintiséis.

Eusebio Gutiérrez, diputado por La Paz, presidente – Mariano del Callejo, diputado por Potosí, vicepresidente – José María Pérez de Urdininea, diputado por Oruro, vicepresidente – Manuel José de Asín, diputado por La Paz – Mariano Guzmán, diputado por Cochabamba – Mariano Cabrera, diputado por Cochabamba – Esteban Salinas, diputado por La Paz – Antonio Vicente Seoane, diputado por Santa Cruz – José Eustaquio Eguivar, diputado por Potosí – José Gabriel de Gumucio, diputado por Cochabamba – Juan Manuel Mercado, diputado por Oruro – Francisco Javier de Orihuela, diputado por Cochabamba – Justo Mariscal, diputado por Cochabamba – José Manuel Loza, diputado por La Paz – José María Dalence, diputado por Oruro – Manuel Padín, diputado por La Paz – Melchor Daza, diputado por Potosí – José Manuel del Castillo, diputado por La Paz – José María de Aguirre, diputado por Tarija – Nicolás Dorado, diputado por Potosí – Miguel María de Aguirre, diputado por Santa Cruz – Manuel José Justiniano, diputado por Santa Cruz – Casimiro Calderón, diputado por La Paz – José Ignacio de Sanjinés, diputado por Potosí – José Monje, diputado por La Paz – Francisco Ramires, diputado por Cochabamba – Sebastián de Irigoyen, diputado por Cochabamba – Matías Orosa, diputado por La Paz – Casimiro Olañeta, diputado por Chuquisaca – José Fernando de Aguirre, diputado por Tarija – Manuel María Urcullu, diputado por Chuquisaca – Juan Crisóstomo Unzueta, diputado por Cochabamba – Pascual Romero, diputado por Chuquisaca – Miguel Anselmo de López, diputado por Santa Cruz – Manuel Martín, diputado por Potosí – Miguel del Carpio, diputado por Potosí – Manuel Molina, diputado por Potosí – José María Bozo, diputado por Santa Cruz – Melchor León de la Barra, diputado por La Paz – Mariano Enrique Calvo, diputado por Chuquisaca – Mariano Calvimontes, diputado por Chuquisaca, secretario – José María Salinas, secretario.

Palacio de Gobierno en Chuquisaca, a 19 de noviembre de 1826. 16.º de la Independencia.

Ejecútese, imprímase, publíquese y circúlese.

Las autoridades civiles y militares de la república, los tribunales, las corporaciones, y todos los bolivianos de cualquier clase y dignidad, guardarán y harán guardar, observar y cumplir en todas sus partes la Constitución inserta como ley fundamental de la República Boliviana.

Dada, firmada, sellada con el sello de la República y refrendada por los ministros del Despacho – Antonio José de Sucre – El ministro del Interior y Relaciones Exteriores, Facundo Infante – El ministro de Guerra, Agustín Jeraldino – El ministro de Hacienda, Juan de Bernabé y Madero.

Constitución de Ecuador de 1830[52]

En el nombre de Dios, autor y legislador de la sociedad.

Nosotros los representantes del Estado del Ecuador, reunidos en Congreso, con el objeto de establecer la forma de gobierno más conforme a la voluntad y necesidad de los pueblos que representamos, hemos acordado la siguiente CONSTITUCIÓN DEL ESTADO DEL ECUADOR

Título I. Del Estado del Ecuador

Sección I. De las relaciones políticas del Estado del Ecuador

Artículo 1. Los departamentos del Azuay, Guayas y Quito quedan reunidos entre sí formando un solo cuerpo independiente con el nombre de Estado del Ecuador.

Artículo 2. El Estado del Ecuador se une y confedera con los demás Estados de Colombia, para formar una sola nación con el nombre República de Colombia.

Artículo 3. El Estado del Ecuador concurrirá con igual representación a la formación de un Colegio de Plenipotenciarios de todos los Estados, cuyo objeto sea establecer el Gobierno general de la nación y sus atribuciones, y fijar por una ley fundamental los límites, mutuas obligaciones, derechos y relaciones nacionales de todos los Estados de la Unión.

Artículo 4. El Gobierno del Estado del Ecuador admitirá y establecerá relaciones con otros Gobiernos amigos de Colombia, celebrando con ellos tratados de amistad y comercio.

Artículo 5. Los artículos de esta carta constitucional que resultaren en oposición con el pacto de unión y fraternidad que ha de celebrarse con los demás estados de Colombia, quedarán derogados para siempre.

Sección II. Del territorio del Estado del Ecuador, de su gobierno y religión

Artículo 6. El territorio del Estado comprende los tres departamentos del Ecuador en los límites del antiguo reino de Quito.

52 Constitución del Estado de Ecuador, Quito, Archivo de la Asamblea Nacional, 1830.

Artículo 7. El Gobierno del Estado del Ecuador es popular, representativo, alternativo, y responsable.
Artículo 8. La religión católica, apostólica, romana es la religión del Estado. Es un deber del Gobierno en ejercicio del patronato protegerla con exclusión de cualquiera otra.

Sección III. De los ecuatorianos, de sus deberes y derechos políticos

Artículo 9. Son ecuatorianos: 1. Los nacidos en el territorio y sus hijos; 2. Los naturales de los otros Estados de Colombia, avecindados en el Ecuador; 3. Los militares que estaban en servicio del Ecuador al tiempo de declararse en Estado independiente; 4. Los extranjeros que eran ciudadanos en la misma época; 5. Los extranjeros que por sus servicios al país obtengan carta de naturaleza; 6. Los naturales que habiéndose domiciliado en otro país, vuelvan y declaren ante la autoridad que determine la ley, que desean recuperar su antiguo domicilio.
Artículo 10. Los deberes de los ecuatorianos son: obedecer a las leyes y a las autoridades; servir y defender la patria; y ser moderados y hospitalarios.
Artículo 11. Los derechos de los ecuatorianos son, igualdad ante la ley y opción igual a elegir y ser elegidos para los destinos públicos teniendo las aptitudes necesarias.
Artículo 12. Para entrar en el goce de los derechos de ciudadanía, se requiere: 1. Ser casado, o mayor de veintidós años; 2. Tener una propiedad raíz, valor libre de trescientos pesos, o ejercer alguna profesión, o industria útil, sin sujeción a otro, como sirviente doméstico, o jornalero; 3. Saber leer y escribir.
Artículo 13. Los derechos de ciudadanía se pierden por entrar al servicio de una nación enemiga, por naturalizarse en país extranjero, y por sentencia infamante. Y se suspenden, por deber a los fondos públicos en plazo cumplido; por causa criminal pendiente; por interdicción judicial; por ser vago declarado, ebrio de costumbre, o deudor fallido; y por enajenación mental.

Título II. De las elecciones

Sección I. De las asambleas parroquiales

Artículo 14. En cada parroquia habrá una asamblea parroquial cada cuatro años el día que designe la ley. Esta asamblea se compondrá de los sufragantes parroquiales; la presidirá un juez de la parroquia, con asistencia del cura y tres vecinos honrados escogidos por el juez entre los sufragantes.

Artículo 15. La asamblea votará por los electores que correspondan al cantón.

Artículo 16. Para ser elector se requiere: 1. Ser sufragante parroquial; 2. Haber cumplido veinticinco años; 3. Ser vecino de una de las parroquias del cantón; 4. Gozar de una renta anual de doscientos pesos que provenga de bienes raíces, o del ejercicio de alguna profesión o industria útil.

Artículo 17. Los que tuvieren mayor número de votos, serán nombrados electores; la suerte decidirá en igualdad de sufragios.

Sección II. De las Asambleas Electorales

Artículo 18. La Asamblea Electoral se compone de los electores parroquiales, que se reunirán en la capital de la provincia cada dos años en el día señalado por la ley con los dos tercios, cuando menos, de los electores.

Artículo 19. El cargo de elector dura cuatro años; las faltas por vacante o impedimento serán suplidas con los que hayan tenido más votos en el registro de elecciones.

Artículo 20. Las Asambleas Electorales eligen los diputados de la provincia y los suplentes. Una ley especial arreglará el orden y formalidades de estas elecciones.

Título III. Del Poder Legislativo

Sección I. Del Congreso

Artículo 21. El Poder Legislativo lo ejerce el Congreso de Diputados, que serán diez por cada departamento. Esta igualdad de representación deberá observarse mientras pende el juicio del arbitrio designado, sobre si los tres departamentos han de ser representados en el Congreso según el censo de su población, o si han de concurrir con igual representación.

Artículo 22. Los diputados podrán ser elegidos indistintamente siempre que pertenezcan al Estado del Ecuador.

Artículo 23. Los diputados conservarán su representación por cuatro años; no serán jamás responsables de las opiniones que manifiesten en el Congreso; y gozarán de inmunidad hasta que regresen a su domicilio.

Artículo 24. Para ser diputado se requiere: 1. Ser ecuatoriano en ejercicio de la ciudadanía; 2. Tener treinta años de edad; 3. Tener una propiedad raíz, valor libre de cuatro mil pesos, o una renta de quinientos, como producto de una profesión científica, de un empleo, o de una industria particular.

Artículo 25. El Congreso se reunirá cada año el día 10 de setiembre, aunque no haya sido convocado.

Se renovará cada dos años por mitad; podrá comenzar sus sesiones con los dos tercios de la totalidad de los diputados; éstas durarán treinta y cinco días, podrán prorrogarse por quince días más.

Artículo 26. Las atribuciones del Congreso son: 1. Decretar los gastos públicos en vista de los presupuestos que presente el Gobierno, y velar sobre la recta inversión de las rentas públicas; 2. Establecer derechos e impuestos; y contraer deudas sobre el crédito público; 3. Crear tribunales y empleos, asignar sus dotaciones y suprimir, si conviniese, aquellos que hayan sido creados por una ley especial; 4. Conceder premios y recompensas personales por grandes servicios a la patria, y decretar honores a la memoria de los grandes hombres; 5. Fijar el pie de fuerza de mar y tierra para el año siguiente, y decretar su organización y reemplazo; 6. Decretar la guerra en vista de los informes del Gobierno, requerir a éste para que negocie la paz, y aprobar los tratados de paz, alianza, amistad y comercio; 7. Promover la educación pública; 8. Conceder indultos cuando lo exija la conveniencia pública; 9. Elegir el lugar en que deben residir el Congreso y el Gobierno; 10. Permitir, o negar el tránsito de tropas extranjeras por el territorio o la estación de escuadra extranjera en los puertos; 11. Formar el código de leyes civiles, interpretar, y derogar las establecidas, y dar los decretos necesarios a la administración general; 12. Elegir el Presidente, y vicepresidente del Estado, con el voto de los dos tercios de los diputados presentes; y admitir o rehusar la dimisión que hicieren de sus destinos.

13. Nombrar los plenipotenciarios al Congreso General de la República.

Sección II. De la formación de las leyes

Artículo 27. La iniciativa de las leyes se hará por cualquier diputado o por el Gobierno. El proyecto de ley no admitido se deferirá hasta la legislatura siguiente, si fuere admitido se discutirá conforme al reglamento.

Artículo 28. Las leyes no tienen fuerza sin la sanción del Gobierno. Si éste las aprobare, se mandarán publicar y ejecutar; mas si hallare inconveniente para su ejecución, las devolverá al Congreso dentro de nueve días con sus observaciones.

Artículo 29. El Congreso examinará estas observaciones: si las hallase fundadas, se archivará el proyecto, y no podrá renovarse hasta la siguiente legislatura; y si no las hallase fundadas, a juicio de los dos tercios de los diputados presentes, después de una discusión formal, se remitirá nuevamente el proyecto al Gobierno para su sanción, que no podrá negar en este caso.

Artículo 30. Si el Gobierno no devolviere el proyecto sancionado dentro de nueve días, o se resistiese a sancionarlo después de observados todos los requisitos constitucionales, el proyecto tendrá fuerza de ley, y como tal se mandará promulgar.

Artículo 31. El Congreso, oída la acusación, que se introduzca por dos diputados contra el Presidente y vicepresidente en los casos de responsabilidad, resolverá su admisión o repulsa. Si la acusación fuere admitida, someterá a una comisión de su seno la instrucción del proceso, reservándose el juicio y la sentencia; harán sentencia los votos de los dos tercios de los diputados presentes sin concurrencia de los acusadores. Admitida la acusación, queda de hecho suspenso el acusado; en los delitos comunes decretada la suspensión, pasará la causa al tribunal competente. Una ley especial arreglará el curso y orden de estos juicios y determinará las penas.

Título IV. Del Poder Ejecutivo

Sección I. Del jefe de Estado

Artículo 32. El Poder Ejecutivo se ejercerá por un magistrado con el nombre de Presidente del Estado del Ecuador: y por su muerte, dimisión, inhabilidad física o moral o por cualquier impedimento temporal, por el vicepresidente; y en defecto de éste, por el presidente del Congreso; y, si éste no estuviere reunido, por el último que ejerció en él la presidencia. En este caso el próximo Congreso elegirá nuevo Presidente, y vicepresidente del Estado.

Artículo 33. Para ser Presidente o vicepresidente se requiere: 1. Ser ecuatoriano de nacimiento. Esta disposición no excluye a los colombianos que hubiesen estado en actual servicio del país al tiempo de declararse en Estado independiente, y que hayan prestado al Estado del Ecuador servicios eminentes, y que estén casados con una ecuatoriana de nacimiento, y que tengan una propiedad raíz valor de treinta mil pesos; 2. Tener treinta años de edad; 3. Gozar de reputación general por su buena conducta.

Artículo 34. El Presidente durará en sus funciones cuatro años, y no podrá ser reelegido sino pasados dos períodos constitucionales.

Artículo 35. Las atribuciones del Presidente del Estado son: 1. Conservar el orden interior y seguridad exterior del Estado; 2. Convocar el Congreso en el período ordinario, y extraordinariamente cuando lo exija la salud de la patria; 3. Sancionar las leyes y decretos del Congreso, y dar reglamentos para su ejecución; 4. Disponer de la milicia nacional para la seguridad interior, y del Ejército para la defensa del país, y mandarlo en persona con expreso consentimiento del Congreso; 5. Tomar por sí, no hallándose reunido el Congreso, las medidas necesarias, para defender y salvar el país, en caso de invasión exterior o conmoción interior que amenace probablemente, previa calificación del peligro, por el Consejo de Estado, bajo su especial responsabilidad; 6. Nombrar agentes diplomáticos; y celebrar tratados de paz, amistad y comercio; 7. Nombrar y remover libremente al ministro secretario del Despacho; 8. Nombrar a propuesta en terna del Consejo de Estado, los ministros de las Cortes de Justicia, y los obispos, las dignidades y canónigos de las catedrales, los generales y coroneles: todos estos nombramientos deberán ser aprobados por el Congreso. Nombrará por sí solo a los racioneros y medios racioneros; 9. Nombrara a propuesta del Consejo los prefectos, gobernadores y el contador general de rentas; 10. Proveer interinamente en el receso de las legislaturas las vacantes de los empleos que son de provisión del Congreso; dándole cuenta en la próxima reunión; 11. Nombrar los demás empleados civiles, militares y de Hacienda; 12. Cuidar que se administre justicia por los tribunales, y que las sentencias de éstos se cumplan y ejecuten; 13. Cuidar de la exacta recaudación e inversión de las rentas públicas; 14. Conmutar la pena capital, cuando lo exija la conveniencia pública, previo informe del tribunal respectivo; 15. Suspender los empleados con acuerdo del Consejo de Estado, y consignarlos sin demora al tribunal competente, con los motivos y documentos de la suspensión.

Artículo 36. La responsabilidad del Jefe del Estado se contrae en los delitos siguientes: 1. Por entrar en conciertos contra la independencia y libertad del Estado, o de cualquier otro Estado de la república; 2. Por infringir la Constitución; atentar contra los otros poderes; impedir la reunión y deliberaciones del Congreso; negar la sanción a las leyes formadas constitucionalmente; y provocar una guerra injusta.

3. Por abuso del poder contra las libertades públicas, y captar votos para su elección.

Artículo 37. El Jefe del Estado no puede salir del territorio durante el tiempo de su administración, y un año después.

Sección II. Del Ministerio de Estado

Artículo 38. El Ministerio de Estado se desempeñará por un ministro secretario. Se dividirá el despacho en dos secciones: 1. De Gobierno interior y exterior.

2. De Hacienda. El negociado de Guerra y Marina estará a cargo del Jefe de Estado mayor General.

Artículo 39. El ministro secretario, y el jefe de Estado mayor General son el órgano del Gobierno, y autorizarán todas sus órdenes y decretos que no serán obedecidos sin esta autorización.

Artículo 40. El ministro secretario, y el jefe de Estado mayor General presentarán al Congreso, en los primeros días de sus sesiones, memorias documentadas del estado de los negocios públicos en los diferentes ramos de su administración, y podrán asistir a las discusiones de los proyectos de ley que presente el Gobierno, o cuando fuesen llamados por el Congreso.

Artículo 41. El ministro secretario, y el jefe de Estado mayor General son responsables en los mismos casos del artículo 36: y además por soborno, concusión y malversación de fondos públicos. No salva esta responsabilidad la orden verbal, o por escrito del Jefe del Estado.

Sección III. Del Consejo de Estado

Artículo 42. Para auxiliar al Poder Ejecutivo en los diversos ramos de la administración habrá un Consejo de Estado compuesto del vicepresidente, del ministro secretario y del jefe de Estado mayor General, de un ministro de la Alta Corte de Justicia, de un eclesiástico respetable; y de tres vecinos de reputación nombrados por el Congreso. Por falta del vicepresidente presidirán los consejeros por el orden designado.

Artículo 43. Para ser consejero de Estado se requieren las mismas calidades que para ser diputado. Los consejeros nombrados por el Congreso no pueden ser destituidos por el Gobierno, ni suspensos sin justa causa. Los consejeros electivos duran cuatro años en sus funciones. Unos y otros son responsables de sus dictámenes al Congreso.

Artículo 44. Corresponde al Consejo de Estado dar dictamen para la sanción de las leyes; en todos los negocios graves en que fuere consultado; sobre los proyectos de ley que presentare el Gobierno; y llenar las demás funciones que le atribuye la Constitución.

Título V. Del Poder Judicial

Sección I. De las Cortes de justicia

Artículo 45. La justicia será administrada por una Alta Corte de Justicia, por Cortes de Apelación, y por los demás tribunales que estableciere la ley.

Artículo 46. Para ser magistrado de la Alta Corte se requiere: 1. Tener cuarenta años; 2. Haber sido ministro en alguna de las Cortes de Apelación.

Artículo 47. Para facilitar a los pueblos la administración de justicia se establecerá en la capital de cada departamento una Corte de Apelación.

Artículo 48. Para ser magistrado de las Cortes de Apelación se requiere: 1. Ser abogado en ejercicio; 2. Tener treinta años de edad; 3. Haber sido juez de primera instancia, o asesor por cuatro años; o haber ejercido con buen crédito su profesión por seis años.

Sección II. Disposiciones generales en el orden superior

Artículo 49. En ningún juicio habrá más de tres instancias. Los tribunales y juzgados fundarán siempre sus sentencias.

Artículo 50. La responsabilidad de los ministros de la Alta Corte de Justicia se exigirá en el Congreso; la de los ministros de las Cortes de Apelación, en la Alta Corte; la de los prefectos, gobernadores y jueces, en las Cortes de Apelación. Una ley especial determinará las atribuciones, el orden y forma de las Cortes de Justicia y demás tribunales.

Título VI. De la Fuerza Armada

Artículo 51. El destino de la Fuerza Armada es defender la independencia de la patria, sostener sus leyes y mantener el orden público. Los individuos del Ejército y Armada están sujetos en sus juicios a sus peculiares ordenanzas.

Artículo 52. La milicia nacional que no se halle en servicio no estará sujeta a las leyes militares, sino a las leyes comunes, y a sus jueces naturales. Se entenderá que se halla en actual servicio, cuando esté pagada por el Estado, aunque algunos sirvan gratuitamente. No será destinado sino a la defensa interior, y no saldrá a campaña sino en el peligro del Estado.

Título VII. De la administración interior

Artículo 53. El territorio del Estado se divide en departamentos, provincias, cantones y parroquias. El Gobierno político de cada departamento reside en un prefecto, que es el agente inmediato del Poder Ejecutivo. El gobierno de cada provincia reside en un gobernador; cada cantón o la reunión de algunos de ellos en circuito por disposición del Gobierno, será regido por un corregidor; y las parroquias por tenientes. Una ley especial organizará el régimen interior del Estado y designará las atribuciones de los funcionarios. La autoridad civil y militar de los departamentos y provincias jamás estará unida, en una sola mano.

Artículo 54. Los prefectos, gobernadores y corregidores ejercerán sus funciones por cuatro años, y los tenientes por dos años, pudiendo ser reelectos según su buen comportamiento.

Artículo 55. Habrá en la capital del Estado una contaduría general, que revisará las cuentas de las contadurías departamentales. Una ley especial designará la forma y orden de estas contadurías.

Artículo 56. Habrá Concejos Municipales en las capitales de provincia. La ley organizará estos concejos, designando sus atribuciones, número de sus miembros, duración de su empleo, y la forma de su elección. Un reglamento especial formado por el prefecto, con acuerdo del Concejo Municipal, y aprobado por el Congreso arreglará la policía particular de cada departamento.

Título VIII. De los derechos civiles y garantías

Artículo 57. Los magistrados, jueces y empleados no pueden ser destituidos sino en virtud de sentencia judicial, ni suspensos sino por acusación legalmente intentada. Todo empleado es responsable de su conducta en el ejercicio de sus funciones.

Artículo 58. Ningún ciudadano puede ser distraído de sus jueces naturales, ni juzgado por comisión especial, ni por ley que no sea anterior al delito. Se conserva el fuero eclesiástico, militar y de comercio.

Artículo 59. Nadie puede ser preso, o arrestado sino por autoridad competente, a menos que sea sorprendido cometiendo un delito, en cuyo caso cualquiera puede conducirle a la presencia del juez. Dentro de doce horas a lo más del arresto de un ciudadano, expedirá el juez una orden firmada en que se expresen los motivos. El juez que faltare a esta disposición, y el alcaide que no la reclamare, serán castigados como reos de detención arbitraria.

Artículo 60. A nadie se exigirá juramento en causa criminal contra sí mismo, contra su consorte, ascendientes, descendientes y parientes dentro del cuarto grado de consanguinidad, y segundo de afinidad.

Artículo 61. Ninguna pena será trascendental a otro que al culpado. Queda abolida la pena de confiscación de bienes, excepto la de comisos y multas en los casos que determine la ley.

Artículo 62. Nadie puede ser privado de su propiedad, ni ésta aplicada a ningún uso público sin su consentimiento y sin recibir justas compensaciones a juicio de buen varón. Nadie está obligado a prestar servicios personales que no estén prescritos por ley. Todos pueden ejercer libremente cualquier comercio o industria que no se oponga a las buenas costumbres.

Artículo 63. Los militares no podrán ser alojados en casas particulares, o de comunidad sin avenimiento de los dueños. Se prepararán conforme a las leyes, cuarteles y alojamientos para oficiales y tropa que vayan en servicio en tiempo de paz o de guerra. Queda proscrita la ley marcial.

Artículo 64. Todo ciudadano puede expresar y publicar libremente sus pensamientos por medio de la prensa, respetando la decencia y moral pública, y sujetándose siempre a la responsabilidad de la ley.

Artículo 65. La casa de un ciudadano es un asilo inviolable; por tanto no puede ser allanada sino en los casos precisos, y con los requisitos prevenidos por la ley.

Artículo 66. Todo ciudadano puede reclamar respetuosamente sus derechos ante la autoridad pública, y representar al Congreso y al Gobierno cuando considere conveniente al bien general; pero ningún individuo o asociación particular podrá abrogarse el nombre del pueblo, ni hacer peticiones en nombre del pueblo colectando sufragios sin orden escrita de la autoridad pública. Los contraventores serán presos y juzgados conforme a las leyes.

Artículo 67. Se garantiza la deuda del Estado.

Artículo 68. Este Congreso constituyente nombra a los venerables curas párrocos por tutores y padres naturales de los indígenas, excitando su ministerio de caridad en favor de esta clase inocente, abyecta y miserable.

Título IX. De la observancia y reforma de la Constitución

Artículo 69. Todo funcionario prestará juramento de fidelidad a la Constitución y a las leyes, y de cumplir los deberes de su ministerio. No se admitirá juramento con modificaciones. La persona que no jurase libremente la Constitución, no será reputada como miembro de esta sociedad.

Artículo 70. El Presidente y vicepresidente juran ante el Congreso; y si no estuviere reunido, en presencia del Consejo de Estado y demás funcionarios públicos. Las demás autoridades juran ante el Gobierno, o ante la autoridad que éste designare.

Artículo 71. Como en la época en que se debe abrir el primer Congreso constitucional, o los siguientes, ya estará determinada la situación y forma de la república, y establecido el pacto de unión entre todos los estados de

Colombia; el mismo Congreso o los siguientes declararán las alteraciones que deba sufrir esta Constitución en conformidad de lo dispuesto en el artículo 5.

Artículo 72. Pasados tres años, en cualquiera legislatura se puede proponer la reforma de alguno, o algunos artículos constitucionales: y calificada de necesaria la reforma por el voto de los dos tercios de los diputados presentes, después de tres diversas discusiones, se reservará con el informe del Gobierno y demás documentos para el próximo Congreso con encargo de ocuparse de la materia en sus primeras sesiones. Si éste después de tres discusiones calificase de justa la reforma por el voto de los dos tercios de los diputados presentes, se tendrá como parte de esta Constitución, y se pasará al Gobierno para su promulgación.

Artículo 73. Se conservarán en su fuerza y vigor las leyes civiles y orgánicas que rigen al presente en la parte que no se opongan a los principios aquí sancionados, y en cuanto contribuyan a facilitar el cumplimiento de esta Constitución.

ARTÍCULOS TRANSITORIOS

Artículo 74. Este Congreso Constituyente nombrará por esta sola vez, y con el objeto de establecer el sistema constitucional, todos los funcionarios públicos, cuyo nombramiento y aprobación corresponde a los congresos ordinarios por la Constitución.

Artículo 75. Como el Congreso General de la Unión puede instalarse antes de que abra sus sesiones la próxima legislatura; este Congreso Constituyente nombrará los plenipotenciarios que deban concurrir en representación del Estado del Ecuador.

Dada en la sala de las sesiones del Congreso Constituyente en Riobamba a once de septiembre de mil ochocientos treinta.

El presidente del Congreso, José Fernández Salvador.

– El vicepresidente del Congreso, Nicolás Joaquín de Arteta.

– El diputado por Cuenca, Ignacio Torres.

– El diputado por Cuenca, José María Landa y Ramírez.

– El diputado por Cuenca, José María Borrero.

– El diputado por Cuenca, Mariano Veintimilla.

– El diputado por Chimborazo, Juan Bernardo León.

– El diputado por Chimborazo, Nicolás Báscones.
– El diputado por Guayaquil, José Joaquín Olmedo.
– El diputado por Guayaquil, León de Febres Cordero.
– El diputado por Guayaquil, Vicente Ramón Roca.
– El diputado por Guayaquil, Francisco Marcos.
– El diputado por Loja, José María Lequerica.
– El diputado por Loja, Miguel Ignacio Valdivieso.
– El diputado por Manabí, Manuel Ribadeneyra.
– El diputado por Manabí, Miguel García Moreno.
– El diputado por Manabí, Cayetano Ramírez y Fita.
– El diputado por Pichincha, Manuel Matheu.
– El diputado por Pichincha, Manuel Espinoza.
– El diputado por Pichincha, Antonio Ante.
– Pedro Manuel Quiñones, secretario.
– Pedro José de Arteta, secretario

Palacio de Gobierno en Riobamba, a 23 de septiembre de 1830, 20.º

Cúmplase, publíquese y circúlese.

Dado, firmado de mi mano, sellado con el gran sello del Estado, y refrendado por el ministro secretario del Despacho.

Juan José Flores

Esteban Febres Cordero El ministro secretario

Constitución Uruguaya de 1830[53]

En el nombre de Dios todo poderoso, autor, legislador y conservador supremo del universo.

Nosotros, los representantes nombrados por los pueblos situados a la parte Oriental del Río Uruguay, que, en conformidad de la Convención preliminar de paz, celebrada entre la República Argentina y el Imperio del Brasil, en 27 de agosto del año próximo pasado de 1828, deben componer un Estado libre e independiente; reunidos en Asamblea General, usando de las facultades que se nos han cometido, cumpliendo con nuestro deber, y con los vehementes deseos de nuestros representados, en orden a proveer a su común defensa y tranquilidad interior, a establecerles justicia, promover el bien y la felicidad general, asegurando los derechos y prerrogativas de su libertad civil y política, propiedad e igualdad, fijando las bases fundamentales, y una forma de gobierno que les afiance aquéllos, del modo más conforme con sus costumbres, y que sea más adaptable a sus actuales circunstancias y situación; según nuestro saber, y lo que nos dicta nuestra íntima conciencia, acordamos, establecemos, y sancionamos la presente Constitución.

Sección I. De la nación, su soberanía y culto

Capítulo I

Artículo 1. El Estado Oriental del Uruguay es la asociación política de todos los ciudadanos comprendidos en los nueve departamentos actuales de su territorio.

Artículo 2. Él es y será para siempre libre, e independiente de todo poder extranjero.

Artículo 3. Jamás será el patrimonio de persona, ni de familia alguna.

Capítulo II

Artículo 4. La soberanía en toda su plenitud existe radicalmente en la nación, a la que compete el derecho exclusivo de establecer sus leyes, del modo que más adelante se expresará.

---

53 Héctor Gros Espiell (comp.), «Constitución de 1830», Las constituciones del Uruguay, Madrid, Ediciones Cultura Hispánica, 1956, págs. 147-176.

Capítulo III

Artículo 5. La religión del Estado es la católica apostólica romana.

Sección II. De la ciudadanía, sus derechos, modos de suspenderse y perderse

Capítulo I

Artículo 6. Los ciudadanos del Estado Oriental del Uruguay son naturales o legales.

Artículo 7. Ciudadanos naturales son todos los hombres libres, nacidos en cualquier punto del territorio del Estado.

Artículo 8. Ciudadanos legales son: los extranjeros, padres de ciudadanos naturales, avecindados en el país antes del establecimiento de la presente Constitución; los hijos de padre o madre natural del país, nacidos fuera del Estado, desde el acto de avecindarse en él; los extranjeros que, en calidad de oficiales, han combatido y combatieren en los ejércitos de mar o tierra de la nación; los extranjeros, aunque sin hijos, o con hijos extranjeros, pero casados con hijas del país, que, profesando alguna ciencia, arte o industria, o poseyendo algún capital en giro, o propiedad raíz, se hallen residiendo en el Estado al tiempo de jurarse esta Constitución; los extranjeros, casados con extranjeras, que tengan alguna de las calidades que se acaban de mencionar, y tres años de residencia en el Estado; los extranjeros no casados, que también tengan alguna de las dichas calidades, y cuatro años de residencia; los que obtengan gracia especial de la Asamblea, por servicios notables, o méritos relevantes.

Capítulo II

Artículo 9. Todo ciudadano es miembro de la soberanía de la nación; y como tal, tiene voto activo y pasivo en los casos y forma que más adelante se designarán.

Artículo 10. Todo ciudadano puede ser llamado a los empleos públicos.

Capítulo III

Artículo 11. La ciudadanía se suspende: 1. Por ineptitud física o moral, que impida obrar libre y reflexivamente; 2. Por la condición de sirviente a sueldo, peón jornalero, simple soldado de línea, notoriamente vago o legalmente procesado en causa criminal, de que pueda resultar pena corporal o infamante; 3. Por el hábito de ebriedad; 4. Por no haber cumplido veinte años de edad, menos siendo casado desde los dieciocho; 5. Por no saber leer ni escribir, los que entren al ejercicio de la ciudadanía desde el año de mil ochocientos cuarenta en adelante; 6. Por el estado de deudor fallido, declarado tal por juez competente; 7. Por deudor al fisco, declarado moroso. Capítulo IV

Artículo 12. La ciudadanía se pierde: 1. Por sentencia que imponga pena infamante; 2. Por quiebra fraudulenta, declarada tal; 3. Por naturalizarse en otro país; 4. Por admitir empleos, distinciones o títulos de otro gobierno, sin especial permiso de la Asamblea; pudiendo, en cualquiera de estos cuatro casos, solicitarse y obtenerse rehabilitación.

Sección III. De la forma de gobierno y sus diferentes poderes

Capítulo único

Artículo 13. El Estado Oriental del Uruguay adopta para su gobierno la forma representativa republicana.

Artículo 14. Delega al efecto el ejercicio de su soberanía en los tres altos poderes, Legislativo, Ejecutivo y Judicial, bajo las reglas que se expresarán.

Sección IV. Del Poder Legislativo y sus cámaras

Capítulo I

Artículo 15. El Poder Legislativo es delegado a la Asamblea General.

Artículo 16. Ésta se compondrá de dos Cámaras, una de representantes y otra de senadores.

Artículo 17. A la Asamblea General compete: 1. Formar y mandar publicar los códigos; 2. Establecer los tribunales y arreglar la administración de justicia; 3. Expedir leyes relativas a la independencia, seguridad, tranquilidad y decoro de la república; protección de todos los derechos individuales, y fomento de la ilustración, agricultura, industria, Comercio exterior e interior; 4. Aprobar o reprobar, aumentar o disminuir los presupuestos de gastos que presente el Poder Ejecutivo; establecer las contribuciones necesarias para cubrirlos; su distribución; el orden de su recaudación e inversión, y suprimir, modificar o aumentar las existentes; 5. Aprobar o reprobar en todo, o en parte, las cuentas que presente el Poder Ejecutivo; 6. Contraer la deuda nacional, consolidarla, designar sus garantías, y reglamentar el crédito público; 7. Decretar la guerra y aprobar o reprobar los tratados de paz, alianza, comercio y cualesquiera otros que celebre el Poder Ejecutivo con potencias extranjeras; 8. Designar todos los años la Fuerza Armada, marítima y terrestre, necesaria en tiempo de paz y de guerra; 9. Crear nuevos departamentos, arreglar sus límites, habilitar puertos, establecer aduanas, y derechos de exportación e importación; 10. Justificar el peso, ley y valor de las monedas; fijar el tipo y denominación de las mismas, y arreglar el sistema de pesas y medidas; 11. Permitir o prohibir que entren tropas extranjeras en el territorio de la república, determinando, para el primer caso, el tiempo en que deban salir de él; 12. Negar o conceder la salida de fuerzas nacionales fuera de la república, señalando, para este caso, el tiempo de su regreso a ella; 13. Crear y suprimir empleos públicos; determinar sus atribuciones; designar, aumentar o disminuir sus dotaciones o retiro; dar pensiones o recompensas pecuniarias, o de otra clase, y decretar honores públicos a los grandes servicios; 14. Conceder indultos, o acordar amnistías en casos extraordinarios, y con el voto a lo menos de las dos terceras partes de una y otra Cámara; 15. Hacer los reglamentos de milicias, y determinar el tiempo y número en que deben reunirse; 16. Elegir el lugar en que deban residir las primeras autoridades de la nación; 17. Aprobar o reprobar la creación y reglamentos de cualquiera bancos que hubieren de establecerse; 18. Nombrar, reunidas ambas Cámaras, la, persona que haya de desempeñar el Poder Ejecutivo, y los miembros de la Alta Corte de Justicia.

Capítulo II

Artículo 18. La Cámara de representantes se compondrá de miembros elegidos directamente por los pueblos, en la forma que determine la ley de elecciones, que se expedirá oportunamente.

Artículo 19. Se elegirá un representante por cada tres mil almas, o por una fracción que no baje de dos mil.

Artículo 20. Los representantes para la primera y segunda legislaturas serán nombrados en la proporción siguiente: por el departamento de Montevideo, cinco; por el de Maldonado, cuatro; por el de Canelones, cuatro; por el de San José, tres; por el de Colonia, tres; por el de Soriano, tres; por el de Paysandú, tres; por el de Durazno, dos; y por el de Cerro Largo, dos.

Artículo 21. Para la tercera legislatura deberá formarse el censo general, y arreglarse a él el número de representantes; dicho censo solo podrá renovarse cada ocho años.

Artículo 22. En todo el territorio de la república se harán las elecciones de representantes el último domingo del mes de noviembre, a excepción de las dos que han de servir en la primera legislatura, que deben hacerse precisamente luego que la presente Constitución esté sancionada, publicada y jurada.

Artículo 23. Las funciones de los representantes durarán por tres años.

Artículo 24. Para ser elegido representante se necesita: en la primera y segunda legislaturas, ciudadanía natural en ejercicio, o legal con diez años de residencia; en las siguientes, cinco años de ciudadanía en ejercicio, y en unas y otras, veinticinco años cumplidos de edad, y un capital de cuatro mil pesos, o profesión, arte u oficio útil que le produzca una renta equivalente.

Artículo 25. No pueden ser electos representantes: 1. Los empleados civiles o militares, dependientes del Poder Ejecutivo por servicio a sueldo, a excepción de los retirados o jubilados; 2. Los individuos del clero regular; 3. Los del secular que gozaren renta con dependencia del Gobierno.

Artículo 26. Compete a la Cámara de representantes: 1. La iniciativa sobre impuestos y contribuciones, tomando en consideración las modificaciones con que el Senado las devuelva; 2. El derecho exclusivo de acusar ante el Senado al Jefe Superior del Estado y sus ministros, a los miembros de ambas Cámaras, y de la Alta Corte de Justicia, por delitos de traición, concusión, malversación de fondos públicos, violación de la Constitución, u otros que merezcan pena infamante, o de muerte, después de haber conocido sobre ellos, a petición de parte, o de algunos de sus miembros, y declarado haber lugar a la formación de causa.

Capítulo III

Artículo 27. La Cámara de senadores se compondrá de tantos miembros cuantos sean los departamentos del territorio del Estado, a razón de uno por cada departamento.

Artículo 28. Su elección será indirecta, en la forma y tiempo que designará la ley.

Artículo 29. Los senadores durarán en sus funciones por seis años; debiendo renovarse por tercias partes en cada bienio, y decidiéndose por la suerte, luego que todos se reúnan, quienes deban salir el primero y segundo bienios; y sucesivamente los más antiguos.

Artículo 30. Para ser nombrado senador se necesita: en la primera y segunda legislaturas, ciudadanía natural en ejercicio, o legal con catorce años de residencia. En las siguientes, siete años de ciudadanía en ejercicio antes de su nombramiento; y en unas y otras, treinta y tres años cumplidos de edad, y un capital de diez mil pesos, o una renta equivalente, o profesión científica que se la produzca.

Artículo 31. Las calidades exclusivas, que se han impuesto a los representantes en el artículo 25, comprenden también a los senadores.

Artículo 32. El individuo que fuere elegido senador y representante, podrá escoger de los dos cargos el que más le acomode.

Artículo 33. Así los senadores como los representantes, en el acto de su incorporación, prestarán juramento de desempeñar debidamente el cargo y de obrar en todo conforme a la presente Constitución.

Artículo 34. Los senadores y representantes, después de incorporados en sus respectivas Cámaras, no podrán recibir empleos del Poder Ejecutivo sin consentimiento de aquella a que cada uno pertenezca, y sin que quede vacante su representación en el acto de admitirlos.

Artículo 35. Las vacantes que resulten por éste u otro cualquier motivo durante las sesiones, se llenarán por suplentes designados al tiempo de las elecciones, del modo que expresará la ley, y sin hacerse nueva elección.

Artículo 36. Los senadores no podrán ser reelegidos sino después que haya pasado un bienio al menos desde su cese.

Artículo 37. Así los senadores como los representantes, serán compensados por sus servicios con dietas, que solo se extiendan al tiempo que medie desde que salgan de sus casas hasta que regresen, o deban prudentemente regresar a ellas, y las cuales serán señaladas por resolución especial en la última sesión de la presente Asamblea para los miembros de la primera legislatura; en la última sesión de ésta, para los de la segunda, y así sucesivamente. Dichas dietas les serán satisfechas con absoluta independencia del Poder Ejecutivo.

Artículo 38. Al Senado corresponde abrir juicio público a los acusados por la Cámara de representantes, y pronunciar sentencia con la concurrencia, a lo menos, de las dos terceras partes de votos, al solo efecto de separarlos de sus destinos.

Artículo 39. La parte convencida y juzgada, quedará no obstante sujeta a acusación, juicio y castigo conforme a la ley.

Sección V. De las sesiones de la Asamblea General, gobierno interior de sus dos cámaras, y de la comisión permanente

Capítulo I

Artículo 40. La Asamblea General empezará sus sesiones ordinarias el día 15 de febrero de cada año, y las concluirá el 15 de junio inmediato siguiente. Si algún motivo particular exige la continuación de las sesiones, no podrá ser por más de un mes, y con anuencia de las dos terceras partes de sus miembros.

Artículo 41. Lo que establece el precedente artículo para la apertura de sesiones, no se entenderá respecto del primer período de la primera legislatura; ésta deberá empezar sus trabajos cuarenta y cinco días después de verificadas las elecciones de sus miembros.

Artículo 42. Si la Asamblea fuese convocada extraordinariamente, no podrá ocuparse de otros asuntos que los que hubieren motivado su convocación.

Capítulo II

Artículo 43. Cada Cámara será el juez privativo para calificar las elecciones de sus miembros.

Artículo 44. Las Cámaras se gobernarán interiormente por el reglamento que cada una se forme respectivamente.

Artículo 45. Cada Cámara nombrará su presidente, vicepresidente y secretarios.

Artículo 46. Fijará sus gastos anuales y lo avisará al Poder Ejecutivo para que los incluya en el presupuesto general.

Artículo 47. Ninguna de las Cámaras podrá abrir sus sesiones mientras no esté reunida más de la mitad de sus miembros, y si esto no se hubiese verificado el día que señala la Constitución, la minoría podrá reunirse para compeler a los ausentes bajo las penas que acordaren.

Artículo 48. Las Cámaras se comunicarán por escrito entre sí, y con el Poder Ejecutivo por medio de sus respectivos presidentes, y con autorización de un secretario.

Artículo 49. Los senadores y representantes jamás serán responsables por sus opiniones, discursos o debates, que emitan, pronuncien o sostengan durante el desempeño de sus funciones.

Artículo 50. Ningún senador o representante, desde el día de su elección hasta el de su cese, puede ser arrestado, solo en el caso de delito in fraganti; y entonces se dará cuenta inmediatamente a la Cámara respectiva, con la información sumaria del hecho.

Artículo 51. Ningún senador o representante, desde el día de su elección hasta el de su cese, podrá ser acusado criminalmente, ni aún por delitos comunes, que no sean de los detallados en el artículo 26, sino ante su respectiva Cámara; la cual, con las dos terceras partes de sus votos, resolverá si hay o no lugar a la formación de causa; y en caso afirmativo, lo declarará suspenso de sus funciones, y quedará a disposición del tribunal competente.

Artículo 52. Cada Cámara puede también, con las dos terceras partes de votos, corregir a cualquiera de sus miembros por desorden de conducta en el desempeño de sus funciones, o removerlo por imposibilidad física o moral, superviniente después de su incorporación; pero bastará la mayoría de uno sobre la mitad de los presentes, para admitir las renuncias voluntarias.

Artículo 53. Cada una de las Cámaras tiene facultad de hacer venir a su sala a los ministros del Poder Ejecutivo, para pedirles y recibir los informes que estime convenientes.

Capítulo III

Artículo 54. Mientras la Asamblea estuviere en receso, habrá una comisión permanente, compuesta de dos senadores y de cinco representantes, nombrados unos y otros a pluralidad de votos por sus respectivas Cámaras, debiendo la de los primeros designar cuál ha de investir el carácter de Presidente y cuál el de vicepresidente.

Artículo 55. Al tiempo mismo que se haga esta elección, se hará la de un suplente para cada uno de los siete miembros, que entre a llenar sus deberes en los casos de enfermedad, muerte u otros, que ocurran de los propietarios.

Artículo 56. La comisión permanente velará sobre la observancia de la Constitución y de las leyes, haciendo al Poder Ejecutivo las advertencias convenientes al efecto, bajo de responsabilidad para ante la Asamblea General.

Artículo 57. Para el caso de que dichas advertencias, hechas hasta por segunda vez, no surtieron efecto, podrá por sí sola, según la importancia y gravedad del asunto, convocar a la Asamblea General ordinaria y extraordinaria.

Artículo 58. Corresponderá también a la comisión permanente prestar o rehusar su consentimiento en todos los actos en que el Poder Ejecutivo lo necesite, con arreglo a la presente Constitución; y la facultad concedida a las Cámaras en el artículo 53.

Sección VI. De la proposición, discusión, sanción y promulgación de las leyes

Capítulo I

Artículo 59. Todo proyecto de ley, a excepción de los del artículo 26, puede tener su origen en cualquiera de las dos Cámaras, a consecuencia de proposiciones hechas por cualquiera de sus miembros o por el Poder Ejecutivo por medio de sus ministros.

Capítulo II

Artículo 60. Si la Cámara, en que tuvo principio el proyecto, lo aprueba, lo pasará a la otra para que, discutido en ella, lo apruebe también, lo reforme, adicione o deseche.

Artículo 61. Si cualquiera de las dos Cámaras a quien se remitiese un proyecto de ley, lo devolviese con adiciones u observaciones, y la remitente se conformase con ellas, se lo avisará en contestación, y quedará para pasarlo al Poder Ejecutivo; pero si no las hallare justas e insistiese en sostener su proyecto tal y cual lo había remitido al principio, podrá en tal caso, por medio de oficio, solicitar la reunión de ambas Cámaras, que se verificará en la del Senado, y según el resultado de la discusión, se adoptará lo que deliberen los dos tercios de sufragios.

Artículo 62. Si la Cámara a quien fuese remitido el proyecto no tiene reparo que oponerle, lo aprobará, y sin más que avisarlo a la Cámara remitente, lo pasará al Poder Ejecutivo para que lo haga publicar.

Artículo 63. El Poder Ejecutivo, recibido el proyecto, si tuviere objeciones que oponer, u observaciones que hacer, lo devolverá con ellas a la Cámara que se lo remitió o a la comisión permanente, estando en receso la Asamblea, dentro del preciso y perentorio término de diez días contados desde que lo recibió.

Artículo 64. Cuando un proyecto de ley fuese devuelto por el Poder Ejecutivo con objeciones u observaciones, la Cámara a quien se devuelva, invitará a la otra para reunirse a reconsiderarlo, y se estará por lo que deliberen las dos tercias partes de sufragios.

Artículo 65. Si las Cámaras reunidas desaprobaren el proyecto devuelto por el Ejecutivo, quedará suprimido por entonces, y no podrá ser presentado de nuevo hasta la siguiente legislatura.

Artículo 66. En todo caso de reconsideración de un proyecto devuelto por el Poder Ejecutivo, las votaciones serán nominales por sí o por no; y tanto los nombres y fundamentos de los sufragantes, como las objeciones u observaciones del Poder Ejecutivo, se publicarán inmediatamente por la prensa.

Artículo 67. Cuando un proyecto hubiere sido desechado al principio por la Cámara a quien la otra se lo remita, quedará suprimido por entonces, y no podrá ser presentado hasta el siguiente período de la legislatura.

Capítulo III

Artículo 68. Si el Poder Ejecutivo, habiéndosele remitido un proyecto de ley, no tuviere reparo que oponerle, lo avisará inmediatamente, quedando así de hecho sancionado, y expedito para ser promulgado sin demora.

Artículo 69. Si el Ejecutivo no devolviese el proyecto de ley, cumplidos los diez días que establece el artículo 63, tendrá fuerza de ley, y se publicará como tal; reclamándose esto, en caso omiso, por la Cámara remitente.

Artículo 70. Reconsiderado por las Cámaras reunidas un proyecto de ley que hubiese sido devuelto por el Poder Ejecutivo con objeciones u observaciones, si aquéllas lo aprobaren nuevamente, se tendrá por su última sanción, y comunicado al Poder Ejecutivo, lo hará promulgar enseguida sin más reparos.

Capítulo IV

Artículo 71. Sancionada una ley, para su promulgación se usará siempre de esta fórmula: El Senado y Cámara de representantes de la República Oriental del Uruguay, reunidos en Asamblea General, etc., etc., decretan...

Sección VII. Del Poder Ejecutivo, sus atribuciones, deberes y prerrogativas

Capítulo I

Artículo 72. El Poder Ejecutivo de la nación será desempeñado por una sola persona, bajo la denominación de Presidente de la República Oriental del Uruguay.

Artículo 73. El Presidente será elegido en sesión permanente, por la Asamblea General, el día primero de marzo, por votación nominal, a pluralidad absoluta de sufragios, expresados en balotas firmadas, que leerá públicamente el secretario, excepto la primera elección de Presidente permanente, que se verificará tan luego como se hallen reunidas las dos terceras partes de los miembros de ambas Cámaras.

Artículo 74. Para ser nombrado Presidente se necesitan: ciudadanía natural, y las demás calidades precisas para senador, que fija el artículo 30.

Artículo 75. Las funciones del Presidente durarán por cuatro años; y no podrá ser reelegido sin que medie otro tanto tiempo entre su cese y la reelección.

Artículo 76. El Presidente electo, antes de entrar a desempeñar el cargo, prestará en manos del presidente del Senado, y a presencia de las dos

Cámaras reunidas, el siguiente juramento: Yo (N.) juro por Dios N.S. y estos Santos Evangelios, que desempeñaré debidamente el cargo de Presidente que se me confía; que protegeré la religión del Estado, conservaré la integridad e independencia de la república, observaré y haré observar fielmente la Constitución.

Artículo 77. En los casos de enfermedad, o ausencia del Presidente de la república, o mientras se proceda a nueva elección por su muerte, renuncia o destitución, o en el de cesación de hecho por haberse cumplido el término de la ley, el presidente del Senado le suplirá y ejercerá las funciones anexas al Poder Ejecutivo, quedando entretanto suspenso de las de senador.

Artículo 78. En cada elección de Presidente, la Asamblea General le designará previamente la renta anual, con que se han de compensar sus servicios, sin que se pueda aumentar ni disminuir mientras dure en el desempeño de sus funciones.

Capítulo II

Artículo 79. El Presidente es Jefe Superior de la administración general de la República. La conservación del orden y tranquilidad en lo interior y de la seguridad en lo exterior, le están especialmente cometidas.

Artículo 80. Le corresponde el mando superior de todas las fuerzas de mar y tierra, y está exclusivamente encargado de su dirección; pero no podrá mandarlas en persona sin previo consentimiento de la Asamblea General, por las dos terceras parles de votos.

Artículo 81. Al Presidente de la República compete también, poner objeciones, o hacer observaciones, sobre los proyectos de ley remitidos por las Cámaras, y suspender su promulgación con las restricciones y calidades prevenidas en la Sección sexta; proponer a las Cámaras proyectos de ley, o modificaciones a las anteriormente dictadas en el modo que previene esta Constitución; pedir a la Asamblea General la continuación de sus sesiones, con sujeción a lo que ella misma delibere según el artículo 40; nombrar y destituir el ministro o ministros de su Despacho, y los oficiales de las Secretarías; proveer los empleos civiles y militares, conforme a la Constitución y a las leyes, con obligación de solicitar el acuerdo del Senado, o de la comisión permanente, hallándose aquél en receso, para los de enviados diplomáticos, coroneles, y demás oficiales superiores de las fuerzas de mar y tierra; destituir los empleados por ineptitud, omisión o delito: en los dos primeros casos, con acuerdo del Senado, o en su receso con el de la comisión permanente, y en el último pasando el expediente a los Tribunales de Justicia para que sean juzgados legalmente; iniciar, con conocimiento del Senado y concluir tratados de paz, amistad, alianza y comercio, necesitando para ratificarlos la aprobación de la Asamblea General; celebrar en la misma forma concordatos con la silla apostólica; ejercer el patronato, y retener o conceder pase a las bulas pontificias conforme a las leyes; declarar la guerra previa resolución de la Asamblea General, después de haber empleado todos los medios de evitarla sin menoscabo del honor e independencia nacional; dar retiros, conceder licencias, y arreglar las pensiones de todos los empleados civiles y militares, con arreglo a las leyes; tomar medidas prontas de seguridad en los casos graves e imprevistos de ataque exterior o conmoción interior, dando inmediatamente cuenta a la Asamblea General, o en su receso, a la comisión permanente, de lo ejecutado y sus motivos, estando a su resolución.

Capítulo III

Artículo 82. El Presidente debe publicar y circular, sin demora, todas las leyes que conforme la Sección VI se hallen en estado de publicarse y circularse; ejecutarlas, hacerlas ejecutar, expidiendo los reglamentos especiales que sean necesarios para su ejecución; cuidar de la recaudación de las rentas y contribuciones generales, y de su inversión conforme a las leyes; presentar anualmente a la Asamblea General el presupuesto de gastos del año entrante, y dar cuenta instruida de la inversión hecha en el anterior; convocar a la Asamblea General en la época prefijada por la Constitución, sin que le sea dado el impedirlo, ni poner embarazo a sus sesiones; hacer la apertura de éstas, reunidas ambas Cámaras en la Sala del Senado, informándoles entonces del estado político y militar de la república, y de las mejoras y reformas que considere dignas de su atención; dictar las providencias necesarias para que las elecciones se realicen en el tiempo que señala esta Constitución, y que se observe en ellas lo que disponga la ley electoral; pero sin que pueda por motivo alguno suspender dichas elecciones, ni variar sus épocas, sin que previamente lo delibere así la Asamblea General.

Artículo 83. El Presidente de la República no podrá salir del territorio de ella durante el tiempo de su mando, ni un año después; solo cuando fuese absolutamente preciso en el caso, y con el previo permiso que exige el artículo 80; ni privar a individuo alguno de su libertad personal; y, en el caso de exigirlo así urgentísimamente el interés público, se limitará al simple arresto de la persona, con obligación de ponerla en el perentorio término de veinticuatro horas a disposición de su juez competente; ni permitir goce de sueldo por otro título que el de servicio activo, jubilación, retiro, o montepío, conforme a las leyes; ni expedir órdenes sin la firma del ministro respectivo, sin cuyo requisito nadie estará obligado a obedecerle.

Capítulo IV

Artículo 84. El Presidente de la República tendrá la prerrogativa de indultar de la pena capital, previo informe del tribunal, o juez, ante quien penda la causa, en los delitos no exceptuados por las leyes, y cuando medien graves y poderosos motivos para ello; también la de no poder ser acusado en el tiempo de su gobierno sino ante la Cámara de representantes, y por los delitos señalados en el artículo veintiséis; y la de que esta acusación no pueda hacerse más que durante el ejercicio de sus funciones o un año después, que será el término de su residencia, pasado el cual, nadie podrá ya acusarlo.

Sección VIII. De los ministros de Estado

Capítulo único

Artículo 85. Habrá para el Despacho, las respectivas secretarías de Estado, a cargo de uno o más ministros que no pasarán de tres. Las legislaturas siguientes podrán adoptar el sistema que dicte la experiencia, o exijan las circunstancias.

Artículo 86. El ministro o ministros serán responsables de los decretos u órdenes que firmen.

Artículo 87. Para ser ministro se necesita: 1. Ciudadanía natural, o legal con diez años de residencia; 2. Treinta años cumplidos de edad.

Artículo 88. Abiertas las sesiones de las Cámaras, será obligación de los ministros dar cuenta particular a cada una de ellas del estado de todo lo concerniente a sus respectivos departamentos.
Artículo 89. Concluido su ministerio quedan sujetos a residencia por seis meses, y no podrán salir por ningún pretexto fuera del territorio de la república.
Artículo 90. No salva a los ministros de responsabilidad por los delitos especificados en el artículo veintiséis, la orden escrita o verbal del Presidente.

Sección IX. Del Poder Judicial, sus diferentes tribunales y juzgados, y de la administración de justicia

Capítulo I

Artículo 91. El Poder Judicial se ejercerá por una Alta Corte de Justicia, tribunal o tribunales de apelaciones, y juzgados de primera instancia, en la forma que estableciere la ley.

Capítulo II

Artículo 92. La Alta Corte de Justicia se compondrá del número de miembros que la ley designe.
Artículo 93. Para ser miembro letrado de la Alta Corte de Justicia, se necesita haber ejercido por seis años la profesión de abogado; por cuatro la de magistrado; tener cuarenta años cumplidos de edad, y las demás calidades precisas para senador que establece el artículo 30. Estas últimas y la de la edad serán también necesarias a los miembros no letrados de dicha Alta Corte, que estableciere la ley.
Artículo 94. La calidad de cuatro años de magistratura que se exige para ser miembro de la Alta Corte de Justicia, no tendrá efecto hasta pasados cuatro años después de jurada la presente Constitución.
Artículo 95. Su nombramiento se hará por la Asamblea General: los letrados durarán en sus cargos todo el tiempo de su buena comportación; y recibirán del erario público el sueldo que señale la ley.
Artículo 96. A la Alta Corte de Justicia corresponde juzgar a todos los infractores de la Constitución, sin excepción alguna: sobre delitos contra el

derecho de gentes y causas del almirantazgo; en las cuestiones de tratados o negociaciones con potencias extrañas; conocer en las causas de embajadores, ministros plenipotenciarios y además agentes diplomáticos de los gobiernos extranjeros.

Artículo 97. También decidirá los recursos de fuerza y conocerá en último grado de los que en los casos y forma que designe la ley, se eleven de los Tribunales de Apelaciones.

Artículo 98. Abrirá dictamen al Poder Ejecutivo sobre la admisión o retención de bulas y breves pontificios.

Artículo 99. Ejercerá la Superintendencia directiva, correccional, consultiva y económica sobre todos los tribunales y juzgados de la nación.

Artículo 100. Nombrará con la aprobación del Senado, o, en su receso, con el de la comisión permanente, los individuos que han de componer el tribunal o Tribunales de Apelaciones.

Artículo 101. La ley designará las instancias que haya de haber en los juicios de la Alta Corte de Justicia; éstos serán públicos y las sentencias definitivas, motivadas por la enunciación expresa de la ley aplicada.

Capítulo III

Artículo 102. Para la más pronta y fácil administración de justicia se establecerá en el territorio del Estado uno o más Tribunales de Apelaciones, con el número de ministros que la ley señalará, debiendo éstos ser ciudadanos naturales o legales, y con cuatro años de ejercicio de la profesión de abogado, los letrados que la misma ley le designe.

Artículo 103. Su nombramiento se hará como establece el artículo 100; durarán en sus empleos todo el tiempo de su buena comportación, y recibirán del erario nacional el sueldo que se les señale.

Artículo 104. Sus atribuciones las declarará la ley, formándose entretanto un reglamento provisorio para su organización y procedimiento.

Capítulo IV

Artículo 105. En los departamentos habrá jueces letrados para el conocimiento y determinación de la primera instancia en lo civil y criminal, en la forma que establecerá la ley, hasta que se organice el juicio por jurados.

Artículo 106. Para ser juez de primera instancia se necesita ser ciudadano natural o legal y haber ejercido dos años la abogacía; la ley señalará el sueldo de que ha de gozar.

Capítulo V

Artículo 107. Se establecerán igualmente jueces de paz para que procuren conciliar los pleitos que se pretendan iniciar; sin que pueda entablarse ninguno, en materia civil y de injurias, sin constancia de haber comparecido las partes a la conciliación.

Capítulo VI

Artículo 108. Las leyes fijarán el orden y las formalidades del proceso en lo civil y criminal.

Artículo 109. Ninguna causa, sea de la naturaleza que fuere, podrá juzgarse ya fuera del territorio de la república. La ley proveerá lo conveniente a este objeto.

Artículo 110. Quedan prohibidos los juicios por comisión.

Artículo 111. Quedan abolidos los juramentos de los acusados en sus declaraciones o confesiones, sobre hecho propio; y prohibido el que sean tratados en ellas como reos.

Artículo 112. Queda igualmente vedado el juicio criminal en rebeldía. La ley proveerá lo conveniente a este respecto.

Artículo 113. Ningún ciudadano puede ser preso sino in fraganti delito, o habiendo semiplena prueba de él, y por orden escrita de juez competente.

Artículo 114. En cualquiera de los casos del artículo anterior, el juez, bajo la más seria responsabilidad, tomará al arrestado su declaración dentro de veinticuatro horas, y dentro de cuarenta y ocho, lo más, empezará el sumario, examinando a los testigos a presencia del acusado y de su defensor, quien asistirá igualmente a la declaración y confesión de su protegido.

Artículo 115. Todo juicio criminal empezará por acusación de parte o del acusador público, quedando abolidas las pesquisas secretas.

Artículo 116. Todos los jueces son responsables ante la ley de la más pequeña agresión contra los derechos de los ciudadanos, así como por separarse del orden de proceder que ella establezca.

Capítulo VII

Artículo 117. La organización del Poder Judicial sobre las bases comprendidas desde el artículo 91 hasta el 106, podrá suspenderse por las legislaturas siguientes, ínterin, a juicio de ellas, no haya suficiente número de abogados y demás medios de realizarse.

Sección X. Del Gobierno y administración interior de los departamentos

Capítulo I

Artículo 118. Habrá en el pueblo cabeza de cada departamento un agente del Poder Ejecutivo, con el título de jefe político, y al que corresponderá todo lo gubernativo de él; y en los demás pueblos subalternos, tenientes sujetos a aquél.

Artículo 119. Para ser jefe político de un departamento se necesita: ciudadanía en ejercicio; ser vecino del mismo departamento, con propiedades cuyo valor no baje de cuatro mil pesos, y mayor de treinta años.

Artículo 120. Sus atribuciones, deberes, facultades, tiempo de su duración, y sueldos de unos y otros, serán detallados en un reglamento especial, que formará el Presidente de la República, sujetándolo a la aprobación de la Asamblea General.

Artículo 121. El nombramiento de estos jefes y sus tenientes corresponderá exclusivamente al Poder Ejecutivo.

Capítulo II

Artículo 122. En los mismos pueblos cabeza de los departamentos se establecerán Juntas con el título de económico-administrativas, compuestas de ciudadanos vecinos, con propiedades raíces en sus respectivos distritos, y cuyo número, según la población, no podrá bajar de cinco ni pasar de nueve.

Artículo 123. Serán elegidos por elección directa según el método que prescriba la ley de elecciones.

Artículo 124. Al mismo tiempo, y en la misma forma, se elegirán otros tantos suplentes para cada Junta.

Artículo 125. Estos cargos serán puramente concejiles y sin sueldo alguno; durarán tres años en el ejercicio de sus funciones; se reunirán dos veces al año por el tiempo que cada una acuerde, y elegirán presidente de entre sus miembros.

Artículo 126. Su principal objeto será promover la agricultura, la prosperidad y ventajas del departamento en todos sus ramos: velar así sobre la educación primaria, como sobre la conservación de los derechos individuales; y proponer a la legislatura y al Gobierno todas las mejoras que juzgaren necesarias o útiles.

Artículo 127. Para atender a los objetos a que se contraen las Juntas económico-administrativas, dispondrán de los fondos y arbitrios que señale la ley, en la forma que ella establecerá.

Artículo 128. Todo establecimiento público, que pueda y quiera costear un departamento, sin gravamen de la Hacienda Nacional, lo hará por medio de su junta económico-administrativa, con solo aviso instruido al Presidente de la República.

Artículo 129. El Poder Ejecutivo formará el reglamento que sirva para el régimen interior de las Juntas económico-administrativas, quienes propondrán las alteraciones o reformas que crean convenientes.

Sección XI. Disposiciones generales

Capítulo único

Artículo 130. Los habitantes del Estado tienen derecho a ser protegidos en el goce de su vida, honor, libertad, seguridad y propiedad.

Nadie puede ser privado de estos derechos sino conforme a las leyes.

Artículo 131. En el territorio del Estado, nadie nacerá ya esclavo; queda prohibido para siempre su tráfico e introducción en la república.

Artículo 132. Los hombres son iguales ante la ley, sea preceptiva, penal, o tuitiva, no reconociéndose otra distinción entre ellos sino la de los talentos o las virtudes.

Artículo 133. Se prohíbe la fundación de mayorazgos, y toda clase de vinculaciones; y ninguna autoridad de la república podrá conceder título alguno de nobleza, honores o distinciones hereditarias.

Artículo 134. Las acciones privadas de los hombres, que de ningún modo atacan el orden público ni perjudican a un tercero, están solo reservadas a Dios y exentas de la autoridad de los magistrados. Ningún habitante del Estado será obligado a hacer lo que no manda la ley, ni privado de lo que ella no prohíbe.

Artículo 135. La casa del ciudadano es un sagrado inviolable. De noche, nadie podrá entrar en ella sin su consentimiento; y de día, solo de orden expresa del juez competente, por escrito y en los casos determinados por la ley.

Artículo 136. Ninguno puede ser penado, ni confinado sin forma de proceso y sentencia legal.

Artículo 137. Una de las primeras atenciones de la Asamblea General, será el procurar que, cuanto antes sea posible, se establezca el juicio por jurados en las causas criminales, y aun en las civiles.

Artículo 138. En ningún caso se permitirá que las cárceles sirvan para mortificar, y sí solo para asegurar a los acusados.

Artículo 139. En cualquier estado de una causa criminal de que no haya de resultar pena corporal, se pondrá al acusado en libertad, dando fianza según ley.

Artículo 140. Los papeles particulares de los ciudadanos, lo mismo que sus correspondencias epistolares, son inviolables, y nunca podrá hacerse su registro, examen o intercepción, fuera de aquellos casos en que la ley expresamente lo prescriba.

Artículo 141. Es enteramente libre la comunicación de los pensamientos por palabras, escritos privados, o publicados por la prensa en toda materia, sin necesidad de previa censura; quedando responsable el autor, y en su caso el impresor, por los abusos que cometieren, con arreglo a la ley.

Artículo 142. Todo ciudadano tiene el derecho de petición para ante todas y cualquiera autoridades del Estado.

Artículo 143. La seguridad individual no podrá suspenderse sino con anuencia de la Asamblea General, o de la comisión permanente estando aquella en receso, y en el caso extraordinario de traición, o conspiración contra la patria; y entonces, solo será para la aprehensión de los delincuentes.

Artículo 144. El derecho de propiedad es sagrado e inviolable: a nadie podrá privarse de ella sino conforme a la ley. En el caso de necesitar la nación la propiedad particular de algún individuo para destinarla a usos públicos, recibirá éste del tesoro nacional una justa compensación.
Artículo 145. Nadie será obligado a prestar auxilios, sean de la clase que fueren, para los ejércitos, ni a franquear su casa para alojamiento de militares, sino de orden del magistrado civil según la ley, y recibirá de la república la indemnización del perjuicio que en tales casos se le infiera.
Artículo 146. Todo habitante del Estado puede dedicarse al trabajo, cultivo, industria o comercio que le acomode, como no se oponga al bien público, o al de los ciudadanos.
Artículo 147. Es libre la entrada de todo individuo en el territorio de la república, su permanencia en él y su salida con sus propiedades, observando las leyes de policía, y salvo perjuicio de tercero.

Sección XII. De la observación de las leyes antiguas, publicación y juramento, interpretación y reforma de la presente Constitución

Capítulo I

Artículo 148. Se declaran en su fuerza y vigor las leyes que hasta aquí han regido en todas las materias y puntos que directa o indirectamente no se opongan a esta Constitución, ni a los decretos y leyes que expida el Cuerpo Legislativo.

Capítulo II

Artículo 149. La presente Constitución será solemnemente publicada y jurada en todo el territorio del Estado, después de satisfecho el artículo 7 de la Convención Preliminar de Paz, celebrada entre la República Argentina y el Gobierno del Brasil.
Artículo 150. Ninguno podrá ejercer empleo político, civil ni militar, sin prestar juramento especial de observarla y sostenerla.

Artículo 151. El que atentare o prestare medios para atentar contra la presente Constitución después de sancionada, publicada y jurada, será reputado, juzgado y castigado como reo de lesa-nación.

Capítulo III

Artículo 152. Corresponde exclusivamente al Poder Legislativo interpretar o explicar la presente Constitución; como también reformarla en todo o en parte, previas las formalidades que establecen los artículos siguientes.

Artículo 153. Si antes de concluirse la primera legislatura, o cualquiera de las otras sucesivas, reputare ella misma necesario revisar esta Constitución para entrar en la reforma de alguno, o algunos, de sus artículos, hecha la moción en una de las Cámaras, y apoyada por la tercera parte de sus miembros, lo comunicará a la otra, de oficio, solo para saber si en ella es apoyada también por igual número de votos.

Artículo 154. En caso de no ser así apoyada, quedará desechada la moción, y no podrá ser renovada hasta el siguiente período de la misma legislatura, observándose iguales formalidades.

Artículo 155. Si en la Cámara, a quien se comunicó la moción, fuere apoyada también por la tercera parte de sufragios, se reunirán ambas para tratar y discutir el asunto.

Artículo 156. Si no fuese aprobada por las dos terceras partes de miembros, no se podrá volver a tratar hasta la siguiente legislatura; pero si dichas dos terceras partes declaran que el interés nacional exige que se revise la Constitución para entrar en su reforma, lo avisarán al Poder Ejecutivo, y éste lo circulará al tiempo de impartir las órdenes para las nuevas elecciones.

Artículo 157. En este caso, los senadores y diputados nuevamente electos deberán venir autorizados con poderes especiales de sus comitentes para revisar la Constitución y proponer las reformas, variaciones, o adiciones, que fueren apoyadas por la tercera parte de los miembros de ambas Cámaras.

Artículo 158. Hechas y apoyadas así dichas variaciones, reformas o adiciones, después de discutidas, se reservarán hasta la siguiente legislatura, cuyos miembros, con poderes también especiales, las discutirán y sancionarán, admitiéndolas o desechándolas en todo, o en parte bajo las reglas prescritas en la Sección VI.

Artículo 159. La forma constitucional de la república no podrá variarse sino en una grande Asamblea General compuesta de número doble de senadores y representantes, especialmente autorizados por sus comitentes para tratar de esta importante materia; y no podrá sancionarse por menos de tres cuartas partes de votos del número total.

Dada en la sala de sesiones y firmada de mano de todos los representantes que se hallaron presentes, en la ciudad de San Felipe y Santiago de Montevideo, a diez días del mes de septiembre del año de mil ochocientos veintinueve, segundo de nuestra Independencia.

Constitución de la Primera República de Panamá de 1840[54]

En el nombre de Dios, autor y supremo legislador del universo.

Nosotros, los diputados de los pueblos del Istmo, conforme a los artículos 15 y 16 del acta popular de 18 de noviembre de 1840, reunidos en convención con el objeto de deliberar sobre la suerte de aquéllos; y deseando corresponder a las esperanzas del pueblo nuestro comitente en orden a asegurar la independencia nacional, consolidar la unión, promover la paz y seguridad doméstica, establecer el imperio de la justicia, y dar a la persona, a la vida, al honor, a la libertad, a la propiedad y a la igualdad de los istmeños las más sólidas garantías, ordenamos y decretamos la siguiente.

Constitución

Título I. Del Estado del Istmo y de los istmeños

Del Estado del Istmo

Artículo 1. El Estado del Istmo es libre, independiente, y soberano, y no será el patrimonio de ninguna familia, ni persona.

Artículo 2. El Estado del Istmo se compone de todos los istmeños reunidos en una misma asociación política para su común utilidad.

Artículo 3. Los límites de este Estado son los mismos que dividían la provincia de Panamá del resto de la Nueva Granada, y la de Veraguas de la República de Centro América.

Artículo 4. El territorio del Estado se divide en cantones, y éstos en parroquias.

De los istmeños

Artículo 5. Los istmeños lo son por nacimiento, o por naturalización.

Artículo 6. Son istmeños por nacimiento: 1. Todos los individuos nacidos, o que nacieren en el territorio del Istmo; 2. Los nacidos en país extranjero de padres istmeños, siempre que éstos se hallen al servicio del Estado, o ausentes por su amor a la causa de la Independencia, o de la libertad; o cuando la ausencia de los padres no pasare de cinco años, y fuere con noticia oficial del Poder Ejecutivo.

54 Víctor F. Goitia (comp.), «Constitución de la Primera República», Las constituciones de Panamá, Madrid, Ediciones Cultura Hispánica, 1954, pags. 68-98.

Artículo 7. Son istmeños por naturalización: 1. Los no nacidos en el territorio del Istmo, que al tiempo de la promulgación de la Constitución estuvieren desempeñando funciones públicas del Estado; 2. Los no nacidos en el territorio del Istmo, que al promulgarse esta Constitución residan en él, siempre que declaren ante el jefe del cantón que quieren ser istmeños; 3. Los nacidos en cualquiera parte del territorio de Colombia, o del de la Nueva Granada, fuera del Istmo, que vengan a residir en él, con tal que expresen su voluntad de ser istmeños ante el jefe del cantón; 4. Los extranjeros que obtengan carta de naturaleza, y los que habiéndola obtenido del Gobierno de Colombia, o del de la Nueva Granada, vengan a domiciliarse en el Istmo, expresándolo así al jefe cantonal.
Artículo 8. Para obtener carta de naturaleza basta pedirla al gobernador del cantón donde resida el interesado.
Artículo 9. El gobernador, antes de expedir la carta de naturaleza, hará que el interesado, bajo de juramento, renuncie [a] los vínculos que lo ligaban a otro gobierno, cualquier título y orden de nobleza que tenga, y ofrezca sostener la Constitución y leyes del Estado.
Artículo 10. La ley detallará los términos y requisitos con que deben extenderse las cartas de naturaleza.
Artículo 11. En cabeza del marido quedan naturalizados la mujer, y los hijos menores de veintiún años.
Artículo 12. Los istmeños de nacimiento, o por naturalización, que hayan perdido la ciudadanía por haberse naturalizado en país extranjero, la volverán a adquirir en el hecho de renunciar ante la autoridad, y en los términos que designa la ley, los vínculos que lo liguen a otra nación.
Artículo 13. Son deberes de los istmeños: 1. Vivir sometidos a la Constitución y a las leyes, respetar y obedecer a las autoridades establecidas por ellas; 2. Contribuir para los gastos públicos; 3. Servir y defender a la patria, haciéndole el sacrificio de su vida, si fuere necesario; 4. Velar sobre la conservación de las libertades públicas.

Título II. De la ciudadanía

Artículo 14. La ciudadanía consiste en el derecho de sufragar, o en la capacidad de ser elegido.

Artículo 15. Son ciudadanos sufragantes los istmeños que reúnan los requisitos siguientes: 1. Ser varón; 2. Ser mayor de veintiún años; 3. Saber leer y escribir; pero esta condición no tendrá lugar, hasta el año de 1850; 4. No ser esclavo; 5. No ser soldado del Ejército permanente de mar o tierra; 6. Subsistir de su trabajo, o de bienes propios; 7. No estar en la condición de sirviente doméstico; 8. No hallarse en estado de enajenación mental; 9. No estar naturalizado en país extranjero; 10. No hallarse en prisión por delito que merezca pena corporal o infamante; 11. No estar declarado fallido fraudulento.

Artículo 16. Son ciudadanos elegibles para los diversos destinos públicos, todos los istmeños que reúnan los requisitos 1.º, 4.º, 5.º, 6.º, 7.º, 8.º, 9.º, 10.º y 11.º del artículo anterior, a no ser que esta Constitución, o la ley exija algún otro para determinados casos. Esto no impide los alistamientos, ni ascensos militares, ni que las personas que no tengan el requisito 1.º sean nombradas para funciones anexas a su sexo, y determinadas por las leyes.

Artículo 17. Si después de electo un individuo dejare de tener alguno de los requisitos enunciados en el artículo anterior, quedará vacante su destino.

Título III. Del Gobierno Del Estado

Artículo 18. El gobierno del Estado es popular, republicano, representativo, electivo, alternativo y responsable.

Artículo 19. El Poder Supremo estará dividido para su ejercicio en Legislativo, Ejecutivo y Judicial, y ninguno de ellos ejercerá las atribuciones que conforme a esta Constitución correspondan a los otros.

Artículo 20. Es un deber del Gobierno proteger la libertad, la seguridad, la propiedad y la igualdad de los istmeños.

Título IV. De las elecciones

De las elecciones primarias

Artículo 21. Las elecciones primarias se abrirán cada dos años en las parroquias del Estado, el día que designe la ley, aun cuando no hayan sido convocadas.

Artículo 22. El objeto de las elecciones primarias es votar por el elector o electores que correspondan a la parroquia.

Artículo 23. En cada parroquia se nombrará un elector por cada quinientas personas; pero en la parroquia cuya población no alcance a este número, se nombrará siempre un elector.
Artículo 24. Los que resulten con mayor número de votos, se declararán constitucionalmente nombrados Electores: cuando hubiese igualdad de sufragios decidirá la suerte.
Artículo 25. Para ser elector se requiere, además de la calidad de ciudadano elegible: 1. Tener veinticinco años de edad; 2. Saber leer y escribir; 3. Ser dueño de bienes raíces que alcancen al valor libre de cuatrocientos pesos, o en su defecto de una renta de cien pesos anuales procedentes de bienes raíces, o de la de trescientos pesos que sean el producto de algún empleo, o del ejercicio de cualquiera género de industria o profesión; 4. Haber residido en el cantón un año, a lo menos, dentro de los tres anteriores al día en que se haga la elección.
Artículo 26. El cargo de elector durará dos años. Las faltas que ocurriesen por cualquier motivo, se suplirán con los que tengan más votos en los registros de elecciones.
Artículo 27. Cuando un mismo individuo sea nombrado elector por diversas parroquias, preferirá la elección de aquella en que haya obtenido mayor número de votos; en caso de igualdad, tendrá preferencia la parroquia de su domicilio, y si no ha sido nombrado por ésta, decidirá la suerte.
Artículo 28. Las elecciones primarias estarán abiertas por ocho días.

De las elecciones secundarias

Artículo 29. Los electores nombrados por el cantón formarán una asamblea electoral, que se reunirá en la cabecera de él con las dos terceras partes, a lo menos, el día que designe la ley; mas si en los dos últimos de los en que se deba hacer la elección no se hubieren reunido las dos terceras partes, podrá verificarse con la mayoría absoluta de electores, a lo menos.
Artículo 30. Corresponde a la asamblea electoral: 1. Sufragar por el Presidente y vicepresidente del Estado, por los magistrados del Tribunal Supremo de Justicia, y por los de los tribunales de distrito; 2. Elegir los diputados del cantón al Congreso y sus suplentes; 3. Elegir los jueces de primera instancia; 4. Elegir tres individuos, para que el Poder Ejecutivo nombre entre

ellos el que deba ser gobernador del cantón; 5. Hacer las demás elecciones que le atribuya la ley.

Artículo 31. En las elecciones que corresponde hacer definitivamente a la asamblea electoral, ésta declarará nombrado al que obtenga la mayoría absoluta de votos.

Artículo 32. Las asambleas electorales no se conservarán reunidas por más de ocho días.

Disposiciones comunes a ambas elecciones

Artículo 33. Las elecciones serán públicas, y ninguno concurrirá a ellas con armas.

Artículo 34. Una ley especial organizará por menor las elecciones.

Título V. Del Poder Legislativo

De la formación del Congreso

Artículo 35. El Poder Legislativo se ejercerá por una Cámara compuesta de diputados de los cantones del Estado, que llevará el nombre de Congreso.

Artículo 36. El Congreso se reunirá cada año en la capital del Estado el 1.º de febrero, aun cuando no haya sido convocado. Sus sesiones ordinarias durarán cuarenta días, prorrogables hasta sesenta, caso necesario.

Artículo 37. Cada uno de los cantones del Estado nombrará un diputado por cada cinco mil habitantes, y uno más por un residuo que pase de tres mil; pero el cantón cuya población no alcance a los números expresados, nombrará siempre un diputado. No pueden ser nombrados el Presidente y vicepresidente del Estado, los secretarios del Despacho, los magistrados del Tribunal Supremo de Justicia, los de los Tribunales de distrito, curas y todas aquellas personas que ejerzan cualquiera mando, jurisdicción o autoridad en todo el cantón, al tiempo que se hace la elección.

Artículo 38. Si un individuo resultase electo por dos o más cantones, preferirá la elección del de su vecindario; si no hubiere sido nombrado por éste, preferirá la del de su nacimiento, y si tampoco por éste hubiese sido nombrado, preferirá la del que tenga más población; y en caso de igualdad de ésta, lo decidirá la suerte.

Artículo 39. El Congreso no comenzará sus sesiones sin la concurrencia a ellas de los dos tercios de la totalidad de sus miembros; pero en todo caso, el número existente, cualquiera que sea, se reunirá para compeler con multas a los ausentes, a que concurran en el modo y términos que disponga la ley.
Artículo 40. El Congreso no continuará sus sesiones sin la concurrencia de los dos tercios de los miembros presentes en el lugar en que se celebren, con tal que éstos no sean menos de la mayoría absoluta de todos los miembros.
Artículo 41. Los diputados al Congreso durarán en sus destinos dos años, renovándose por mitad cada año.
Artículo 42. Para ser diputado se requiere, además de las cualidades de ciudadano elegible: 1. Ser dueño de bienes raíces que alcancen al valor libre de mil pesos, o tener una renta de doscientos pesos anuales, procedentes de bienes raíces, o en defecto de ésta, una de trescientos pesos que sea el producto de algún empleo, o del ejercicio de algún género de industria o profesión; 2. Haber residido en el Estado dos años por lo menos, dentro de los cuatro inmediatamente anteriores.
Artículo 43. Las vacantes que resulten en el Congreso por cualquier causa, se llenarán por los respectivos suplentes, y cuando ocurra también la de éstos, el gobernador respectivo, requerido por el Congreso, convocará extraordinariamente las asambleas electorales, para que hagan el nombramiento.
Artículo 44. Los no nacidos en el Istmo necesitan para ser diputados, además de las cualidades de ciudadano elegible: 1. Ser dueños de bienes raíces que alcancen al valor libre de dos mil pesos, o tener una renta de cuatrocientos pesos anuales procedentes de bienes raíces, o en su defecto la de seiscientos pesos que sea el producto de algún empleo, o del ejercicio de cualquiera industria o profesión; 2. Haber residido dos años, a lo menos, en el Estado dentro de los cuatro inmediatamente anteriores.
Artículo 45. El Congreso deberá instalarse por sí dentro del término señalado en la Constitución, y mientras se da los reglamentos necesarios será presidido por el diputado en que se convenga a la voz.

De las atribuciones del Congreso

Artículo 46. Son atribuciones del Congreso: 1. Darse los reglamentos necesarios para el régimen interior, y dirección de sus trabajos, pudiendo conforme a ellos corregir a sus miembros que los infrinjan, con las penas que establezca; 2. Establecer las contribuciones que exija el servicio del Estado; 3. Decretar anualmente los gastos del Estado, en vista de los presupuestos que le presente el Poder Ejecutivo; 4. Decretar lo conveniente sobre la conservación, administración y enajenación de los bienes del Estado; 5. Contraer deudas sobre el crédito del Estado; 6. Determinar, y uniformar la ley, peso, tipo, y denominación de la moneda; 7. Fijar y uniformar los pesos, y medidas; 8. Crear los tribunales y juzgados necesarios; 9. Decretar la creación, y supresión de los empleos públicos, asignar sus dotaciones, disminuirlas o aumentarlas; 10. Conceder recompensas personales a los que hayan hecho grandes servicios al Estado; 11. Decretar honores públicos a la memoria de los grandes hombres; 12. Detallar los términos y requisitos con que deben extenderse las cartas de naturaleza; 13. Fijar todos los años la fuerza permanente de mar y tierra, y el modo de levantarla y reemplazarla; 14. Decretar la guerra ofensiva, y ordenar la paz, con presencia de los informes y preliminares, que exigirá al Poder Ejecutivo; 15. Prestar o no su aprobación a los tratados y convenios públicos celebrados por el Poder Ejecutivo; 16. Conceder amnistías o indultos generales o particulares, cuando lo exija algún motivo grave de conveniencia pública; 17. Designar por el voto de las dos terceras partes de los miembros presentes el lugar que haya de ser la capital del Estado; 18. Crear y suprimir cantones y parroquias, y fijar sus límites; 19. Permitir o no la introducción y tránsito de tropas extrajeras por el territorio del Estado; 20. Permitir o no la estación de escuadra o escuadrilla extranjera en los puertos del Estado; 21. Velar sobre la inversión de las rentas nacionales, examinando cada año la cuenta respectiva, que el Poder Ejecutivo debe presentarle por medio del secretario de Hacienda para su aprobación; 22. Establecer lo conveniente en lo relativo al crédito del Estado; 23. Verificar el escrutinio de las elecciones de Presidente y vicepresidente del Estado, y admitir o no sus excusas y renuncias; 24. Perfeccionar las elecciones de los magistrados del Tribunal Supremo de Justicia, y de los Tribunales de distrito, y decidir sobre sus excusas y renuncias; 25. Hacer la elección del obispo u obispos de la iglesia Istmeña, y prestar o no su aprobación para

proveer las dignidades y canonjías, que no sean de oficio; 26. Prestar o no su consentimiento al Poder Ejecutivo para que nombre los jefes del Ejército y Marina, desde teniente-coronel, o capitán de fragata inclusive, hasta el más alto grado; 27. Decidir las reclamaciones que se hagan sobre la calificación de sus propios miembros, y de aquellos empleados que nombra, o de cuya elección le toca hacer el escrutinio; 28. Expedir los diferentes códigos y leyes que exija el buen arreglo del Estado; 29. Interpretar, reformar, y derogar las disposiciones legislativas; 30. Diferir para otro tiempo, o trasladar a otro lugar las sesiones, cuando algún grave motivo lo exija; 31. Conceder licencias temporales a sus miembros, para no asistir a las sesiones, y admitirles las renuncias que hagan de sus destinos; 32. Conceder o negar el pase a las bulas, y rescriptos pontificios que versen sobre asuntos generales; 33. Promover y fomentar por leyes especiales la educación pública en las universidades, colegios, y escuelas del Estado; el progreso de las ciencias y artes, y los establecimientos de utilidad general; y conceder por tiempo limitado privilegios exclusivos para su estímulo y fomento; 34. Decretar el alistamiento y organización de la guardia nacional, y designar los casos en que deba ser llamada al servicio activo; 35. Habilitar y cerrar los puertos, y establecer o suprimir aduanas marítimas; 36. Conceder permiso a los empleados públicos, para obtener de otro gobierno pensiones, distintivos, o títulos personales, siendo compatibles con las instituciones del Estado; 37. Velar especialmente en la observancia de esta Constitución, y anular todos los actos que la contraríen.
Artículo 47. El Congreso no delegará a uno o muchos de sus miembros, ni a ningún otro poder, funcionario, o persona, ninguna de las atribuciones que tiene por esta Constitución, sino en los casos expresamente previstos por ella.
Artículo 48. Cuando el Congreso sea convocado extraordinariamente, solo tratará de aquellos asuntos que hubieren dado motivo a la convocatoria.

Disposiciones varias sobre el Congreso

Artículo 49. En los nombramientos que corresponden al Congreso, declarará electo al que haya obtenido la mayoría absoluta de votos; cuando no se obtenga por ninguno de ellos, se contraerá a los dos que hayan reunido más votos; y en caso de igualdad, decidirá la suerte.

Artículo 50. Cuando el Congreso se ocupe de hacer el escrutinio de los sufragios de las asambleas electorales para las elecciones de Presidente y vicepresidente del Estado, magistrados del Tribunal Supremo de Justicia, y de los Tribunales de distrito, declarará nombrado al que haya obtenido la mayoría absoluta de los votos; cuando no se obtenga por ninguno de ellos, se contraerá a los dos que hayan reunido más votos, y se declarará electo al que haya obtenido las dos terceras partes de los votos de los miembros del Congreso, repitiéndose la votación hasta que se obtenga este resultado.
Artículo 51. Los diputados al Congreso no son responsables por los discursos, votos y opiniones que emitan en el ejercicio de sus funciones.
Artículo 52. Los diputados al Congreso mientras duren las sesiones, un mes antes de la reunión, y otro después de la clausura del cuerpo legislativo, no serán demandados, ni ejecutados civilmente; ni perseguidos, ni presos por causa criminal, sino luego que el Congreso los haya suspendido del ejercicio de sus funciones, y consignado al tribunal competente, a menos que hayan sido sorprendidos en flagrante delito, a que esté impuesta pena corporal o infamante.
Artículo 53. Las sesiones del Congreso serán públicas; pero podrán ser secretas, cuando así lo pida alguno de sus miembros. Si el Congreso reunido en sesión secreta, juzgase conveniente pasar a sesión pública, lo acordará así por la mayoría absoluta de sus miembros.
Artículo 54. Nadie concurrirá con armas a las sesiones del Congreso.
Artículo 55. Las reformas que se hicieren alterando las asignaciones de que deben disfrutar los diputados al Congreso, no comprenderán a los miembros que lo constituyan al decretarse aquellas reformas, a menos que fuesen reelegidos.

De la formación de las leyes

Artículo 56. Para ser admitido a discusión un proyecto de ley o decreto, se requiere que sea presentado por alguno de los miembros del Congreso, y apoyado por otro.
Artículo 57. Todo proyecto de ley o decreto admitido a discusión, será considerado en tres debates distintos, con intervalo de un día por lo menos de uno a otro. En caso de que el proyecto sea declarado urgente, podrá dispensarse esta última formalidad.

Artículo 58. Los proyectos de ley o decreto que fuesen rechazados, no podrán volverse a proponer hasta la próxima reunión del Congreso; pero esto no impide que alguno o algunos de sus artículos formen parte de otro proyecto.
Artículo 59. Acordado un proyecto de ley o decreto por el Congreso, se pasará al Poder Ejecutivo por medio de una Diputación, y si éste lo aprobare, lo mandará ejecutar, y publicar; pero si no, [lo] devolverá al Congreso con sus observaciones, y dentro del término de ocho días de aquel en que lo recibió, uno de los dos ejemplares que se le remitan.
Artículo 60. Si pasado este tiempo el Ejecutivo no hubiere devuelto el proyecto objetado, tendrá fuerza de ley, y como tal lo mandará publicar, a menos que corriendo los ocho días, el Congreso hubiere cerrado sus sesiones, en cuyo caso el Ejecutivo deberá presentar sus observaciones en los primeros cuatro días de la próxima reunión.
Artículo 61. Cuando el Poder Ejecutivo objete un proyecto de ley o decreto, el Congreso tomará en consideración sus reparos, y si los hallare fundados, procederá de acuerdo con ellos; pero en caso contrario, si el proyecto fuese objetado en su totalidad, podrá insistir con el voto de las dos terceras partes, a lo menos, de los miembros presentes. Si las objeciones se versaren sobre una o muchas partes del proyecto, bastará la mayoría absoluta para la insistencia. En cualquiera de estos dos últimos casos, el Poder Ejecutivo mandará publicar el proyecto dentro de tercero día.
Artículo 62. Al pasar al Poder Ejecutivo un proyecto de ley o decreto, se expresarán los días en que fue discutido, para que si nota que no se han observado las formalidades del debate, lo devuelva dentro de segundo día, a fin de que tenga su cumplimiento.
Artículo 63. Siempre que haya de pasarse al Poder Ejecutivo un proyecto de ley o decreto para su sanción, se extenderán dos ejemplares, los cuales serán firmados por el presidente y secretario del Congreso.
Artículo 64. El Poder Ejecutivo no tendrá derecho de objeción sobre los actos en que se acuerde diferir para otro tiempo, trasladar a otro lugar o prorrogar las sesiones del Congreso.
Artículo 65. Sancionado u objetado un proyecto por el Poder Ejecutivo, devolverá al Congreso por medio del secretario respectivo uno de los dos

ejemplares, para que se dé cuenta en él y se archive, caso de sanción; o para que, si hubiese sido objetado, tenga lugar lo prevenido en el artículo 61, pasando nuevamente dos ejemplares, caso de insistencia o reforma, de la manera dispuesta en el artículo 63.

Título VI. Del Poder Ejecutivo

Del encargado del Poder Ejecutivo

Artículo 66. El Poder Ejecutivo del Estado estará a cargo de una persona, que tendrá la denominación de Presidente del Estado del Istmo, y este empleado será sustituido en cualesquiera casos de falta, o impedimento, por otro que se denominará vicepresidente.

Artículo 67. Para ser Presidente y vicepresidente del Estado se necesita, además de las cualidades de ciudadano elegible: 1. Haber nacido en alguno de los cantones del Estado; 2. Haber cumplido la edad de treinta años; 3. Ser dueño de bienes raíces que alcancen al valor libre de dos mil pesos, y en su defecto, de una renta de trescientos pesos anuales, procedentes de bienes raíces; o de la de seiscientos pesos que sea el producto de algún empleo, o del ejercicio de cualquier género de industria o profesión.

4. Tener dos años de residencia en el Estado, dentro de los cuatro inmediatamente anteriores.

Artículo 68. Los no nacidos en el Estado que sean miembros de la convención, y además aquellos que tengan seis años de residencia en él al tiempo de promulgarse esta Constitución, serán considerados como nacidos en el Istmo, para los efectos del artículo 67 de la referida Constitución, siempre que reúnan los requisitos que exigen los números 2, 3 y 4 del citado artículo.

Artículo 69. El Presidente y vicepresidente del Estado durarán en sus funciones cuatro años, y no serán reelegibles para el próximo período. La elección del último se hará a los dos años de haberse hecho la del primero.

Artículo 70. Además del vicepresidente del Estado se designan para sustituir al encargado del Poder Ejecutivo al presidente y vicepresidente del Congreso, los cuales entrarán a ejercerlo por su orden en los casos de falta o impedimento.

Artículo 71. En cualquier caso de falta absoluta del Presidente del Estado, se reemplazará en la próxima reunión de las asambleas electorales, si hubiese tiempo para ello; y si no, en la siguiente. Los nombrados de esta manera extraordinaria solo durarán en sus destinos hasta el fin del período constitucional de su antecesor, y no podrán ser nombrados para el próximo, o siguiente.

Artículo 72. El Presidente y vicepresidente del Estado entrarán a ejercer sus funciones el día 1.º de marzo, prestando el correspondiente juramento, que se les exigirá por el presidente del Congreso en presencia de éste; pero si el Congreso no estuviere reunido, lo prestarán ante el Tribunal Supremo de Justicia del Estado en manos de su presidente.

Artículo 73. Aunque el 1.º de marzo no haya prestado el juramento el nuevo Presidente o Vicepresidente, cesa sin embargo en sus funciones el anterior.

Artículo 74. El período de duración de cada Presidente y vicepresidente del Estado se contará desde el día en que termine aquel para que fue nombrado su antecesor, aunque por no haberse posesionado entonces, haya de durar menos de cuatro años.

Artículo 75. El Presidente y vicepresidente del Estado recibirán por sus servicios los sueldos que la ley les señale. Las alteraciones que se hagan en estos sueldos no afectarán a los que sean Presidente y vicepresidente del Estado cuando ellas tengan lugar.

De las atribuciones del Poder Ejecutivo

Artículo 76. El encargado del Poder Ejecutivo es el jefe de la administración del Estado, y como a tal le corresponde conservar el orden y la tranquilidad interior, y asegurar el Estado contra todo ataque exterior.

Artículo 77. Son atribuciones del Poder Ejecutivo: 1. Sancionar las leyes y decretos del Congreso, y expedir todos los reglamentos y órdenes necesarias para su ejecución; 2. Velar sobre la exacta observancia de la Constitución y de las leyes, excitando a todos los funcionarios públicos a su cumplimiento, y a las autoridades competentes al juzgamiento de cualesquiera infractores; 3. Convocar al Congreso en los períodos señalados por la Constitución, y en cualesquiera otros casos extraordinarios en que lo exija el bien del Estado. 4. Dirigir las fuerzas de mar y tierra; 5. Declarar la guerra, previo el decreto del Congreso; 6. Nombrar y remover libremente los secretarios del Despacho; 7. Nombrar los gobernadores de cantón de la terna que forme la asamblea electoral respectiva, suspenderlos con fundados motivos, y sometertos dentro de setenta y dos horas al Tribunal competente, junto con los documentos que dieron motivo a la suspensión, para su juzgamiento; 8. Nombrar, con previo consentimiento del Congreso, los jefes del Ejército y Marina, desde teniente coronel o capitán de fragata inclusive, hasta el más alto grado; 9. Nombrar con arreglo a la ley los demás oficiales del Ejército; 10. Nombrar los agentes diplomáticos y cónsules; 11. Dirigir las negociaciones diplomáticas, y celebrar los tratados y convenios públicos, y ratificarlos, después de aprobados por el Congreso; 12. Nombrar interinamente, durante el receso del Congreso, y de la manera dispuesta en esta Constitución, los magistrados del Tribunal Supremo de Justicia, y Tribunales de distrito, cuando ocurra alguna vacante; 13. Nombrar cualesquiera otros empleados, cuyo nombramiento no reserve la ley a otra autoridad; 14. Conceder retiros y licencias a los militares, y admitir o no, las renuncias que hagan desde alférez hasta el más alto grado, según lo determine la ley; 15. Conceder patentes de corso, cuando así lo determine el Congreso; 16. Expedir patentes de navegación; 17. Cuidar de la recaudación e inversión de las contribuciones y rentas nacionales, con arreglo a las leyes, y presentar anualmente al Congreso, por medio del secretario de Hacienda, la cuenta respectiva; 18. Suspender de los destinos que ocupen a todos los empleados del ramo ejecutivo, cuando cometan alguna falta o delito en el ejercicio de sus funciones, poniéndolos a disposición del Tribunal competente, dentro de setenta y dos horas, con los documentos que hayan motivado la suspensión, para que se les juzgue; pero esto no impide que la ley atribuya la misma facultad de suspender, a la autoridad judicial que haya de exigirles la responsabilidad; 19. Conmutar, con previo consentimiento del Concejo de Gobierno, la pena capital en otra grave, siempre que lo exija alguna razón de conveniencia pública, y a propuesta de los tribunales que decreten las penas, los cuales indicarán en la misma propuesta aquella en que sea conveniente conmutarla.

Artículo 78. No puede el encargado del Poder Ejecutivo: 1. Salir del territorio mientras ejerce el Gobierno; 2. Separarse del Estado un año después de haber cesado en sus funciones, sin mandato del Poder Ejecutivo; 3. Ejercer sus funciones cuando se ausente de la capital para cualquiera otra parte del Estado, sino en los casos previstos por la ley; 4. Nombrar ni proponer para empleo alguno a los diputados al Congreso, mientras ejerzan estas funciones, ni darles comisión ni gracia alguna. Esta prohibición se extenderá, después de haber cesado en sus funciones el diputado, hasta que deje de ejercer el Poder Ejecutivo la misma persona que lo obtenía al tiempo de su diputación; 5. Expulsar del territorio a ningún istmeño, privarle de su libertad, ni imponerle pena alguna; 6. Celebrar concordatos con la Sede Romana.

Artículo 79. En los casos de grave peligro por conmoción interior, invasión exterior actual, o temida con fundamento, que amenace la seguridad del Estado, el encargado del Poder Ejecutivo podrá investirse del todo o parte de las siguientes facultades extraordinarias: 1. De llamar al servicio aquella parte de la guardia nacional que se considere necesaria a más de la fuerza permanente; 2. De negociar empréstitos, o anticipaciones de las rentas públicas con el correspondiente descuento, sin exceder de las sumas que sean absolutamente indispensables; 3. De expedir órdenes de comparecencia, o arresto contra los indiciados de traición contra el Estado; debiendo ponerlos dentro de setenta y dos horas, a disposición del juez competente, a quien pasará los documentos que dieron lugar al arresto, junto con las diligencias que se hayan practicado; 4. De conceder amnistías o indultos generales o particulares, cuando lo exija algún grave motivo de conveniencia pública.

Artículo 80. El Poder Ejecutivo, en el uso de una o más de las anteriores facultades, se limitará al tiempo y medios absolutamente necesarios para restablecer la tranquilidad y seguridad del Estado, y dará cuenta al Congreso, en los primeros seis días de las próximas sesiones, del ejercicio que haya hecho de esta autorización.

Artículo 81. El Poder Ejecutivo cesará en el uso de sus facultades extraordinarias con el hecho mismo de reunirse el Congreso, el que, si fuere necesario, le concederá la continuación en el ejercicio de ellas.

Artículo 82. El Poder Ejecutivo, al abrir el Congreso sus sesiones anuales, lo instruirá por escrito del estado del país en sus diferentes ramos, indicándole las mejoras y reformas que puedan hacerse en cada uno.

Artículo 83. El Presidente del Estado es responsable en todos los casos de infracción de la Constitución, y de las leyes, en las de abuso de las facultades que se le conceden conforme al artículo 79 de esta Constitución, y en cualesquiera otros de mala conducta en el ejercicio de sus funciones.

Artículo 84. El Poder Ejecutivo, cuando lo estime de grave urgencia, podrá delegar alguna o algunas de las facultades que se le confieren por esta Constitución, a uno o más agentes suyos, o ciudadanos del Estado.

De los secretarios del Despacho

Artículo 85. Para el despacho de todos los negocios de la administración habrá hasta dos secretarías. La ley las arreglará, y organizará.

Artículo 86. Para ser secretario del Despacho, se requiere tener las cualidades de ciudadano elegible.

Artículo 87. El Poder Ejecutivo podrá encargar temporalmente estas secretarías a una sola persona.

Artículo 88. Los secretarios de Estado son, en sus respectivos ramos, el órgano preciso de comunicación de todas las órdenes del Poder Ejecutivo. Ninguna orden expedida fuera de este conducto, ni decreto, providencia, o reglamento alguno, que no sea autorizado por el respectivo secretario, deberá ser ejecutada por ningún empleado público, ni persona privada.

Artículo 89. Los secretarios de Estado darán al Congreso, con anuencia del Poder Ejecutivo, cuantas noticias, e informes les pida en sus respectivos ramos, a excepción de lo que no convenga publicar. En esta excepción no se comprenden aquellos que se pidan por el Congreso para llevar a efecto la atribución 14 del artículo 46.

Artículo 90. Los secretarios de Estado podrán asistir al Congreso, y tomar parte en sus discusiones sobre proyectos de ley, y deberán asistir, cuando sean llamados; pero nunca tendrán voto.

Artículo 91. Los secretarios de Estado informarán anualmente al Congreso, en los primeros seis días de sus sesiones, del estado de sus respectivos ramos.

Artículo 92. Los secretarios de Estado son responsables, siempre que autoricen decretos, órdenes, o resoluciones del Poder Ejecutivo, que sean contrarios a la Constitución, o a las leyes, sin que les sirva de excusa la orden verbal o por escrito de aquél.

Del Concejo de Gobierno

Artículo 93. El vicepresidente y los secretarios de Estado formarán el Concejo de Gobierno, que debe asistir con su dictamen al encargado del

Poder Ejecutivo en el despacho de todos los negocios de la administración, de cualquiera naturaleza que sean.

Artículo 94. El Concejo podrá reunirse con la mayoría absoluta de sus miembros, y será presidido por el vicepresidente. El encargado del Poder Ejecutivo no estará obligado a seguir el dictamen del Concejo de Gobierno.

Artículo 95. Cuando las secretarías de Estado se hallen encargadas a una sola persona, y el vicepresidente esté ejerciendo el Poder Ejecutivo, falte por cualquiera causa, o se halle impedido, el único secretario que exista, formará el Concejo de Gobierno, y en calidad de tal auxiliará con su dictamen al mismo Poder Ejecutivo.

Título VII. Del Poder Judicial

Artículo 96. La justicia se administrará por un Jurado Nacional, un Tribunal Supremo, y los demás tribunales y juzgados que la ley establezca. Del JURADO NACIONAL **Artículo** 97. El Congreso se constituirá en Jurado Nacional: 1. Para el juzgamiento del encargado del Poder Ejecutivo, y de los magistrados del Tribunal Supremo, por infracción de la Constitución o de las leyes, y en el caso de mala conducta en el ejercicio de sus respectivas funciones; 2. Para declarar si ha o no lugar a formación de causa contra cualquiera de los mencionados empleados y ponerlos a disposición del tribunal competente para su juzgamiento, cuando la falta no fuere relativa al ejercicio de sus respectivas funciones.

Artículo 98. El Congreso no se constituirá en Jurado Nacional, sino a virtud de acusación escrita, y presentada por uno o más individuos, y apoyada por dos diputados, o por acusación de tres de estos solamente.

Artículo 99. El Jurado Nacional, examinados los fundamentos de la acusación, declarará previamente si ha o no lugar al juicio, para cuya declaratoria se requiere la mayoría absoluta de votos de los diputados presentes, con exclusión de los dos que apoyaron, o de los tres que hicieron la acusación. Si ésta fuere relativa al número 1 del artículo 97, el jurado continuará el juicio hasta su fenecimiento, e imposición de la pena correspondiente, o absolución del acusado. Si la acusación fuere relativa al número 2 del citado artículo 97, luego que se haya declarado haber lugar a la formación de causa, se pondrá el acusado a disposición del tribunal, o juez competente, para su juzgamiento.

Artículo 100. El Congreso nombrará por mayoría absoluta de votos el diputado que haya de sostener la acusación contra los empleados de que trata el número 1 del artículo 97.

Artículo 101. Las reclamaciones, que con los documentos que acrediten la culpabilidad, hagan al Congreso los tribunales competentes, serán bastantes para la iniciación del procedimiento a la declaratoria de que habla el número 2 del artículo 97, requiriéndose para ella, en este caso, la mayoría absoluta de votos de los miembros presentes, sin exclusión de ninguno.

Artículo 102. Luego que se declare haber lugar a formación de causa, queda suspenso el empleado acusado.

Artículo 103. El jurado puede cometer la sustanciación del juicio a una comisión de su seno, reservándose la sentencia, que será pronunciada en sesión pública.

Artículo 104. Para ser condenado en estos juicios, se requiere la mayoría absoluta de votos de los miembros presentes con exclusión de los diputados que apoyaron, o hicieron la acusación.

Artículo 105. Las penas que imponga el jurado, caso de condenación, no podrán ser otras, que las de suspender por tiempo, o desistir de su empleo al acusado, y a lo más, declararlo incapaz por cierto término para servir determinados destinos públicos, o ninguno de ellos; pero esto no impide que el tribunal correspondiente juzgue también al culpable, si su falta tuviere señalada alguna otra pena por las leyes comunes.

Artículo 106. Una ley especial organizará el curso de estos juicios, y designará los casos, en que deban imponerse las penas establecidas en el artículo anterior.

Del Tribunal Supremo de Justicia del Estado

Artículo 107. Habrá en la capital del Estado un Tribunal Supremo de Justicia.

Artículo 108. Para ser magistrado del Tribunal Supremo de Justicia, además de las cualidades de ciudadano elegible, se requiere: 1. Haber cumplido treinta años de edad; pero esta condición no tendrá lugar hasta el año de 1847; 2. Ser abogado en ejercicio; 3. Haber sido magistrado de algún tribunal, o juzgado por un término que no baje de tres años, o haber ejercido la abogacía con buen crédito por seis años a lo menos; pero estos requisitos no son obligatorios hasta el año de 1847, bastando hasta entonces ser abogado de buena reputación.

Artículo 109. Son atribuciones del Tribunal Supremo: 1. Conocer de todos los negocios contenciosos de los agentes diplomáticos cerca del Gobierno del Estado en los casos permitidos por el derecho internacional; 2. Conocer de las causas de responsabilidad, que se formen a los agentes diplomáticos, y Cónsules del Estado, por mal desempeño en el ejercicio de sus funciones; 3. Conocer de las causas de responsabilidad del Presidente y vicepresidente del Estado, cuando haya lugar al ulterior procedimiento, conforme al artículo 99, o cuando haya de aplicárseles una ley común; y de las criminales por delitos comunes en que incurran los mismos; 4. Conocer de las causas de responsabilidad de los secretarios de Estado; 5. Conocer de las controversias que se susciten por los contratos o negociaciones que el Poder Ejecutivo celebre inmediatamente por sí o por medio de sus agentes; 6. Oír las dudas de los tribunales superiores sobre inteligencia de alguna ley, y consultar sobre ellas al Congreso por conducto del Poder Ejecutivo; 7. Conocer de los juicios que se promuevan sobre la inteligencia de una, o más cláusulas de privilegios concedidos por el Congreso, o de su orden por el Poder Ejecutivo, excepto en los casos que otra cosa se disponga por los decretos en que se hayan otorgado.

Artículo 110. La ley designará el grado, forma y casos en que el Tribunal Supremo de Justicia deba conocer en los negocios expresados, y de cualesquiera otros que ella le atribuya.

Artículo 111. Los magistrados del Tribunal Supremo durarán en sus funciones dos años, pudiendo ser reelectos.

Artículo 112. Los magistrados del Tribunal Supremo de Justicia no admitirán empleo, comisión, ni gracia alguna del Poder Ejecutivo hasta que deje de ejercerlo la persona que lo obtenía al tiempo de la permanencia de aquéllos en la magistratura.

De los demás tribunales y juzgados

Artículo 113. La ley organizará los demás tribunales y juzgados del Estado, y determinará sus atribuciones, y los requisitos y cualidades, que deben tener los que hayan de formarlos.

Disposiciones comunes a todos los tribunales y juzgados

Artículo 114. Todos los tribunales y juzgados en sus sentencias deben hacer mención de la ley aplicada, y por falta de ella, de los fundamentos en que se apoyen.

Artículo 115. Los magistrados y jueces de los tribunales del Estado no podrán ser suspendidos de sus destinos, sino por acusación legalmente intentada y admitida, ni depuestos, sino por causa sentenciada conforme a las leyes.

Artículo 116. En ningún juicio habrá más de tres instancias.

Artículo 117. Las sesiones de todos los tribunales serán públicas, y las votaciones se harán a puerta abierta y en alta voz.

Artículo 118. Las vacantes que ocurran en las magistraturas del Tribunal Supremo de Justicia, y Tribunales de distrito, se llenarán con los que hayan obtenido más votos en las asambleas electorales para la plaza vacante; por defecto de éstos, el encargado del Poder Ejecutivo hará el nombramiento; y los así nombrados durarán en el destino hasta que se provea en propiedad conforme a esta Constitución.

Título VIII. Del Gobierno de las secciones Del Estado

Artículo 119. La ley organizará el gobierno de las secciones en que se divide el Estado, así el que no es más que una ramificación y dependencia del Gobierno Supremo, como el que ha de velar, y estatuir sobre los objetos de interés local.

Título IX. De la Fuerza Armada

Artículo 120. La Fuerza Armada es esencialmente obediente, y no tiene la facultad de deliberar. Su objeto es defender la independencia y la libertad del Estado, mantener el orden público, y sostener la observancia de la Constitución y de la ley.

Artículo 121. La Fuerza Armada se divide en ejército permanente, y en guardia nacional.

Artículo 122. La guardia nacional en cada cantón estará a las órdenes de su gobernador, quien la llamará al servicio, cuando lo ordene el encargado del Poder Ejecutivo; y también para obrar dentro del cantón, en los casos de conmoción interior, o de invasiones exteriores actuales o temidas con fundamento. Siempre que los gobernadores de los cantones usen de esta atribución, darán cuenta inmediatamente de la fuerza de que hubieren dispuesto, y de los motivos y fundamentos que hayan tenido para ello.

Artículo 123. No se concederá en el Estado ningún ascenso militar, sino para llenar una plaza creada por la ley.

Artículo 124. Una ley especial organizará la Fuerza Armada.

Artículo 125. Los individuos de la fuerza armada de mar o tierra no gozarán de fuero alguno; pero en los delitos puramente militares, o en los comunes, que se cometan en campaña, serán juzgados y penados por las autoridades militares, y conforme a las ordenanzas y leyes del Ejército.

Título X. Disposiciones varias

Artículo 126. Ningún empleado público, civil, militar o eclesiástico entrará en el ejercicio de sus funciones, sin prestar juramento de sostener la Constitución, y de cumplir fiel y exactamente con los deberes de su empleo.

Artículo 127. El presidente del Congreso prestará juramento en presencia de éste, y los miembros en manos del presidente. Los demás empleados jurarán ante las autoridades que determine la ley.

Artículo 128. Ningún empleado público ejercerá otras funciones que aquellas que le estén expresamente delegadas por la Constitución, o la ley.

Artículo 129. No habrá en el Estado empleo alguno sin funciones, ni puramente honorario. Los empleos públicos no son enajenables, ni hereditarios, ni los que los obtengan durarán en ellos por más tiempo que el de su buena conducta oficial.

Artículo 130. Los empleados públicos no aceptarán título, ni regalo de ningún Gobierno extranjero sin el consentimiento del Congreso.

Artículo 131. Siempre que la autoridad judicial competente declare haber lugar a la formación de causa contra un empleado público, por responsabilidad en el ejercicio de sus funciones, quedará por el mismo hecho suspenso de su destino.

Artículo 132. La religión dominante del Estado es la católica, apostólica, romana. El Gobierno la protegerá.

Artículo 133. Todos los istmeños tienen el derecho de hacer publicaciones por medio de la prensa, sin necesidad de previa revisión o censura, quedando sujetos a la responsabilidad de la ley.

Artículo 134. Los juicios por abusos de la libertad de imprenta se decidirán siempre por jurados.

Artículo 135. Ninguna autoridad aplicará clase alguna de tormentos, sea cual fuere la naturaleza, y estado del proceso.

Artículo 136. Todos los istmeños tienen la facultad de reclamar sus derechos ante los depositarios de la autoridad pública con la moderación y respeto debidos, y de representar acerca de todo lo que juzguen conveniente al bien público.

Artículo 137. Todos los extranjeros serán admitidos en el Estado, y gozarán de los mismos beneficios que los istmeños, excepto los inherentes a la ciudadanía. Aquellos se someterán a las leyes del Estado, en cuanto sea compatible con el derecho internacional.

Artículo 138. No se extraerá del tesoro nacional cantidad alguna para otros usos que los determinados por las leyes.

Artículo 139. Los istmeños son iguales delante de la ley, cualesquiera que sean su fortuna y destinos.

Artículo 140. Ningún istmeño podrá ser distraído de sus jueces naturales, ni juzgado por comisiones especiales, ni por tribunales extraordinarios.

Artículo 141. Ningún istmeño puede ser arrestado, o reducido a prisión, sin suficiente motivo para proceder, fundado en testimonio de persona digna de crédito, o en otro indicio grave. Cuando alguno sea sorprendido en flagrante delito, cualquiera puede prenderle, pidiendo el auxilio necesario, y conducirle inmediatamente a presencia del juez.

Artículo 142. En cualquier estado de la causa en que aparezca que no puede imponerse al preso pena corporal, se le pondrá en libertad, dando la seguridad bastante.

Artículo 143. Dentro de doce horas a lo más de verificada la prisión, o arresto de alguna persona, expedirá el juez una orden firmada en que se expresen los motivos del arresto, o prisión; si debe o no estar, o continuar incomunicado el preso, y se le dará copia de ella. El juez que faltare a esta disposición, y el carcelero que no reclamare la orden, pasadas las doce horas, serán castigados como reos de detención arbitraria. Ni uno ni otro podrán usar de más apremios o prisiones que las necesarias para la seguridad del preso o arrestado.

Artículo 144. El alcaide o carcelero no podrá prohibir a los presos la comunicación con persona alguna sin orden expresa del juez; y la incomunicación solo durará por el tiempo indispensablemente necesario para evitar la colusión con los testigos o con los que puedan ser cómplices.

Artículo 145. Ningún istmeño dará testimonio en causa criminal contra su consorte, sus ascendientes, sus descendientes y hermanos; ni será obligado con juramento, apremio ni de otro modo a darlo contra sí mismo.

Artículo 146. Ninguna pena será trascendental al inocente; por íntimas que sean sus relaciones con el culpado.

Artículo 147. Nadie será reducido a prisión en los lugares que no estén pública y legalmente reconocidos por cárceles.

Artículo 148. Ningún istmeño será juzgado, ni penado, sino en virtud de una ley anterior a su delito, y después de habérsele citado, oído, y convencido en juicio.

Artículo 149. Ningún delito se castigará con pena de confiscación; pero esta disposición no excluye los comisos ni las multas que impongan las leyes contra algunos delitos.

Artículo 150. Corresponde a la jurisdicción civil ordinaria la facultad de conocer de las demandas civiles en que intervengan individuos del clero secular, o regular, y de las causas criminales contra éstos, sin perjuicio de que el juez eclesiástico pueda imponer las penas espirituales conforme a los cánones, y aun practicar a prevención las diligencias sumarias, para pasarlas al juez competente.

Artículo 151. A excepción de las contribuciones establecidas con arreglo a esta Constitución, o a las leyes, ningún istmeño será privado de la menor porción de su propiedad, ni ésta aplicada a ningún uso público sin su propio consentimiento. Cuando alguna pública necesidad legalmente comprobada, exigiere que la propiedad de algún istmeño se aplique a usos semejantes, la condición de una justa compensación debe presuponerse.

Artículo 152. Toda persona debe presumirse inocente hasta que se le declare culpado con arreglo a la ley.

Artículo 153. Ningún género de trabajo, industria, y comercio, que no se oponga a las buenas costumbres, es prohibido a los istmeños, y todos podrán ejercer el que quieran, excepto aquellos que son necesarios para la subsistencia del Estado. No podrán por consiguiente establecerse gremios, y corporaciones de artes, u oficios, que obstruyan la libertad del ingenio, de la enseñanza y de la industria.

Artículo 154. Es prohibida la fundación de mayorazgos, y toda clase de vinculaciones.

Artículo 155. No habrá en el Estado bienes raíces, que tengan el carácter de inenajenables.

Artículo 156. Todos los istmeños tienen la libertad de comprometer sus diferencias en árbitros en cualquier estado de los pleitos, con tal que observen las formalidades legales.

Artículo 157. No podrá ser allanada la casa de ningún istmeño, sino en los casos y con los requisitos prevenidos por la ley.

Artículo 158. La correspondencia epistolar, y los demás papeles de los istmeños no serán interceptados en ningún tiempo, ni abiertos, sino por autoridad competente, y en los casos y términos prevenidos por la ley.

Artículo 159. En todos los casos en que deban formarse temas para el nombramiento de los empleados públicos, se pondrán los nombres de cada candidato en pliego cerrado, con relación de los méritos, servicios y capacidad.

Título XI. De la interpretación, reforma y adición de esta Constitución

Artículo 160. El Congreso podrá resolver cualesquiera dudas que ocurran sobre la inteligencia de alguno, o algunos de los artículos de esta Constitución, observándose para ello las formalidades exigidas para la formación de las leyes.

Artículo 161. En el Congreso podrán proponerse reformas a alguno, o algunos artículos de esta Constitución, o adiciones a ella. Si la proposición fuere apoyada por la quinta parte, a lo menos, de los miembros concurrentes, y admitida a discusión por la mayoría absoluta de votos, se discutirá en la forma prevenida para los proyectos de ley. Calificada de necesaria la reforma, o adición por el voto de los dos tercios de los miembros presentes, se pasará al Poder Ejecutivo, para el solo efecto de hacerla publicar y circular.

Artículo 162. El Congreso en las sesiones ordinarias de cualesquiera de los años siguientes tomará en consideración la adición, o reforma aprobada en la anterior; y si fuere calificada de necesaria por la mayoría absoluta de votos de los miembros presentes, con las formalidades prevenidas en el artículo que antecede, se tendrá como parte de esta Constitución, y se pasará al Poder Ejecutivo para su publicación y ejecución.

Artículo 163. El poder que tiene el Congreso para reformar esta Constitución, no se extenderá nunca a variar la forma de gobierno, que ella establece, el cual será siempre popular, republicano, representativo, electivo, alternativo y responsable. Tampoco se extenderá a destruir la libertad de imprenta.

Artículo 164. El Poder Ejecutivo con relación a este título, solo podrá hacer indicaciones sobre las dudas, reforma, o inteligencia de alguno, o algunos artículos constitucionales.

Disposiciones transitorias

1. La actual convención elegirá el Presidente y vicepresidente del Estado, los cuales solo durarán hasta la posesión de los que se nombraren por las asambleas electorales conforme a esta Constitución. Los individuos nombrados por la convención para desempeñar los destinos expresados, podrán ser reelectos en ellos para el primer período constitucional.
2. Mientras se reúne el primer Congreso constitucional en los casos de falta, o impedimento del Presidente o vicepresidente nombrados por la convención, se encargará del Gobierno del Estado el último Presidente de ella, y por su falta el vicepresidente.
3. El primer vicepresidente del Estado elegido por las asambleas electorales solo durará en sus funciones dos años.
4. La convención nombrará los magistrados del Supremo Tribunal de Justicia, y éstos solo durarán en sus funciones hasta que haga el nombramiento el primer Congreso constitucional, pudiendo ser reelectos.

5. El primer Congreso constitucional sorteará, inmediatamente después de su instalación, la mitad de los miembros que debe ser renovada conforme a esta Constitución: en caso de número impar, la renovación se hará en el número impar, la renovación se hará en el número menor, que se acerque más a la mitad. Los que salgan en el sorteo, solo durarán un año en su destino.

6. La presente convención podrá expedir, aun después de promulgada esta Constitución, las leyes y decretos que considere más necesarios para el establecimiento de la misma Constitución, y arreglo de algunos otros objetos importantes.

7. El Tribunal Supremo de Justicia del Estado conocerá de las causas de responsabilidad que se promuevan contra los ministros del actual Tribunal del Istmo por mal desempeño en el ejercicio de sus funciones, e infracciones de ley que hayan cometido.

Dada en la sala de sesiones de la convención constituyente del Istmo en Panamá a los siete días del mes de junio del año del Señor de mil ochocientos cuarenta y uno. El presidente de la Convención, diputado por la Chorrera, J. B. Feraud – El vicepresidente de la Convención, diputado por Parita, José García de Paredes – El diputado por Alanje, José de Obaldía – El diputado por Bocas del Toro, José Palacios – El diputado por Bocas del Toro, José M. Tribaldos – El diputado por Santiago, Nicolás Orosco – El diputado por la Chorrera, B. Arze Mata – El diputado por el Darién, M.J. Borbúa – El diputado por el Darién, M. Arosemena Quesada – El diputado por Natá, Saturnino C. Ospino – El diputado por Natá, Marcelino Vega – El diputado por Panamá, M. Arosemena – El diputado por Parita, Antonio Amador – El diputado por Portobelo, Antonio N. Ayarza – El diputado por Portobelo, Ramón Vallarino – El diputado por los Santos, J. M. Goytia – El diputado por los Santos, Francisco Asprilla – El secretario de la Convención, diputado por Panamá, José Ángel Santos Palacio del gobierno en Panamá a 8 de junio de 1841.

Cúmplase, circúlese y publíquese.

Dado, firmado de mi mano, sellado con el gran sello del Estado, y refrendado por el secretario general.

Tomás Herrera

José Agustín Arango El secretario general

PARAGUAY, CHILE, ARGENTINA, URUGUAY, BRASIL

Constitución Política de la República Dominicana (1844)[55]

Dios, Patria y Libertad

REPÚBLICA DOMINICANA

En el nombre de Dios uno y trino, autor y Supremo Legislador del universo

Los diputados de los pueblos de la antigua parte española de la isla de Santo Domingo, reunidos en Congreso Constituyente Soberano, cumpliendo con los deseos de sus comitentes, que han jurado no deponer las armas hasta no consolidar su independencia política, fijar las bases fundamentales de su Gobierno, y afianzar los imprescriptibles derechos de seguridad, propiedad, libertad e igualdad, han ordenado y decretan lo siguiente:

Constitución POLÍTICA De la REPÚBLICA DOMINICANA

Título I. De la nación

Artículo 1. Los dominicanos se constituyen en nación libre, independiente y soberana, bajo un gobierno esencialmente civil, republicano, popular, representativo, electivo y responsable.

Título II. Del territorio

Artículo 2. La parte española de la isla de Santo Domingo y sus islas adyacentes forman el territorio de la República Dominicana.

Artículo 3. Los límites de la República Dominicana son los mismos que en 1793 la dividían por el lado del occidente de la parte francesa, y estos límites quedan definitivamente fijados.

Artículo 4. El territorio de la república se divide en cinco provincias que son: Compostela de Azua, Santo Domingo, Santa Cruz del Seibo, la Concepción de la Vega y Santiago de los Caballeros.

Artículo 5. Estas provincias se subdividen en comunes, cuyo número y distribución serán arreglados por la ley.

Artículo 6. La ciudad de Santo Domingo es capital de la república y asiento del Gobierno.

---

55 Manuel Arturo Peña Battle (comp.), «Constitución política de la República Dominicana», Constitución política y reformas constitucionales 1844-1891, 2.ª ed., Santo Domingo, Publicaciones de la ONAP, 1981, v. I, pags. 9-48.

Título III. De los dominicanos y de sus derechos

Capítulo I. De los dominicanos

Artículo 7. Son dominicanos: Primero: Todos los individuos que al momento de la publicación de la presente Constitución, gocen de esta cualidad.
Segundo: Todos los que nacidos en el territorio de la República Dominicana de padres dominicanos, y habiendo emigrado vuelvan a fijar su residencia en ella.
Tercero: Todos los españoles dominicanos y sus descendientes que habiendo emigrado en 1844, no han tomado las armas contra la República Dominicana, ni la han hostilizado en modo alguno, y que vuelven a fijar su residencia en ella.
Cuarto: Todos los descendientes de oriundos de la parte española nacidos en países extranjeros que vengan a fijar su residencia en la república.
Artículo 8. Son hábiles a ser dominicanos: Primero: Todos los extranjeros que adquieran en la república bienes raíces cuyo valor ascienda a seis mil pesos.
Segundo: Todos los que trabajando personalmente, formen en la república un establecimiento de agricultura a título de propietarios.
Artículo 9. Los extranjeros comprendidos en el artículo precedente no gozarán de los derechos políticos, sino después de una residencia de seis años en el territorio. Este período se reduce a tres años en favor de los extranjeros: Primero: Que contraigan en el país matrimonio con dominicana.
Segundo: Que formen en la república un establecimiento concluido de agricultura, cuyo capital sea de doce mil pesos por lo menos.
Artículo 10. El extranjero que se encuentre en una de las categorías, acudirá al Poder Ejecutivo, que está facultado a expedir las cartas de naturalización, previas las formalidades que la ley prescribe, bien entendido que no gozarán de esta gracia los extranjeros que pertenezcan a una nación enemiga.
Artículo 11. Todo extranjero naturalizado debe conservar durante quince años a lo menos, la cualidad en cuya virtud adquirió la naturalización. En caso de cambiar voluntariamente de categoría, pierde los derechos que había adquirido, vuelve a ser considerado como extranjero y está sujeto a las mismas formalidades para conseguir de nuevo su naturalización.

Artículo 12. Los extranjeros naturalizados haitianos que residían en el territorio de la República Dominicana el 27 de febrero de 1844, y que para no seguir la causa dominicana invocaron su cualidad de extranjeros, serán considerados como tales y sujetos a un tercio más de los períodos estipulados en el artículo 9, sin perjuicio de las demás formalidades a que se refieren los artículos 8, 10 y 11.

Artículo 13. Todos los extranjeros no pertenecientes a una nación enemiga, serán admitidos en el territorio de la república, si profesan algún arte, ciencia o industria útil, al goce de los derechos civiles; desde que pisan el territorio dominicano están bajo la salvaguardia del honor nacional y disfrutan de la protección concedida a las personas y bienes conformándose a las leyes.

Capítulo II. Derecho público de los dominicanos

Artículo 14. Los dominicanos nacen y permanecen libres e iguales en derecho, y todos son admisibles a los empleos públicos, estando para siempre abolida la esclavitud.

Artículo 15. La ley arregla el goce, la pérdida y suspensión de los derechos políticos, como asimismo el ejercicio de los derechos civiles.

Artículo 16. La libertad individual queda asegurada. Nadie puede ser perseguido sino en los casos previstos por la ley, y en la forma que ella prescribe.

Artículo 17. Fuera del caso de in fraganti delito, ninguno puede ser encarcelado sino en virtud de una orden motivada del juez, que debe notificarse en el momento del arresto, o a lo más tarde dentro del término de veinticuatro horas.

Artículo 18. Los sorprendidos in fraganti serán llevados ante el juez competente, y si fuere en la noche, se llenará esta formalidad a las seis de la mañana del siguiente día, sin que puedan ser presentados ante ninguna otra autoridad.

Artículo 19. Nadie puede ser preso ni sentenciado, sino por el juez o tribunal competente, en virtud de leyes anteriores al delito y en la forma que ellas prescriban.

Artículo 20. No se impondrá jamás la pena de confiscación de bienes.

Artículo 21. Nadie pude ser privado de su propiedad sino por causa justificada de utilidad pública, previa la correspondiente indemnización a juicio de peritos.

Artículo 22. El domicilio de todo individuo es un asilo sagrado e inviolable. Ninguna visita domiciliaria puede verificarse sino en los casos previstos por la ley, y con las formalidades que ella prescribe.

Artículo 23. Todos los dominicanos pueden imprimir y publicar libremente sus ideas, sin previa censura, con sujeción a las leyes. La calificación de los delitos de imprenta corresponde exclusivamente a los jurados.

Artículo 24. Unas mismas leyes regirán en toda la república, y en ellas no se establecerá más que un solo fuero para todos los dominicanos en los juicios comunes, civiles y criminales.

Artículo 25. Ningún poder, corporación, ni autoridad, podrá jamás conceder indulto general: pero el Poder Legislativo puede en casos particulares de conmoción u otros, conceder amnistías o indultos particulares con las excepciones que el interés de la sociedad y privado exijan según los crímenes o delitos.

Artículo 26. Todos los ciudadanos están obligados a defender la patria con las armas, cuando sean llamados por la ley, y a contribuir en proporción de sus haberes para los gastos del Estado.

Artículo 27. A nadie se le puede obligar a que haga lo que la ley no manda, ni impedir que haga lo que la ley no priva.

Artículo 28. El secreto de las cartas es inviolable. La ley determinará quiénes son los agentes responsables, y los casos de responsabilidad en este ramo.

Artículo 29. Será creada la instrucción pública, común a todos los ciudadanos, gratuita en todos los ramos de enseñanza primaria, cuyos establecimientos serán distribuidos gradualmente en proporción combinada con la división del territorio; la ley arreglará los pormenores, tanto de estos ramos como de la enseñanza de artes y ciencias.

Artículo 30. Los dominicanos tienen el derecho a asociarse; este derecho no puede sujetarse a ninguna medida preventiva.

Artículo 31. Los dominicanos tienen el derecho de reunirse pacíficamente y sin armas en casas particulares, conformándose a las leyes que puedan arreglar ese derecho; pero sin estar sujetos a previa autorización alguna.

Artículo 32. Las sociedades patrióticas que se establezcan para promover y auxiliar todos los ramos de utilidad pública, darán parte al Poder Ejecutivo de su establecimiento y nombre.

Artículo 33. Para denunciar a los funcionarios públicos por hechos de su administración, no se necesita ninguna previa autorización.
Artículo 34. Ninguna ley puede tener efecto retroactivo.
Artículo 35. No podrá hacerse ninguna ley contraria ni a la letra ni al espíritu de la Constitución; en caso de duda, el texto de la Constitución debe siempre prevalecer.
Artículo 36. Todos los dominicanos tienen el derecho de petición, pero este no se puede ejercer sino por uno o muchos individuos, y nunca en nombre de un cuerpo colectivo.
Artículo 37. Las peticiones se pueden dirigir, sea al Presidente de la República, sea a uno de los Cuerpos Colegisladores, sea al Congreso.
Artículo 38. La religión católica, apostólica, romana, es la religión del Estado; sus ministros, en cuanto al ejercicio del ministerio eclesiástico, dependen solamente de los prelados canónicamente instituidos.

Título IV. De la soberanía y del ejercicio de los poderes que de ella emanan

Capítulo I. De la soberanía

Artículo 39. La soberanía reside en la universalidad de los ciudadanos, y se ejerce por tres poderes delegados, según las reglas establecidas en la Constitución.
Artículo 40. Los poderes son el Legislativo, el Ejecutivo y el Judicial.
Artículo 41. Estos poderes se ejercen separadamente, son esencialmente independientes, responsables y temporales, y sus encargados no pueden delegarlos, ni salir de los límites que les fija la Constitución.
Artículo 42. El Poder Legislativo se ejerce por un Tribunado y un Consejo Conservador.
Artículo 43. Estos dos cuerpos reunidos forman el Congreso Nacional en los casos previstos por la Constitución.
Artículo 44. El Poder Ejecutivo se delega a un ciudadano que toma el título de Presidente de la República Dominicana; y no puede tener ningún otro tratamiento.
Artículo 45. El Poder Judicial se delega a jueces árbitros, alcaldes de comunes, justicia mayores de provincias, Tribunales de Consulado y de

Apelación, Consejos de Guerra y a una sola Suprema Corte de Justicia residente en la capital, para toda la república.

Capítulo II. Del Poder Legislativo

Sección I. Del Tribunado y del ejercicio de sus atribuciones

Artículo 46. El Tribunado se compone de quince diputados, nombrados por elección indirecta en razón de tres por cada provincia, y según las reglas que más adelante se establecen.

Artículo 47. Seguidamente de los tribunos se nombrarán por cada Colegio electoral de provincia, tres suplentes para reemplazar a aquellos en casos de muerte, dimisión o destitución.

Artículo 48. Para poder ser electo tribuno se necesita: Primero: Estar en el goce de los deberes civiles y políticos. Segundo: Tener por lo menos veinticinco años cumplidos.

Tercero: Ser propietario de bienes raíces.

Cuarto: Tener su actual residencia en el territorio dominicano. Los extranjeros naturalizados no podrán ser electos tribunos sino diez años después de su naturalización.

Artículo 49. Los tribunos se eligen por seis años.

Artículo 50. La renovación del Tribunado se efectúa cada dos años por terceras partes. En consecuencia, se dividen por sorteo en tres series compuesta cada uno de cinco tribunos, en que entrará uno de cada provincia.

Artículo 51. Por la primera vez, los de la primera serie acabarán sus funciones a los dos años, los de la segunda, a los cuatro, y los de la tercera, al cabo de los seis.

Artículo 52. Los tribunos pueden ser indefinidamente reelectos.

Artículo 53. Cada tribuno goza de una indemnización de doscientos pesos mensuales durante la sesión legislativa.

Artículo 54. El Tribunado se reúne de pleno derecho el primero de febrero de cada año.

Artículo 55. La sesión del Tribunado es de tres meses, en caso de necesidad puede prolongarse un mes más, sea por disposición del Congreso, sea a petición del Poder Ejecutivo.

Artículo 56. El Tribunado tiene como el Poder Ejecutivo, y el Consejo Conservador, la iniciativa de todas las leyes y exclusivamente la de las relativas: Primero: A los impuestos en general.
Segundo: Al contingente anual y organización del Ejército de tierra y mar, en tiempo de paz.
Tercero: A la Guardia Cívica. Cuarto: A elecciones.
Quinto: A la responsabilidad de los secretarios de Estado y demás agentes del Poder Ejecutivo. Toda ley sobre estas materias será acordada desde luego por el Tribunado.
Artículo 57. El Tribunado tiene la facultad exclusiva de poner a sus miembros en estado de acusación.
Artículo 58. Además de las funciones legislativas, son atribuciones peculiares del Tribunado: Primera: Presentar al Consejo Conservador los candidatos para jueces tanto de la Suprema Corte de Justicia, como de los Tribunales inferiores, escogidos en las listas formadas por los colegios electorales de las provincias.
Segunda: Denunciar ante el Consejo Conservador al Presidente de la República y a los secretarios de Estado por toda infracción a la Constitución o a las leyes de malversación o traición, sea de oficio o como órgano de las denuncias de los ciudadanos legalmente apoyadas.
II. Del Consejo Conservador y sus atribuciones
Artículo 59. Los miembros del Consejo Conservador se eligen por los mismos colegios electorales que los miembros del Tribunado.
Artículo 60. El Consejo Conservador se compone de cinco miembros, en razón de una por cada provincia.
Artículo 61. Los miembros del Consejo Conservador se eligen por seis años, y se renuevan integralmente.
Artículo 62. Para ser miembro del Consejo Conservador se necesita: Primero: Estar en el goce de los derechos civiles y políticos. Segundo: Tener por lo menos treinta años cumplidos.
Tercero: Ser propietario de bienes raíces.
Cuarto: Tener su domicilio en la provincia que le elige.
Los extranjeros naturalizados no podrán ser miembros de este cuerpo, sino quince años después de su naturalización.

Artículo 63. En caso de muerte, dimisión o destitución de un miembro del Consejo Conservador, el Tribunado procede a su reemplazo eligiendo un individuo que reúna todas las cualidades exigidas en el artículo precedente, pero el nuevamente electo solo ejercerá ese cargo por el tiempo que faltaba para cumplir su período al miembro a quien reemplace.
Artículo 64. El Consejo Conservador abre y cierra sus sesiones legislativas quince días a más tardar después que el Tribunado.
Artículo 65. Toda reunión legislativa del Consejo Conservador fuera del tiempo prescrito en el artículo antecedente, es nula de derecho.
Artículo 66. Los miembros del Consejo Conservador reciben una indemnización mensual de trescientos pesos durante cada sesión, así legislativa como judicial.
Artículo 67. Las atribuciones del Consejo Conservador son: Primero: Sancionar todas las leyes en general con la siguiente fórmula: En nombre de la República Dominicana ejecútese la Ley N...
Segundo: Suspender la sanción de las leyes acordadas por el Tribunado y hacer las observaciones que juzgue oportunas en los términos que más adelante se establecen.
Tercero: Proponer al Tribunado proyectos de leyes sobre aquellas materias en que este no tiene la iniciativa exclusivamente.
Cuarto: Poner en estado de acusación a sus miembros.
Quinto: Decretar de acusación al Presidente de la República y a los secretarios de Estado, en virtud de la denuncia hecha por el Tribunado en caso [de] que la encuentre fundada. Este decreto produce la suspensión del acusado del ejercicio de sus funciones.
Sexto: Juzgar a los miembros de la Suprema Corte de Justicia en los casos previstos por la Constitución.
Séptimo: Elegir los jueces de la Suprema Corte de Justicia y demás tribunales inferiores, entre los candidatos propuestos para el Tribunado.
Octavo: Decidir las cuestiones que puedan suscitarse entre las Comunes y [los] poderes del Estado.
III. Disposiciones comunes a los dos Cuerpos Colegisladores
Artículo 68. Los miembros de los dos Cuerpos Colegisladores representan la nación, y no únicamente [a] la provincia que los ha elegido.

Artículo 69. La capital es el asiento de los Cuerpos Colegisladores; sin embargo, el Congreso podrá en circunstancias extraordinarias designar otro lugar para las sesiones legislativas.

Artículo 70. Excepto cuando se reúnen en Congreso, cada Cuerpo tiene su local particular; verifica los poderes de sus miembros y decide las dificultades a que puedan dar lugar.

Artículo 71. Ninguno puede ser a la vez miembro de los dos Cuerpos Colegisladores.

Artículo 72. Cada Cuerpo nombra los empleados de su respectiva mesa, en la forma y por el tiempo estipulado en su reglamento interior.

Artículo 73. Las sesiones son públicas; sin embargo, a petición de tres miembros en el Tribunado, y de uno en el Consejo Conservador, cada Cuerpo puede deliberar secretamente; pero enseguida la mayoría decide si la sesión sobre la misma materia se debe reiterar en público.

Artículo 74. Los dos tercios de los miembros presentes de cada Cuerpo Colegislador forman la mayoría para todo acuerdo concerniente a las leyes, sin perjuicio de lo que ambos Cuerpos determinen en su reglamento interior acerca de las elecciones y demás atribuciones.

En caso de empate, se rechaza la proposición en cuestión.

Artículo 75. Los Cuerpos Colegisladores no pueden tomar resolución alguna sin que se encuentre presente la mayoría absoluta de sus miembros.

Artículo 76. Ningún proyecto de ley puede ser adoptado por los Cuerpos Colegisladores, sino después de tres lecturas con intervalo de dos días francos de una a otra; y de haberse acordado cada uno de sus artículos en particular.

Artículo 77. Todo proyecto de ley adoptado por uno de los Cuerpos Colegisladores, expresará el haberse cumplido con los requisitos a que se refiere el artículo precedente para que pueda ser admitido a discusión por el otro Cuerpo.

Artículo 78. En caso de que el proyecto sea declarado urgente por la mayoría del Tribunado, podrá este dispensarse de cumplir con las formalidades requeridas por el artículo 76; pero el Consejo Conservador puede desaprobar la urgencia, y devolvérsela para que le discuta en forma ordinaria.

Artículo 79. Los Cuerpos Colegisladores tienen el derecho de adicionar y dividir los artículos propuestos.

Artículo 80. Todo proyecto de ley debe sufrir su primera discusión en el Cuerpo Colegislador de su origen.

Artículo 81. Todo proyecto de ley acordado por el Tribunado será enviado al Consejo Conservador para su sanción. Si este no le adopta, le devuelve al Tribunado con sus objeciones o modificaciones, en vista de las cuales este lo discutirá de nuevo, y si desecha las observaciones devuelve el proyecto al Consejo Conservador y si este persiste en las objeciones desechadas, se somete la discusión al Congreso, que el Presidente del Consejo Conservador convocará al efecto dentro de veinticuatro horas. En caso de empate, la decisión será conforme a lo dispuesto por el artículo 74.

Las mismas formalidades se deben observar respecto a los proyectos de ley que emanen del Consejo Conservador.

Artículo 82. El Consejo Conservador ejerce el derecho de objeción dentro de dos días para los proyectos de ley acordados por urgencia en el Tribunado, y dentro de diez días, incluso los domingos, para las demás leyes; sin embargo, si la sesión legislativa se cierra antes de la expiración de este último término, la ley se reputa en derecho.

Artículo 83. Toda ley sancionada por el Consejo Conservador será enviada al Poder Ejecutivo con una carta oficial para su promulgación dentro de cuarenta y ocho horas.

Artículo 84. Cuando el Presidente del Consejo Conservador reciba de nuevo la ley con las simples observaciones que el Poder Ejecutivo está facultado a hacer, convocará dentro de veinticuatro horas el Congreso, y este decide definitivamente sobre dichas observaciones.

Artículo 85. Los proyectos de ley rechazados por los Cuerpos Colegisladores, o por el Congreso, no podrán ser reproducidos en la misma sesión, pero alguno o algunos de sus artículos pueden hacer parte de otro proyecto, que se someta en la misma sesión.

Artículo 86. Las peticiones dirigidas a los Cuerpos Colegisladores deberán ser depositadas en sus respectivos bufetes.

Artículo 87. Cada Cuerpo Colegislador tiene el derecho de pasar a los secretarios de Estado las peticiones que se les dirijan, y de pedirles informes o aclaraciones sobre su contenido.

Artículo 88. Los miembros de los Cuerpos Colegisladores son inviolables por sus opiniones y votos emitidos en el ejercicio de su encargo.

Artículo 89. Los miembros de los Cuerpos Colegisladores no pueden ser arrestados ni procesados durante las sesiones, sin permiso de su respectivo Cuerpo, a no ser hallados in fraganti; pero en este caso, y en el de ser procesados, o arrestados cuando estuvieren cerradas las sesiones legislativas, se deberá dar cuenta lo más pronto posible al respectivo Cuerpo para su conocimiento y resolución.

Artículo 90. Cada Cuerpo determinará por su reglamento particular el modo de ejercer la disciplina interior.

IV. Del Congreso Nacional

Artículo 91. El Congreso Nacional se reúne cada vez que así lo exija la naturaleza de las atribuciones.

Artículo 92. El Presidente del Consejo Conservador es Presidente del Congreso; el Presidente del Tribunado, vicepresidente; y los secretarios de ambos Cuerpos, lo son del Congreso.

Artículo 93. Al Presidente del Consejo Conservador toca la convocación del Congreso; en consecuencia a él deben dirigirse el Poder Ejecutivo o el Tribunado, para que lo convoque, señalando el local, día, hora y motivo de la reunión.

En ningún caso podrá negarse la convocación.

Artículo 94. Las atribuciones del Congreso son: Primero: Proclamar al Presidente de la República, ya en consecuencia del escrutinio electoral, ya en virtud del Congreso en los casos en que se le atribuye esta facultad por la Constitución, y recibirle juramento antes de entrar en ejercicio.

Segundo: Juzgar al Presidente de la República en virtud del decreto de acusación dada por el Consejo Conservador.

Tercero: Fijar cada año los gastos públicos de los diversos ramos, en vista de los presupuestos que le presenta el Poder Ejecutivo.

Cuarto: Decretar lo conveniente para la administración, fructificación, conservación y enajenación de los bienes nacionales.

Quinto: Contraer deudas sobre el crédito nacional. Sexto: Decretar el establecimiento de un banco nacional.

Séptimo: Determinar y uniformar el valor, peso, tipo y nombre de la moneda, sin que esta pueda llevar el busto de persona alguna.

Octavo: Fijar y uniformar los pesos y medidas.
Noveno: Decretar la creación y supresión de los empleos públicos no fijados por la Constitución; y señalar los sueldos, disminuirlos o aumentarlos.
Décimo: Interpretar las leyes en caso de duda u oscuridad.
Undécimo: Decretar la guerra ofensiva en vista de los motivos que le presente el Poder Ejecutivo, y requerirlo para que negocie la paz cuando fuere necesario.
Duodécimo: Prestar o negar su consentimiento a los tratados de paz, de alianza, de amistad, de neutralidad, de comercio y cualesquiera otros que celebre el Poder Ejecutivo.
Ningún tratado tendrá efecto sino en virtud de la aprobación del Congreso.
Decimotercio: Crear y promover la educación pública, el progreso de las ciencias, artes y establecimientos de utilidad común.
Decimocuarto: En favor de la humanidad y cuando lo exija un grave motivo, conmutar la pena capital en virtud de la apelación de su gracia, la cual produce suspensión de la ejecución.
Decimoquinto: Conceder al Poder Ejecutivo, en tiempos de guerra, cuantas facultades extraordinarias juzgue indispensables para la seguridad pública, detallándolas en cuanto sea posible, y circunscribiendo el tiempo en que debe usar de ellas.
Decimosexto: Dirimir la discordia de las opiniones particulares de los Cuerpos Colegisladores acerca de las leyes.
Decimoséptimo: Decidir definitivamente las diferencias entre las diversas Diputaciones provinciales, entre estas y los Ayuntamientos, y entre las Diputaciones o Ayuntamientos y el Gobierno.
Decimoctavo: Decretar la extinción de censos perpetuos, mayorazgos, vinculaciones y capellanías, a fin de que siempre desaparezca todo feudo.
Decimonono: Revisar la Constitución del Estado, siempre que el Tribunado declare la necesidad de hacerlo, en la forma que en su lugar se dirá.

Capítulo III.[56] Del Poder Ejecutivo

I. Del Presidente de la República

56 En el ejemplar de 1844 y en las reimpresiones posteriores, por error, viene numerado como Capítulo II.

Artículo 95. El Presidente de la República es electo por cuatro años, y entra en ejercicio en las elecciones ordinarias el quince de febrero; y en las extraordinarias, treinta días, a lo más, después de su nombramiento. Si llega la expiración de estos términos sin que el Presidente electo se presente a prestar juramento, ni propusiere excusa legítima admitida por el Congreso para diferirlo, su silencio será considerado como renuncia, y se procederá a nueva elección.

El Presidente nombrado extraordinariamente, dura en sus funciones hasta el quince de febrero anterior a la expiración del cuarto año de su período constitucional.

Artículo 96. El Presidente de la República se elige en la forma siguiente: cada elector vota por dos individuos, de los cuales uno debe estar domiciliado en la provincia, y el otro en toda la extensión de la república. Los procesos verbales de elección se remiten cerrados y sellados al Presidente del Congreso. Cuando el Presidente reúne los pliegos de todos los colegios electorales, los abre en sesión pública y verifica los votos. Si alguno de los candidatos reúne la mayoría absoluta de sufragios, es proclamado Presidente de la Republica. Siempre que falte la mayoría indicada, el Congreso separa los tres que reúnan más sufragios, y procede a elegir uno entre ellos. Si en este primer escrutinio ninguno obtiene la mayoría absoluta, se procede a una nueva votación, entre los dos candidatos que más sufragios obtuvieron en el primero, y en caso de igualdad, la elección se decide por suerte.

Todas estas operaciones deberán efectuarse en una sola sesión permanente, a pena de nulidad.

Artículo 97. Para ser Presidente de la República es necesario: Primero: Ser dominicano de origen.

Segundo: Tener treinta y cinco años cumplidos por lo menos.

Tercero: Reunir todas la demás cualidades requeridas por el artículo 62, para ser miembro del Consejo Conservador.

Artículo 98. Ninguno puede ser reelecto Presidente de la República, sino después de un intervalo de cuatro años.

Artículo 99. En caso de muerte, dimisión, destitución o impedimento temporal del Presidente de la República, el Consejo de los secretarios de Estado ejerce provisionalmente el Poder Ejecutivo; y en los tres primeros casos, expedirá dentro de cuarenta y ocho horas el decreto de convocatoria del

Congreso y de los colegios electorales, para que procedan a la elección de un nuevo Presidente, conforme a la Constitución.

Artículo 100. Tanto el Congreso como los colegios electorales deberán reunirse, a lo más tarde, dentro de los treinta días de la fecha del decreto a que se refiere el artículo precedente.

Artículo 101. Antes de entrar en funciones el Presidente de la República, presta ante el Congreso el siguiente juramento: Juro por Dios y los Santos Evangelios, guardar y hacer guardar la Constitución y las leyes del pueblo dominicano, respetar sus derechos y mantener la independencia nacional.

Artículo 102. Las atribuciones del Presidente de la República son: Primero: Sellar las leyes y los actos y decretos del Congreso Nacional, y dentro del término de cuarenta y ocho horas, siempre que no tenga observaciones que hacer acerca de ellos, promulgar unas y otros con la siguiente fórmula: Cúmplase, comuníquese y circule en todo el territorio de la República Dominicana; pudiendo hacer todos los reglamentos y decretos necesarios para el cumplimiento.

Segundo: Hacer las observaciones que juzgue oportunas acerca de las leyes sancionadas por el Consejo Conservador, a cuyo Presidente las remitirá con devolución de la ley, dentro del término de cuarenta y ocho horas en las leyes acordadas por urgencia, y de cinco días en todas las demás, para que el Congreso delibere según lo prescrito en el artículo 84, y si sus observaciones son desechadas por el Congreso debe proceder a la promulgación sin poder suspender la ejecución. Esta facultad no se extiende a las leyes cuya iniciativa toca exclusivamente al Tribunado.

Tercero: Ejercer como el Tribunado y el Consejo Conservador la iniciativa de las leyes, excepto aquellas en que la tiene exclusivamente el Tribunado.

Cuarto: Nombrar y revocar los secretarios de Estado.

Quinto: Nombrar los empleados de la administración general y de Relaciones Exteriores, con las condiciones prescritas por la ley.

Sexto: Nombrar a todos los empleados públicos cuya nominación no se determina de otro modo por la Constitución o la ley.

Séptimo: Conferir los grados del Ejército de tierra y mar, y encomendar sus mandos.

Octavo: Suspender de sus destinos a los empleados cuyo nombramiento le corresponde, y que delincan en razón de su oficio; pero avisará dentro de cuarenta y ocho horas al tribunal competente, acompañándole el expediente y documentos que motivaron su procedimiento, para que siga el juicio con arreglo a las leyes.

Noveno: Convocar extraordinariamente el cuerpo legislativo, por motivos graves que expresará en el decreto de convocatoria.

Décimo: A la apertura de cada sesión legislativa, dar cuenta por escrito a los Cuerpos Colegisladores de su administración durante el año expirado, y presentar la situación interior y exterior de la república en los diversos ramos.

Undécimo: Someter a la consideración de los Cuerpos Colegisladores, cuanto juzgue conducente al bien público.

Duodécimo: Hacer los tratados de paz, de alianza, de amistad, de neutralidad y de comercio, a reserva de la sanción del Congreso.

Decimotercio: En los casos de conmoción interior a mano armada, que amenace la seguridad de la república, y en los de una invasión exterior y repentina, usar de las facultades que le haya conferido el Congreso Nacional en conformidad de lo previsto por el 15.º miembro del artículo 94, y si el caso se presentare en el intervalo que medie entre la promulgación de la presente Constitución y la primera reunión del Cuerpo, o cuando este no esté reunido o que no haya previsto las circunstancias, tomar todas aquellas medidas, no contrarias a la Constitución, que exija la conservación de la cosa pública, de que dará detallada cuenta al Congreso tan luego como se reúna.

Decimocuarto: Denunciar a los tribunos y a los miembros del Consejo Conservador, ante los Cuerpos que corresponda, por infracción a la Constitución o a las leyes, y por traición a la patria.

Artículo 103. Todas las medidas que toma el Presidente de la República se deben antes deliberar con el Consejo de los secretarios de Estado.

Artículo 104. Ningún acto del Presidente de la República es ejecutorio, si no está refrendado por uno de los secretarios de Estado, que por este solo hecho es responsable de él.

Artículo 105. El Presidente de la República, es el celador de todos los abusos de autoridad y excesos de poder que se cometan bajo su administración, y responsable de ellos, si a sabiendas no persigue, o hace perseguir a sus autores, conforme a la Constitución, o a las leyes.

Artículo 106. El Presidente de la República como jefe de la administración general, manda las fuerzas de tierra y mar; pero no puede ponerse a su cabeza, sin la expresa autorización del Congreso.
Artículo 107. El Presidente de la República no tiene más facultades que las que expresamente le confieren la Constitución y las leyes particulares, en conformidad con esta.
Artículo 108. El Presidente de la República percibe del tesoro público, por duodécimas partes, un sueldo anual de doce mil pesos.
II. De los secretarios de Estado
Artículo 109. Habrá cuatro ministros secretarios de Estado y del Despacho que son: Primero: El de la Justicia e Instrucción Pública. Segundo: El de Interior y Policía.
Tercero: El de Hacienda y Comercio. Cuarto: El de la Guerra y Marina.
En cuanto a las Relaciones Exteriores, el Presidente de la República las encargará por ahora, a uno de los cuatro, según lo juzgue conveniente.
Artículo 110. Para ser secretario de Estado es preciso tener treinta años cumplidos por lo menos.
Artículo 111. No puede ser secretario de Estado ningún pariente ni allegado del Presidente de la República, hasta el grado de primo hermano inclusive.
Artículo 112. Los secretarios de Estado se constituyen Consejo bajo la Presidencia de la República.
Artículo 113. Los secretarios de Estado corresponden directamente con las autoridades que les están subordinadas.
Artículo 114. Los secretarios de Estado tienen entrada en los Cuerpos Colegisladores y en el Congreso, en donde deben ser oídos cuando lo exijan.
Artículo 115. Los secretarios de Estado deben presentarse ante los Cuerpos Colegisladores, cada vez que estos les llamen a su seno, y responder a las interpelaciones que se les hagan sobre todos los actos de administración.
Artículo 116. Los secretarios de Estado son responsables, tanto de los actos del Presidente de la República que refrendan, como de los de sus respectivos despachos, y de la inejecución de las leyes.
Artículo 117. En ningún caso la orden verbal o escrita del Presidente de la República puede sustraer de la responsabilidad a los secretarios de Estado.

Artículo 118. La forma de denuncia, acusación y enjuiciamiento de los secretarios de Estado, es la misma que establecen los artículos 58, 2.º miembro, y 67, 5.º miembro, relativos al Presidente de la República; con la diferencia [de] que son juzgados por la Suprema Corte de Justicia, conforme lo prescribe el artículo 134 en su 5.º miembro.

Artículo 119. Cada secretario de Estado goza de un sueldo anual de tres mil seiscientos pesos, que percibe por duodécimas partes.

Capítulo IV. Del Poder Judicial

I. De la Administración de Justicia

Artículo 120. La potestad de aplicar las leyes en las causas civiles y criminales, pertenece exclusivamente a los tribunales, salvo lo que la ley pueda establecer respecto a algunos derechos políticos.

Artículo 121. Ningún dominicano podrá ser juzgado en causas civiles, ni criminales, por comisión alguna, sino por el tribunal competente determinado con anterioridad por la ley, sin que en caso alguno puedan abreviarse ni alterarse las formas de los juicios.

Artículo 122. Los tribunales y juzgados no pueden ejercer otras funciones, que las de juzgar y hacer que se ejecute lo juzgado.

Artículo 123. Las sesiones de los tribunales son públicas, a menos que la publicidad sea perjudicial al orden público, o a la moral, en cuyo caso, el tribunal por una sentencia ordena los estrados a puerta cerrada.

Esta medida no puede en caso alguno aplicarse a los delitos políticos ni de la prensa, cuyos juicios han de ser siempre públicos.

Artículo 124. Todos los tribunales y juzgados están obligados a hacer mención en sus sentencias de la ley aplicada, y de los motivos que la fundan.

Artículo 125. Ningún tribunal podrá aplicar una ley inconstitucional, ni los decretos y reglamentos de administración general, sino en tanto que sean conformes a las leyes.

Artículo 126. Las deliberaciones de los tribunales se toman a puerta cerrada; los jueces votantes deben estar absolutamente solos e incomunicados durante la deliberación.

Artículo 127. Toda sentencia debe darse y ejecutarse, en nombre de la República Dominicana, y terminarse por el mandato de ejecución, a pena de nulidad.

La misma fórmula es de rigor en los actos ejecutorios de los escribanos públicos.

Artículo 128. Los jueces no podrán ser suspensos de sus funciones, sino por acusación legalmente intentada, y admitida, ni depuestos de sus destinos, sino en virtud de sentencia dada conforme a las leyes y pasada en autoridad de cosa juzgada: sus funciones durarán cinco años. La ley determinará también la forma de los juicios que se intenten contra los jueces por delitos que cometan fuera del ejercicio de sus funciones.

Artículo 129. En ningún juicio podrá haber más de tres instancias.

Artículo 130. La ley determina la organización judicial, dotación y policía de los diversos tribunales y juzgados interiores.

II. De la Suprema Corte de Justicia

Artículo 131. La primera magistratura judicial del Estado reside en la Suprema Corte de Justicia, que se compondrá de un Presidente, tres vocales elegidos por el Consejo Conservador, entre los candidatos presentados por el Tribunado, en número triple al de los magistrados que deban nombrarse o reemplazarse; y de un agente del Ministerio Público nombrado por el Poder Ejecutivo.

Artículo 132. Para ser miembro de la Suprema Corte de Justicia es necesario reunir las mismas cualidades que para serlo del Consejo Conservador.

Artículo 133. Los magistrados de la Suprema Corte de Justicia duran en sus funciones cinco años; pero pueden ser indefinidamente reelectos.

Artículo 134. Las atribuciones de la Suprema Corte de Justicia son: Primero: Conocer de los recursos de nulidad contra las sentencias definitivas dadas en última instancia por los Tribunales de Apelación.

Segundo: Dirimir el conflicto de competencia entre los Tribunales de Apelación, y entre estos y los demás juzgados.

Tercero: Oír las dudas de los demás tribunales sobre la inteligencia de las leyes, y si las considerare fundadas, consultar sobre ellas al Congreso para la conveniente declaratoria, al cual informará también de todo lo conveniente para la mejora de la administración de justicia, cuyas comunicaciones hará por conducto del secretario del Despacho de Justicia.

Cuarto: Con el solo interés de uniformar la jurisprudencia, y sin que su decisión aproveche ni perjudique a las partes litigantes, reformar las sentencias dadas por todos los tribunales y juzgados, pasadas ya en autoridad de cosa juzgada, que contengan algún principio falso o errado, o adolezcan de algún vicio esencial.

Quinto: Conocer y juzgar las causas que se formen: 1.º Contra los secretarios de Estado; 2.º Contra los miembros del Consejo Conservador; 3.º Contra los tribunos, previo decreto de acusación del Consejo Conservador en los dos primeros casos, y del Tribunado en el último.

Sexto: Conocer de las causas contenciosas de los plenipotenciarios o ministros extranjeros, acreditados cerca del Gobierno de la República, en los casos permitidos por el derecho de gentes, y conforme a los tratados que se hayan celebrado con las naciones a que pertenezcan.

Séptimo: Conocer de las causas de responsabilidad que se formen contra los agentes diplomáticos de la república, por el mal desempeño de sus funciones.

Octavo: Conocer de las controversias que resultaren de los contratos y negociaciones que celebre el Poder Ejecutivo por sí, o por medio de agentes.

Nono: Conocer de los recursos de queja que se interpongan contra los Tribunales de Apelación, por abuso de autoridad, exceso de poder, omisión, denegación o retardo culpable de la administración de la justicia; como así mismo de las causas de responsabilidad que se susciten contra los magistrados de los mismos tribunales; y ejercer las demás atribuciones que le asigne la ley.

Artículo 135. Los miembros de la Suprema Corte de Justicia son responsables, y sujetos a juicio ante el Consejo Conservador: Primero: Por delito de traición contra la patria. Segundo: Por cohecho.

Tercero: Por mal desempeño en el ejercicio de sus funciones.

III. De los Tribunales de Apelación y demás juzgados

Artículo 136. Para facilitar la pronta administración de la justicia, se dividirá el territorio en distritos judiciales, y habrá en cada uno de ellos un Tribunal de Apelación, cuya distribución, asiento, atribuciones y emolumentos serán designados por la ley.

Artículo 137. Los jueces de los Tribunales de Apelación serán elegidos por el Consejo Conservador en la misma forma establecida en el artículo 131 para los de la Suprema Corte de Justicia.

Artículo 138. Para ser juez de un Tribunal de Apelación, se necesitan los mismos requisitos que para ser tribuno.
Artículo 139. La ley organizará los Tribunales del Consulado, Consejos de Guerra y demás juzgados inferiores; y designará sus atribuciones, y modo de desempeñarlas.

Título V. Del gobierno político de las provincias

I. Del Jefe Superior Político

Artículo 140. El gobierno interior de las provincias reside en un Jefe Superior Político, nombrado por el Poder Ejecutivo.
Artículo 141. Para ser Jefe Superior Político es necesario reunir las mismas cualidades que para ser tribuno.
Artículo 142. En todo lo que pertenece al orden y seguridad de la provincia, y a su gobierno político y económico, están subordinados al Jefe Superior Político los funcionarios públicos de cualquier clase, que residan dentro de la misma provincia.
Artículo 143. Los Jefes Superiores Políticos duran en funciones cuatro años, pero pueden ser reelectos.
Artículo 144. Los militares llamados al cargo de Jefe Superior Político pueden mientras dure la guerra actual, ejercer a la vez las funciones civiles y militares, que les sean conferidas por el Poder Ejecutivo.
Artículo 145. A los Jefes Superiores Políticos toca presidir las respectivas Diputaciones provinciales, y convocarlas extraordinariamente cuando sea necesario, conforme a la Constitución o a la ley, que arreglará sus demás atribuciones y todo lo relativo a su ejercicio.
Artículo 146. Los Jefes Superiores Políticos recibirán del tesoro público un sueldo anual de mil ochocientos pesos, que percibirán por duodécimas partes.

II. De las Diputaciones Provinciales

Artículo 147. En cada cabeza de provincia habrá una Diputación provincial para promover su prosperidad, compuesta de cuatro diputados, presidida por el Jefe Superior Político, y en su ausencia por el vocal primer nombrado.

Artículo 148. La Diputación provincial se renueva cada dos años integralmente, pero sus miembros pueden ser reelectos.

Artículo 149. La elección de estos individuos se hará por los colegios electorales, al otro día de concluidas las elecciones de los miembros del cuerpo legislativo, por el mismo orden que estos se nombran.

Artículo 150. Para ser diputado de provincia se requiere: Primero: Estar en el goce de los derechos civiles y políticos. Segundo: Tener veinticinco años cumplidos, por lo menos.

Tercero: Ser propietario de bienes raíces en la provincia que lo elige, o jefe de un establecimiento de ciencias, artes o industria.

Cuarto: Tener su domicilio en la provincia que lo elige, con residencia de tres años a lo menos.

Artículo 151. El cargo de diputado de provincia es compatible con todos los cargos públicos civiles o administrativos.

Artículo 152. Cada Diputación provincial nombra un secretario dotado de los fondos públicos de la provincia.

Artículo 153. Las Diputaciones provinciales celebrarán una sesión cada seis meses, cuya duración será de quince días por lo menos.

Artículo 154. Son atribuciones de las Diputaciones provinciales: Primero: Poner en conocimiento del Poder Ejecutivo o del Tribunado, con los datos necesarios, los abusos y mala conducta del Jefe Superior Político y demás empleados de la provincia, y velar [por] la recaudación, manejo e inversión de los fondos públicos; señalando los abusos y malversación, a quien sea de derecho.

Segundo: Presentar al Tribunado anualmente una lista general de los individuos aptos en sus respectivas provincias, para los cargos de judicatura.

Tercero: Pedir al Poder Ejecutivo la remoción de los Jefes Superiores Políticos, cuando estos falten a sus deberes y su continuación sea perjudicial al bien de la provincia.

Cuarto: Pedir al prelado eclesiástico la remoción de los párrocos, que observen una conducta reprensible y perjudicial al bien de sus feligreses.

Quinto: Recibir de las corporaciones y ciudadanos, las peticiones, representaciones e informes que se les dirijan, para hacer uso de ellas, si son de su competencia, o darles el curso conveniente.

Sexto: Hacer por sí y por medio de los Ayuntamientos, el repartimiento de las contribuciones decretadas por el Tribunado.
Séptimo: Formar los reglamentos que sean necesarios para el arreglo y mejora de la policía urbana y rural; y velar sobre su ejecución, conformándose a la ley.
Octavo: Promover y decretar la apertura y limpieza de caminos. Noveno: Promover por cuantos medios estén a su alcance, el fomento de la agricultura y de la instrucción pública.
Décimo: Formar por sí, y por medio de los Ayuntamientos, el censo de la población y estadística de la provincia.
Undécimo: Pedir al Congreso o al Poder Ejecutivo, según la naturaleza de las materias, cuanto juzguen conveniente para la mejora de la provincia, y nos esté en las atribuciones de las Diputaciones, y ejercer todas las demás que les asigne la ley.
Artículo 155. Las ordenanzas o resoluciones de las Diputaciones provinciales se pasarán para su ejecución al Jefe Superior Político, que tendrá el derecho de objetarlas, dentro del término de cinco días. Las objeciones serán consideradas por la Diputación, y si esta insistiere en su acuerdo, se llevará este a cumplido efecto.
Artículo 156. Concluidas las sesiones, pasarán las Diputaciones provinciales copia de sus resoluciones al Tribunado, que desaprobará aquellas que sean contrarias a la Constitución o a las leyes.
Artículo 157. Las Diputaciones provinciales nunca podrán apropiarse la voz del pueblo, para ejercer otras atribuciones que las fijadas por la Constitución, o la ley. Todo procedimiento contrario, es atentatorio al orden y seguridad pública.
Artículo 158. El empleo de diputado de provincia es una carga concejil y honorífica, de que ningún ciudadano podrá excusarse. Los diputados son responsables de los excesos que cometan en el uso de sus atribuciones.
III. De los Ayuntamientos
Artículo 159. Habrá un ayuntamiento en cada común en que lo había en el año 1821, y la ley podrá establecerlos en las demás comunes que convenga; sus vocales serán electos por las respectivas asambleas primarias, y serán

presididas por el alcalde o alcaldes que ellos mismos elijan de entre sus miembros. Sus atribuciones y organización serán fijadas por la ley.

Título VI. De las asambleas primarias y colegios electorales

I. De las asambleas primarias

Artículo 160. Para ser sufragante de las asambleas primarias, es necesario:
Primero: Ser ciudadano en el pleno goce de los derechos civiles y políticos.
Segundo: Ser propietario de bienes raíces, o empleado público, u oficial del Ejército de tierra o mar, o patentado por el ejercicio de alguna industria o profesión, o profesor de alguna ciencia o arte liberal, o arrendatario por seis años, a lo menos, de un establecimiento rural en actividad de cultivo.

Artículo 161. Las asambleas primarias se reúnen de pleno derecho en cada común, el primer lunes de noviembre de cada año en que deban ejercer las atribuciones, que la Constitución o la ley les designen, y en la forma que ellas establezcan.

Artículo 162. El alcalde, en las comunes cuyo ayuntamiento tenga solo uno, o el primero de ellos en las que haya dos o más, publicará el primero de octubre de cada año en que deban reunirse las asambleas primarias, un aviso preventivo recordando a los sufragantes el período de su reunión, y ese mismo funcionario, o quien le reemplace, presidirá la asamblea hasta la elección del ciudadano que deba presidirla definitivamente.

Artículo 163. Las atribuciones de las asambleas primarias son: Primero: Elegir el número de electores que cada común deba enviar al Colegio electoral de la provincia.
Segundo: Elegir los regidores que deben formar los respectivos ayuntamientos.

II. De los colegios electorales

Artículo 164. Los colegios electorales se componen de los electores nombrados por las asambleas primarias de las comunes.

Artículo 165. Mientras la ley arregle de otro modo la composición de los colegios electorales, se formarán estos conforme el siguiente cuadro:
Compostela de Azua nombrará 8 electores Cada una de sus comunes 4 Santo Domingo 10 Cada una de sus comunes 2 Seibo 8 Cada una de sus comunes 4 La Vega 8 Cada una de sus comunes 4 Santiago 8 La común de Puerto Plata 6 Cada una de las demás comunes 2

Artículo 166. Los colegios electorales, de pleno derecho se reúnen en la cabeza de provincia el primer lunes de diciembre de los años en que deban ejercer sus atribuciones ordinarias; y a más tardar, un mes después de la fecha del decreto de convocatoria, en las reuniones extraordinarias autorizadas por la Constitución o la ley.

Artículo 167. Las atribuciones de los colegios electorales son: Primero: Elegir los miembros del Tribunado y sus suplentes. Segundo: Elegir los miembros del Consejo Conservador.

Tercero: Elegir al Presidente de la República según las reglas establecidas en el artículo 96.

Cuarto: Elegir los miembros de las respectivas Diputaciones provisionales.

Quinto: Reemplazar a todos los funcionarios cuya nominación les pertenece, en los casos y según las reglas establecidas por la Constitución o la ley.

Sexto: Formar separadamente las listas de los individuos que en sus respectivas provincias reúnan las cualidades exigidas tanto para ser magistrado de la Suprema Corte de Justicia, como juez de los tribunales inferiores.

Artículo 168. Los colegios electorales no pueden corresponder unos con otros, ni ejercer atribución alguna, sin que se encuentre presente la mayoría absoluta de los electores.

III. Disposiciones comunes a las asambleas primarias y colegios electorales

Artículo 169. Todas las elecciones se hacen por la mayoría absoluta de votos, y por escrutinio secreto.

Artículo 170. Fuera de los casos extraordinarios en que deba reemplazarse alguno o algunos de los funcionarios cuya elección toca, ya a las asambleas, ya a los Colegios Electorales, sus reuniones ordinarias deberán efectuarse en el año anterior al en que expiran los períodos constitucionales de los respectivos cargos.

Artículo 171. Ni las asambleas primarias ni los Colegios Electorales pueden ocuparse en otro objeto que el de ejercer las atribuciones que le están asignadas por la Constitución o la ley. Deben disolverse tan pronto como hayan terminado sus operaciones, cuya duración fijará la ley.

Título VI. De la hacienda pública

Artículo 172. Ningún impuesto se puede establecer bajo pretexto alguno, sino por una ley.

Artículo 173. Ninguna contribución provincial o comunal se puede imponer sino con el expreso consentimiento de las respectivas Diputaciones provinciales, o ayuntamientos.

Artículo 174. Las contribuciones a favor del erario público se establecen anualmente. Las leyes que las imponen no tienen fuerza sino por un año, a menos que se renueven o prorroguen.

Artículo 175. No puede establecerse privilegio alguno en materia de impuestos.

Artículo 176. Las excepciones o disminución de impuestos han de ser hechas por la ley.

Artículo 177. Solo la ley puede conceder pensiones o gratificaciones del erario público.

Artículo 178. El presupuesto de cada secretario de Estado debe dividirse en capítulos, y no pueden hacerse empréstitos de un capítulo a otro, ni distraer los fondos de su objeto especial, sino en virtud de una ley.

Artículo 179. Todos los años el Congreso Nacional, verifica las cuentas generales del año o de los años anteriores, cada Despacho ministerial por separado, y decreta el presupuesto general del Estado, con indicación de las entradas, y la adjudicación a cada Secretaría de Estado, de los fondos asignados para los gastos del año entrante.

Artículo 180. Fuera de los fondos decretados para el presupuesto, no puede extraerse suma alguna del erario público, sin el previo consentimiento del Congreso, excepto en los casos extraordinarios previstos por el 15.º miembro del artículo 94.

Artículo 181. Todos los años en el mes de enero se deben imprimir y publicar las cuentas generales del año anterior, bajo la responsabilidad del secretario del Despacho de Hacienda.

Artículo 182. La ley organizará un Consejo Administrativo, compuesto de funcionarios públicos, para verificar anualmente las cuentas generales, y hacer un informe de ellas al Congreso, con las observaciones que juzgue oportunas; cuyo encargo será puramente gratuito.

Título VIII. De la Fuerza Armada

Artículo 183. La Fuerza Armada es la defensora del Estado, tanto contra las agresiones externas, como contra las conmociones internas, y la custodia de las libertades públicas.

Artículo 184. La Fuerza Armada es esencialmente obediente y pasiva; ningún cuerpo de ella puede deliberar.

Artículo 185. La Fuerza Armada se divide en Ejército de Tierra, Armada Naval y Guardia Cívica.

Artículo 186. La ley fija el modo de alistamiento, las reglas sobre el ascenso, y los derechos y obligaciones de la Fuerza Armada.

Artículo 187. El Poder Ejecutivo nombrará comandantes de armas en aquellos puntos en que lo juzgue conveniente.

Artículo 188. La creación de los grandes inspectores de agricultura y policía, y la de los cuerpos de policía urbana y rural, serán el objeto especial de una ley, que detallará todos sus deberes.

Artículo 189. No pueden crearse cuerpos privilegiados.

Artículo 190. La Guardia Cívica de cada provincia está bajo las órdenes inmediatas del Jefe Superior Político, cuyas veces harán los alcaldes en las comunes en que aquel no resida. La ley arreglará su organización.

Artículo 191. La Guardia Cívica no se puede movilizar sino en los casos previstos por la ley.

Artículo 192. En la Guardia Cívica, todos los grados son electivos, y temporales.

Artículo 193. Los militares serán juzgados por Consejos de Guerra, por los delitos que cometan en los casos previstos por el Código penal militar; y según las reglas que en él se establezcan. En todos los demás casos, o cuando tengan por coacusados a uno o muchos individuos de la clase civil, serán juzgados por los tribunales ordinarios.

Título IX. Disposiciones generales

Artículo 194. El pabellón mercante nacional se compone de los colores azul y rosado, colocados en cuarteles esquinados; y divididos en el centro por una cruz blanca de la mitad del ancho de uno de los otros colores, que toque en los cuatro extremos.

El pabellón de guerra llevará además las armas de la república en el centro.
Artículo 195. Las armas de la República Dominicana son: una cruz, a cuyo pie está abierto el libro de los evangelios, y ambos sobresalen de entre un trofeo de armas, en que se ve el emblema de la libertad, enlazado con una cinta en que va la siguiente divisa: Dios, Patria y Libertad. República Dominicana.
Artículo 196. Se celebrarán anualmente, con la mayor pompa en todo el territorio de la república, cuatro fiestas nacionales, que son: Primera: La de la Separación, el último domingo de febrero. Segunda: La victoria de Azua, el 19 de marzo.
Tercera: La victoria de Santiago, el último domingo de marzo. Cuarta: El aniversario de la publicación de la presente Constitución. En caso de que alguna de estas fiestas caiga en día, en que según el rito romano, esté prohibido el celebrar otra fiesta que la religiosa, se trasladará la nacional al primer domingo hábil inmediato.
Artículo 197. Todo juramento debe ser exigido en virtud de la Constitución o la ley, en los casos y formas que ellas determinen; y todo empleado debe prestarle antes de entrar en funciones.
Artículo 198. Los oficios públicos no pueden jamás ser propiedad de los que les ejerzan ni patrimonio de familia alguna.
Artículo 199. Ninguna ley, decreto, ni reglamento de administración o policía, serán obligatorios sino después de publicados en la forma que la ley establece.
Artículo 200. Ninguna plaza ni parte del territorio pueden ser declaradas en estado de sitio, sino en caso: primero, de invasión extranjera efectuada o inminente; y segundo, de conmoción interior. En el primer caso la declaratoria toca al Presidente de la República, y en el segundo, al Congreso; pero si este no está reunido, el Presidente de la República hace la declaratoria, y convoca inmediatamente el Congreso para que [se] pronuncie sobre ella. La capital nunca puede ser declarada en estado de sitio, sino por una ley.
Artículo 201. En ningún caso puede suspenderse la ejecución, ni de una parte ni del todo de la Constitución.
Su ejecución queda confiada al celo de los poderes que ella establece, y al valor y patrimonio de los dominicanos.

Título X. De la revisión de la Constitución

Artículo 202. El Congreso puede en virtud de la proposición hecha por el Tribunado, y admitida por los dos tercios de aquel, decretar la revisión de la Constitución, designando y publicando los artículos, y disposiciones que deban revisarse.

Artículo 203. En la sesión ordinaria, o extraordinaria, subsecuente a la que se haya dado el decreto de revisión, procede el Congreso a ella, debiendo estar presentes los dos tercios de sus miembros por lo menos.

Artículo 204. El Congreso en el decreto de revisión designará el lugar y la época que juzgue conveniente para su reunión.

Título XI. Disposiciones transitorias

Artículo 205. El Presidente de la República será electo por el Soberano Congreso Constituyente, que le recibirá juramento y quedará instalado en su cargo.

Artículo 206. El ciudadano en quien recaiga la elección del Soberano Congreso Constituyente para la Presidencia de la República Dominicana, conservará su cargo durante dos períodos constitucionales consecutivos; en consecuencia terminará su ejercicio el quince de febrero de 1852, conforme a lo previsto por el último miembro del artículo 95.

Artículo 207. El cuerpo legislativo será electo, y se reunirá dentro del más breve término posible; en consecuencia, las asambleas primarias y colegios electorales serán convocados inmediatamente para la elección de los miembros de los dos Cuerpos Colegisladores y demás funcionarios que deban nombrar según la Constitución; a este efecto el Presidente de la República expedirá un decreto para su convocación, fijando el más corto plazo posible para la reunión del cuerpo legislativo. Los colegios electorales reunidos en virtud de este decreto, solo ejercerán sus atribuciones, mientras la ley sobre elecciones fije la organización que se juzgue más conveniente.

Artículo 208. El Presidente de la República está autorizado para, de acuerdo con el diocesano, impetrar de la Santa Sede a favor de la República Dominicana, la gracia de presentación para todas las mitras y prebendas eclesiásticas, en la extensión de su territorio; y además para entablar negociaciones con la misma Santa Sede, a fin de efectuar un concordato. Hasta entonces los asuntos puramente eclesiásticos serán decididos conforme a los sagrados cánones.

Artículo 209. Todas las leyes actuales, no contrarias a la presente Constitución, continuarán en vigor hasta que sean abrogadas por otras nuevas. Así mismo los jueces, tribunales, oficios públicos y demás oficinas continuarán interinamente hasta la nueva organización, observando siempre la división de poderes.

Artículo 210. Durante la guerra actual y mientras no esté firmada la paz, el Presidente de la República puede libremente organizar el Ejército y Armada, movilizar las guardias nacionales, y tomar todas la medidas que crea oportunas para la defensa y seguridad de la nación; pudiendo en consecuencia, dar todas las órdenes, providencias y decretos que convengan, sin estar sujeto a responsabilidad alguna.

Título adicional

Artículo 211. Los Cuerpos Colegisladores deberán acordar en su primera sesión legislativa las siguientes leyes: Primera: Sobre las elecciones. Segunda: Sobre la hacienda pública.

Tercera: Sobre la responsabilidad de los ministros, y demás agentes del Poder Ejecutivo.

Cuarta: Sobre la organización judicial.

Quinta: Sobre la administración municipal, de provincias y comunes. Sexta: Sobre la libertad de imprenta.

Séptima: Sobre la instrucción pública. Octava: Sobre el Código penal militar. Nona: Sobre la organización de la Guardia Cívica.

Décima: Sobre la total extinción de tributos, capellanías, vinculaciones y demás censos perpetuos, bajo cualquiera denominación que se hallen instituidos.

San Cristóbal, 6 de noviembre de 1844, año 1.º de la patria – El presidente, M. M. Valencia, diputado por Santo Domingo – El vicepresidente, Antonio Gutiérrez, diputado por Samaná – A. Ruiz, diputado por Hato Mayor – Andrés Roson, diputado por Baní – Antonio Gimenes, diputado por Bánica – Bernardo Aybar, diputado por Neiba – Buenaventura Báez, diputado por Azua – Casimiro Cordero, diputado por La Vega – Domingo Antonio Solano, diputado por Santiago – Domingo de la Rocha, diputado por Santo

Domingo – Facundo Santana, diputado por Los Llanos – Fernando Salcedo, diputado por Moca – José Tejera, diputado por Puerto de Plata – José Mateo Perdomo, diputado por Hincha – José María Medrano, diputado por Macorís – José Valverde, diputado por Cotuí – Juan P. Andújar, diputado por Cahobas – Juan Reynoso, diputado por La Vega – Juan de Acosta, diputado por el Seibo – Juan Rijo, diputado por Higüey – Juan Lopes, diputado por San José de las Matas – Jesús Ayala, diputado por San Cristóbal – Juan A. de los Santos, diputado por San Juan – J. N. Tejera, diputado por San Rafael – Julián de Aponte, diputado por el Seibo – Manuel González Bernal, diputado por Monte Plata y Boyá – Manuel Abreu, diputado por Monte Cristi – Manuel Díaz, diputado por Dajabón – M. R. Castellano, diputado por Santiago – Santiago Suero, diputado por Las Matas – Vicente Mancebo, diputado por Azua – doctor Caminero, diputado por Santo Domingo, secretario – Juan Luis F. Bidó, diputado por Santiago, secretario.

Constitución de Guáimaro. Cuba 1869[57]

En el pueblo libre de Guáimaro a las cuatro de la tarde del 10 de abril de 1869 se reunió la Cámara Constituyente, asistiendo los C.C. Carlos Manuel de Céspedes, presidente, Miguel Gutiérrez, Salvador de Cisneros, Manuel Valdés, Honorato del Castillo, Miguel Betancourt Guerra, José María Izaguirre, Arcadio García, Eduardo Machado, Antonio Lorda, Antonio Alcalá, Jesús Rodríguez, Francisco Sánchez y los secretarios que suscriben Ignacio Agramonte y Antonio Zambrano.

Abrió la sesión el C. Presidente con una alocución sobre el objeto del acto. Presentose por los secretarios el proyecto de Constitución que previamente se les había encargado. Diósele lectura y se le aceptó en conjunto, empezando enseguida la discusión por artículos. Fueron aprobados unánimemente por la Cámara el preámbulo y los artículos 1, 2, 3, 4, 5 y 6, concebidos en estos términos:

Preámbulo

Los representantes del pueblo libre de la isla de Cuba, en uso de la soberanía nacional establecemos provisionalmente la siguiente: Constitución política que regirá lo que dure la Guerra de Independencia.

Artículo 1. El Poder Legislativo residirá en una Cámara de representantes del pueblo.

Artículo 2. A esta Cámara concurrirá igual representación por cada uno de los cuatro estados en que se considera desde este instante dividida la Isla.

Artículo 3. Estos estados son: Occidente, Las Villas, Camagüey y Oriente.

Artículo 4. Solo pueden ser representantes los C.C. de la República mayores de veinte años.

Artículo 5. El cargo de representante es incompatible con todos los demás de la república.

Artículo 6. Cuando ocurran vacantes en la representación de alguien, el Ejecutivo del mismo dictará las medidas necesarias para la nueva elección.

Al **Artículo** 7 que dice así: La Cámara de representantes nombrará al Presidente encargado del Poder Ejecutivo, al General en Jefe, al Presidente de sus sesiones y demás empleados suyos, propuso el C. Miguel Gutiérrez

57 «Constitución de la República de Cuba (1869)», Constituciones de la República de Cuba, La Habana, Academia Nacional de la Historia de Cuba, 1952, pags. 11-18.

la siguiente enmienda: el nombramiento del General en Jefe corresponde al Presidente de la República; fue apoyada por el C. Eduardo Machado. Sometido el punto a discusión todos los otros miembros de la Cámara aceptaron el artículo. El C. Presidente propuso la aclaración: Que el General en Jefe está subordinado al Ejecutivo y debe darle cuenta de sus operaciones, aclaración que fue admitida por los autores del proyecto y por la Cámara.

Fue aprobado unánimemente el **Artículo** 8 concebido en estos términos: ante la Cámara de representantes deben ser acusados, cuando hubiere lugar, el Presidente de la República, el General en Jefe y los miembros de la Cámara. Esta acusación puede hacerse por cualquier ciudadano, si la Cámara la encuentra atendible someterá el acusado al Poder Judicial.

El **Artículo** 9 dice así: La Cámara de representantes puede deponer libremente a los funcionarios cuyo nombramiento le corresponde.

El **Artículo** 10. Las decisiones legislativas de la Cámara necesitan para ser obligatorias la sanción del Presidente.

El **Artículo** 11. Si no la obtuviesen volverán inmediatamente a la Cámara para nueva deliberación, en la que se tendrán en cuenta las objeciones que el Presidente presentare.

Estos tres artículos fueron aprobados por unanimidad.

Artículo 12. El Presidente está obligado en el término de diez días a impartir su aprobación a los proyectos de ley o a negarla.

El C. Salvador Cisneros propuso el término de cinco días. La enmienda fue apoyada por el C. Francisco Sánchez y desechada por la Cámara.

Artículo 13. Acordada por segunda vez una resolución de la Cámara, la sanción será forzosa para el Presidente.

El C. Carlos Manuel de Céspedes propuso que el Presidente pudiera oponer dos veces su veto a una resolución de la Cámara, y que acordada por tercera vez adquiriese el carácter de ley; esta enmienda no fue apoyada ni aceptada.

Artículo 14. Deben ser objetos indispensablemente de ley, las contribuciones, los empréstitos públicos, la ratificación de los tratados, la declaración y conclusión de la guerra, la autorización al Presidente para conceder patentes de corso, levantar tropas y mantenerlas, proveer y sostener una armada, y la declaración de represalias con respecto al enemigo.

El C. Salvador Cisneros propuso que las contribuciones generales se votasen por la Cámara y las particulares de cada estado por su legislatura respectiva. La discusión de este particular quedó aplazada para cuando la Cámara deliberase sobre si debía o no constituirse en cada estado una legislatura especial.

Artículo 15. La Cámara de representantes se constituye en sesión permanente desde el momento en que los representantes del pueblo ratifiquen esta ley fundamental hasta que termine la guerra.

Concluía en este artículo lo referente al Poder Legislativo y en tal concepto el C. Salvador Cisneros presentó uno nuevo a la consideración de la constituyente.

Cada estado tendrá una Cámara especial, que legisle sobre los asuntos locales.

Sometido a discusión este punto, se hizo presente por los autores del proyecto, que las legislaturas especiales estaban de acuerdo en los E.U. con las variadas condiciones de los distintos estados de la unión. Que en la isla de Cuba no producirían otro efecto que acrecentar las rencillas y divisiones provinciales, bastando por otra parte para garantir las libertades del pueblo que la vida municipal tuviera todo el ensanche y la importancia que requiere, prescindiendo de que en las actuales circunstancias sería muy embarazoso y de gran riesgo el crear los cuerpos de que se trata.

El C. Jesús Rodríguez propuso que se consignara en la Constitución el establecimiento de las legislaturas especiales para cuando fuere posible. El C. Castillo hizo presente que esa declaración daría lugar a cuestiones más tarde pudiendo pretender inoportunamente algún estado que era llegado el caso de la posibilidad y que formulándose esta Constitución para el tiempo de la guerra en nada perjudica los derechos de los estados concluido que sea el periodo revolucionario.

La Cámara desechó el artículo y la enmienda.

Artículo 16. El Poder Ejecutivo residirá en el Presidente de la República.

Artículo 17. Para ser Presidente se requieren las mismas condiciones que para ser Representante.

El artículo 16 fue aceptado unánimemente, acerca del inmediato, el C. Carlos Manuel de Céspedes enmendó que la edad exigible fuera la de treinta años, y requisito indispensable para la Presidencia el haber nacido en la isla de Cuba.

Esta enmienda fue objeto de un vivo debate. El C. Cisneros la apoyó en el primer estreno y los C.C. Lorda y Castillo la atacaron con el mismo Cisneros en el segundo estreno. Los autores del proyecto se abstuvieron de defender el artículo. Los C.C. Lorda y Cisneros hicieron presente que en la época actual y a la luz de los principios democráticos la nacionalidad nada significaba y que un extranjero podía ser en casos determinados el más acto para la presidencia. El C. Castillo en una valiente peroración sustentó que los cubanos nacían hoy para la república por la adquisición de la dignidad de hombres libres en cuya conquista estaban derramando su sangre y que nacían como hijos de Cuba todos aquellos que cualquiera que fuese su procedencia, pelean y han peleado con nosotros. El C. Céspedes recomendó que podía originarse un conflicto entre la patria natural y la adoptiva del extranjero Presidente y que el ejemplo de la mayor parte de los pueblos cultos que habían establecido en sus constituciones la cláusula por él solicitada era de tenerse en cuenta.

Las enmiendas se aceptaron por mayoría.

Artículo 18. El Presidente puede celebrar tratados con la ratificación de la Cámara.

Artículo 19. Designará [a] los embajadores, ministros plenipotenciarios y cónsules de la república en los países extranjeros.

Artículo 20. Recibirá los embajadores, cuidará de que se ejecuten fielmente las leyes y expedirá sus despachos a todos los empleados de la república. Aprobado por unanimidad.

Artículo 21. El Presidente nombrará [a] los secretarios del Despacho. El C. Céspedes propuso que fueran nombrados por la Cámara a propuesta del Presidente, proposición acogida con general aplauso.

Artículo 22. El Poder Judicial es independiente, su organización será objeto de una ley especial. Aceptado.

En estas circunstancias propuso el C. Carlos Manuel de Céspedes que se concediera al Presidente de la República la facultad de indultar a los delincuentes políticos; rechazada la proposición por mayoría, propuso que este derecho residiera en la Cámara. Los autores del proyecto expusieron que pudiendo ejercerse un gobierno tiránico lo mismo por una corporación que por un hombre, la principal garantía de las libertades públicas estribaba en la independencia de los poderes, que esta independencia no era completa si las sentencias dictadas por los tribunales podían alterarse en algún sentido y que si bien la Cámara tenía el derecho de declarar amnistías generales, lo que por cierto no era necesario consignar detenidamente, semejantes amnistías no debían alcanzar a los condenados por los tribunales. El C. Presidente sustentó que la clemencia era el más bello atributo del poder e hizo algunas otras consideraciones muy oportunas.

La Cámara adoptó por mayoría la resolución de que no comprendiesen las amnistías generales a los ya sentenciados.

Artículo 23. Para ser elector se requieren las mismas condiciones que para ser elegido.

Artículo 24. Todos los habitantes de la república son enteramente libres.

Artículo 25. Todos los ciudadanos de la república se consideran soldados del E.L.

Artículo 26. La república no reconoce dignidades, honores especiales, ni privilegio alguno.

El C. Alcalá propuso el siguiente artículo, que fue aceptado: Los ciudadanos de la república no podrán admitir honores, ni distinciones de un país extranjero.

Artículo 27. La Cámara no podrá atacar las libertades de culto, imprenta, reunión pacífica, enseñanza y petición ni derecho alguno inalienable del pueblo.

Todos aceptados.

Artículo 28. Esta Constitución podrá enmendarse cuando la Cámara unánimemente lo determine.

El C. Salvador Cisneros propuso que pudiera enmendarse la Constitución por las tres cuartas partes de los representantes. La enmienda fue desechada.

El C. Presidente habiendo concluido la discusión de la ley fundamental, dio por terminado el acto con un breve discurso en que encarecía la moderación y el juicio de que había dado pruebas el pueblo asistente a esta primera sesión de la Cámara. Se concedió enseguida la palabra a los individuos del pueblo que asistieron al acto sin carácter oficial, y usada por algunos discretamente caería [ilegible] a las ocho de la noche del diez de abril de 1869 la primera sesión de la Cámara de representantes del pueblo libre de la isla de Cuba.

El presidente Salvador Cisneros. – El secretario Antonio Zambrano – Es copia– El secretario Antonio Zambrano.

Proclama de los diez mandamientos de los hombres libres de Puerto Rico

Noviembre de 1867

PUERTORRIQUEÑOS

El Gobierno de doña Isabel II lanza sobre nosotros una terrible acusación

Dice que somos malos españoles

El Gobierno nos calumnia

Nosotros no queremos la separación; nosotros queremos la paz, la unión con España; mas es justo que pongamos nosotros también condiciones en el contrato.

Son muy sencillas.

Helas aquí: Abolición de la esclavitud

Derecho a votar todas las imposiciones

Libertad de cultos

Libertad de la palabra

Libertad de imprenta

Libertad de comercio

Derecho de reunión

Derecho de poseer armas

Inviolabilidad del ciudadano

Derecho de elegir nuestras autoridades

Esos son los diez mandamientos de los hombres libres.

Si España se siente capaz de darnos y nos da esos derechos y esas libertades, podrá entonces mandarnos un capitán general, un gobernador... de paja, que quemaremos en los días de carnestolendas, en conmemoración de todos los Judas que hasta hoy nos han vendido.

Y seremos españoles.

Si no, NO.

Si no, Puerto Riqueños –¡PACIENCIA!– os juro que seréis libres.

Ramón Emeterio Betances

Saint Thomas, noviembre de 1867

Constitución de la República de los Estados Unidos de Brasil. 24 de febrero de 1891

Nosotros, los representantes del pueblo brasileño, reunidos en Congreso Constituyente, para organizar un régimen libre y democrático, establecemos, decretamos y promulgamos la siguiente

CONSTITUCIÓN DE LA REPÚBLICA DE LOS ESTADOS UNIDOS DE BRASIL

Título I. De la organización federal

Disposiciones preliminares

Artículo 1. La nación brasileña adopta como forma de gobierno, bajo el régimen representativo, la República Federativa, proclamada el 15 de noviembre de 1889, y se constituye, por unión perpetua e indisoluble de sus antiguas provincias, en Estados Unidos de Brasil.

Artículo 2. Cada una de las antiguas provincias formará un Estado y el antiguo municipio neutro constituirá el Distrito Federal, continuando a ser la capital de la Unión, mientras no se dé ejecución a lo dispuesto en el artículo siguiente.

Artículo 3. Queda perteneciendo a la Unión, en el planalto central de la república, una zona de 14.400 kilómetros cuadrados, que será oportunamente demarcada para en ella establecerse la futura capital federal.

Párrafo único. Efectuado el cambio de la capital, el actual Distrito Federal pasará a constituir un estado.

Artículo 4. Los estados pueden incorporarse entre sí, subdividirse o desmembrarse, para adjuntarse a otros, o formar nuevos estados, mediante aquiescencia de las respectivas asambleas legislativas, en dos sesiones anuales sucesivas, y aprobación del Congreso Nacional.

Artículo 5. Se delega a cada estado proveer, a expensas propias, las necesidades de su gobierno y administración; la Unión, sin embargo, prestará socorros al estado que, en caso de calamidad pública, lo solicitare.

Artículo 6. El Gobierno federal no podrá intervenir en negocios peculiares a los estados, salvo: 1. Para repeler invasión extranjera, o de un estado en otro; 2. Para mantener la forma republicana federativa; 3. Para restablecer el orden y la tranquilidad en los estados, a requisición de los respectivos gobiernos; 4. Para asegurar la ejecución de las leyes y sentencias federales.

Artículo 7. Es de la competencia exclusiva de la Unión decretar: 1. Impuestos sobre la importación de procedencia extranjera; 2. Derechos de entrada, salida y estadía de navíos, siendo libre el comercio de cabotaje a las mercancías nacionales, bien como a las extranjeras que ya tengan pago impuestos de importación; 3. Tasas de estampilla, salvo la restricción del artículo 9, § 1, n.º 1; 4. Tasas de los correos y telégrafos federales.

§ 1. También compete privativamente a la Unión: 1. La institución de bancos emisores; 2. La creación y mantenimiento de aduanas.

§ 2. Los impuestos decretados por la Unión deben ser uniformes para todos los estados.

§ 3. Las leyes de la Unión, los actos y las sentencias de sus autoridades serán ejecutadas en todo el país por empleados federales, pudiendo, todavía, la ejecución de las primeras ser confiada a los gobiernos de los estados, mediante anuencia de éstos.

Artículo 8. Es vedado al Gobierno federal crear, de cualquier modo, distinciones y preferencias en favor de los puertos de unos contra los de otros estados.

Artículo 9. Es de la competencia exclusiva de los estados decretar impuestos: 1. Sobre la exportación de mercancías de su propia producción; 2. Sobre inmuebles rurales y urbanos; 3. Sobre transmisión de propiedad; 4. Sobre industrias y profesiones.

§ 1. También compete exclusivamente a los estados decretar: 1. tasas de estampillas en cuanto a los actos emanados de sus respectivos gobiernos y negocios de su economía; 2. contribuciones concernientes a sus telégrafos y correos.

§ 2. Está exenta de impuestos, en el estado por donde se exporta, la producción de los otros Estados.

§ 3. Solo es lícito a un estado tributar la importación de mercancías extranjeras, cuando están destinadas al consumo en su territorio, revirtiendo, sin embargo, el producto del impuesto para el Tesoro federal.

§ 4. Se garantiza a los estados el derecho de establecer líneas telegráficas entre los diversos puntos de sus territorios, entre estos y los de otros estados, que no se encuentran servidos por líneas federales, pudiendo la Unión desapropiarlas cuando fuera de interés general.

Artículo 10. Es prohibido a los estados tributar bienes y rentas federales o servicios a cargo de la Unión, y recíprocamente.

Artículo 11. Es vedado a los estados, como a la Unión: 1. Crear impuestos de tránsito por el territorio de un estado, o en el paso de uno para otro, sobre productos de otros estados de la república o extranjeros, y, asimismo, sobre los vehículos de tierra y agua que los transportan; 2. Establecer, subvencionar o embarazar el ejercicio de cultos religiosos; 3. Prescribir leyes retroactivas.

Artículo 12. Además de las fuentes de receta discriminadas en los artículos 7 y 9, es lícito a la Unión como a los estados, acumulativamente o no, crear otras cualesquiera, no contraviniendo, lo dispuesto en los artículos 7, 9 y 11, n.º 1.

Artículo 13. El derecho de la Unión y de los estados de legislar sobre el transporte férreo y la navegación interior será regulado por ley federal.

Párrafo único. La navegación de cabotaje será hecha por navíos nacionales.

Artículo 14. Las fuerzas de tierra y mar son instituciones nacionales permanentes, destinadas a la defensa de la patria en el exterior y al mantenimiento de las leyes en el interior.

La Fuerza Armada es esencialmente obediente, dentro de los límites de la ley, a sus superiores jerárquicos y obligada a sostener a las instituciones constitucionales.

Artículo 15. Son órganos de la soberanía nacional el Poder Legislativo, el Ejecutivo y el Judiciario, armónicos e independientes entre sí.

Sección I. Del Poder Legislativo

Capítulo I. Disposiciones generales

Artículo 16. El Poder Legislativo es ejercido por el Congreso Nacional, con la sanción del Presidente de la República.

§ 1. El Congreso Nacional se compone de dos ramos: la Cámara de los diputados y el Senado federal.

§ 2. La elección para senadores y diputados se hará simultáneamente en todo el país.

§ 3. Nadie puede ser, al mismo tiempo, diputado y senador.

Artículo 17. El Congreso se reunirá en la capital federal, independientemente de la convocatoria, el 3 de mayo de cada año, si la ley no designa otro día, y funcionará cuatro meses desde la fecha de la apertura, pudiendo ser prorrogado, postergado o convocado extraordinariamente.

§ 1. Solo al Congreso compete deliberar sobre la prórroga y aplazamiento de sus sesiones.

§ 2. Cada legislatura durará tres años.

§ 3. El gobierno del estado en cuya representación se diera vacante, por cualquiera causa, incluso renuncia, se mandará inmediatamente proceder a una nueva elección.

Artículo 18. La Cámara de los diputados y el Senado federal trabajarán separadamente y, cuando no se resuelva lo contrario, por mayoría de votos, en sesiones públicas. Las deliberaciones serán tomadas por mayoría de votos, hallándose presente, en cada una, mayoría absoluta de sus miembros.

Párrafo único. A cada una de las Cámaras compete: —Verificar y reconocer los poderes de sus miembros; —Elegir su mesa; —Organizar su régimen interno; —Regular el servicio de su policía interna; —Y nombrar a los empleados de su secretaría.

Artículo 19. Los diputados y senadores son inviolables por sus opiniones, palabras y votos en el ejercicio de su mandato.

Artículo 20. Los diputados y senadores, desde que hubieran recibido diploma hasta la nueva elección, no podrán ser presos ni procesados criminalmente, sin previo permiso de su Cámara, salvo caso de flagrancia en crimen sin fianza. En este caso, llevado el proceso hasta pronunciamiento exclusivo, la autoridad procesante remitirá los autos a la Cámara respectiva para resolver sobre la procedencia de la acusación, si el acusado no opta por el juicio inmediato.

Artículo 21. Los miembros de las dos Cámaras, al tomar posesión, contraerán compromiso formal, en sesión pública, de cumplir bien sus deberes.

Artículo 22. Durante las sesiones recibirán los senadores y los diputados un subsidio pecuniario igual, y ayuda de costo que serán fijados por el Congreso al final de cada legislatura, para la siguiente.

Artículo 23. Ningún miembro del Congreso, desde que haya sido electo, podrá celebrar contratos con el Poder Ejecutivo ni de él recibir comisiones o colocaciones remuneradas.

§ 1. Se exceptúan de esta prohibición: 1. las misiones diplomáticas; 2. las comisiones o comandos militares; 3. los cargos de acceso y las promociones legales.

§ 2. Ningún diputado o senador, sin embargo, podrá aceptar nombramiento para misiones, comisiones o comandos, de que tratan los Nos 1 y 2 del párrafo antecedente, sin permiso de la respectiva Cámara, cuando de la aceptación resulte privación del ejercicio de las funciones legislativas, salvo en los casos de guerra o en aquéllos en que el honor y la integridad de la Unión se hallan empeñados.

Artículo 24. El diputado o senador no puede también ser Presidente o hacer parte de directorios de bancos, compañías o empresas que gocen de favores del Gobierno federal definidos en ley.

Párrafo único. La inobservancia de los preceptos contenidos en estos artículos y en el antecedente importa en la pérdida del mandato.

Artículo 25 El mandato legislativo es incompatible con el ejercicio de cualquier otra función durante las sesiones.

Artículo 26 Son condiciones de elegibilidad para el Congreso Nacional: 1. Estar en posesión de los derechos de ciudadano brasileño y estar inscrito como elector; 2. Para la Cámara, tener más de cuatro años como ciudadano brasileño, y para el Senado más de seis.

Esta disposición no comprende a los ciudadanos a que se refiere el n.º 4 del artículo 69.

Artículo 27. El Congreso declarará, en ley especial, los casos de incompatibilidad electoral.

Capítulo II. De la Cámara de diputados

Artículo 28. La Cámara de diputados se compone de representantes del pueblo electos por los estados y por el Distrito Federal, mediante el sufragio directo, garantizando la representación de la minoría.

§ 1. El número de los diputados será fijado por ley en proporción que no excederá de uno por setenta mil habitantes, no debiendo ese número ser inferior a cuatro por estado.
§ 2. Para ese fin mandará el Gobierno federal proceder, desde ya, al empadronamiento de la población de la república, lo cual será revisado cada diez años.
Artículo 29. Compete a la Cámara la iniciativa de la prórroga de la sesión legislativa y de todas las leyes de impuestos, de las leyes de fijación de las fuerzas de tierra y mar, de la discusión de los proyectos ofrecidos por el Poder Ejecutivo y la declaración de la procedencia, o improcedencia de la acusación contra el Presidente de la República, en los términos del artículo 53, y contra los ministros de Estado en los crímenes conexos con los del Presidente de la República.

Capítulo III. Del Senado
Artículo 30. El Senado se compone de ciudadanos elegibles en los términos del artículo 26 y mayores de treinta y cinco años, en número de tres senadores por estado y tres por el Distrito Federal, electos por el mismo modo en que fueran los diputados.
Artículo 31. El mandato del senador durará nueve años, renovándose el Senado por el tercio trienalmente.
Párrafo único. El senador electo en sustitución de otro ejercerá el mandato por el tiempo que quedaba al sustituido.
Artículo 32. El vicepresidente de la república será presidente del Senado, donde solo tendrá voto de calidad, y será sustituido, en las ausencias e impedimentos, por el vicepresidente de la misma Cámara.
Artículo 33. Compete, privativamente al Senado juzgar el Presidente de la República y a los demás empleados federales designados por la Constitución, en los términos y por la forma que ella prescribe.
§ 1. El Senado, cuando delibere como tribunal de justicia, será presidido por el presidente del Supremo Tribunal Federal.
§ 2. No proferirá sentencia condenatoria sino con dos tercios de sus miembros presentes.

§ 3. No podrá imponer otras penas más que la pérdida del cargo y la incapacidad de ejercer cualquier otro sin perjuicio de la acción de la justicia ordinaria contra el condenado.

Capítulo IV. De las atribuciones del Congreso

Artículo 34. Compete privativamente al Congreso Nacional: 1. Presupuestar las rentas, fijar el gasto federal anualmente y tomar las cuentas de las rentas y gasto de cada ejercicio financiero; 2. Autorizar al Poder Ejecutivo a contraer préstamos y a realizar operaciones de crédito; 3. Legislar sobre la deuda pública y establecer los medios para su pago; 4. Regular la recaudación y la distribución de las rentas federales; 5. Regular el comercio internacional, bien como el de los estados entre sí y con el Distrito Federal, aduanar puertos, crear o suprimir almacenes; 6. Legislar sobre la navegación de los ríos que bañen más de un estado, o se extiendan a territorios extranjeros; 7. Determinar el peso, el valor, la inscripción, el tipo y la denominación de las monedas; 8. Crear bancos de emisión, legislar sobre ellos y tributarlos; 9. Fijar el padrón de los pesos y medidas; 10. Resolver definitivamente sobre los límites de los estados entre sí, los del Distrito Federal y los del territorio nacional con las naciones limítrofes; 11. Autorizar al Gobierno a declarar guerra, si no tiene lugar o se malograse el recurso del arbitramiento, para hacer la paz; 12. Resolver definitivamente sobre los tratados y convenciones con las naciones extranjeras; 13. Mudar la capital de la Unión; 14. Conceder subsidios a los estados en la hipótesis del artículo 5; 15. Legislar sobre el servicio de los correos y telégrafos federales; 16. Adoptar el régimen conveniente a la seguridad de las fronteras; 17. Fijar anualmente las fuerzas de tierra y mar; 18. Legislar sobre la organización del Ejército y de la Armada; 19. Conceder o negar pasajes a fuerzas extranjeras por el territorio del país, para operaciones militares; 20. Movilizar y utilizar la guardia nacional o milicia cívica, en los casos previstos por la Constitución; 21. Declarar en estado de sitio uno o más puntos del territorio nacional, en la emergencia de agresión por fuerzas extranjeras o de conmoción interna, y aprobar o suspender el sitio que haya sido declarado por el Poder Ejecutivo, o sus agentes responsables, en ausencia del Congreso; 22. Regular las condiciones y el proceso de la elección para los cargos federales, en todo el país; 23. Legislar sobre el

derecho civil, comercial y criminal de la república y el procesal de la justicia federal; 24. Establecer leyes uniformes sobre la naturalización; 25. Crear y suprimir empleos públicos federales, fijarles las atribuciones, estipularles los vencimientos; 26. Organizar la justicia federal, en los términos de los artículos 55 y siguientes de la Sección III; 27. Conceder amnistía; 28. Conmutar y perdonar las penas impuestas, por crímenes de responsabilidad, a los funcionarios federales; 29. Legislar sobre tierras y minas propiedad de la Unión; 30. Legislar sobre la organización municipal de Distrito Federal bien como sobre la policía, la enseñanza superior y los demás servicios que en la capital son reservados para el gobierno de la Unión; 31. Someter a la legislación especial los puntos del territorio de la república necesarios para la fundación de arsenales u otros establecimientos e instituciones de conveniencia federal; 32. Regular los casos de extradición entre los estados; 33. Decretar las leyes y resoluciones necesarias al ejercicio de los poderes que pertenecen a la Unión; 34. Decretar las leyes orgánicas para la ejecución completa de la Constitución; 35. Prorrogar y postergar sus sesiones.
Artículo 35. Incumbe, igualmente, al Congreso, pero no privativamente: 1. Velar en la guardia de la Constitución y de las leyes y providenciar sobre las necesidades de carácter federal; 2. Animar en el país el desarrollo de las letras, artes y ciencias, bien como la inmigración, la agricultura, la industria y comercio, sin privilegios que dificulten la acción de los gobiernos locales; 3. Crear instituciones de enseñanza superior y secundaria en los estados; 4. Proveer la instrucción secundaria en el Distrito Federal.

Capítulo V. De las leyes y resoluciones

Artículo 36. Salvo las excepciones del artículo 29, todos los proyectos de ley pueden tener origen indistintamente en la Cámara o en el Senado, bajo la iniciativa de cualquiera de sus miembros.
Artículo 37. El proyecto de ley adoptado en una de las Cámaras será sometido a la otra, y si ésta lo aprueba, se lo envía al Poder Ejecutivo que, consintiendo, lo sancionará y promulgará.
§ 1. Sin embargo, si el Presidente de la República lo juzga inconstitucional o contrario a los intereses de la nación, negará su sanción, dentro de los diez días hábiles de aquél en que se recibió el proyecto, devolviéndolo en

ese mismo plazo a la Cámara donde se haya iniciado, con los motivos del rechazo.

§ 2. El silencio del Presidente de la República en ese plazo implica la sanción; y, en el caso de ser ésta negada cuando ya esté cerrado el Congreso, el Presidente dará publicidad a sus razones.

§ 3. Devuelto el proyecto a la Cámara iniciadora, allí se someterá a una discusión y a la votación nominal, considerándose aprobado si obtiene dos tercios de los sufragios presentes. En este caso, el proyecto será remitido a la otra Cámara que, si lo aprueba por los mismos trámites y por la misma mayoría, lo enviará como ley al Poder Ejecutivo para la formalidad de la promulgación.

§ 4. La sanción y la promulgación se efectúan por estas fórmulas: 1. El Congreso Nacional decreta, y yo sanciono la siguiente ley (o resolución).

2. El Congreso Nacional decreta, y yo promulgo la siguiente ley (o resolución).

Artículo 38. No siendo la ley promulgada dentro de 48 horas por el Presidente de la República en los casos de los §§ 2 y 3 del artículo 37, el presidente del Senado o vicepresidente, si el primero no lo hiciera en igual plazo, la promulgará, usando la siguiente fórmula: F... presidente (vicepresidente del Senado), hago saber a los que a la presente vinieran que el Congreso Nacional decreta (o promulga) la siguiente ley (o resolución).

Artículo 39. El proyecto de una Cámara, enmendado en la otra, volverá a la primera que, de aceptar las enmiendas, lo enviará modificado en conformidad de ellas, al Poder Ejecutivo.

§ 1. En caso contrario, volverá a la Cámara revisora y, si las alteraciones logran dos tercios de los votos de los miembros presentes, se considerarán aprobadas, siendo entonces remitidas con el proyecto a la Cámara iniciadora, que solo podrá reprobarlas por la misma mayoría.

§ 2. Rechazadas asimismo las alteraciones, el proyecto será sometido sin ellas a la sanción.

Artículo 40. Los proyectos rechazados, o no sancionados, no podrán ser renovados en la misma sesión legislativa.

Sección II. Del Poder Ejecutivo

Capítulo I. Del Presidente y del vicepresidente

Artículo 41. Ejerce el Poder Ejecutivo el Presidente de la República de Estados Unidos de Brasil, como Jefe electo de la nación.

§ 1. Sustituye al Presidente, en caso de impedimento, y le sucede en las faltas el vicepresidente, elegido simultáneamente con él.

§ 2. En el impedimento, o falta del vicepresidente, serán sucesivamente llamados a la Presidencia el vicepresidente del Senado, el Presidente de la Cámara y el del Supremo Tribunal Federal.

§ 3. Son condiciones esenciales, para ser electo Presidente o vicepresidente de la República: 1. Ser brasileño por nacimiento; 2. Estar en el ejercicio de los derechos políticos; 3. Ser mayor de treinta y cinco años.

Artículo 42. En el caso de vacante, por cualquiera causa, de la Presidencia o vicepresidencia, y no hayan aún pasado dos años del período presidencial, se procederá a una nueva elección.

Artículo 43. El Presidente ejercerá el cargo por cuatro años, no pudiendo ser reelecto para el período presidencial inmediato.

§ 1. El vicepresidente que ejerza la Presidencia en el último año del período presidencial no podrá ser electo Presidente para el período siguiente.

§ 2. El Presidente dejará el ejercicio de sus funciones, sin prórroga, el mismo día en el que termine su período presidencial, sucediéndole luego el recién electo.

§ 3. Si éste se halla impedido, o falta, la sustitución se hará en los términos del artículo 41, §§ 1 y 2.

§ 4. El primer período presidencial terminará el 15 de noviembre de 1894.

Artículo 44. Al investirse en el cargo, el Presidente pronunciará, en sesión del Congreso, o si éste no estuviere reunido, ante el Supremo Tribunal Federal esta afirmación: Prometo mantener y cumplir con perfecta lealtad la Constitución federal, promover el bien general de la república, observar sus leyes, sostener la unión, la integridad y la independencia.

Artículo 45. El Presidente y el vicepresidente no pueden salir del territorio nacional sin permiso del Congreso, bajo pena de perder el cargo.

Artículo 46. El Presidente y el vicepresidente percibirán subsidio fijado por el Congreso en el período presidencial antecedente.

Capítulo II. De la elección de Presidente y vicepresidente

Artículo 47. El Presidente y el vicepresidente de la República serán electos por sufragio directo de la nación y mayoría absoluta de votos.

§ 1. La elección tendrá lugar el día 1.º de marzo del último año del período presidencial, procediéndose en la capital federal y en las capitales de los estados al escrutinio de los votos recibidos en las respectivas circunscripciones. El Congreso hará los escrutinios en su primera sesión del mismo año, con cualquier número de miembros presentes.

§ 2. Si ninguno de los votados hubiera alcanzado mayoría absoluta, el Congreso elegirá, por mayoría de los votos presentes, uno, entre los que hayan alcanzado las dos votaciones más elevadas en la elección directa.

En caso de empate se considerará electo al más viejo.

§ 3. El proceso de la elección y del escrutinio será regulado por ley ordinaria.

§4. Son inelegibles, para los cargos de Presidente y vicepresidente los parientes consanguíneos y afines, en los 1.º y 2.º grados, del Presidente o vicepresidente, que se hallare en ejercicio en el momento de la elección o que lo haya dejado hasta seis meses antes.

Capítulo III. De las atribuciones del Poder Ejecutivo

Artículo 48. Compete privativamente al Presidente de la República: 1. Sancionar, promulgar y hacer publicar las leyes y resoluciones del Congreso; expedir decretos, instrucciones y reglamentos para su fiel ejecución; 2. Nombrar y dimitir libremente a los ministros de Estado; 3. Ejercer o designar quién debe ejercer el comando supremo de las fuerzas de tierra y mar de los Estados Unidos de Brasil, cuando fueren llamados a las armas en defensa interna o externa de la Unión; 4. Administrar el Ejército y la Armada y distribuir las respectivas fuerzas, conforme las leyes federales y las necesidades del Gobierno nacional; 5. Proveer los cargos civiles y militares de carácter federal, salvo las restricciones expresas en la Constitución; 6. Indultar y conmutar las penas en los crímenes sujetos a la jurisdicción federal, salvo en los casos a que se refieren los artículos 34, Nos 28 y 52, § 2; 7. Declarar la guerra y hacer la paz en los términos del artículo 34, n.º 11; 8. Declarar inmediatamente la guerra en los casos de invasión o agresión extranjera; 9. Dar cuenta anualmente de la situación del país al Congreso Nacional, indicándole las providencias y reformas urgentes, en mensaje que remitirá al secretario del Senado el día de la apertura de la sesión legislativa; 10. Convocar el Congreso extraordinariamente; 11. Nombrar los magistrados federales mediante propuesta del Supremo Tribunal; 12. Nombrar los miembros del Supremo Tribunal Federal y los ministros diplomáticos, sometiendo el nombramiento a la aprobación del Senado.

En ausencia del Congreso, designarlos en comisión hasta que el Senado se pronuncie; 13. Nombrar los demás miembros del cuerpo diplomático y los agentes consulares; 14. Mantener las relaciones con los Estados extranjeros; 15. Declarar por sí, o los agentes responsables, el estado de sitio en cualquier punto del territorio nacional en los casos, de agresión extranjera, o grave conmoción intestina (artículo 6, n.º 3; artículo 34, n.º 21, y 80); 16. Entablar negociaciones internacionales, celebrar ajustes, convenciones y tratados, siempre ad referendum del Congreso, y aprobar las que los estados celebren, en conformidad con el artículo 65, sometiéndolos, cuando se deba, a la autoridad del Congreso.

Capítulo IV. De los ministros de Estado

Artículo 49. El Presidente de la República es auxiliado por los ministros de Estado, agentes de su confianza que subscriben los actos, y cada uno de ellos presidirá uno de los ministerios en los que se divide la administración federal.

Artículo 50. Los ministros de Estado no podrán acumular el ejercicio de otro empleo o función pública, ni ser electos Presidente o vicepresidente de la Unión, diputado o senador.

Párrafo único. El diputado o senador que acepta el cargo de ministro de Estado perderá el mandato y se procederá inmediatamente a una nueva elección, en la cual no podrá ser votado.

Artículo 51. Los ministros de Estado no podrán comparecer a las sesiones del Congreso, y solo se comunicarán, con él por escrito o personalmente en conferencia con las comisiones de las Cámaras.

Los informes anuales de los ministros serán dirigidos al Presidente de la República y distribuidos para todos los miembros del Congreso.

Artículo 52. Los ministros de Estado no serán responsables frente al Congreso, o frente a los tribunales, de los consejos dados al Presidente de la República.

§ 1. Responden, sin embargo, en cuanto a sus actos, por los crímenes en ley.

§ 2. En los crímenes comunes y de responsabilidad serán procesados y juzgados por el Supremo Tribunal Federal y, en los conexos con los del Presidente de la República, por la autoridad competente para el juicio de éste.

Capítulo V. De la responsabilidad del Presidente

Artículo 53. El Presidente de los Estados Unidos de Brasil será sometido a proceso y a juicio, después que la Cámara declare procedente la acusación ante al Supremo Tribunal Federal, en los crímenes comunes, y en los de responsabilidad ante el Senado.

Párrafo único. Decretada la procedencia de la acusación, el Presidente quedará suspendido de sus funciones.

Artículo 54. Son crímenes de responsabilidad los actos del Presidente que atenten contra: 1. La existencia política de la Unión; 2. La Constitución y la forma del Gobierno federal; 3. El libre ejercicio de los poderes políticos; 4. El goce, y ejercicio legal de los derechos políticos o individuales; 5. La seguridad interna del país; 6. La probidad de la administración; 7. La guardia y empleo constitucional de los dineros públicos; 8. Las leyes presupuestarias votadas por el Congreso.

§ 1. Esos delitos serán definidos en ley especial.

§ 2. Otra ley regulará la acusación, el proceso y el juicio.

§ 3. Ambas leyes serán elaboradas en la primera sesión del Primer Congreso.

Sección III. Del Poder Judiciario

Artículo 55. El Poder Judicial, de la Unión tendrá por órganos un Supremo Tribunal Federal, con sede en la capital de la república, y tantos jueces y tribunales federales, distribuidos por el país, cuántos el Congreso considere.

Artículo 56. El Supremo Tribunal Federal estará compuesto por quince jueces, nombrados en la forma del artículo 48, n.º 12, entre ciudadanos de notable saber y reputación, elegibles por el Senado.

Artículo 57. Los jueces federales son vitalicios y perderán el cargo únicamente por sentencia judicial.
§ 1. Sus vencimientos serán determinados por ley y no podrán ser disminuidos.
§ 2. El Senado juzgará a los miembros del Supremo Tribunal Federal en los crímenes de responsabilidad, y éste a los jueces federales inferiores.
Art 58. Los tribunales federales elegirán de su seno a sus presidentes y organizarán sus respectivas secretarías.
§ 1. El nombramiento y la dimisión de los empleados de la secretaría bien como la provisión de los oficios de justicia en las circunscripciones judiciales, competen respectivamente a los presidentes de los tribunales.
§ 2. El Presidente de la República designará, entre los miembros del Supremo Tribunal Federal, al procurador general de la república, cuyas atribuciones se definirán en ley.
Artículo 59. Compete al Supremo Tribunal Federal: 1. Procesar y juzgar originaria y privativamente: a) Al Presidente de la República en los crímenes comunes, y a los ministros de Estado en los casos del artículo 52; b) los ministros diplomáticos, en los crímenes comunes y en los de responsabilidad; c) las causas y conflictos entre la Unión y los estados, o entre estos con los otros; d) los litigios y las reclamaciones entre naciones extranjeras y la Unión o los estados; e) los conflictos de los jueces o tribunales federales entre sí, o entre estos y los de los estados, así como los de los jueces y tribunales de un estado con jueces y tribunales de otro estado.
2. Juzgar, en grado de recurso, las cuestiones resueltas por los jueces y tribunales federales, así como las que tratan el presente artículo, § 1, y el artículo 60; 3. Revisar los procesos, terminados, en los términos del artículo 81.
§ 1. De las sentencias de las justicias de los estados, en última instancia, habrá recurso para el Supremo Tribunal Federal: a) cuando se cuestione sobre la validez, o la aplicación de tratados y leyes federales, y la decisión del tribunal del estado sea contraria a ella; b) cuando se conteste la validez de leyes o de actos de los gobiernos de los estados de cara a la Constitución, o de las leyes federales, y la decisión del tribunal del estado considere válidos esos actos, o esas leyes impugnadas.
§ 2. En los casos en los que haya que aplicar leyes de los estados, la justicia federal consultará la jurisprudencia de los tribunales locales, y viceversa, las

justicias de los estados consultarán la jurisprudencia de los tribunales federales, cuando hayan de interpretar leyes de la Unión.

Artículo 60. Compete a los jueces o tribunales federales, procesar y juzgar: a) Las causas en que alguna de las partes funda la acción, o la defensa, en disposición de la Constitución federal; b) todas las causas propuestas contra el Gobierno de la Unión o la Hacienda Nacional, fundadas en disposiciones de la Constitución, leyes y reglamentos del Poder Ejecutivo, o en contratos celebrados con el mismo Gobierno; c) las causas provenientes de compensaciones, reivindicaciones, indemnización de perjuicios o cualesquiera otras propuestas, por el Gobierno de la Unión contra particulares o viceversa; d) los litigios entre un estado y ciudadanos de otro, o entre ciudadanos de estados diversos, diversificando las leyes de estos; e) los pleitos entre Estados extranjeros y ciudadanos brasileños; f) las acciones interpuestas por extranjeros y fundadas, sea en contratos con el Gobierno de la Unión, sea en convenciones o tratados de la Unión con otras naciones; g) las cuestiones de derecho marítimo y navegación así en el océano como en los ríos y lagos del país; h) las cuestiones de derecho criminal o civil internacional; i) los crímenes políticos.

§ 1. Está vedado al Congreso cometer cualquier jurisdicción federal a las justicias de los estados.

§ 2. Las sentencias y órdenes de la magistratura federal son ejecutadas por oficiales judiciales de la Unión, a los cuales la policía local está obligada a prestar auxilio, cuando fuera invocada por ellos.

Artículo 61. Las decisiones de los jueces o tribunales de los estados en las materias de su capacidad pondrán término a los procesos y a las cuestiones, salvo en cuanto a: 1. Habeas corpus, o 2. Destierro de extranjeros, cuando la especie no esté prevista en convención, o tratado.

En tales casos habrá recurso voluntario para el Supremo Tribunal Federal.

Artículo 62. Las justicias de los estados no pueden intervenir en cuestiones sometidas a los tribunales federales, ni anular, alterar, o suspender sus sentencias u órdenes. Y, recíprocamente, la justicia federal no puede intervenir en cuestiones sometidas a los tribunales de los estados ni anular, alterar o suspender las decisiones u órdenes de estos, exceptuados los casos expresamente declarados en esta Constitución.

Título II. DE los Estados

Artículo 63. Cada estado se regirá por la Constitución y por las leyes que adopte, respetados los principios constitucionales de la Unión.

Artículo 64. Pertenecen a los estados las minas y tierras desocupadas ubicadas en sus respectivos territorios, quedando a la Unión solamente la porción del territorio que sea indispensable para la defensa de las fronteras, fortificaciones, construcciones militares y ferrocarriles federales.

Párrafo único. Los bienes nacionales, que no fueran necesarios para el servicio de la Unión, pasarán al dominio de los estados, en cuyo territorio estén situados.

Artículo 65. Es facultad de los estados: 1. Celebrar entre sí ajustes y convenciones que no sean de carácter político (artículo 48, n.º 16); 2. En general, todo y cualquier poder o derecho, que no les sea negado por cláusula expresa o implícitamente contenida en las cláusulas expresas de la Constitución.

Artículo 66. Es vedado a los Estados: 1. Recusar fe a los documentos públicos de naturaleza legislativa, administrativa o judicial de la Unión, o de cualquiera de los estados; 2. Rechazar la moneda, o emisión bancaria en circulación por acto del Gobierno federal; 3. Hacer o declarar la guerra entre sí y el uso de represalias; 4. Denegar la extradición de criminosos, reclamados por las justicias de otros estados, o Distrito Federal, según las leyes de la Unión por las que esta materia se rige (artículo 34, n.º 32).

Artículo 67. Salvo las restricciones especificadas en la Constitución y en las leyes federales, el Distrito Federal es administrado por las autoridades municipales.

Párrafo único. Los gastos de carácter local, en la capital de la república, incumben exclusivamente a la autoridad municipal.

Título III. Del municipio

Artículo 68. Los estados se organizarán de forma que quede asegurada la autonomía de los municipios en todo cuanto respecte a su peculiar interés.

Título IV. De los ciudadanos brasileños

Sección I. De las cualidades del ciudadano brasileño

Artículo 69. Son ciudadanos brasileños: 1. Los nacidos en Brasil, aunque de padre extranjero, no residiendo éste al servicio de su nación; 2. Los hijos de padre brasileño y los ilegítimos de madre brasileña, nacidos en país extranjero, si establecen domicilio en la república; 3. Los hijos de padre brasileño, que esté en otro país al servicio de la república, aunque no se vengan a domiciliar en ella; 4. Los extranjeros, que hallándose en Brasil a los 15 días de noviembre de 1889, no declaren, dentro de los seis meses después de entrar en vigor la Constitución, el ánimo de conservar la nacionalidad de origen; 5. Los extranjeros que posean bienes inmuebles en Brasil y estén casados con brasileños o tengan hijos brasileños con tal de que residan en Brasil, salvo si manifiestan la intención de no alterar de nacionalidad; 6. Los extranjeros naturalizados por otro modo.

Artículo 70. Son electores los ciudadanos mayores de veintiún años que se alisten en la forma de la ley.

§ 1. No pueden alistarse como electores para las elecciones federales o para las de los estados: 1. Los mendigos; 2. Los analfabetos; 3. Las plazas de soldados, exceptuados los alumnos de las escuelas militares de enseñanza superior; 4. Los religiosos de órdenes monásticas, compañías, congregaciones o comunidades de cualquier denominación, sujetas a voto de obediencia, regla o estatuto que importe la renuncia de la libertad individual.

§ 2. Son inelegibles los ciudadanos no alistados.

Artículo 71. Los derechos de ciudadano brasileño solo se suspenden o pierden en los casos aquí particularizados.

§ 1. Se suspenden: a) por incapacidad física o moral; b) por condenación criminal, mientras duren sus efectos.

§ 2. Se pierden: a) por naturalización en país extranjero; b) por aceptación de empleo o pensión de Gobierno extranjero, sin permiso del Poder Ejecutivo federal.

§ 3. Una ley federal determinará las condiciones de readquisición de los derechos de ciudadanía brasileño.

Sección II. Declaración de derechos

Artículo 72. La Constitución asegura a brasileños y a extranjeros residentes en el país la inviolabilidad de los derechos concernientes a la libertad, a la seguridad individual y a la propiedad, en los siguientes términos: § 1. Nadie puede ser obligado a hacer o dejar de hacer algo sino en virtud de ley; § 2. Todos son iguales ante la ley; La república no admite privilegios de nacimiento, desconoce foros de nobleza y extingue las órdenes honoríficas existentes y todas sus prerrogativas y privilegios, bien como los títulos nobiliarios y de consejo; § 3. Todos los individuos y confesiones religiosas pueden ejercer pública y libremente su culto, asociándose para ese fin y adquiriendo bienes, observadas las disposiciones del derecho común; § 4. La república solo reconoce el casamiento civil, cuya celebración será gratuita; § 5. Los cementerios tendrán carácter secular y serán administrados por la autoridad municipal, quedando libre a todos los cultos religiosos la práctica de sus respectivos ritos con relación a sus creyentes, desde que no ofendan la moral pública y las leyes; § 6. Será laica la enseñanza administrada en los establecimientos públicos; § 7. Ningún culto o iglesia gozará de subvención oficial, ni tendrá relaciones de dependencia o alianza con el Gobierno de la Unión o de los estados; § 8. A todos es lícito asociarse y reunirse libremente y sin armas; no pudiendo intervenir la policía sino para mantener el orden público; § 9. Es permitido a quienquiera que sea representar, mediante petición, a los poderes públicos, denunciar abusos de las autoridades y promover la responsabilidad de los culpables; § 10. En tiempo de paz quienquiera puede entrar en el territorio nacional o salir de él con su fortuna y bienes, cuando y como le convenga, independientemente de pasaporte; § 11. La casa es el asilo inviolable del individuo; nadie puede ahí penetrar por la noche, sin consentimiento del morador, sino para socorrer a las víctimas de crímenes o desastres, ni de día, sino en los casos y por las formas prescritas en la ley; § 12. Es libre en cualquier asunto la manifestación de pensamiento por la prensa o en la tribuna, sin dependencia de censura, respondiendo cada uno por los abusos que comete en los casos y por la forma que la ley determina. No es permitido el anonimato; § 13. A excepción del delito flagrante, la prisión no podrá ejecutarse sino después de la pronunciación del encartado, salvo los casos determinados en ley, y mediante orden escrita de la autoridad competente; § 14. Nadie podrá ser mantenido en prisión sin culpa formada, salvo las excepciones especificadas en ley, ni llevado a la prisión o en ella detenido, si presta fianza idónea en los casos en los que la ley lo admita; § 15. Nadie será sentenciado sino por la autoridad competente, en virtud de ley anterior y en la forma por ella regulada; § 16. A los acusados se les asegurará en la ley la más plena defensa, con todos los recursos y medios esenciales a ella, desde la nota de culpa, entregada en 24 horas al preso y firmada por la autoridad competente con los nombres del acusador y de los testigos; § 17. El derecho de propiedad se mantiene en toda su plenitud, salvo la desapropiación por necesidad o utilidad pública, mediante indemnización previa; Las minas pertenecen a los propietarios del suelo, salvo por las limitaciones que fueran establecidas por ley en beneficio de la exploración de esta clase de industria; § 18. Es inviolable el sigilo de la correspondencia; § 19. Ninguna pena pasará de la persona del delincuente; § 20. Queda abolida la pena de galeras y la de la exclusión judicial; § 21. Queda, igualmente, abolida la pena de muerte, reservadas las disposiciones de la legislación militar en tiempo de guerra; § 22. Se dará el habeas corpus, siempre que el individuo sufra o se hallare en inminente peligro de sufrir violencia o coacción por ilegalidad o abuso de poder; § 23. A excepción de las causas que, por su naturaleza, pertenecen a juicios especiales, no habrá foro privilegiado; § 24. Es garantizado el libre ejercicio de cualquier profesión moral, intelectual e industrial; § 25. Los inventos industriales pertenecerán a sus autores, a los cuales les quedará garantizado por ley un privilegio temporal, o será concedido por el Congreso un premio razonable cuando haya conveniencia de vulgarizar el invento; § 26. A los autores de obras literarias y artísticas les está garantizado el derecho exclusivo de reproducirlas, por la prensa o por cualquiera otro proceso mecánico. Los herederos de los autores gozarán de ese derecho por el tiempo que la ley determine; § 27. La ley asegurará también la propiedad de las marcas de fábrica; § 28. Ningún ciudadano brasileño podrá ser privado de sus derechos civiles y políticos por motivo de creencia o de función religiosa, ni eximirse del cumplimiento de cualquier deber cívico; § 29. Los que aleguen motivo de creencia religiosa con el fin de quedar exentos de cualquier gravamen que las leyes de la república impongan a los ciudadanos, y los que acepten condecoración o títulos nobiliarios extranjeros perderán todos los derechos políticos; § 30. Ninguno impuesto de cualquier naturaleza podrá ser cobrado sino en virtud de una ley que lo autorice; § 31. Se mantiene la institución del jurado.

Artículo 73. Los cargos públicos civiles o militares son accesibles a todos los brasileños, observadas las condiciones de capacidad especial que la ley estatuye, siendo, sin embargo, vedadas las acumulaciones remuneradas.

Artículo 74. Las patentes, los puestos y los cargos inamovibles son garantizados en toda su plenitud.

Artículo 75. La jubilación solo podrá ser dada a los funcionarios públicos en caso de invalidez en el servicio de la nación.

Artículo 76. Los oficiales del Ejército y de la Armada solo perderán sus grados por condena en más de dos años de prisión pasada juzgado en los tribunales competentes.

Artículo 77. Los militares de tierra y mar tendrán foro especial en los delitos militares.

§ 1. Este foro se compondrá de un Supremo Tribunal Militar, cuyos miembros serán vitalicios, y de los consejos necesarios para la formación de la culpa y juicio de los crímenes; § 2. La organización y atribuciones del Supremo Tribunal Militar serán reguladas por ley.

Artículo 78. La especificación de las garantías y derechos expresos en la Constitución no excluye otras garantías y derechos no enumerados, pero resultantes de la forma de gobierno que ella establece y de los principios que consigna.

Título V. Disposiciones generales

Artículo 79. El ciudadano que asuma funciones en cualquiera de los tres poderes federales no podrá ejercer las mismas en otro.

Artículo 80. Podrá declararse en estado de sitio cualquier parte del territorio de la Unión, suspendiéndose allí las garantías constitucionales por tiempo determinado cuando la seguridad de la república lo exija, en caso de agresión extranjera, o conmoción intestina (artículo 34, n.º 21).

§ 1. No hallándose reunido el Congreso y corriendo la Patria inminente peligro, ejercerá esa atribución el Poder Ejecutivo federal (artículo 48, n.º 15); § 2. Éste, sin embargo, durante el estado de sitio, restringirá las medidas de represión a ser impuestas contra las personas: 1. La detención en lugar no destinado a los reos de crímenes comunes; 2. El destierro para otros sitios del territorio nacional.

§ 3. Tan pronto como se reúna el Congreso, el Presidente de la República relatará, motivándolas, las medidas de excepción que hayan sido tomadas.

§ 4. Las autoridades que hayan ordenado tales medidas son responsables por los abusos cometidos.

Artículo 81. Los procesos finalizados, en materia criminal, podrán ser revisados en cualquier tiempo, en beneficio de los condenados, por el Supremo Tribunal Federal, para reformar o confirmar la sentencia.

§ 1. La ley marcará los casos y la forma de la revisión, que podrá ser requerida por el condenado, por cualquiera del pueblo, o ex officio por el procurador general de la república; § 2. En la revisión no pueden ser agravadas las penas de la sentencia prevista; § 3. Las disposiciones del presente artículo son extensivas a los procesos militares.

Artículo 82. Los funcionarios públicos son estrictamente responsables por los abusos y omisiones en los que incurran en el ejercicio de sus cargos, así como por la indulgencia o negligencia en no responsabilizar efectivamente sus subalternos.

Párrafo único. El funcionario público se obligará por compromiso formal, en el acto de la posesión, al desempeño de sus deberes legales.

Artículo 83. Continúan en vigor, mientras no sean revocadas, las leyes del antiguo régimen en lo que explícita o implícitamente no sean contrarias al sistema de Gobierno firmado por la Constitución y los principios en ella consagrados.

Artículo 84. El Gobierno de la Unión afianza el pago de la deuda pública interna y externa.

Artículo 85. Los oficiales del cuadro y de las clases anexas de la Armada tendrán las mismas patentes y ventajas que los del Ejército en los cargos de categoría correspondiente.

Artículo 86. Todo brasileño está obligado al servicio militar, en defensa de la patria y de la Constitución, conforme a las leyes federales.

Artículo 87. El Ejército federal se compondrá de contingentes que los estados y el Distrito Federal están obligados a suministrar, constituidos de conformidad con la ley anual de fijación de fuerzas.

§ 1. Una ley federal determinará la organización general del Ejército, de acuerdo con el n.º XVIII del artículo 34; § 2. La Unión se encargará de la instrucción militar de los cuerpos y armas e instrucción militar superior; § 3. Queda abolido el reclutamiento militar forzado; § 4. El Ejército y la Armada se compondrán por el voluntariado, sin premio y en la falta de éste, por el sorteo, previamente organizado.

Concurren para el personal de la Armada la escuela naval, las de aprendices de marineros y la marina mercantil mediante sorteo.

Artículo 88. Los Estados Unidos de Brasil, en caso alguno, se empeñarán en guerra de conquista, directa o indirectamente, por sí o en alianza con otra nación.

Artículo 89. Es instituido un tribunal de cuentas para liquidar las cuentas de la receta y gasto y verificar su legalidad, antes de ser presentadas al Congreso.

Los miembros de este tribunal serán nombrados por el Presidente de la República con aprobación del Senado, y solamente perderán sus lugares por sentencia.

Artículo 90. La Constitución podrá ser reformada, por iniciativa del Congreso Nacional o de las Asambleas de los estados.

§ 1. Se considerará la propuesta de la reforma, cuando, siendo presentada por una cuarta parte, por lo menos, de los miembros de cualquiera de las Cámaras del Congreso Nacional, sea aceptada en tres discusiones, por dos tercios de los votos en una o en otra Cámara, o cuando sea solicitada por dos tercios de los estados, en el decurso de un año, representado cada estado por la mayoría de votos de su Asamblea; § 2. Esa propuesta se dará por aprobada, si en el año siguiente lo fuera, mediante tres discusiones, por mayoría de dos tercios de los votos en las dos Cámaras del Congreso; § 3. La propuesta aprobada se publicará con las firmas de los presidentes y secretarios de las dos Cámaras, y se incorporará a la Constitución, como parte integrante de ella; § 4. No podrán ser admitidos como objeto de deliberación, en el Congreso, proyectos tendientes a abolir la forma republicano-federativa, o la igualdad de la representación de los estados en el Senado.

Artículo 91. Aprobada esta Constitución, será promulgada por la mesa del Congreso y firmada por los miembros de éste. DISPOSICIONES

TRANSITORIAS **Artículo** 1. Promulgada esta Constitución, el Congreso, reunido en asamblea general, elegirá enseguida, por mayoría absoluta de votos, en la primera votación, y si ningún candidato la obtuviera, por mayoría relativa en la segunda, al Presidente y al vicepresidente de los Estados Unidos de Brasil.

§ 1. Esta elección será hecha en dos escrutinios distintos para el Presidente, y el vicepresidente respectivamente, recibiéndose y contándose en primer lugar las cédulas para Presidente, y, procediéndose enseguida del mismo modo para el vicepresidente; § 2. El Presidente y el vicepresidente, electos en la forma de este artículo, ocuparán la Presidencia y la vicepresidencia de la República durante el primer período presidencial; § 3. Para esta elección no habrá incompatibilidades; § 4. Concluida ella, el Congreso dará por terminada su misión constituyente, y, separándose en Cámara y Senado, dará inicio al ejercicio de sus funciones normales el 15 de junio del corriente año, no pudiendo bajo ninguna hipótesis ser disuelto; § 5. En el primer año de la primera legislatura, luego en los trabajos preparatorios, discriminará el Senado el primero y el segundo tercio de sus miembros, cuyo mandato ha de cesar en el término del primero y del segundo trienios; § 6. Esa discriminación se efectuará en tres listas, correspondientes a los tres tercios, graduándose a los senadores de cada estado y a los de Distrito Federal por el orden de su votación respectiva, de modo que se distribuya al tercio del último trienio el primero votado en el Distrito Federal y en cada un de los estados, y a los dos tercios siguientes los otros dos nombres en la escala de los sufragios obtenidos; § 7. En caso de empate, se considerarán favorecidos los mayores, decidiéndose por sorteo cuando la edad fuera igual.

Artículo 2. El estado que hasta finales del año de 1892 no haya decretado su Constitución será sometido, por acto del Congreso a la de una de los otros, que más conveniente a esa adaptación le parezca, hasta que el estado sujeto a ese régimen la reforme, por el proceso en ella determinado.

Artículo 3. A medida que los estados se fueran organizando, el Gobierno federal entregará a ellos la administración de los servicios, que por la Constitución les competan, y liquidará la responsabilidad de la administración federal en lo tocante a esos servicios y al pago del personal respectivo.

Artículo 4. Mientras los estados se ocupan en regularizar los gastos, durante el período de organización de sus servicios, el Gobierno federal abrirá para ese fin créditos especiales, según las condiciones establecidas por ley.

Artículo 5. En los estados que se fueran organizando, entrará en vigor la clasificación de las rentas establecidas en la Constitución.

Artículo 6. En los primeros nombramientos para la magistratura federal y para la de los estados tendrán preferencia los jueces de derecho y los jueces del tribunal de justicia de mayor calificación.

Los que no fueran admitidos en la nueva organización judiciaria, y tengan más de treinta años de ejercicio, serán jubilados con todos sus vencimientos.

Los que tengan menos de treinta años de ejercicio continuarán percibiendo sus salarios, hasta que sean aprovechados o jubilados con los ordenados correspondientes al tiempo de ejercicio.

Los gastos con los magistrados jubilados o puestos en disponibilidad serán pagados por el Gobierno federal.

Artículo 7. Es concedida a don Pedro de Alcântara, ex emperador de Brasil, una pensión que, a partir del 15 de noviembre de 1889, le garantice, por todo el tiempo de su vida, una subsistencia decente. El Congreso ordinario, en su primera reunión, fijará el quantum de esta pensión.

Artículo 8. El Gobierno federal adquirirá para la nación la casa en que falleció el doctor Benjamin Constant Botelho de Magalhães y en ella mandará a colocar una lápida en homenaje a la memoria del grande patriota, fundador de la república.

Párrafo único. La viuda del doctor Benjamin Constant tendrá, mientras viva, el usufructo de la casa mencionada.

Mandamos, por tanto, a todas las autoridades a quienes el conocimiento y ejecución de esta Constitución pertenece, que la ejecuten y hagan ejecutar y a observar fiel y enteramente como en ella se contiene.

Se publique y se cumpla en todo el territorio de la Nación.

Sala de sesiones del Congreso Nacional Constituyente, en la ciudad de Rio de Janeiro, en 24 de febrero de 1891, 3.º de la república.

Prudente José De Morães Barros, presidente del Congreso, senador por São Paulo – Antônio Euzébio Gonçalves de Almeida, vicepresidente del Congreso, diputado por Bahia – doctor João da Matta Machado, 1.º secretario, diputado por el estado de Minas Gerais – doctor José Paes de Carvalho, 2.º secretario, senador por el estado do Pará – tenente coronel João Soares Neiva, 3.º secretario, senador por el estado da Paraíba – Eduardo Mendes Gonçalves, 4.º secretario, diputado por el estado de Paraná – Manoel Francisco Machado, senador por el estado de Amazonas – Leovigildo de Souza Coelho, idem – Joaquim José Paes da Silva Sarmento, idem – Manoel Ignácio Belfort Vieira, idem – Manoel Uchôa Rodrigues, diputado por el estado de Amazonas – Manoel de Mello C. Barata, senador por Pará – Antônio Nicoláo Monteiro Baena, idem – Arthur Índio do Brasil e Silva, diputado por el estado de Pará – Inocêncio Serzedello Corrêa, idem – Raymundo Nina Ribeiro, idem – doctor José Ferreira Cantão, idem – doctor Pedro Leite Chermont, idem – doctor José Teixeira da Matta Bacellar, idem – Lauro Sodré, idem – João Pedro Belfort Vieira, senador por el estado do Maranhão – Francisco Manoel da Cunha Junior, idem – José Secundino Lopes Gomensoro, idem – Manoel Bernardino da Costa Rodrigues, diputado por el estado de Maranhão – Casimiro Dias Vieira Júnior, idem – Henrique Alves de Carvalho, idem – doctor Joaquim Antônio da Cruz, senador por el estado de Piauí – Theodoro Alves Pacheco, idem – Elyseu de Souza Martins, idem – doctor Anfriso Fialho, Diputado por el estado de Plauí – doctor Joaquim Nogueira Paranaguá, diputado por el estado de Piauí – Nelson de Vasconcellos Almeida, idem – Coronel Firmino Pires Ferreira, idem – Joaquim de Oliveira Catunda, senador por el estado de Ceará – Manoel Bezerra de Albuquerque Júnior, idem – Theodureto Carlos de Faria Souto, idem – Alexandre José Barbosa Lima, diputado por el estado de Ceará – José Freire Bezerril Fontenelle, idem – João Lopes Ferreira Filho, idem – Justiniano de Serpa, idem – doctor José Avelino Gurgel do Amaral, idem – Capitão José Beviláqua, idem – Gonçalo de Lago Fernandes Bastos, idem – Manoel Coelho Bastos do Nascimento, idem – José Bernardo de Medeiros, senador por el estado del Rio Grande do Norte – José Pedro de Oliveira Galvão, idem – Amaro Cavalcanti, idem – Almino Alvares Afonso (Pro vita civicum proque universa Republica), diputado por el estado del Rio Grande do Norte – Pedro Velho de Albuquerque Maranhão, idem – Miguel Joaquim de Almeida Castro, idem – Antônio de Amorim Garcia, idem – José de Almeida Barreto, senador por el estado de Paraíba do Norte – Firmino Gomes da Silveira, idem – Epitácio da Silva Pessoa, diputado por el estado de Paraíba – Pedro Américo de Figueiredo, idem – Antônio Joaquim do Couto Cartaxo, idem – João Baptista de Sá Andrade, idem – Primero-Teniente João da Silva Retumba, idem – doctor José Hygino Duarte Pereira, senador por el estado de Pernambuco – José Simeão de Oliveira, idem – José Nicolão Tolentino de Carvalho, diputado por el estado de Pernambuco – doctor Francisco de Assis Rosa e Silva, idem – João Barbalho Uchôa Cavalcanti, idem – Antônio Goncalves Ferreira, idem – Joaquim José de Almeida Pernambuco, idem – João Juvenio Ferreira de Aguiar, idem – André Cavalcanti de Albuquerque, idem – Raymundo Carneiro de Souza Bandeira, idem – Annibal Falcão, idem – A. A. Pereira de Lyra, idem – José Vicente Meira de Vasconcellos, idem – João de Siqueira Cavalcanti, idem – doctor João Vieira de Araújo, idem – Luiz de Andrade, idem – Vicente Antônio do Espírito Santo, idem – Belarmino Carneiro, idem – Floriano Peixoto, senador por el estado de Alagoas – Pedro Paulino da Fonseca, idem – Cassiano Cândido Tavares Bastos, idem – Theoplillo Fernandes dos Santos, diputado por el estado de Alagoas – Joaquim Pontes de Miranda, idem – Francisco de Paula Leite Oiticica, idem – Gabino Besouro, idem – Manoel da Silva Rosa Júnior, senador por el estado de Sergipe – Ivo do Prado Montes Pires da França, diputado por el estado de Sergipe – Manoel Presciliano de Oliveira Valladão, idem – doctor Felisbello Firmo de Oliveira Freire, idem – Virgílio C. Damasio, senador por el estado de Bahia – Rui Barbosa, idem – José Augusto de Freitas, diputado por Bahia – Francisco de Paula Argollo, idem – Joaquim Ignácio Tosta, idem – doctor José Joaquim Seabra, idem – doctor Aristides Cesar Spínola Zama, idem – doctor Arthur Cesar Rios, idem – Garcia Dias Pires de Carvalho e Albuquerque, idem – Marcolino de Moura e Albuquerque, idem – doctor Francisco dos Santos Pereira, idem – Custodio José de Mello, idem – doctor Francisco Aristides A. Milton, idem – Amphilophio Botelho Freire de Carvalho, idem – Francisco Maria Sodré Pereira, idem – Dionysio E. de Castro Cerqueira, idem – Leovigildo do Ypiranga Ainorini Filgueiras, idem – Capitán de Mar y Guerra Barão de S. Marcos, idem – Barão de Villa Viçosa, idem – Sebastião Landulpho da Rocha Medrado, idem – Francisco Prisco de Souza Paraizo, idem – Domingos Vicente Gonçalves Souza, senador por el estado del Espirito Santo – Gil Diniz Goidart, idem – José Cesario Miranda Monteiro de Barros, idem – José de Mello Carvalho Muniz Freire, diputado por Espírito

Santo – Antônio Borges de Athayde Júnior, idem – doctor João Baptista Laper, senador por el estado del Rio de Janeiro – Braz Carneiro Nogueira da Gama, idem – Francisco Victor da Fonseca e Silva, diputado por el estado del Rio de Janeiro – João Severiano da Fonseca Hermes, idem – Nilo Peçanha, idem – doctor Urbano Marcondes dos Santos Machado, idem – Contra-Almirante Dionysio Manhães Barreto, idem – Cyrillo de Lemos Nunes Fagundes, idem – doctor Augusto de Oliveira Pinto, idem – José Gonçalves Viriato de Medeiros, idem – Joaquim José de Souza Breves, diputado por el estado do Rio de Janeiro – Virgilio de Andrade Pessoa, idem – Carlos Antonio de França Carvalho, idem – João Baptista da Motta, idem – Luiz Carlos Fróes da Cruz, idem – Alcindo Guanabara, idem – Erico Marinho da Gama Coelho, idem – Eduardo Wandenkolk, senador por la Capital Federal – doctor João Severiano da Fonseca, idem – Joaquim Saldanha Marinho, idem – João Baptista de Sampaio Ferraz, diputado por la Capital Federal – Lopes Trovão, idem – Alfredo Ernesto Jacques Ourique, idem – Aristides da Silveira Lobo, idem – F. P. Mavrink, idem – doctor Francisco Furquim Werneck de Almeida, idem – Domingos Jenuíno de Albuquerque Júnior, idem – Thomaz Delfino, idem – José-Augusto Vinhaes, idem – Americo Lobo Leite Pereira, senador por el estado de Minas Gerais – Antonio Olyntho dos Santos Pires, diputado por el estado de Minas Gerais – doctor Pacifico Gonçalves da Silva Mascarenhas, idem – Gabriel de Paula Almeida Mazalhães, idem.–João das Chagas Lobato, idem – Antonio Jacob da Paixão, idem – Alexandre Stockler Pinto de Menezes, idem – Francisco Luiz da Veiga, idem – doctor José Candido da Costa Senna, idem – Antonio Affonso Lamounier Godofredo, idem – Alvaro A. de Andrade Botelho, idem – Feliciano Augusto de Oliveira Penna, idem – Polycarpo Rodrigues Víotti, idem – Antonio Dutra Nicacio, idem – Francisco Corrêa Rabello, idem – Manoel Fulgêncio Alves Pereira, idem – Astolpho Pio da Silva Pinto, idem – Aristides de Araujo Maia, idem – Joaquim Gonçalves Ramos, idem – Carlos Justiniano das Chagas, idem – Constantino Luiz Paletta, idem – doctor João Antonio de Avellar, idem – José Joaquim Ferreira Rabello, idem – Francisco Alvaro Bueno de Paiva, idem – doctor José Carlos Ferreira Pires, idem – Manoel Ferraz de Campos Salles, senador por el estado de São Paulo – Francisco Glicerio, diputado por el estado de São Paulo – Manoel de

Moraes, Barros, idem – Joaquim Lopes Chaves, idem – Domingos Corréa de Moraes, idem – doctor João Thomaz Carvalhal, idem – Joaquim de Souza Mursa, idem – Rodolpho N. Rocha Miranda, idem – Paulino Carlos de Arruda Botelho, idem – Angelo Gomes Pinheiro Machado, idem – Antonio José da Costa Junior, idem – Alfredo Ellis, idem – António Moreira da Silva, idem – José Luiz de Almeida Nogueira, idem – José Joaquim de Souza, senador por el estado de Goiás – Antônio Arnaro da Silva Canedo, idem – Antonio da Silva Paranhos, idem – Sebastião Fleury Curado, diputado por el estado de Goiás – José Leopoldo de Bulhões Jardina, idem – Joaquim Xavier Guimarães Natal, idem – Aquilino do Amaral, senador por el estado de Mato Grosso – Joaquim Duarte Murtinho, idem – doctor Antonio Pinheiro Guedes, idem – Antonio Francisco de Azeredo, diputado por el estado de Mato Grosso – Caetano Manoel de Faria e Albuquerque, idem – Ubaldino do Amaral, senador por el estado de Paraná – José Pereira dos Santos Andrade, idem – Bellarmino Augusto de Mendonça Lobo, diputado por el estado de Paraná – Marciano Augusto Botelho de Magalhães, idem – Fernando Machado de Simas, idem – Antonio Justiniano Esteves Júnior, senador por el estado de Santa Catarina – doctor Luiz Delfino dos Santos, idem – Lauro Severiano Müller, diputado por el estado de Santa Catarina – Carlos Augusto Campos, idem – Felipe Chimidt, idem – doctor José Candido de Lacerda Coutinho, idem – Ramiro Fortes de Barcellos, senador por el estado de Rio Grande do Sul – Julio Anacleto Falcão da Frota, idem – José Gomes Pinheiro Machado, idem – Victorino Ribeiro Carneiro Monteiro, diputado por el estado de Rio Grande do Sul – Joaquim Pereira da Costa, idem – Antão Gonçalves de Faria, idem – Julio de Castilho, idem – Antonio Augusto Borges de Medeiros, idem – Alcides de Mendonça Lima, idem – J. F. e Assis Brasil, idem – Thomaz Thompson Flores, idem – Joaquim Francisco de Abreu, idem – Homero Baptista, idem Manoel Luiz da Rocha Osório, idem Alfredo Cassiano do Nascimento, idemFernando Abbott, idemDemetrio Nunes Ribeiro, idemAntonio Adolpho da Fontoura Menna Barreto, idem.

Constitución de Jimaguayú de 1895

16 de septiembre de 1895

Artículos

La revolución por la Independencia y reacción de Cuba en República democrática, en su nuevo periodo de guerra iniciada en 24 de febrero último, solemnemente declara la separación de Cuba de la Española y su Constitución como Estado libre o independiente con Gobierno propio por autoridad suprema con el nombre de República de Cuba, y confirma su existencia entre las divisiones políticas de la tierra. Y en su nombre y por delegación que al efecto le han conferido los cubanos en armas, declarando previamente ante la Patria la pureza de sus pensamientos, libres de violencia, de ira o de prevención y solo inspirada en el propósito de interpretar en bien de Cuba los votos populares para la institución del régimen y Gobierno provisional de la República, los Representantes electos de la Revolución en Asamblea Constituyente, han pactado ante Cuba y el mundo, con la fe de su honor empeñada en el cumplimiento, los siguientes **Artículos** de Constitución:

Constitución de la República de Cuba

Artículos

Artículo 1. El Gobierno Supremo de la República residirá en un Consejo de Gobierno, compuesto de un Presidente, un Vicepresidente, y cuatro Secretarios de Estado, para el despacho de los asuntos de Guerra, de lo Interior, de Relaciones Exteriores y de Hacienda.

Artículo 2. Cada Secretario tendrá un Subsecretario de Estado para suplir los casos de vacante.

Artículo 3. Serán atribuciones del Consejo de Gobierno:

1. Dictar todas las disposiciones relativas a la vida civil y política de la Revolución;

2. Imponer y percibir contribuciones, contraer empréstitos públicos, emitir papel moneda, invertir los fondos recaudados en la Isla por cualquier título que sean y los que a título oneroso se obtengan en él;

3. Conceder patentes de corso, levantar tropas y mantenerlas, declarar represalias respecto al enemigo y ratificar tratados;

4. Conceder autorización, así lo estime oportuno, para someter al Poder Judicial el Presidente y demás miembros del Consejo si fuesen acusados;

5. Resolver las acusaciones de toda índole excepto judicial, que tienen derecho a presentarle todos los hombres de la Revolución;

6. Aprobar la Ley de Organización Militar y Ordenanzas del Ejército que propondrá el General en Jefe;

7. Conferir los grados militares de Coronel en adelante, previos informes del Jefe Superior inmediato y del General en jefe y designar el nombramiento de este último y del Lugarteniente General en caso de vacante de ambos;

8. Ordenar la elección de cuatro representantes por cada cuerpo de Ejército, cada vez que conforme a esta Constitución sea necesaria la convocación de Asambleas.

Artículo 4. El Consejo de Gobierno solamente intervendrá en la dirección de las operaciones militares, cuando a su juicio sea absolutamente necesario a la realización de otros fines políticos.

Artículo 5. Es requisito para la validez de los acuerdos del Consejo de Gobierno el de haber tomado parte en la liberación los dos tercios de los miembros del mismo, y haber resuelto aquellos por voto de la mayoría de los concurrentes.

Artículo 6. El cargo de Consejero es incompatible con los demás de la República y requiere la edad mayor de veinticinco años.

Artículo 7. El Poder Ejecutivo residirá en el Presidente, o en su defecto en el Vicepresidente.

Artículo 8. Los acuerdos del Consejo de Gobierno serán sancionados y promulgados por el Presidente quien dispondrá lo necesario para su cumplimiento en un término que no excederá de diez años.

Artículo 9. El Presidente puede celebrar tratados con la ratificación del Consejo de Gobierno.

Artículo 10. El Presidente recibirá a los Embajadores y expedirá sus despachos a todos los funcionarios.

Artículo 11. El tratado de paz con España que ha de tener precisamente por base la Independencia absoluta de la Isla de Cuba, deberá ser ratificado por el Consejo de Gobierno y la Asamblea de Representantes convocada expresamente para ese fin.

Artículo 12. El Vicepresidente sustituirá al Presidente en caso de vacante.

Artículo 13. En el caso de resultar vacantes los cargos de Presidente y Vicepresidente, por renuncia, deposición o muerte, u otra causa, se reunirá una Asamblea de Representantes para la elección de los que hayan de desempeñar los cargos vacantes que interinamente ocuparán los Secretarios de más edad.

Artículo 14. Los Secretarios tomarán parte con voz y voto en las deliberaciones de los acuerdos de cualquiera índole que fueren.

Artículo 15. Es atribución de los Secretarios proponer todos los empleados de sus respectivos despachos.

Artículo 16. Los Subsecretarios sustituirán en los casos de vacante a los Secretarios de Estado, teniendo entonces voz y voto en las deliberaciones.

Artículo 17. Todas las fuerzas armadas de la República y la dirección de las operaciones de la guerra, estarán bajo el comando directo del General en jefe, que tendrá a sus órdenes como segundo en el mando un Lugarteniente General que le sustituirá en caso de vacante.

Artículo 18. Los funcionarios de cualquiera orden que sean se prestarán recíproco auxilio para el cumplimiento de las resoluciones del Consejo de Gobierno.

Artículo 19. Todos los cubanos están obligados a servir a la Revolución con su persona e intereses, según sus aptitudes.

Artículo 20. Las fincas y propiedades de cualquier clase pertenecientes a extranjeros, estarán sujetas al pago del impuesto en favor de la Revolución mientras su respectivo Gobierno no reconozca la beligerancia de Cuba.

Artículo 21. Todas las deudas y compromisos contraídos desde que se inició el actual periodo de guerra, hasta ser promulgada esta Constitución por los Jefes del Cuerpo de Ejército en beneficio de la Revolución, serán válidos como los que en lo sucesivo correspondan al Consejo de Gobierno efectuado.

Artículo 22. El Consejo de Gobierno podrá deponer a cualquiera de sus miembros por causa justificada a juicio de dos tercios de los Consejeros y dará cuenta en la primera Asamblea que se convoque.

Artículo 23. El Poder Judicial procederá con entera independencia de todos los demás, su organización y reglamentación estarán a cargo del Consejo de Gobierno.

Artículo 24. Esta Constitución regirá a Cuba durante dos años a contar desde su promulgación si antes no termina la guerra de Independencia. Transcurrido este plazo se convocará a Asamblea de Representantes que podrá modificarla y procederá a la elección de nuevo Consejo de Gobierno y a la censura del saliente.

Así lo ha pactado, y en nombre de la República lo ordena, la Asamblea Constituyente en Jimaguayú a 16 de septiembre de 1895. Y en testimonio firmamos los Representantes delegados por el Pueblo Cubano en armas.

Siguen las siguientes firmas: Salvador Cisneros Betancourt, Presidente, Rafael Manduley, Vicepresidente, Raimundo Sánchez, Lope Recio Loynaz. Francisco López Leiva, Francisco Díaz Silveira, Rafael M. Portuondo, Fermín Valdés Domínguez, Dr. Santiago García Cañizares, Pedro Piñán de Villegas, Enrique Loinaz del Castillo, Joaquín O. Castillo, José Clemente Vivanco, Scrio. Mariano Sánchez Vaillant, Severo Piña, Pedro Aguilera, Orencio Nodarse, Scrio. Enrique Céspedes, Rafael Pérez Morales, Mario Padilla.

Libros a la carta

A la carta es un servicio especializado para
empresas,
librerías,
bibliotecas,
editoriales
y centros de enseñanza;
y permite confeccionar libros que, por su formato y concepción, sirven a los propósitos más específicos de estas instituciones.

Las empresas nos encargan ediciones personalizadas para marketing editorial o para regalos institucionales. Y los interesados solicitan, a título personal, ediciones antiguas, o no disponibles en el mercado; y las acompañan con notas y comentarios críticos.

Las ediciones tienen como apoyo un libro de estilo con todo tipo de referencias sobre los criterios de tratamiento tipográfico aplicados a nuestros libros que puede ser consultado en Linkgua-ediciones.com.

Linkgua edita por encargo diferentes versiones de una misma obra con distintos tratamientos ortotipográficos (actualizaciones de carácter divulgativo de un clásico, o versiones estrictamente fieles a la edición original de referencia).

Este servicio de ediciones a la carta le permitirá, si usted se dedica a la enseñanza, tener una forma de hacer pública su interpretación de un texto y, sobre una versión digitalizada «base», usted podrá introducir interpretaciones del texto fuente. Es un tópico que los profesores denuncien en clase los desmanes de una edición, o vayan comentando errores de interpretación de un texto y esta es una solución útil a esa necesidad del mundo académico.

Asimismo publicamos de manera sistemática, en un mismo catálogo, tesis doctorales y actas de congresos académicos, que son distribuidas a través de nuestra Web.

El servicio de «libros a la carta» funciona de dos formas.

1. Tenemos un fondo de libros digitalizados que usted puede personalizar en tiradas de al menos cinco ejemplares. Estas personalizaciones pueden ser de todo tipo: añadir notas de clase para uso de un grupo de estudiantes, introducir logos corporativos para uso con fines de marketing empresarial, etc. etc.

2. Buscamos libros descatalogados de otras editoriales y los reeditamos en tiradas cortas a petición de un cliente.

www.ingramcontent.com/pod-product-compliance
Lightning Source LLC
LaVergne TN
LVHW100138051026
849525LV00004B/1442
9788411265959